CHINA ACADEMY OF NORTHEAST REVITALIZATION

2017
东北老工业基地全面振兴
进程评价报告

李凯 易平涛 王世权 张昊 等／著

经济管理出版社
ECONOMY & MANAGEMENT PUBLISHING HOUSE

图书在版编目（CIP）数据

2017 东北老工业基地全面振兴进程评价报告/李凯等著 . —北京：经济管理出版社，2018. 10
ISBN 978 - 7 - 5096 - 6109 - 3

Ⅰ. ①2… Ⅱ. ①李… Ⅲ. ①老工业基地—区域经济发展—研究报告—东北地区—2017 Ⅳ. ①F427. 3

中国版本图书馆 CIP 数据核字（2018）第 246437 号

组稿编辑：张巧梅
责任编辑：张巧梅
责任印制：司东翔
责任校对：赵天宇

出版发行：经济管理出版社
　　　　　（北京市海淀区北蜂窝 8 号中雅大厦 A 座 11 层　100038）
网　　址：www. E - mp. com. cn
电　　话：（010）51915602
印　　刷：北京玺诚印务有限公司
经　　销：新华书店
开　　本：787mm × 1092mm/16
印　　张：19. 75
字　　数：443 千字
版　　次：2018 年 12 月第 1 版　　2018 年 12 月第 1 次印刷
书　　号：ISBN 978 - 7 - 5096 - 6109 - 3
定　　价：80. 00 元

《东北老工业基地全面振兴进程评价》课题组

课题负责人：李　凯

课题组主要成员：王世权　孙　涛　李伟伟　张　昊

　　　　　　　　易平涛　高宏伟

前　言

　　曾经的新中国工业摇篮，为改革开放和现代化建设做出了历史性重大贡献的东北，进入新千年以来却面临着"传统资源型产业丧失比较优势""新兴产业发展缓慢"等诸多问题。面对困境，党中央、国务院早在 2003 年就已经做出实施东北老工业基地振兴战略的重大决策，并采取了一系列支持、帮助、推动振兴发展的专门措施。10 多年来，在多方面的共同努力下，东北老工业基地振兴取得了明显成效和阶段性成果，经济总量迈上新台阶，结构调整扎实推进，国有企业竞争力增强，重大装备研制走在全国前列，粮食综合生产能力显著提高，社会事业蓬勃发展，民生有了明显改善。但是，伴随着中国经济进入新常态，面对日益纷繁复杂的国际政治经济形势，东北地区表现出了明显的不适应，经济下行压力增大，部分行业和企业生产经营困难，体制机制的深层次问题进一步显现，经济增长新动力不足和旧动力减弱的结构性矛盾突出，发展面临新的困难和挑战。

　　在上述背景下，"十三五"开局之年，以《中共中央　国务院关于全面振兴东北地区等老工业基地的若干意见》出台为标志，一场旨在以创新驱动为引领，以结构调整为基点，以体制机制重塑为依托，以创新创业为关键，以民生保障为前提的新一轮东北老工业基地全面振兴攻坚战盛大启幕。新一轮振兴目标非常明确，概言之就是到 2020 年，东北地区在重要领域和关键环节改革上取得重大成果，转变经济发展方式和结构性改革取得重大进展，经济保持中高速增长。在此之上，2030 年，东北地区实现全面振兴，走在全国现代化建设前列，成为全国重要的经济支撑带。

　　为了实现既定的振兴目标，国家在政策和资金等方面给予了大力支持，社会各界也给予东北前所未有的关注，东北各级政府更是"撸起袖子加油干"，希冀在新一轮振兴中有所作为。然而，在振兴战略如火如荼推进之际，如何判断东北全面振兴进展，客观反映东北振兴进程？如何清晰刻画东北经济在社会发展中的"短板"，并精准施策？一系列现实问题摆在我们面前。基于此，在国家发改委的指导下和中国东北振兴研究院积极推动下，东北老工业基地全面振兴进程评价被提上日程。

东北老工业基地全面振兴评价意在通过设计一系列指标并运用统计数据，形成能够全面评价东北老工业基地振兴进程指数，据此判断东北全面振兴进程，明晰振兴中存在的问题，并提出具体对策，实现以评促建，评建结合，成为东北振兴的"晴雨表"。在此基础上，形成《东北老工业基地全面振兴进程评价报告》（蓝皮书），自 2017 年始，每年定期发布。《东北老工业基地全面振兴进程评价报告》（蓝皮书）主要包括总报告、评价报告和附录三部分，力求全面评价东北振兴中的政府治理、企态优化、区域开放、产业发展、创新创业与社会民生情况。

本书是在国家发改委振兴司的指导下，由中国东北振兴研究院、东北大学、中国（海南）改革发展研究院等多家单位精干的科研力量通力合作完成的。全书由中国东北振兴研究院副院长、东北大学教授李凯提出编写提纲和框架并负责内容的总体审核。迟福林、殷仲仪、夏峰、匡贤明等参与了课题指标设计等的讨论，宫诚举、王露、王雪纯、李爱静、高旭阳、董乾坤、刘阳、宋申皓、李雷霆、胡雪华、徐亮、王洋、张澜、齐家欣等同学参与了本期评价报告数据收集整理及部分章节初稿的完成。

《2016 东北老工业基地全面振兴进程评价报告》发布后，得到了社会各界同行的高度关注与积极反馈，如今历时一年，《2017 东北老工业基地全面振兴进程评价报告》又将付梓印刷，些许释然间陡感长路漫漫，任重道远。值此之际，首先，要感谢国家发改委振兴司、东北大学、中国（海南）改革发展研究院、中国东北振兴研究院的各位领导和同仁的大力支持。其次，要感谢郭亚军教授领衔的东北评价中心及学术团队所提供的技术协助。最后，本书在撰写过程中参考了大量国内外已有文献，囿于篇幅并未一一列示。

受数据资料的来源与时间等限制，书中不足之处在所难免，敬请各位读者批评指正。

李　凯

中国东北振兴研究院副院长

目　录

上篇　总　报　告

中篇　评价报告

下篇　附　录

上篇　总　报　告

一、宏观背景与研究意义

（一）宏观背景

2017 年，中国经济迎来了"十三五"规划的第二年，这一年国民经济发展交出了一份令人满意的答卷，全年 GDP 达到 6.9%，GDP 总量达到 82 万亿元以上，经济以高速发展开始转向高质量发展。然而，在欣喜改革开放步伐不断加快，微观主体活力不断被释放，新的增长动力正在逐步形成的同时，也不得不面对经济转型发展中能否让中国摆脱地方融资债务高企风险，新经济、新零售业态发展能否让中国经济摆脱投资、外贸驱动的增长模式，供给侧改革能否进一步优化产能结构，金融强监管周期来临能否有效化解金融市场风险，房地产市场调控之下未来支撑中国经济持续良性增长的新引擎在哪里等结构性问题。在全球经济社会格局大调整、大变革、大重组继续向纵深发展的挑战下，中国正处于经济转型的历史关节点。传统的格局正在被打破，新的增长力量还在孕育中，并且与全球化新趋势呈现历史交会（迟福林，2016）。为了适应全球化新趋势，破解经济社会发展中的各种难题，中国正在积极推动"一带一路"倡议跨国合作，以经济转型为目标深化结构性改革，兼顾稳定经济增长和防范经济风险，加大改革力度，激活市场活力，实现增加有效供给和刺激有效需求双轮驱动，促进推进经济转型升级，释放经济增长潜力，激发市场活力，稳定经济发展预期，适应结构优化、动力转化的发展新常态。全球化新趋势和中国改革开放的不断深入为东北老工业基地全面振兴提供了难得的机遇和巨大的挑战。

东北老工业基地在中国经济社会发展进程中发挥了巨大作用，具有举足轻重的地位。党中央、国务院历来高度重视东北振兴工作。党的十八大以来，习近平总书记多次赴东北地区视察考察和主持召开会议，就东北老工业基地振兴工作提出了一系列新的战略判断和重要指示要求，并指出当前东北地区面临的矛盾和问题，归根结底是体制机制问题，是产业结构问题、经济结构问题。解决这些问题，归根结底要靠全面深化改革，并明确提出要着力完善体制机制、着力推进结构调整、着力鼓励创新创业、着力保障和改善民生"四个着力"的总体要求，并要求要像抓三大战略一样持续用力，形成新一轮东北振兴的好势头。李克强总理也多次主持召开会议专题部署东北振兴工作，做出系列重要批示。2016

年 4 月 27 日，《中共中央国务院关于全面振兴东北地区等老工业基地的若干意见》（以下简称 7 号文件）提出，"要以知难而进的勇气和战胜困难的信心坚决破除体制机制障碍，加快形成同市场完全对接、充满内在活力的新体制和新机制"。一场旨在以创新驱动为引领，以结构调整为基点，以体制机制重塑为依托，以创新创业为关键，以民生保障为前提的新一轮东北老工业基地全面振兴攻坚战盛大启幕。新一轮振兴目标非常明确，概言之就是到 2020 年，东北地区在重要领域和关键环节改革上取得重大成果，转变经济发展方式和结构性改革取得重大进展，经济保持中高速增长。在此之上，2030 年，东北地区实现全面振兴，走在全国现代化建设前列，成为全国重要的经济支撑带。面对新形势、新机遇、新问题，在内外环境发生深刻变化的大背景下，新时期东北老工业基地振兴的蓝图已然绘制，全面振兴发展的攻坚战再次打响。

（二）研究意义

为了实现既定的振兴目标，国家在政策和资金等方面给予了大力支持，社会各界也给予东北前所未有的关注，东北各级政府更是"撸起袖子加油干"，希冀在新一轮振兴中有所作为。为此，综合考虑东北老工业基地振兴的时代背景，对东北老工业基地振兴的政策环境、区域环境等进行深入研究，创建东北老工业基地全面振兴进程评价指标体系，在此之上，依据调研数据评价东北振兴状况将具有重要的现实意义。

然而，概观已有研究，与实践迫切需求不相匹配的是，虽然理论上关于老工业基地振兴的研究近年来取得了丰硕的成果，提炼并总结了老工业基地发展的障碍性因素与动力机制、振兴的路径和方向及不同利益相关者的作用（张虹等，2011；吕政，2012；刘凤朝等，2016），研究中也尝试对诸如东北老工业基地振兴绩效、竞争力等进行评价，但尚缺乏系统性的、能够全面反映东北老工业基地全面振兴进程的评价指标体系，这已成为一个重要的理论缺口。如此一来，必然难以有效解释东北老工业基地振兴关键点的选择，难以对建构有助于东北老工业基地的创新驱动机制提供指导。因此，通过关注东北老工业基地发展的复杂性和特殊性，溯源东北老工业基地问题出现的本质原因，从整体上分析东北老工业基地振兴面临的制度约束，构建一个能够反映区域特殊性的东北老工业基地全面振兴进程评价指标体系，明晰振兴的起点与根本原因，综合研判东北全面振兴进程和阶段，反映振兴政策进展与效果，明确制约东北全面振兴的主要障碍，提出下一阶段东北全面振兴进程中政府施政的重点和难点，并据此深入探究有利于东北全面振兴的制度设计将具有重要的理论和现实价值。

二、东北老工业基地全面振兴
进程评价系统设计

老工业基地的改造与振兴是世界各国经济发展过程中所遇到的共同课题。美国的"锈带"地区、德国的"鲁尔"、英国的"雾都"、日本的"京、阪、九工业带"、法国的"洛林"地区等世界著名的老工业基地都曾经历过这一过程。从历史的角度看，老工业基地形成既有一般共性原因，也夹杂着一定的社会、经济、区域的原因。由此决定了对东北老工业基地全面振兴进程进行评价，必须要考虑其自身的特殊性。

（一）总体思想

溯本求源，对东北老工业基地全面振兴进程评价的关键在于探索其衰落的本质原因。当前，关于老工业基地衰落的本质主要有以下三种理论：循环累积因果理论、生命周期理论及路径依赖理论。循环累积因果理论认为，当地区经济开始衰退时，衰退本身可产生一种自我强化机制，该机制通过区域的乘数效应可迅速扩散，使区域的衰落陷入恶性循环累积过程。研究发现，这种循环累积效应在制造型企业密集的区域更为显著（马国霞等，2007），且区域的发展也可能受到区域开放度的影响。生命周期理论则是指老工业区内的主导专业化产品正处于生命周期中的成熟后期和衰退阶段，丧失了创新的特质，无法及时退出产品生命循环进程。在技术不变的前提下，由成本因素决定的价格优势不能被无限扩大，会导致老工业区主导产品市场竞争力不断下降，进而引致区域经济下滑。路径依赖理论是在前两种理论的基础上形成的，也是目前解释老工业基地衰落的主流理论，认为老工业基地的发展存在路径依赖，它们被锁定在传统的制度上，不愿参与未来经济规划，具体表现就是落后的制度无法也不愿为老工业基地的革新提供动力，使其在长期发展过程中逐渐落后。有路径依赖所带来的锁定效应可以划分为：功能锁定（如大企业和小企业之间的长期联系限制了小企业的创新能力）、认知锁定（如总认为衰退是经济周期导致的，而不是结构性因素导致的）和政治锁定（如既得利益阶层反对变化）。

为了克服锁定，重新振兴老工业基地，学术界提出了"学习型区域"（Learning Region）概念，并提倡利用区域网络化所带来的经济利益，实施"去工业化"。然而，从实践来看，美国匹兹堡、英国伯明翰、法国北部—加莱海峡和德国鲁尔等老工业基地虽具有很多相似点，但"去工业化"模式也存在巨大差异。因此，分析不同的老工业基地需要结合具体情况，对振兴进程的评价亦然。东北老工业基地形成有其历史原因，振兴路径也必然不同，评价重点要反映出这种特性。2016 年 4 月，正式发布的《中共中央　国务院关于全面振兴东北地区等老工业基地的若干意见》指出，到 2020 年，东北地区要在重要领域和关键环节改革上取得重大成果，转变经济发展方式和结构性改革取得重大进展，经济保持中高速增长。在此基础上，争取再用 10 年左右时间，东北地区实现全面振兴，走在全国现代化建设前列，成为全国重要的经济支撑带。东北老工业基地全面振兴进程评价，要以振兴目标实现为前提，以东北老工业基地当前涌现的真问题、亟待解决的重大问题为着力点，深入结合东北区域特征，牢固树立并切实贯彻创新、协调、绿色、开放、共享的发展理念，坚持以评促建、稳中求进工作总基调，最终不断提升东北老工业基地的发展活力、内生动力和整体竞争力，促使东北努力走出一条质量更高、效益更好、结构更优、优势充分释放的发展新路。

（二）内在逻辑

东北老工业基地全面振兴的题中之义在于"激发并增强东北活力"。基于此，对东北老工业基地全面振兴进程进行评价，首先需要明晰的是评价什么？为了对于这一问题予以回答，需要审视东北老工业基地振兴的内在逻辑。研究认为，东北老工业基地的核心问题是产业结构问题（黄继忠，2001；肖兴志，2013；刘凤朝、马荣康，2016），产业结构相对单一，第一、第二、第三产业比重不合理，接续产业对经济发展还不能形成有效支撑，内生发展动力仍然不足、不稳、不强是其中的关键。为此，在充分发挥比较优势的基础上实现区域产业结构优化升级，是破解当前困局的关键（李向平等，2008）。

深入分析不难发现，东北老工业基地产业结构存在着"传统资源型产业丧失比较优势"和"新兴产业发展缓慢"等问题，亟待进行面向合理化与高级化的调整。就成因而言，东北老工业基地产业结构是国家及地方政府"调控"与"布局"及"非均衡发展战略"实施的结果，本质上是"行政型治理"（资源配置行政化、治理机制行政化与治理行为行政化）所致。从发展的逻辑来看，制约东北老工业基地产业结构调整的要因是支撑产业发展的政府、国有企业、民营企业、中介机构、科技人才等"利益相关者价值共创意愿"严重不足。例如，政府权力过大、市场化程度不高，国有企业活力仍然不足，民营经济发展不充分；科技与经济发展融合不够，偏资源型、传统型、重化工型的产业结构和产品结构不适应市场变化，新兴产业发展偏慢；资源枯竭、产业衰退、结构单一地区（城市）转型面临较多困难，社会保障和民生压力较大；思想观念不够解放，基层地方党委和政府对经济发展新常态的适应引领能力有待进一步加强等。上述问题更为深层次上的原因是东北地区内各利益相关者因"行政型治理"导致体制与机制僵化，解决问题的关键是以"创新驱动"为突破口。因循上述思路，东北老工业基地全面振兴的关键是：通过诸如理顺政府和市场关系，解决政府直接配置资源，管得过多过细以及职能错位、越位、缺位、不到位等问题，营造良好营商环境，激发区域创新创业氛围，促进国企转型、民企发展，加强社会民生保障等具体措施，实现区域治理由"行政型治理"向"经济型治理"转型。根据上述逻辑，对东北老工业基地全面振兴进程进行评价的重点应该是政府、市场与社会的边界是否厘清，看其治理机制设计是否有助于实现不同利相关者关系重构，激发利益相关者价值共创意愿。根据东北区情，此间的关键与核心就是产业结构调整，这又离不开具有效率性与合法性的体制机制，能够促进区域创新能力提升的创新创业水平，以及此过程中的社会民生保障。

（三）指标选择

1. 数据可得为评价前提

一般而言，数据收集方法包括"公开数据""访谈与现场观察数据"和"问卷调研数据"等。上述方法，每一种方法都有自己的长处和不足。在选择数据收集的方法时，要考虑资源、问卷和数据质量三类主要因素，此外还需考虑每类主要因素涉及的许多次要因素。就资源因素而言，必须考虑做一项研究需要多少时间、聘用调查员和编码员、购买硬件、软件和补给物品需要多少钱、是否需要使用激励机制，以及是否需要购买或构建一份准备抽取样本和进行调查的总体的清单（抽样框）等。问卷因素包括为了精确的测量研究概念和达到研究的预期目标，需要设计多少问题，这些问题是什么样的。数据质量因素涉及某种数据收集方法是否更容易取得调查对象的合作，如果使用了它，是否能从调查对象那里得到更为精确或更为完整的数据，以及是否能更全面地包括希望对之进行研究的总体等。

东北老工业基地全面振兴进程不是"一次性"、单一指标可以评价的，而是"连续性"的。需要系统性审视东北老工业基地振兴关键点、重点与难点，如此才能达到以评促建，评建结合，动态地把握东北老工业基地全面振兴进程的目的。从理论角度来看，指标设计越完备越有助于真实反映东北老工业基地全面振兴的进度，越容易厘清与辨明振兴中存在的问题。然而，现实中经常是一些指标虽然具备了科学性与合理性，但却无法持续收集到相关数据。基于此，东北老工业基地全面振兴进程评价指标体系设计的原则是在强调科学性的同时，要注重数据的可获得性。因此，本书所有数据均为公开数据，且来源于具有权威性的《中国统计年鉴》等数据资料。因统计数据中不可避免会出现部分数据缺失的情况，本书对于缺失数据的处理方法依循"就近原则"进行，具体为：若缺失数据为最新年份，将采用前一年数据补充，若缺失数据为往年数据，将采用前后最近两期数据的平均值补充。

2. 以"全面振兴"为评价着眼点与核心

现在东北地区在经济总量、产业基础、社会环境，民生保障体系等方面和2003年相比都有了很大提升。当前主要面临的是，在新常态下如何完善体制机制、调整产业结构、做好供给侧结构性改革，激发市场活力，推动提升经济发展质量效益等问题。因此，新一轮振兴中的重点工作是"着力完善体制机制"、"着力推进结构调整"、"着力鼓励创新创业"和"着力保障和改善民生"。围绕"着力完善体制机制"，聚焦"深化改革"，处理好政府与市场的关系，尊重市场规律，坚持市场方向，丰富市场主体，简政放权、转变职能，除弊清障、优化环境，形成一个同市场完全对接、充满内在活力的体制机制。要紧紧围绕"着力推进结构调整"，聚焦"加减乘除"，做积极培育和壮大新增长点的"加法"，淘汰落后产能的"减法"，创新拉动发展的"乘法"，减少政府对市场不合理干预、管制的"除法"，让工业结构比较单一、传统产品占大头、"原"字号"初"字号产品居多等制约辽宁发展的"结构之间"尽快得解。要紧紧围绕"着力鼓励创新创业"，聚焦"创新驱动"，将其作为内生发展动力的主要生成点，激发全社会的创新热情，加快形成以创新为主要引领和支撑的经济体系、发展模式，早日完成从"汗水型经济"向"智慧型经济"的质变。要紧紧围绕"着力保障和改善民生"，聚焦"惠民富民"，在让百姓的日子越来越好中创造更多的有效需要，使民生改善和经济发展有效对接、相得益彰。综上所述，东北老工业基地全面振兴进程进行评价指标设计要反映出当前东北的突出问题，必须要重点考究"四个着力"，以此来诠释"全面振兴"。

3. 东北老工业基地全面振兴进程评价指标体系

根据前述研究，本书认为，东北老工业基地全面振兴进程评价的各评价指标选择主要是以"完善体制机制、推进结构调整、鼓励创新创业、保障和改善民生"四个着力为着眼点，以《中共中央　国务院关于全面振兴东北地区等老工业基地的若干意见》等政策为依据，以综合反映东北地区的经济、资源、社会、环境状况为基准，既突出正确的价值导向，又体现合理的科学要求，强调指导性、针对性与实效性，通过科学论证而确定。最终，针对构建东北老工业基地全面振兴进程评价这一总目标，设置出"政府治理、企态优化、区域开放、产业发展、创新创业及社会民生"6个二级指标，30个三级指标以及60项四级测度指标。与此同时，为了反映东北三省各市的振兴进程，也依托该指标进行了评价，但由于各市级指标缺失比较严重，仅运用可获得数据的指标进行了评价，具体指标体系如表1-1所示，指标详细论证及说明见附录（二）。

表1－1　东北老工业基地全面振兴进程评价指标体系

一级指标	二级指标	三级指标	定义
东北老工业基地全面振兴进程	政府治理	市场干预	政府对社会资源进行配置和对国家经济及社会事务进行管理的一系列活动
		政府规模	
		简政放权	
		监管水平	
		营商环境	
	企态优化	国企效率	企业生态的改进与完善
		国企保增值	
		企业实力	
		民企规模	
		民企融资	
	区域开放	贸易开放	区域经济的对外开放水平
		投资开放	
		生产开放	
		市场开放	
		区位支撑	
	产业发展	产业均衡	单个产业的进化过程，或者产业总体，即整个国民经济的进化过程
		服务业发展	
		重化工调整	
		金融深化	
		现代农业	
	创新创业	研发基础	基于技术创新、管理创新或创办新企业等方面的某一点或几点所进行的活动
		人才基础	
		技术转化	
		技术产出	
		创业成效	
	社会民生	居民收入	一系列社会问题的解决与生态保护
		居民消费	
		社会保障	
		社会公平	
		生态环境	

（四）指标标准化处理方法

构建指数对被评价对象进行综合评价，在数据处理时需要对已有的指标值进行标准化处理，以达到统一指标极性（如将指标统一转化为正指标，即越大越好）、消除量纲并确定取值范围的目的。本书采用一种新的指标标准化处理方法——分层极值处理法，主要原因如下：分层极值处理法能够对指标值中的"野值"进行妥善处理，避免了因某几个"野值"造成的其他数据被挤压聚堆的情况，确保了指标的区分功能，提升评价质量；振兴指数的发布具有连续性、稳定性的内在要求，从技术角度看，要求单个指标在标准化处理后应具备取值区间稳定、值总和大致稳定等特征，而分层极值处理法能很好地满足这些需求。

三、东北老工业基地全面振兴的进展与挑战

回顾过去几年 GDP 增长变化发现，2011～2017 年，东北地区 GDP 增长率，同全国一样都呈现出下降趋势，并以 2013 年为转折点，增速开始落后于全国，且急速下滑，呈现"断崖式"下跌。将黑龙江、吉林和辽宁三省 GDP 增速对比发现，2013 年以来，尽管都在全国水平之下，但吉林要好于黑龙江和辽宁，辽宁在 2016 年甚至出现负增长，如图 1-1 所示。

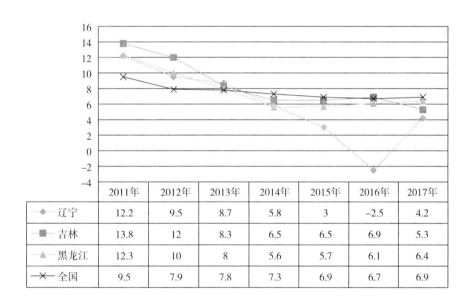

	2011年	2012年	2013年	2014年	2015年	2016年	2017年
◆ 辽宁	12.2	9.5	8.7	5.8	3	-2.5	4.2
■ 吉林	13.8	12	8.3	6.5	6.5	6.9	5.3
▲ 黑龙江	12.3	10	8	5.6	5.7	6.1	6.4
✕ 全国	9.5	7.9	7.8	7.3	6.9	6.7	6.9

图 1-1　2011～2017 年东北三省及全国 GDP 增长率

2016 年以来，从国家层面到东北各地方政府，新一轮东北老工业基地振兴政策陆续出台，也彰显出东北老工业基地全面振兴的主动性和紧迫性。毋庸赘言，新一轮东北振兴成功与否，直接关系到中国经济社会转型升级，更关系到东北未来的经济社会走向。然而，东北老工业基地全面振兴现状如何？全面振兴中有哪些优势？如何才能打破多重困局的态势？

为了回答上述问题，本书依据东北振兴指数对此进行了深入挖掘①。研究发现，尽管东北三省振兴稳步前行，但其速度明显低于国内其他地区，处于相对落后状态。具体表现就是："企态优化"的发展水平最低，除"产业发展"高于全国平均②水平外，其他方面均低于全国平均水平。整体来看，东北全面振兴，亟待通过体制机制创新，规避可能由相对能力下降而引发绝对能力衰退现象的发生。

（一）"稳中向好"和"相对落后"是东北
振兴的总体态势

2012～2016年东北地区振兴指数得分从44.92分上升至49.79分，5年间上升了4.87分。与全国平均振兴指数的差距也在缩小，2015年东北地区振兴指数与全国平均水平差距为4.04分，2016年这一差距进一步缩小为3.80分，说明取得一定的振兴效果。

分省来看，2012～2016年辽宁省振兴指数呈现稳步增长趋势，高于全国平均水平和东北平均水平，2016年该指数达到56.3分，较2012年增长了4.51分，呈稳步增长态势。吉林省在2012～2016年，振兴指数上升较快，2012年振兴指数为40.68分，位列东北三省末位，2014年却超过黑龙江，2016年达到49.26分，较2012年增长了8.58分，接近东北振兴指数的平均水平。其中，2015～2016年，上升较快，从45.62分上升至49.26分，上升了3.64，振兴成效显著。相比辽宁和吉林，黑龙江省振兴指数增长缓慢，振兴成效不佳。2012～2016年振兴指数从40.68分上升到43.83分，5年间仅仅上升了3.15分。振兴指数增长幅度位列东北末位，与东北地区平均水平的差距越来越大，具体如图1-2所示。

---

① 运用东北振兴指数对全国各省市区进行测度"似有不妥"，但该分析取向是在反复摸索充分考虑后的选择，现将主要理由陈述如下。第一，逻辑上包括：①东北振兴指数构建的基础是全面振兴进程评价指标体系，而该体系的结构源自对7号文件的解读，7号文件虽着眼于东北，却不失于全局，是融合了战略规划与具体事项实施的智慧成果，其整体视野与逻辑框架亦可指引全局；②指标体系中的各项指标设置不能立足于具体事项，一方面依据具体事项而设置的指标时效性有限（达成后即失效），并且不便于横向比较，因而对于全面评价的意义十分有限，其次是依据具体事项而设置的指标数据采集难度大、可靠性不高，没有稳定的来源，因而综合评价的质量、权威性无法保证，这就使本报告最终采用的指标体系具有较高的通用性，但是通用性的指标体系并不妨碍对于东北振兴问题特殊性及导向特殊性的刻画，更不影响对东北振兴进程所取得成果的测度。第二，客观需求上包括：①只有将东北地区置于全国大背景下进行测度，才易于得到丰富的对比数据，定位东北振兴进程中各时期的状态水平，从而在全局视野上把握轻重缓急、归纳成败得失；②对于具有连续观测需求的东北振兴指数而言，数据的充分性尤其重要，只有纳入全国31个省市区多年的数据，才能保证评价过程中数据处理的细腻性及结论的稳定性得以持续提升，从而确保评价的最终质量。

② 报告中指标及指数的"全国平均"与"各省平均"概念等同，均采用全国各省市区指标、指数的平均值刻画，依语境灵活选用。

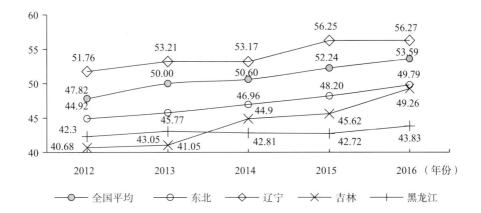

图1-2 2012~2016年振兴指数基本走势

注：①全国平均是指31个省市区的平均水平；②全国范围内（可采集到的数据），振兴指数的最大值为2016年上海的80.94分，最小值为2012年青海的27.13分。

然而，尽管东北地区全面振兴进程呈现稳中有进态势，但与全国平均水平相比，仍然处于"相对滞后"状态。2012年东北振兴指数与全国平均水平差距为-2.88分，2016年这一差距已经扩大至-3.81分。辽宁省振兴指数始终高于全国平均水平，但与全国平均的差值呈现逐步缩小的态势，从2012年高于全国平均水平4分，下降至2016年的2.7分。吉林省和黑龙江低于全国平均水平，吉林与全国平均差值呈现逐步减小状态，从2012年的-7.1分下降至2016年的-4.3分；黑龙江与全国平均差值从-5.5，进一步拉大，2016年与全国平均水平差值达到-9.8，具体如图1-3所示。

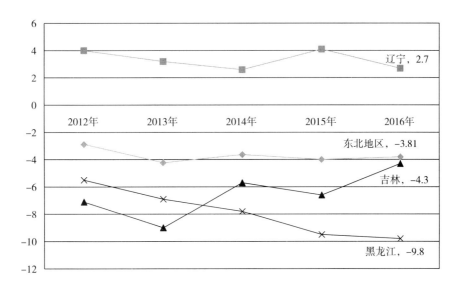

图1-3 东北振兴指数与全国平均水平的差距情况

2017 年，国务院确定了东南三省（江苏、浙江和广东）作为东北三省的对口合作省份。东南三省属于经济发达地区，振兴指数得分从 2012 年的 70.7 分，上升到 2016 年 76.8 分，上升了 6.1 分，快于全国平均增长幅度（5.8 分）。通过与东南三省振兴指数的比较发现，东北地区与先进地区和省份的差距更为明显，东北地区与东南三省差距从 2012 年的 −25.78 分到 2016 年的 −27.01 分。东北三省与东南三省振兴指数差距非常明显，辽宁和黑龙江与东南三省均值差距呈扩大趋势，但吉林省振兴指数与东南三省差距则逐步缩小，具体如图 1−4 所示。

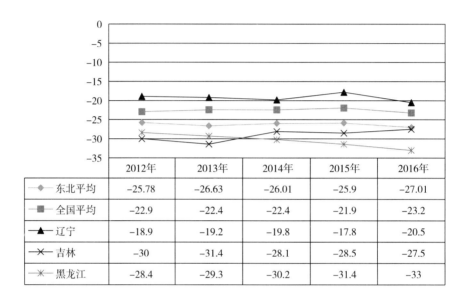

	2012年	2013年	2014年	2015年	2016年
东北平均	−25.78	−26.63	−26.01	−25.9	−27.01
全国平均	−22.9	−22.4	−22.4	−21.9	−23.2
辽宁	−18.9	−19.2	−19.8	−17.8	−20.5
吉林	−30	−31.4	−28.1	−28.5	−27.5
黑龙江	−28.4	−29.3	−30.2	−31.4	−33

图 1−4　东北振兴指数与东南三省平均水平的差距情况

相较 2015 年，2016 年东北振兴指数增长 1.59 分，高于全国平均水平增长幅度 1.4 分，但低于东南三省振兴指数增长幅度 2.7 分。其中，辽宁振兴指数没有变化，吉林振兴指数增长幅度最大，为 3.7 分，不仅高于全国平均水平，也高于东南三省增长幅度；黑龙江振兴指数增长 1.1 分，低于全国平均水平，也低于东北平均水平，具体如表 1−2 所示。

表 1−2　2012～2016 年东北地区振兴指数情况

	2012 年	2013 年	2014 年	2015 年	2016 年	2016 年较 2012 年增长	2016 年较 2015 年增长
全国平均	47.8	50	50.6	52.2	53.6	5.8	1.4
辽宁	51.8	53.2	53.2	56.3	56.3	4.5	0
吉林	40.7	41	44.9	45.6	49.3	8.6	3.7
黑龙江	42.3	43.1	42.8	42.7	43.8	1.5	1.1

续表

	2012 年	2013 年	2014 年	2015 年	2016 年	2016 年较 2012 年增长	2016 年较 2015 年增长
东北平均	44.92	45.77	46.96	48.2	49.79	4.87	1.59
江苏	71.2	72.7	73.6	75.2	77.9	6.7	2.7
浙江	72.6	72.6	73.9	74.1	76.7	4.1	2.6
广东	68.3	71.9	71.4	73	75.9	7.6	2.9
东南三省	70.7	72.4	73	74.1	76.8	6.1	2.7

（二）重点城市"全面振兴进程"呈现分化趋势

2012～2016 年，东北地区四个副省级城市振兴指数呈现不同走势。大连市振兴指数从 2012 年的 72.8 分下降至 2016 年的 71.4 分，下降幅度为 1.4 分；沈阳市振兴指数从 2012 年的 69.7 分上升至 2016 年的 69.8 分，上升幅度较小，为 0.7 分；长春市振兴指数上升幅度最大，从 2012 年的 65.3 分上升到 2016 年的 72.1 分，幅度为 6.9，位列副省级城市第一位；哈尔滨振兴指数从 2012 年的 65.2 分下降到 2016 年的 64.7 分，下降了 0.5 分。排名也反映了副省级城市振兴进程的分化现象。2012 年副省级城市振兴指数排名依次为大连—沈阳—长春—哈尔滨，2016 年副省级城市振兴指数排名依次为长春—大连—沈阳—哈尔滨，具体如表 1 - 3 所示。

表 1 - 3　2012～2016 年东北三省副省级振兴指数及排名

地级市	2012 年		2013 年		2014 年		2015 年		2016 年		2016 年较 2012 年增长	2016 年较 2015 年增长
	值	序	值	序	值	序	值	序	值	序		
大连	72.8	1	72.2	1	69.9	2	71	1	71.4	2	-1.4	-1
沈阳	69.1	2	69.7	2	70.1	1	69.8	3	69.8	3	0.7	-1
长春	65.3	3	65.9	4	66.8	3	70.2	2	72.1	1	6.9	2
哈尔滨	65.2	4	66.4	3	63.4	4	62.8	4	64.7	4	-0.5	0

与此同时，各省内部分化趋势并未减缓，发展不平衡问题依然突出。辽宁省的副省级城市（大连和沈阳市）与地级市分化明显；对外开放节点（丹东—营口—锦州—盘锦—

大连）与内陆地级市振兴差距；辽西北（锦州—阜新—朝阳—铁岭—葫芦岛）与辽东南有进一步扩大趋势；黑龙江省分化出现在哈尔滨市和其他地级市之间，但差距呈现缩小趋势；黑龙江南部（哈—大—齐—牡）与中部和北部地级市之间存在明显差距；地级市层面，对外开放节点（牡丹江）与内陆城市存在明显差距；吉林省分化主要为长春市和吉林市与其他地级市之间差距逐渐扩大。

（三）政府治理和企态优化是东北全面振兴的严重"短板"

从 2016 年分项指数得分与全国平均的差距看，依次为产业发展（6.01 分）、区域开放（-1.91 分）、创新创业（-3.57 分）、社会民生（-3.88 分）、企态优化（-8.57分）、政府治理（-9.55 分）。与过去几年相比较，政府治理指数从 2012 年的 49.95 分下降至 2016 年的 39.52 分，下降了 10.43 分，下降幅度高于全国平均的 3.02 分。企态优化指数从 2012 年的 41.5 分增加至 2016 年的 43.72 分，增长了 2.22 分，低于全国平均增长（2.77 分），与全国平均的差距，从 2012 年的 7.53 分升至 2016 年的 8.08 分。尽管区域开放、创新创业和社会民生与全国也有一定差距，但政府治理和企态优化无论是从指数本身来看，还是与全国平均来比较，均是东北振兴的短板，亟待改进，具体如表 1-4 所示。

表 1-4　东北振兴各分项指数及与全国比较

年份		2012	2013	2014	2015	2016	2012～2016 年均值	2016 年较 2012 年的变动
政府治理	东北地区	49.95	47.64	45.57	44.98	39.52	45.53	-10.43
	全国平均	52.09	53.32	51.9	48.83	49.07	51.04	-3.02
	差距	-2.14	-5.68	-6.33	-3.85	-9.55	-5.51	-7.41
企态优化	东北地区	41.5	40.32	43	38.52	43.72	41.41	2.22
	全国平均	49.03	50.63	49.58	48.87	51.8	49.98	2.77
	差距	-7.53	-10.31	-6.58	-10.35	-8.08	-8.57	-0.55
区域开放	东北地区	47.73	46.68	46.12	44.16	45.96	46.13	-1.77
	全国平均	49	48.07	47.91	47.32	47.87	48.03	-1.13
	差距	-1.27	-1.39	-1.79	-3.16	-1.91	-1.90	-0.64
产业发展	东北地区	49	52.21	54.32	62.11	63.58	56.24	14.58
	全国平均	47.55	51.99	51.21	55.3	57.57	52.72	10.02
	差距	1.45	0.22	3.11	6.81	6.01	3.52	4.56

续表

年份		2012	2013	2014	2015	2016	2012~2016 年均值	2016 年较 2012 年的变动
创新 创业	东北地区	46.13	47.45	46.74	48.96	52.58	48.37	6.45
	全国平均	46.34	49.48	50.88	55.01	58.01	51.94	11.67
	差距	-0.21	-2.03	-4.14	-6.05	-5.43	-3.57	-5.22
社会 民生	东北地区	35.19	40.31	46	50.46	53.37	45.07	18.18
	全国平均	42.89	46.53	52.12	58.08	57.25	51.37	14.36
	差距	-7.7	-6.22	-6.12	-7.62	-3.88	-6.31	3.82

从分省情况看,也呈现了这样的趋势。东北三省政府治理指数都出现了较大幅度的下降。其中,辽宁省政府治理水平降幅最大,2016 年较 2012 年降了 13.43 分,其次为黑龙江省,降了 11.05 分,吉林省降幅最小,为 6.81 分。在企态优化方面,辽宁和吉林省企态优化指数有所增长,黑龙江企态优化指数出现下降,降幅为 -9.34 分,具体如表 1-5 所示。

表 1-5 黑龙江、吉林、辽宁三省东北振兴各分项指数

年份		2012	2012	2013	2014	2016	均值	2016 年较 2012 年的变动
政府 治理	辽宁	57.61	54.24	53.97	56.00	44.18	53.20	-13.43
	吉林	47.32	44.70	49.61	43.09	40.51	45.05	-6.81
	黑龙江	44.92	43.98	33.14	35.85	33.87	38.35	-11.05
企态 优化	辽宁	34.06	32.81	36.87	34.84	42.18	36.15	8.12
	吉林	45.97	43.54	48.28	48.31	53.84	47.99	7.87
	黑龙江	44.49	44.62	43.85	32.41	35.15	40.11	-9.34
区域 开放	辽宁	66.19	65.30	63.95	65.12	65.23	65.16	-0.96
	吉林	40.36	40.41	40.06	37.28	42.60	40.14	2.24
	黑龙江	36.65	34.33	34.37	30.08	30.05	33.10	-6.60
产业 发展	辽宁	49.96	55.53	54.34	66.40	62.49	57.74	12.53
	吉林	44.13	44.78	47.06	53.25	58.70	49.59	14.57
	黑龙江	52.90	56.33	61.56	66.69	69.54	61.40	16.64
创新 创业	辽宁	60.85	60.48	58.54	60.60	65.41	61.18	4.56
	吉林	35.86	40.16	40.91	43.45	48.28	41.73	12.42
	黑龙江	41.68	41.71	40.78	42.82	44.05	42.21	2.37
社会 民生	辽宁	41.90	50.88	51.33	54.59	58.14	51.37	16.24
	吉林	30.47	32.70	43.48	48.33	51.64	41.33	21.17
	黑龙江	33.18	37.34	43.18	48.46	50.32	42.50	17.14

（四）简政放权和营商环境是东北政府治理的核心问题

2012～2016 年东北地区政府治理各个指标得分上，与全国平均水平的差距依次为政府规模（3.57 分）、市场干预（3 分）、监管水平（-1.87 分）、简政放权（-14.89 分）、营商环境（-17.35 分）。简政放权和营商环境是制约东北地区政府治理的"短板"，具体如表 1-6 所示。

表 1-6　2012～2016 年东北三省政府治理方面分项指数平均得分

	市场干预	政府规模	简政放权	监管水平	营商环境
辽宁	73.11	57.14	55.49	38	42.25
吉林	49.86	50.18	37.89	59.99	27.3
黑龙江	43.01	58.15	10.77	49.8	30.04
东北三省平均	55.33	55.16	34.72	49.26	33.2
与全国平均差距	3	3.57	-14.89	-1.87	-17.35

虽然东北三省的简政放权指数均值低于全国平均水平，但简政放权改革还是取得了一定进展，辽宁省简政放权指数从 2012 年的 54.24 分上升到 2016 年的 53.90 分，小幅下降 0.34 分；吉林和黑龙江简政放权指数分别提高了 4.66 分和 1.05 分，但与全国平均水平增长相比，除了吉林之外，辽宁和黑龙江简政放权指数增长均低于全国平均水平增长幅度。

东北三省的营商环境指数远远低于全国平均水平，而且营商环境改善效果不佳。辽宁省营商环境指数从 41.44 分下降到 30.72 分，下降幅度为 10.72 分；吉林和黑龙江的营商环境指数分别下降了 22.47 分和 18.67 分。与此同时，全国营商环境指数从 2012 年的 45.88 分上升至 2016 年的 58.08 分，增加了 12.20 分。东北营商环境指数呈现下降趋势，与全国营商环境指数呈现相反趋势，具体如表 1-7 所示。

表 1-7　2012～2016 年东北三省政府治理方面分项指数平均得分

分项	年份	2012	2013	2014	2015	2016
市场干预	辽宁	71.39	60.98	71.62	87.08	74.52
	吉林	56.81	52.03	50.21	47.90	42.37
	黑龙江	46.51	45.68	49.20	38.78	34.89
	全国平均	49.10	52.84	54.44	57.18	60.50

续表

分项	年份	2012	2013	2014	2015	2016
政府规模	辽宁	51.25	53.52	60.74	64.67	55.52
	吉林	49.42	48.61	53.50	50.69	48.71
	黑龙江	55.84	58.59	60.16	59.80	56.37
	全国平均	44.79	54.21	46.33	54.53	55.90
简政放权	辽宁	54.24	55.26	56.73	57.31	53.90
	吉林	34.97	36.12	38.16	39.59	40.63
	黑龙江	10.33	10.12	10.18	11.84	11.38
	全国平均	50.65	52.74	50.06	54.56	53.82
监管水平	辽宁	41.44	45.46	36.16	36.21	30.72
	吉林	71.63	66.43	58.67	54.09	49.16
	黑龙江	68.51	54.85	33.66	42.13	49.84
	全国平均	47.32	50.81	52.36	55.38	59.54
营商环境	辽宁	69.73	55.97	44.59	34.73	6.24
	吉林	23.78	20.33	47.51	23.20	21.67
	黑龙江	43.44	50.65	12.51	26.71	16.89
	全国平均	45.88	49.34	52.84	54.87	58.08

（五）国企保增值是东北地区企态优化的紧迫任务

从衡量企业优化的指标来看，2016 年辽宁、吉林和黑龙江的国企效率指数及其提升幅度均超过全国平均。企业实力指数虽然有所下降，但依然超过了全国平均值（53.82分）。其中，辽宁省企业实力指数增长了 29.21 分，超过全国企业实力均值增幅（3.17分），吉林和黑龙江企业实力指数分别下降 12.93 分和 5.34 分，需要引起注意。民企规模指数超过全国平均，2012～2016 年实现正增长，但增长幅度上有所分化。体现为：辽宁和吉林分别提高了 18.12 分和 24.84 分，超过全国民企规模均值增长幅度（12.22 分），黑龙江仅仅提高了 6.97 分，低于全国平均增长幅度。在民企融资方面，黑龙江 2016 年得分较 2012 年提高了 36.30 分，超过全国平均民企融资指数增幅（12.20 分），辽宁省民企融资指数增长 2.78 分，吉林民企融资指数降低 4.61 分，辽宁和吉林民企融资指数增长幅度均落后与全国平均水平。在国企保增值方面，吉林和黑龙江国企保增值指数有所提高，而辽宁则出现了些许下降，且均低于全国平均水平，具体如表 1-8 所示。

表1-8 2012~2016年东北三省企态优化方面分项指数平均得分

分项	年份	2012	2013	2014	2015	2016
国企效率	辽宁	55.56	65.09	64.64	67.14	72.91
	吉林	25.71	35.83	41.65	48.80	62.83
	黑龙江	61.58	68.26	74.95	80.16	88.32
	全国平均	49.10	52.84	54.44	57.18	60.50
国企保增值	辽宁	39.36	49.63	38.42	56.03	34.56
	吉林	19.53	26.93	16.21	26.48	48.01
	黑龙江	34.04	35.18	47.57	52.91	52.57
	全国平均	44.79	54.21	46.33	54.53	55.90
企业实力	辽宁	25.28	27.93	29.40	55.60	54.49
	吉林	85.56	65.13	71.24	73.40	72.63
	黑龙江	66.20	68.77	68.89	74.23	60.86
	全国平均	50.65	52.74	50.06	54.56	53.82
民企规模	辽宁	51.51	55.14	58.33	70.63	69.63
	吉林	16.01	19.81	27.43	36.82	40.85
	黑龙江	29.77	27.11	24.76	33.90	36.74
	全国平均	47.32	50.81	52.36	55.38	59.54
民企融资	辽宁	78.11	79.88	80.93	82.57	80.89
	吉林	73.83	76.20	78.79	80.77	69.22
	黑龙江	72.89	82.34	91.62	92.22	109.18
	全国平均	45.88	49.34	52.84	54.87	58.08

总体来看,东北地区企态优化进程出现"好转",国企效率、企业实力、民企规模和民企融资方面进展显著,但国有企业保值增值仍然是企态优化的重点和"短板"领域。

(六) 东北全面振兴施策应持续重视扩大开放

东北三省区域开放整体水平低于全国平均,高于中部和西部,落后于华北、华东、华南、华中等区域,略强于西北与西南两区。区域开放度低制约了东北地区深度参与全球价值链分工,产品和服务、资本在东北流入和流出速度进程缓慢,具体如表1-9所示。

表 1-9　2012~2016 年七大地理区区域开放的平均值

年份	东北	华北	华东	华南	华中	西北	西南
2012	47.73	53.78	73.05	61.99	47.82	20.64	37.64
2013	46.68	53.22	71.97	59.96	46.86	20.20	36.75
2014	46.12	52.52	72.19	60.90	47.23	20.58	35.33
2015	44.16	52.16	72.18	60.20	46.93	20.54	33.90
2016	45.96	54.48	71.76	57.46	47.60	21.76	34.29
平均	46.13	53.23	72.23	60.10	47.29	20.74	35.58

（七）产业发展稳步推进但结构调整仍具空间

东北三省产业发展水平基本上与全国同步，除却略逊于东部以外，整体上强于西部和中部地区。在经济下行的压力下，东北地区正表现出服务业比重不断提升、重化工业比重逐渐降低等产业结构快速调整的特征。2016 年东北地区产业发展指数为 63.58 分，超过全国平均水平（57.57 分），较 2012 年提高了 14.58 分，也高于全国平均增幅（10.02 分）。其中，黑龙江产业发展水平最高（69.54 分），辽宁次之（62.49 分），吉林最低（58.70 分），东北三省产业发展指数都超过了全国平均水平，具体如表 1-10 所示。

表 1-10　2012~2016 年七大地理区产业发展指数的平均值

年份	东北	华北	华东	华南	华中	西北	西南	全国平均
2012	49.00	54.34	64.50	45.49	40.85	32.03	41.68	47.55
2013	52.21	55.21	65.76	52.11	45.75	41.25	47.75	51.99
2014	54.32	54.44	64.08	51.23	46.91	39.49	45.80	51.21
2015	62.11	58.77	67.22	54.50	51.60	43.57	48.63	55.30
2016	63.58	63.52	70.15	54.16	56.34	43.13	50.36	57.57
平均	56.24	57.26	66.34	51.50	48.29	39.89	46.84	52.72

（八）激发活力是东北创新创业的核心要务

2016 年东北三省创新创业水平为 52.58 分，低于全国平均（58.01 分），较 2012 年提升 6.45 分, 慢于全国平均增幅, 但快于东南三省。与华北、华东、华南和华中等地区相去甚远。从四大经济区的比较来看, 东北与东部地区相比差距显著。总体来看, 东北三省创新创业指数都有所增长。其中, 辽宁创新创业水平最高 65.41 分, 高于全国平均水平; 吉林为 48.28 分, 黑龙江最低 44.50 分, 均低于全国平均水平。吉林省创新创业指数较 2012 年提升了 12.42 分, 快于全国平均水平增幅, 辽宁和黑龙江分别提高了 4.56 分和 2.37 分, 低于全国平均水平增幅, 具体如表 1-11 所示。

表 1-11 2012~2016 年七大地理区创新创业指数的平均值

年份	东北	华北	华东	华南	华中	西北	西南	全国
2012	46.13	48.12	70.41	44.12	41.22	31.05	36.50	46.34
2013	47.45	51.77	71.60	48.30	47.60	34.04	39.54	49.48
2014	46.74	52.62	72.13	48.74	50.73	36.44	41.96	50.88
2015	48.96	55.45	75.81	51.68	56.30	43.77	45.44	55.01
2016	52.58	58.25	77.94	54.54	59.08	48.10	48.25	58.01
平均	48.37	53.24	73.58	49.48	50.99	38.68	42.34	51.94

进一步对各省份研发基础、人才基础、科技转化、技术产出、创业成效等进行分析可知, 辽宁省在上述五个方面都高于全国平均水平, 其创新创业指数也显著高于吉林和黑龙江。与辽宁省相比, 吉林省的人才基础指数高于辽宁和黑龙江, 达到 70.06 分, 吉林则在人才基础方面较为突出。值得注意的是, 具有较好人才基础的东北三省缘何在研发基础、技术转化、技术产出与创业成效等方面却"差强人意", 深层次原因在于创新创业活力不足, 具体如表 1-12 所示。

表 1-12 2012~2016 年东北三省创新创业方面分项指数平均得分

分项	年份	2012	2013	2014	2015	2016	2016 年较 2012 年增长	2016 年较 2015 年增长
研发基础	辽宁	68.80	70.29	66.92	54.91	59.53	-9.27	4.62
	吉林	28.98	43.45	42.45	45.14	35.78	6.80	-9.36
	黑龙江	42.08	41.67	39.84	34.42	32.42	-9.66	-2.00
	东南三省	80.32	81.74	80.77	82.21	83.65	3.33	1.44
	全国平均	48.03	51.56	51.90	51.00	51.80	3.77	0.80
人才基础	辽宁	64.00	65.67	69.20	67.33	68.32	4.32	0.99
	吉林	70.59	68.31	70.46	70.83	70.06	-0.53	-0.77
	黑龙江	64.77	64.06	63.66	61.34	58.52	-6.25	-2.82
	东南三省	77.07	79.34	80.19	81.46	81.92	4.85	0.47
	全国平均	47.46	49.72	51.70	53.44	54.55	7.09	1.11

续表

分项	年份	2012	2013	2014	2015	2016	2016 年较 2012 年增长	2016 年较 2015 年增长
科技转化	辽宁	59.26	53.95	44.86	64.89	70.41	11.15	5.52
	吉林	14.36	19.47	18.00	23.90	47.63	33.27	23.73
	黑龙江	62.16	64.73	59.84	73.99	73.42	11.26	-0.57
	东南三省	73.11	74.96	70.70	76.46	80.40	7.29	3.94
	全国平均	43.89	48.82	49.65	60.76	66.87	22.98	6.11
技术产出	辽宁	45.07	45.39	42.66	45.16	56.56	11.49	11.40
	吉林	36.14	39.34	39.22	39.97	44.06	7.92	4.09
	黑龙江	25.32	25.97	28.20	27.91	35.98	10.66	8.07
	东南三省	79.66	81.19	82.28	84.84	87.72	8.05	2.88
	全国平均	45.87	48.94	49.76	52.92	55.28	9.41	2.36
创业成效	辽宁	67.09	67.16	69.08	70.71	72.24	5.15	1.53
	吉林	29.24	30.23	34.43	37.41	43.85	14.61	6.44
	黑龙江	14.11	12.11	12.35	16.47	19.89	5.78	3.42
	东南三省	81.13	81.64	83.89	85.68	88.50	7.37	2.81
	全国平均	46.44	48.37	51.39	56.92	61.55	15.11	4.63

（九）社会保障压力是东北社会民生水平 提升的"瓶颈"所在

东北三省社会民生在全国处于中下等水平，与华北、华东、华南等地区具有较大差距，与华中、西北、西南较为接近。从四大经济区的比较来看，东北与东部和西部地区相比差距明显。其中，辽宁社会民生水平最高58.14分，较2012年提高了16.24分，高于全国平均增长幅度（14.36分），吉林次之51.64分，较2012年提高了21.17分，黑龙江最低50.32分，较2012年提高了17.14分，具体如表1-13所示。

表1-13 2012~2016年七大地理区社会民生指数的平均值

年份	东北	华北	华东	华南	华中	西北	西南	全国
2012	35.19	45.36	58.35	48.19	35.93	31.17	40.61	42.89
2013	40.31	49.38	61.56	49.13	40.23	35.67	43.74	46.53
2014	46.00	53.46	66.48	57.74	46.13	41.55	49.20	52.12
2015	50.46	59.25	70.17	63.40	54.07	49.76	55.35	58.08

续表

年份	东北	华北	华东	华南	华中	西北	西南	全国
2016	53.37	59.52	71.68	61.23	52.84	46.61	51.75	57.25
平均	45.06	53.40	65.65	55.94	45.84	40.95	48.13	51.38

2016 年，东北地区居民收入指数远低于东南三省水平，辽宁省高于全国平均水平，吉林和黑龙江则低于全国平均水平。较 2012 年，东北三省居民收入指数分别提高了 14.64 分、16.97 分和 20.37 分，远高于全国平均居民收入指数增长（3.77 分）。从居民消费指数看，东北三省居民消费指数虽然低于东南三省，但都高于全国平均水平，而且辽、吉、黑的居民消费指数较 2012 年分别提高了 6.12 分、11.2 分和 18.23 分，吉林和黑龙江居民消费指数增长幅度，超过全国平均水平（7.09 分），辽宁省略低于全国平均增长幅度。

从社会保障水平看，东北三省社会保障指数与全国平均差距较大，辽宁省社会保障指数为 30.34 分，吉林和黑龙江仅为 16.67 分和 13.48 分，与全国平均差距较大（66.87 分）。尽管东北三省社会保障指数都有增长（辽宁为 10.98 分、吉林为 4.65 分、黑龙江为 5.17 分），但增长速度远低于全国平均增长幅度（22.98 分）。不仅如此，尽管东北三省的养老金占比有所提升，但总体社会保障水平还在进一步恶化，与全国平均水平的差距还在扩大，其主要原因在于东北地区人口老龄化问题非常突出，这个现象需要得到各级政府的高度关注。在生态环境方面，东北地区生态环境指数不仅高于全国平均水平，而且也高于东南三省，具体如表 1-14 所示。

表 1-14 2012～2016 年东北三省社会民生方面分项指数平均得分

分项	年份	2012	2013	2014	2015	2016	2016 年较 2012 年增长	2016 年较 2015 年增长
居民收入	辽宁	60.08	74.49	77.84	79.75	74.72	14.64	-5.03
	吉林	29.47	37.41	48.01	58.58	46.44	16.97	-12.14
	黑龙江	25.77	36.73	46.13	56.92	46.14	20.37	-10.78
	东南三省	78.09	79.45	81.34	83.44	82.05	3.96	-1.39
	全国平均	48.03	51.56	51.90	51.00	51.80	3.77	0.8
居民消费	辽宁	75.13	76.40	78.82	80.56	81.25	6.12	0.69
	吉林	52.76	56.75	60.61	65.11	63.96	11.2	-1.15
	黑龙江	52.24	46.14	59.20	65.07	70.47	18.23	5.4
	东南三省	78.75	79.39	82.10	84.65	87.54	8.79	2.89
	全国平均	47.46	49.72	51.70	53.44	54.55	7.09	1.11

续表

分项	年份	2012	2013	2014	2015	2016	2016 年较 2012 年增长	2016 年较 2015 年增长
社会 保障	辽宁	19.36	19.97	18.82	25.04	30.34	10.98	5.3
	吉林	12.02	12.15	11.47	17.69	16.67	4.65	-1.02
	黑龙江	8.31	10.97	10.39	15.15	13.48	5.17	-1.67
	东南三省	59.25	66.02	69.30	73.11	68.05	8.8	-5.06
	全国平均	43.89	48.82	49.65	60.76	66.87	22.98	6.11
社会 公平	辽宁	50.51	64.55	44.93	45.00	43.28	-7.23	-1.72
	吉林	57.37	35.31	58.84	56.95	56.32	-1.05	-0.63
	黑龙江	48.08	49.70	46.89	46.49	48.72	0.64	2.23
	东南三省	63.30	62.61	68.07	67.35	70.83	7.53	3.48
	全国平均	45.87	48.94	49.76	52.92	55.28	9.41	2.36
生态 环境	辽宁	4.46	19.04	36.27	42.60	61.14	56.68	18.54
	吉林	0.74	21.86	38.44	43.32	74.82	74.08	31.5
	黑龙江	31.53	43.18	53.29	58.69	72.81	41.28	14.12
	东南三省	43.55	51.79	60.67	69.27	77.80	34.25	8.53
	全国平均	46.44	48.37	51.39	56.92	61.55	15.11	4.63

四、东北老工业基地全面振兴的思路与对策

东北振兴需要一场深刻的体制机制变革。面对区域经济发展全球性竞争的新格局，以及深入贯彻习总书记"要推进供给侧结构性改革，推进国有企业改革发展，深入实施东北老工业基地振兴战略……"的讲话精神，结合对东北老工业基地全面振兴评价，根据东北老工业基地全面振兴中涌现出的问题，东北振兴要注意"分省施策"，但对于东北三省共性问题的解决要以行政型治理转型为主线，以有限政府建设为保障，以产业结构调整为着眼点，以国企和民企多元互动为抓手，以区域开放为引领，以民生保障为基础，做好以下"六个着重于"。

（一）着重于推动"营商环境改善"

营商环境的改善不仅包括企业成长中面临的制度层面的约束，也包括物流、配套基础设施等营商硬环境的约束。不仅包括缩短负面清单，也包括重塑社会信用、公共道德，重塑正确的价值理念。对此，要更好地处理政府与市场关系，实现产权有效激励、要素自由流动、价格反应灵活、竞争公平有序、企业优胜劣汰，进一步调动、激发各类市场微观主体活力，使东北老工业基地振兴"列车"稳步前行。

营商环境改善政府一要在经济社会转型发展中厘清自身的职能边界，以打造服务型政府为工作重点，大力度推进简政放权、放管结合、优化服务改革，着重于减少行政性、弱化政府的行政干预，充分发挥市场在治理改革中的基础作用。二要以东北地区与东南三省的省市对口合作为契机，并充分利用借鉴改革开放 40 年来积累的成功经验，加快对先进地区经验的复制、消化和理解，以推动简政放权和改善营商环境为重点，转变政府职能，提升东北地区政府治理水平。由"官僚体系"为主向"市场本位"的制度软环境转变，着力打造服务型政府，为经济运行营造国际化、法治化、公平高效的市场环境，为企业和创业者提供稳定的宏观经济环境和良好的法治环境。三要将东北地区政府治理体系和治理能力与国际接轨。打造国际化营商环境，需要国际社会了解东北和认同东北，这样才会吸

引更多的资本、人才和游客来到东北。其中，积极参与落实《联合国可持续发展议程2030》和加强以互联网、云计算、大数据、物联网、人工智能为代表的信息技术在政府治理中的应用是提升东北地区政府治理对接国际水平，是宣传东北政府治理绩效的重要途径。

（二）　着重于建设"现代产业体系"

党的十九大报告提出，建设现代化经济体系，必须把发展经济的着力点放在实体经济上。实体经济是国民经济的脊梁和经济强国的坚实支撑，只有植根于实体经济，特别是强大的工业基础之上的现代产业体系，才具有强大的活力和生命力。深入分析可知，产业结构调整是东北振兴的核心与关键。东北三省产业发展水平偏低的深层次问题在于"结构不合理"，存在装备制造业和高技术产业产品附加值低，轻工业和大规模消费品制造业没有发展起来，东北地区以重化工业为主的产业结构并未发生实质性转变等问题，亟待进行合理化与高级化调整。

为此，一要通过科技创新适应未来科技发展趋势，确保现代产业在经济体系中占据主导地位。着力提升区域产业科技创新能力，引导大学和研究机构进一步服务企业的创新需求，成为东北科技创新能力提升的重要体系建设载体；二要着力构建与现代产业体系相适应的现代金融体系，重点解决战略性新兴产业发展面临的融资"瓶颈"；三要实现工业化与信息化相融合、工业与服务业相融合。智能化和服务化是世界产业发展的主流趋势。如德国工业4.0项目，美国"再工业化"项目和《中国制造2025》，都是以智能制造作为制造业转型升级的主攻方向。东北地区应该充分结合自身制造业基础，着力提升制造业的智能化和服务化。

（三）　着重于实现"治理能力提升"

当前中国国有企业治理形态可以概括为"行政经济型治理"。但是，东北三省企态优化水平偏低的深层次原因却是典型的"行政型治理"。在国企层面，主要表现为企业目标的行政化、高管任命行政化、资源分配行政化；在民企层面，主要体现在企业依靠政治联系获取资源，凭借寄生国企获得存续。正是由于"行政型治理"充斥于市场，使企业办社会、僵尸企业大量"非理性存续"，国企进退凸显"行政干预"、国企治理"形似神无"、民企融资"举步维艰"。当前，东北三省企态优化水平需要通过治理能力的提升，实现"行政型治理"向"经济型治理"转型。

一要以完善产权制度和要素市场化为重点，推动民营经济发展。重点培育若干大型民营企业，改变民营经济"小、弱、散"的无序自发的产业业态，重塑民营企业内生增长动力，并逐步形成内生增长能力。要加强在法律、资本市场、监管等方面的制度供给，通过建立法治化、规范化、制度化的法治体系和资本市场，改善企业外部治理环境。二要以强化现代化企业治理为重点，推动民营企业现代企业制度建设，推进国企混合所有制发展，通过民企和国企融合发展，盘活国有资产。国有企业未来改革的一个方向是通过引入民营资本打造一批混合所有制企业。在此之上，通过完善相关制度实现国有企业与民营企业之间由"关系型交换"向"契约型交换"转变，重新架构双方之间的生态关系。三要以"现代企业制度试点企业"为抓手，推进东北现代企业治理水平提升。对于纳入政策支持的国有企业的选择不应仅考虑业绩与创新能力，还要重点考察现代企业制度的建设状况，引入评价指标，每年举办国有企业现代企业制度示范企业评选，并给予一定的物质或政策奖励，以推进企业积极转制，实现更高层次的发展。

（四）着重于激发"创新主体活力"

东北三省创新创业水平较低，可有国有企业比重高、民营企业缺乏生存空间、产业结构不合理等诸多原因，但创新创业中"创新主体活力不足"无疑是重中之重。借鉴北京、浙江等省市的经验，东北为打造优良的创新创业生态系统，要注重在产业技术创新平台中完善孵化功能，通过平台汇集创新创业资源，凝练一批重大项目工程，鼓励和支持院士后备人才按有关程序积极争取承担国家、省部级科技计划重大专项、重点项目或重大工程建设项目等；鼓励院士后备人才与国内外知名科研院所、企事业单位、高等院校合作申报并开展重大科技项目研究；以项目引才、以项目留才，以项目育才。

与此同时，还要完善对引进高端创新人才的评价考核机制，构建以绩效为核心，由品德、知识、能力等要素构成的高端创新人才选拔评价指标体系，通过各类媒体宣传以及举办大型创新创业活动，营造东北全民创新创业的氛围，弘扬"鼓励创新，宽容失败"的创新文化，为引进人才创造良好的创新环境。此外，还要注意打造产、学、研政新型科研机构，打造海外高层次引进平台。当前，东北各地区政府对海外人才引进都高度重视，对海外人才引进方式、引进手段基本相似，并没有实质性差别。为此，借鉴深圳、苏州等地区经验，依托国内知名大学、知名科研机构、当地政府、企业联合打造新型科研机构，通过高水平大学和研究机构的品牌，吸引海外人才落地，进而依托各类新型研发机构的项目倾斜，凝聚海外智力资源服务东北振兴事业。

（五）着重于扩大"对外开放进程"

当前，面对贸易保护主义行为的常态化和长期化，需要做好长期的应对准备。要加快落实党的十九大报告提出的"推动形成全面开放新格局"重要战略部署，以更加积极主动的行动加快东北地区对外开放进程。

一是要重点打造东北东部经济带。充分结合当前朝鲜半岛弃核发展经济的国际局势，以东北三省沿边、沿海城市为载体，通过完善交通、能源管道等基础设施，将东北东部打造成对接朝鲜半岛和日本的东部经济带，成为东北振兴的新经济增长点。二是要充分发挥自贸试验区的开放引领作用，为东北地区扩大国际竞争优势拓展新路径。加快推进与东北亚全方位经济合作，以更大的空间融入世界经济中，打造东北亚区域经济合作的战略支点。加速融入"一带一路"倡议建设，拓宽"一带一路"倡议沿线国家、地区合作范围和领域，提高四城市优势产品在"一带一路"倡议沿线国家及日本、韩国等国的市场占有率。全力推动区域跨境电商发展。着力构建连接亚欧的海陆空大通道，打造四城市间与欧亚大陆相衔接的高速运输走廊。

（六）着重于强化"社会民生保障"

东北三省社会民生水平较低，尽管各方面均有显现，但社会保障中的养老问题非常突出。一方面是由于东北地区人口老龄化问题严重，国有企业职工进入大规模退休期；另一方面则是因为东北经济持续下滑，传统发展方式难以为继，在对社会保障内生需求的加大与经济发展缓慢的双重挤压下，导致了如今现状。就此而言，东北老工业基地民生问题解决，无论是居民收入水平的增加，还是养老基金水平的提高，其关键还是在于东北地区人口结构的合理化和产业与企业的健康发展。与此同时，收入水平低下是东北三省社会民生水平较低的根源。

一是就业和居民收入上要实现"稳中有进"和"结构调整"。要加快实施乡村振兴战略，着力提升农业现代化水平，提升农业劳动生产率，提高从事农业的劳动力的收入水平，提升农业对劳动力的吸引力。加快培育新兴产业发展，使其尽快成为东北地区的主导产业，通过产业结构调整带动劳动力结构调整，提升产业工人薪酬水平要加快推进电商和跨境电商等平台载体发展，扩大东北农业和服务业的市场空间，提升农业和服务业的薪资水平。二是推进城市之间、城乡之间基本公共服务的均等化，解决区域民生发展水平不平衡问题，再教育、医疗、养老等基本公共服务领域，加大政府支出，并吸引社会资本加入，按照市场化运作思路，解决落后地区和乡村基本公共服务滞后问题，解决区域发展不平衡和不充分的矛盾。三是扩大社保基金的渠道来源，同时大力推进社保基金使用的法制化、制度化和规范化，保证社保基金的专款专用。在这其中，妥善解决国有企业中厂办大集体职工的生活困难和社会保障问题是重中之重。四是既要金山银山，也要绿水青山。需要把握"金山银山与绿水青山"深度融合，实现产业的高质量绿色发展。在生活环境建设方面要加强对大气质量的管理，监控有害气体的排放，使 PM2.5 值维持在较低的水平；各级政府加强对公园、绿地和健身场所的建设和维护；减少城市噪声等。维护好东北特有的文物古迹，对有特色的人文景观也要加强建设和保护。

中篇　评价报告

一、东北老工业基地全面振兴
进程综合评价报告

（一）东北振兴指数总体分析

东北地区老工业基地[①]振兴进程评价涵盖了政府治理、企态优化、区域开放、产业发展、创新创业、社会民生 6 个方面（二级指标），下设 30 个三级指标及 60 项测度指标。汇集中国 31 个省市区 2012～2016 年综合评价信息[②]，并通过科学的评价流程，得到连续 5 年的振兴指数[③]，在此基础上，形成多年连续排名和单年排名。其中，多年连续排名用于反映各省市区绝对发展水平随时间动态变化的情况（31 个省市区 5 年共 155 个排位，最高排名为 1，最低排名为 155），单年排名用于反映各省市区在全国范围内某个单年的相对发展水平（31 个省市区每年 31 个排位，最高排名为 1，最低排名为 31）。具体而言，31 个省市区在振兴指数得分上的总体情况如表 2 - 1 所示。

表 2 - 1　2012～2016 年 31 个省市区振兴指数得分、连续及单年排名

省市区	2012 年			2013 年			2014 年			2015 年			2016 年		
	值	总	年	值	总	年	值	总	年	值	总	年	值	总	年
上海	77.4	7	1	77.4	6	1	78.0	2	1	77.6	4	1	80.9	1	1
江苏	71.2	27	5	72.7	19	3	73.6	16	4	75.2	12	2	77.9	3	2
浙江	72.6	22	2	72.6	21	5	73.9	14	3	74.1	13	3	76.7	8	3
北京	71.8	25	4	73.7	15	2	75.4	11	2	77.5	5	2	76.6	9	4

---

①　本评价报告中，"东北地区"仅特指东北三省，两个概念等同使用。

②　为确保评价的统一连续性，本报告以 2011～2015 年的评价数据为基础，融入 2016 年的数据展开滚动评价，不同于直接对 2011～2016 年数据进行评价，滚动式的评价有助于指数信息的连续稳定观测，以吻合系列报告持续跟踪研究的内在需求。囿于篇幅，除特别强调之处，报告仅呈现并分析 2012～2016 年的信息。

③　为了找出全面振兴进程的缺口，本书引入东三省之外其他省份的评价结果将作为"参照系"，所用指标依然是东北老工业基地全面振兴进程评价指标体系，为避免概念过多引致理解不变，在此一并称为"振兴指数"。

续表

省市区	2012 年			2013 年			2014 年			2015 年			2016 年		
	值	总	年	值	总	年	值	总	年	值	总	年	值	总	年
广东	68.3	30	6	71.9	24	6	71.4	26	5	73.0	18	5	75.9	10	5
天津	71.9	23	3	72.6	20	4	70.4	29	6	70.7	28	6	73.4	17	6
福建	64.1	35	7	65.6	33	7	63.2	37	7	65.8	32	7	67.1	31	7
重庆	55.3	50	9	58.2	46	9	61.2	41	9	63.7	36	8	64.6	34	8
山东	59.2	44	8	60.3	42	8	61.2	40	8	63.0	38	9	63.0	39	9
湖北	49.3	67	11	52.0	60	12	53.9	52	10	55.1	51	12	59.6	43	10
安徽	48.4	75	13	52.7	59	11	53.7	54	11	57.1	47	10	58.7	45	11
辽宁	51.8	61	10	53.2	56	10	53.2	57	12	56.3	49	11	56.3	48	12
四川	45.6	86	14	47.2	77	14	48.7	72	14	51.6	62	14	53.4	55	13
江西	42.6	103	16	44.6	93	16	46.4	83	16	48.8	71	15	50.3	64	14
湖南	41.3	107	19	44.3	94	17	45.0	90	18	48.2	76	17	50.1	65	15
海南	49.1	70	12	51.0	63	13	52.9	58	13	53.7	53	13	49.8	66	16
河北	41.6	106	18	42.9	100	20	45.1	89	17	46.8	79	18	49.3	68	17
吉林	40.7	111	20	41.0	108	21	44.9	91	19	45.6	88	21	49.3	69	18
陕西	43.9	95	15	47.1	78	15	46.6	81	15	48.4	74	16	48.6	73	19
河南	39.0	116	21	43.3	98	18	43.9	96	20	46.8	80	19	46.6	82	20
广西	38.0	124	23	40.1	113	22	42.5	104	22	46.1	85	20	46.3	84	21
山西	38.4	122	22	40.0	114	23	41.0	109	23	44.8	92	22	45.6	87	22
黑龙江	42.3	105	17	43.1	99	19	42.8	101	21	42.7	102	23	43.8	97	23
宁夏	35.9	132	24	38.2	123	25	37.6	127	25	39.2	115	24	40.8	110	24
贵州	31.3	148	28	35.2	137	27	35.8	134	27	38.6	119	25	40.6	112	25
新疆	33.3	145	27	37.5	128	26	37.6	126	24	38.6	120	26	38.8	117	26
云南	35.0	138	26	38.8	118	24	36.1	131	26	37.9	125	27	38.5	121	27
甘肃	29.7	153	30	34.6	140	29	34.4	141	28	35.5	135	28	36.3	130	28
内蒙古	35.4	136	25	37.1	129	27	33.7	143	29	34.7	139	29	35.9	133	29
青海	27.1	155	31	29.3	152	31	30.7	151	31	32.7	146	30	34.2	142	30
西藏	31.0	150	29	31.2	149	30	33.6	144	30	29.3	154	31	32.7	147	31
平均	47.8	89	16	50.0	81	16	50.6	79	16	52.2	73	16	53.6	68	16

注：①对于表中的字段名称，"值"表示各省市区对应年份的指数得分，"总"表示各省市区 2012～2016 年多年连续总排名，"年"表示各省市区 5 个单年的排名；②表中 31 个省市区按照 2016 年的指数得分由高到低（降序）排列。

进一步考虑东南三省（江苏、浙江、广东）为国务院确定的东北三省对接合作省份①，作为学习的标杆，与其进行了对标。2012～2016 年，6 省份振兴指数由高到低依次为：浙江、江苏、广东、辽宁、黑龙江、吉林；东南三省总体呈现上升的发展态势，其中浙江省和江苏省的发展水平明显优于广东省；东北三省只有辽宁省的发展水平突破 50 分（临界线），相比东南三省中发展水平稍低的广东省，差距依然很大；东北三省振兴指数的整体增长幅度高于东南三省，其中增幅最大的是吉林省（5.27%），增幅最小的是浙江省（0.90%），辽宁省和黑龙江省的增幅分别为 2.15% 和 2.79%。

表 2 - 2　2012～2016 年 6 省份振兴指数值及单年排名

年份	辽宁	吉林	黑龙江	江苏	浙江	广东	全国平均
	值/序	值/序	值/序	值/序	值/序	值/序	值
2012	51.76/10	40.68/20	42.30/17	71.16/5	72.58/2	68.27/6	47.82
2013	53.21/10	41.05/21	43.05/19	72.68/3	72.58/5	71.92/6	50.00
2014	53.17/12	44.90/19	42.81/21	73.62/4	73.89/3	71.38/5	50.60
2015	56.25/11	45.62/21	42.72/23	75.16/3	74.06/4	73.01/5	52.24
2016	56.27/12	49.26/18	43.83/23	77.89/2	76.74/3	75.92/5	53.59
平均	54.13/11	44.30/19.8	42.94/20.6	74.10/3.4	73.97/3.4	72.10/5.4	50.85

　　2012～2016 年，全国平均水平呈平稳上升趋势，东北地区上升相对缓慢；东北地区的发展水平（5 年均未超过 50 分）低于全国平均水平，但 2016 年全国平均指数得分提升 1.35 分，东北地区平均指数得分提升 1.59 分，差距正在缩小；辽宁省整体上优于全国及东北地区的平均水平，但 2016 年与上一年得分几乎持平，增长乏力；黑龙江省在经历 2014 年、2015 年两年的下滑后于 2016 年开始缓慢回升；吉林省是东北三省中唯一持续增长的省份，2016 年指数较前一年增长 3.64 分，高于三省平均水平；相对其他两省，辽宁省起点较高，情况稍好一些，吉林省和黑龙江省前期整体发展水平相当，但 2014 年黑龙江省被吉林省反超，随后两年差距进一步扩大，数据反映吉林省是东北三省中成长相对良好的省份，具体如图 2 - 1 所示。

　　2012～2016 年，东北三省振兴指数在全国 31 个省市区连续 5 年数据集（共 155 个指标值）中相对位置分布情况如图 2 - 2 所示。东北三省 5 年（共 15 个数据）振兴指数的百分比排位接近 70% 的仅有 1 个，处于 50% 以下的有 9 个，排位的最大值是 2016 年的辽宁省（69.4%），最小值是 2012 年的黑龙江省（32.4%）。可见，东北三省的整体发展位次亟待提升。

———————————————

　　①　在本书被重点引入与东北三省进行对比分析。

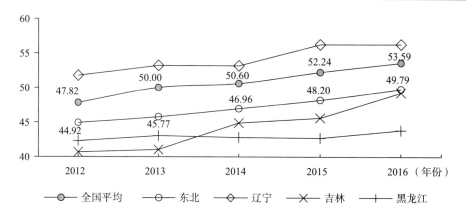

图 2 - 1 2012~2016 年振兴指数基本走势

注：①全国平均是指 31 个省市区的平均水平；②全国范围内（可采集到的数据），振兴指数的最大值为 2016 年上海的 80.94 分，最小值为 2012 年青海的 27.13 分。

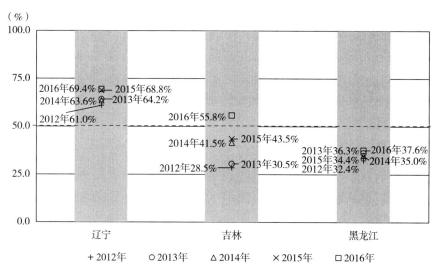

图 2 - 2 2012~2016 年东北三省振兴指数百分比排位

（二）全国视角下东北地区振兴进展分析

整体来看，2012~2016 年，全国 31 个省市区发展总体水平持续提高，成效显著，东部沿海地区发展水平较内地优势明显，中部及东北部优于西部，整体呈现出由东部向中部再向西部及东北部递进的趋势。图 2 - 3 给出了 2012 年和 2016 年 31 个省市区振兴指数得分高低及排名位次的对比情况。

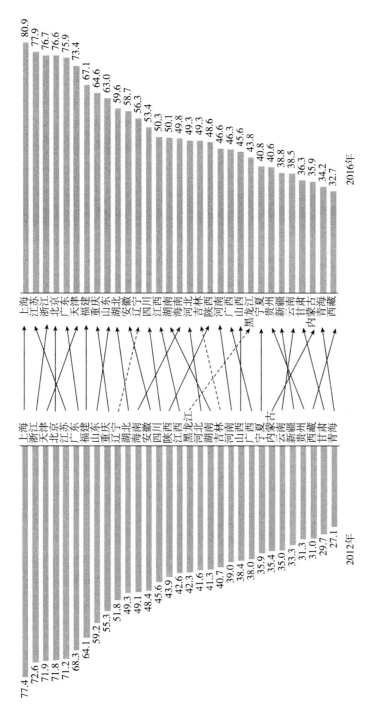

图 2-3　2012 年和 2016 年 31 个省市区振兴指数及排名情况对比

注：在不影响趋势分析的前提下简化图形，仅列出 2012 年和 2016 年两年的信息。

2012～2016 年，四大区域振兴指数由高到低依次为：东部、中部、东北、西部；四个区域均呈现逐年上升的发展趋势，但整体发展水平有待进一步提升（四个区域的平均得分均未超过 70 分）；相对而言，东部地区优势明显，中部和西部地区的发展势头较好（增幅较大，分别为 5% 和 3.91%）；东北地区的发展水平较东部地区，有明显差距，具体如表 2 - 3 所示。

表 2 - 3　2012～2016 年四大经济区振兴指数平均值及排名

年份	东北		东部		西部		中部	
	平均值	年排名	平均值	年排名	平均值	年排名	平均值	年排名
2012	44.92	15.7	64.70	6.6	36.8	23.4	43.17	17.0
2013	45.77	16.7	66.06	6.9	39.6	23.3	46.16	16.2
2014	46.96	17.3	66.51	6.6	39.88	23.3	47.34	16.3
2015	48.20	18.3	67.75	6.8	41.37	23.2	50.13	15.8
2016	49.79	17.7	69.06	7.0	42.55	23.4	51.81	15.3
平均	47.13	17.1	66.82	6.8	40.04	23.3	47.72	16.1

注：为确保区分度，对于具有平均意义的排名（序），本书保留一位小数，以下各表同。

2012～2016 年，七个区域振兴指数由高到低依次为：华东、华南、华北、华中、东北、西南、西北；七大区域均呈现平稳上升的发展趋势，但整体发展水平有待提升（振兴指数得分均未超过 70 分）；相对而言，华东地区优势明显，华中西北地区的发展势头较好（增幅较大，分别为 4.98% 和 4.22%）；在七个区域中，东北地区排名相对靠后，与最优的华东地区相比差距明显，如表 2 - 4 所示。

表 2 - 4　2012～2016 年七大地理区振兴指数平均值及排名

年份	东北	华北	华东	华南	华中	西北	西南
	值/序	值/序	值/序	值/序	值/序	值/序	值/序
2012	44.92/15.7	51.80/14.4	65.47/6.0	51.77/13.7	43.06/16.8	34.00/25.4	39.65/21.2
2013	45.77/16.7	53.25/15.2	66.88/5.8	54.34/13.7	46.05/15.8	37.47/25.2	42.13/21.0
2014	46.96/17.3	53.11/15.4	67.28/5.7	55.59/13.3	47.32/16.0	37.41/24.6	43.07/21.2
2015	48.20/18.3	54.92/15.4	68.81/5.7	57.62/12.7	49.70/15.8	38.88/24.8	44.24/21.0
2016	49.79/17.7	56.15/15.6	70.73/5.5	57.33/14.0	51.64/14.8	39.73/25.4	45.95/20.8
平均	47.13/17.1	53.85/15.2	67.83/5.7	55.33/13.5	47.55/15.8	37.50/25.1	43.01/21.0

为便于直观分析，将指数信息按空间分类、时间排列、优劣序化等方式整理后，形成多年振兴指数的可视化集成图（见图 2 - 4 至图 2 - 6），结合表 2 - 1 的信息，以全国四大

经济区为划分标准，对东北三省全面振兴进程综合评价如下：

1. 中部地区平均水平发展增速较快，2013 年实现了对东北地区的超越，但均未达到全国平均水平

从反映西部、中部、东北、东部四大区域振兴指数平均得分曲线的变化情况可以看出，中部起点较低，但增速较快，2013 年实现了对东北地区的反超，且从得分增长情况看仍有较大的发展空间；西部基础相对薄弱，振兴指数始终未达到 2012 年全国平均水平（47.8 分），但整体水平稳中有增，其中重庆的发展已远超全国平均水平；东部发展较为成熟，遥遥领先于其他三个地区；东北地区的指数得分的年均增幅在四个区域中排名第 3，发展相对乏力。

2. 东北地区指数得分虽持续增长，但尚未实现对 50 分的跨越

中国各区域综合发展状况总体良好，保持平稳的增长势头；2012～2016 年，四大区域振兴指数均呈上升趋势，指数得分的年均增幅由高到低依次为：中部（2.2 分）、西部（1.4 分）、东北（1.2 分）、东部（1.1 分）；东北地区的指数得分略高于西部，但西部最优水平明显高于东北和中部地区；西部和东北地区的指数得分始终未实现对 50 分这条临界线的突破；中部地区于 2015 年实现对 50 分的跨越。

3. 相对于全国绝大部分省份的大踏步前行，辽宁、黑龙江两省均有起伏，湖北省（中部最优水平）于 2016 年实现对辽宁省（东北最优水平）的超越

2012～2016 年，四大区域的振兴指数连续排名均呈上升趋势，年均排名改进幅度由高到低依次为：中部（8.5 名）、西部（5.3 名）、东北（5.3 名）、东部（3.4 名）；中部地区排名提升最快的是湖南省与江西省（5 年间分别提升 42 位、39 位），中部最优水平（湖北省 2016 年的 43 名）已超越东北最优水平（辽宁省 2016 年的 48 名）；西部地区排名提升最快的是广西壮族自治区（从 2012 年的 124 名提升至 2016 年的 84 名），西部最优水平（重庆市 2016 年的 34 名）优于中部最优水平；东部地区上升最快的是河北省（从 2012 年的 106 名发展至 2016 年的 68 名），但与东部其他省份差距依然明显；在东北三省中，黑龙江省从 2012 年的 105 名发展至 2016 年的 97 名后，步伐减缓，吉林省从 2012 年的 111 名升至 2016 年的 69 名，为东北地区排名提升最快的省份，且在 5 年间排名均呈现上升趋势，辽宁省整体水平优于吉林、黑龙江，5 年间排名有升有降，进展缓慢。

4. 近年来，东北地区单年平均排名退步明显（尽管 2016 年略有提升），持续改进压力较大，相对于全国其他地区，东北相对优势退失明显

单年排名的变化体现了此消彼长的相对竞争能力，2012～2016 年，在西部地区的 12 个省域中，单年排名维持不变的有 1 个（占 8.33%），排名退后的有 4 个（占 33.33%），

排名提升的有7个（占58.33%），其中贵州省相对排名提升3名，内蒙古自治区和陕西省均下降4名，分别为西部地区上升与下降最快的三个省、自治区；在中部地区6个省域中，没有单年排名下滑的省份，单年排名维持不变的有1个（占16.67%），排名提升的有5个（占83.33%），其中湖南省相对排名提升4名，为中部地区上升最快的省份；在东部地区10个省域中，单年排名维持不变的有3个（占30%），排名退后的有4个（占40%），排名提升的有3个（占30%），其中江苏省相对排名提升3名，海南省下降4名，分别为东部地区上升与下降最快的两个省份；东北地区，辽宁省单年排名倒退2名（跌出前10名），吉林省提升2名，黑龙江省倒退6名，成为全国倒退幅度最大的省份。东北地区平均排名下降幅度最大（5年平均排名下降2名），与中部地区形成强烈反差（5年平均排名上升1.7名），但2016年东北地区的平均排名略有回升，原因是吉林省单年排名提升对地区发展起到了一定的带动作用。

5. 2012～2016年，在东北地区整体发展缓慢，相对优势下滑明显的共同背景下，依然须警惕由相对能力的下降而引发绝对能力衰退的可能

从反映中部、西部、东部及东北的4条发展曲线可以看出，2012～2016年，四大区域的绝对能力均有程度不一的提升（见图2-4及图2-5），但部分区域（东部和东北部）的相对能力出现下跌（见图2-6），考虑到东部地区大部分省份普遍处于前列，基础夯实，发展水平高，出现微弱下滑（5年平均排名下滑0.4名）是正常的调整，与东北地区的大幅下跌性质迥异；中部处于持续提升、加速发力的良好状态中；西部基础偏弱，但整体处于稳定发展的过程中；因而在全国四个地区里，东北衰退特征相对明显。比较省份之间的发展，辽宁省和黑龙江省的相对优势退失较明显（东北地区2016年指数得分及单年排名的上扬仅是吉林省的良好表现引起的平均意义上的提升），因而就综合发展水平而言，东北在相对能力上的改善依然不显著，仍需警惕引发实质上倒退的可能（表现为指数得分出现负增长）。

（三）东北振兴分项指数分析

振兴指数及6个二级分项指数得分的描述统计信息如表2-5所示。由表2-5可知，振兴指数与6个二级分项指数得分的算术平均值分布在50分附近；6个二级分项指数中，区域开放的最小值得分最低（为8.53分），同时最大值得分最高（为94.13分），两者的差值（极差）为6个指数中最大的，说明全国31个省市区在区域开放层面的差异最大，其次是创新创业（极差为76.54个），相反，在社会民生发展方面差异最小（极差为57.32个），其次是产业发展（极差为61.68个）。

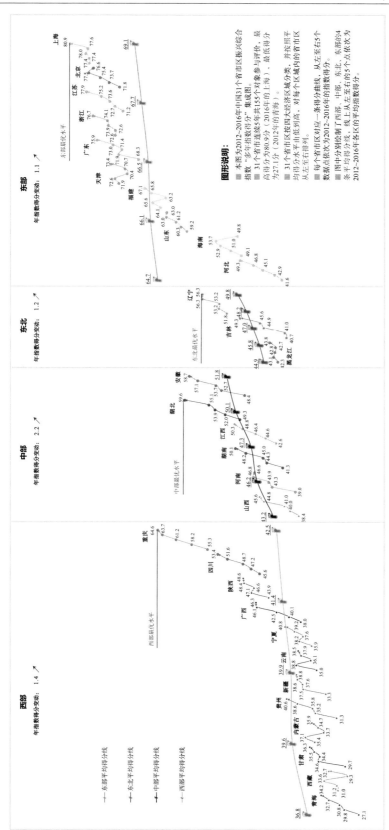

图 2 - 4　2012～2016 年 31 个省市区振兴综合指数得分变动情况

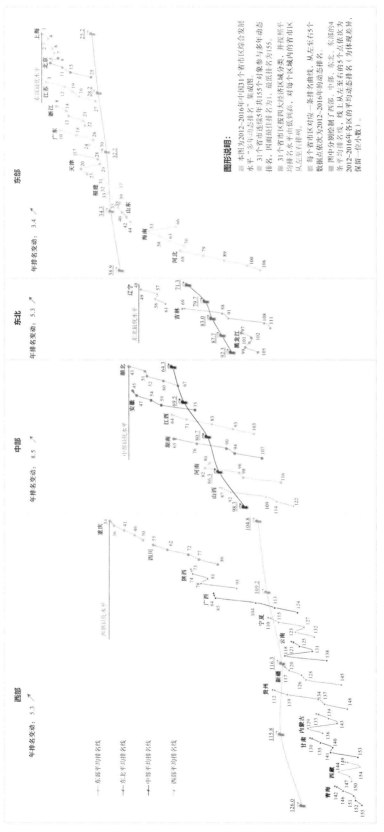

图 2-5 2012~2016 年 31 个省市区综合发展水平多年连续排名变动情况

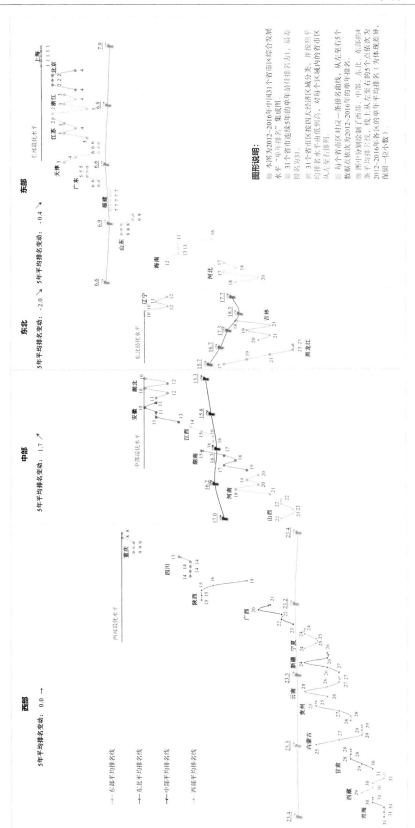

图 2－6　2012～2016 年 31 个省市区综合发展水平单年排名变动情况

表 2－5　振兴指数及 6 个二级指数得分的描述统计

	政府治理	企态优化	区域开放	产业发展	创新创业	社会民生	振兴指数
平均值	51.04	49.98	48.03	52.72	51.94	51.38	50.85
中位数	51.90	46.55	45.22	52.89	49.14	50.88	47.12
标准差	14.27	14.21	23.23	13.86	20.11	12.61	14.35
峰度	－0.6534	－0.1695	－1.0352	－0.8617	－1.0857	－0.6248	－0.9176
偏度	－0.2019	0.5898	0.1436	0.1729	0.2151	0.2012	0.5169
最小值	15.06	21.86	8.53	21.76	17.08	22.49	27.13
最大值	80.17	86.40	94.13	83.44	93.62	79.81	80.94
极差	65.11	64.54	85.60	61.68	76.54	57.32	53.80
观测数	155	155	155	155	155	155	155

　　依据 2012～2016 年的数据，东南三省的发展水平明显高于全国平均水平，在"创新创业"和"区域开放"方面的平均发展水平相对较好（80 分左右），其他四个方面的发展有进一步提升的空间；东北三省的发展水平较东南三省差距较大，"企态优化"的发展水平最低，除"产业发展"高于全国平均水平外，其他方面均低于全国平均水平，可见，东北地区的全面振兴势在必行。

　　东南三省在六个方面发展相对较均衡，而东北地区发展的均衡性较差。具体而言，在东南三省中，江苏省除在"企态优化""区域开放"的表现相对较弱外，其他方面的发展水平位于东南三省前列，且在"政府治理"方面为全国各省的最高水平；浙江省的"社会民生"优势最明显，为全国各省最高水平；广东省的"区域开放"在东南三省中的发展水平最高，但距离全国各省最高水平还有一定距离。东北三省中，辽宁省在"政府治理""社会民生""创新创业""区域开放"方面的发展较好，尤其"区域开放"方面的优势明显；吉林省的"企态优化"优势相对明显，但总体水平不高（尚未突破 50 分），有待于进一步提升；黑龙江省的"产业发展"低于东南三省中较弱的广东省，但高于辽宁与吉林；总体来看，辽宁省发展水平较吉林省和黑龙江省相对要高，但在大部分振兴方面的得分低于 60 分，因而东北地区的发展亟须进一步提升，具体如表 2－6 所示。

表 2－6　2012～2016 年 6 省份二级指数平均得分

	政府治理	企态优化	区域开放	产业发展	创新创业	社会民生
辽宁	53.20	36.15	65.15	57.74	61.17	51.37
吉林	45.05	47.99	40.14	49.58	41.73	41.32
黑龙江	38.35	40.10	33.10	61.40	42.21	42.50
江苏	74.13	67.82	78.49	71.75	81.97	70.45
浙江	65.50	79.18	73.33	71.06	80.00	74.74

续表

	政府治理	企态优化	区域开放	产业发展	创新创业	社会民生
广东	63.63	68.30	81.88	68.96	80.51	69.33
东北三省平均	45.53	41.41	46.13	56.24	48.37	45.06
东南三省平均	67.75	71.77	77.90	70.59	80.83	71.51
各省平均	51.04	49.98	48.03	52.72	51.94	51.38
各省最高	74.13	81.45	93.69	78.35	90.07	74.74
各省最低	23.20	23.00	10.73	33.47	20.43	33.59

2012～2016 年，对构成振兴指数的六个方面，全国在"创新创业"方面的平均水平呈现逐年上升的发展趋势；在"政府治理"和"区域开放"呈现先上升后下降的波动趋势，总体呈现下滑趋势，在"企态优化""产业发展"方面呈现先降后升的趋势，进展明显；在"社会民生"方面呈现先升后降的趋势，进展较明显。东南三省在六个方面的发展水平均处于全国前列（从年排名可以看出），明显高于全国的平均发展水平；在"企态优化""产业发展""创新创业""社会民生"四个方面整体呈上升的发展趋势，在"区域开放"东南三省均呈波动下降趋势；在"政府治理"方面，浙江省呈下降趋势，江苏省和广东省呈波动上升趋势；东北三省在"产业发展""创新创业""社会民生"方面的发展情况相对较好，整体呈上升趋势；相对而言，辽宁省在"区域开放""产业发展""创新创业"三个方面的优势相对明显，高于全国平均水平；吉林省在 2016 年的"企态优化"和"产业发展"优于全国平均水平；黑龙江省在"产业发展"方面的优势相对明显，高于全国平均水平，具体如表 2-7 所示。

表 2-7 2012～2016 年 6 省份二级分项指数

	年份	辽宁	吉林	黑龙江	江苏	浙江	广东	全国平均
		值/序	值/序	值/序	值/序	值/序	值/序	值
政府治理	2012	57.61/11	47.32/22	44.92/23	74.35/2	67.67/5	60.64/8	52.09
	2013	54.24/15 ▼	44.70/24 ▼	43.98/25 ▼	74.89/2 ▲	66.42/6 ▼	68.90/4 ▲	53.32 ▲
	2014	53.97/14 ▼	49.61/19 ▲	33.14/27 ▼	73.99/2 ▼	69.80/4 ▲	64.92/8 ▼	51.90 ▼
	2015	56.00/11 ▲	43.09/21 ▼	35.85/25 ▲	72.33/1 ▼	60.63/7 ▼	60.19/8 ▼	48.83 ▼
	2016	44.18/11 ▼	40.51/23 ▼	33.87/26 ▼	75.11/1 ▲	62.97/7 ▲	63.48/6 ▲	49.07 ▲
企态优化	2012	34.06/29	45.97/17	44.49/18	59.82/7	76.12/2	63.12/6	49.03
	2013	32.81/30 ▼	43.54/23 ▼	44.62/21 ▲	65.64/6 ▲	76.90/2 ▲	68.30/5 ▲	50.63 ▲
	2014	36.87/28 ▲	48.28/12 ▲	43.85/18 ▼	66.70/5 ▲	75.47/2 ▼	66.63/6 ▼	49.58 ▼
	2015	34.84/27 ▼	48.31/13 ▲	32.41/29 ▼	71.97/4 ▲	81.00/2 ▲	70.07/5 ▲	48.87 ▼
	2016	42.18/24 ▲	53.84/10 ▲	35.15/29 ▲	74.98/4 ▲	86.40/1 ▲	73.37/5 ▲	51.80 ▲

年份	辽宁 值/序	吉林 值/序	黑龙江 值/序	江苏 值/序	浙江 值/序	广东 值/序	全国平均 值
区域开放							
2012	66.18/9	40.36/18	36.65/22	81.27/4	74.62/6	83.49/3	49.00
2013	65.29/9▼	40.41/19▲	34.33/23▼	77.75/5▼	73.95/6▼	81.79/3▼	48.07▼
2014	63.94/9▼	40.06/19▼	34.37/22▲	77.78/5▲	73.77/6▼	82.22/2▲	47.91▼
2015	65.11/9▲	37.28/21▼	30.08/23▼	77.86/5▲	73.30/7▼	81.43/2▲	47.32▼
2016	65.22/9▲	42.60/18▲	30.05/23▼	77.80/5▼	71.03/7▼	80.48/4▲	47.87▲
产业发展							
2012	49.96/13	44.13/16	52.89/9	67.22/5	72.82/2	62.41/7	47.55
2013	55.53/12▲	44.78/20▲	56.33/10▲	70.04/4▲	68.1/50▼	67.55/6▲	51.99▲
2014	54.34/13▼	47.06/19▲	61.55/8▲	70.83/3▲	69.48/4▲	66.16/6▼	51.21▼
2015	66.39/8▲	53.25/19▲	66.68/7▲	72.37/3▲	69.19/5▼	70.02/4▲	55.30▲
2016	62.49/11▼	58.70/15▲	69.53/7▲	78.28/5▲	75.74/6▼	78.64/3▲	57.57▲
创新创业							
2012	60.84/9	35.86/17	41.68/16	81.63/2	76.92/4	76.21/5	46.34
2013	60.48/10▼	40.16/18▲	41.71/17▲	81.61/2▼	78.55/5▲	79.15/4▲	49.48▲
2014	58.54/12▼	40.91/18▲	40.78/19▼	81.07/2▲	78.80/5▲	78.81/4▼	50.88▲
2015	60.60/14▲	43.45/18▲	42.82/20▲	82.13/3▲	81.27/5▲	82.99/2▲	55.01▲
2016	65.41/13▲	48.28/20▲	44.05/24▲	83.42/4▲	84.48/3▲	85.40/2▲	58.01▲
社会民生							
2012	41.90/12	30.47/28	33.18/26	62.67/4	67.32/2	63.74/3	42.89
2013	50.88/10▲	32.70/29▲	37.34/25▲	66.14/3▲	71.57/1▲	65.83/4▲	46.53▲
2014	51.33/11▲	43.48/27▲	43.18/28▲	71.34/2▲	76.01/1▲	69.53/4▲	52.12▲
2015	54.59/19▲	48.33/28▲	48.46/27▲	74.33/2▲	79.00/1▲	73.36/3▲	58.08▲
2016	58.14/10▲	51.64/21▲	50.32/23▲	77.76/2▲	79.81/1▲	74.18/3▲	57.25▼

注：表中符号"▲"表示本年的数据相对于前一年是增长的，符号"▼"表示本年的数据相对于前一年是减少的。

进一步统计升降符（▲或▼）的数量，对不同地区的持续发展态势进行分析和对比可知，2012~2016年，全国关于六个方面的平均发展水平不同年度呈现上升（▲）的数量多于下降（▼）的数量；东北地区在"区域开放""产业发展"方面的上升（▲）数量略多于东南地区，尤其在"产业发展"方面，发展势头较好；东北地区在"创新创业""社会民生"方面的上升（▲）数量与东南地区相同；总体而言，东北地区发展水平提升（▲）的总数量与东南三省大体相当，东北地区为46个，占升降总数的63.9%，东南三省为49个，占68.1%，整体呈现递增的发展态势。

在东北三省中，辽宁省在六个方面呈现上升（▲）的数量为13个，占升降总数的54.2%，在"社会民生"方面整体呈逐年提升的发展态势；吉林省在六个方面呈现上升（▲）的数量为18个，占升降总数的75.0%，在"创新创业""社会民生"方面整体呈逐年提升的发展态势；黑龙江省在六个方面呈现上升（▲）的数量为15个，占升降总数的 62.5%，在"社会民生"方面整体呈逐年提升的发展态势。在东南三省中，江苏省呈现上升（▲）的数量为 18 个，占 75.0%，浙江省呈现上升（▲）的数量为 15 个，占 62.5%，广东省呈现上升（▲）的数量为 16 个，占 66.7%，其中江苏省的"企态优化""产业发展"，浙江省的"创新创业"及东南三省的"社会民生"呈逐年提升的发展态势。综上，六个省份均在"社会民生"方面的发展势头较好，但东北三省的发展水平较东南三省有着明显差距。

（四）振兴指数与 GDP 指标的联合分析

本书从东北地区全面振兴的视角出发设立了指标体系并构建起多维度的测度指数，而振兴指数处于指数的最高一级，可对省市区层次的发展水平作出全面的测度，其得分是对各省市区内在持续发展能力的反映。地区 GDP 是指地区所有常驻单位在一定时期内生产的所有最终产品和劳务的市场价值，是衡量地区总体经济状况的重要指标，相对于振兴指数，GDP 是外在实力（尤其是经济方面）的集中体现，从逻辑上看，振兴指数更强调持续性，GDP 更强调现时性。延续上一年度评价报告的思路，以下基于 2011 ~ 2016 年的数据，对"地区 GDP（总量）""人均 GDP"两个指标与本研究构建的振兴指数做相关性分析，关于 31 个省市区的振兴指数与地区 GDP（总量）的相关数据如表 2 - 8 所示（囿于篇幅，表 2 - 8 中未列出 2011 年振兴指数及地区 GDP 数据）。

表 2 - 8　各地区振兴指数得分及地区 GDP 情况

省市区	振兴指数					地区 GDP（单位：亿元）					
	2012 年	2013 年	2014 年	2015 年	2016 年	2012 年	2013 年	2014 年	2015 年	2016 年	2017 年
安徽	48.4	52.7	53.7	57.1	58.7	17212	19229	20849	22006	24118	27519
北京	71.8	73.7	75.4	77.5	76.6	17879	19801	21331	23015	24899	28000
福建	64.1	65.6	63.2	65.8	67.1	19702	21868	24056	25980	28519	32298
甘肃	29.7	34.6	34.4	35.5	36.3	5650	6331	6837	6790	7152	7677
广东	68.3	71.9	71.4	73.0	75.9	57068	62475	67810	72813	79512	89879
广西	38.0	40.1	42.5	46.1	46.3	13035	14450	15673	16803	18245	20396
贵州	31.3	35.2	35.8	38.6	40.6	6852	8087	9266	10503	11734	13541
海南	49.1	51.0	52.9	53.7	49.8	2856	3178	3501	3703	4045	4463
河北	41.6	42.9	45.1	46.8	49.3	26575	28443	29421	29806	31828	35964

续表

省市区	振兴指数					地区GDP（单位：亿元）					
	2012年	2013年	2014年	2015年	2016年	2012年	2013年	2014年	2015年	2016年	2017年
河南	39.0	43.3	43.9	46.8	46.6	29599	32191	34938	37002	40160	44988
黑龙江	42.3	43.1	42.8	42.7	43.8	13692	14455	15039	15084	15386	16200
湖北	49.3	52.0	53.9	55.1	59.6	22250	24792	27379	29550	32298	36523
湖南	41.3	44.3	45.0	48.2	50.1	22154	24622	27037	28902	31245	34591
吉林	40.7	41.0	44.9	45.6	49.3	11939	13046	13803	14063	14886	15289
江苏	71.2	72.7	73.6	75.2	77.9	54058	59753	65088	70116	76086	85901
江西	42.6	44.6	46.4	48.8	50.3	12949	14410	15715	16724	18364	20819
辽宁	51.8	53.2	53.2	56.3	56.3	24846	27213	28627	28669	22038	23942
内蒙古	35.4	37.1	33.7	34.7	35.9	15881	16917	17770	17832	18633	16103
宁夏	35.9	38.2	37.6	39.2	40.8	2341	2578	2752	2912	3150	3454
青海	27.1	29.8	30.8	32.7	34.2	1894	2122	2303	2417	2572	2643
山东	59.2	60.3	61.2	63.0	63.0	50013	55230	59427	63002	67006	72678
山西	38.4	40.0	41.0	44.8	45.6	12113	12665	12761	12766	12928	14974
陕西	43.9	47.1	46.6	48.4	48.6	14454	16205	17690	18022	19165	21899
上海	77.4	77.4	78.0	77.6	80.9	20182	21818	23568	25123	27466	30134
四川	45.6	47.2	48.7	51.6	53.4	23873	26392	28537	30053	32681	36980
天津	71.9	72.6	70.4	70.7	73.4	12894	14442	15727	16538	17885	18595
西藏	31.0	31.2	33.6	29.3	32.7	701	816	921	1026	1150	1311
新疆	33.3	37.5	37.6	38.6	38.8	7505	8444	9273	9325	9617	10920
云南	35.0	38.8	36.1	37.9	38.5	10309	11832	12815	13619	14870	16531
浙江	72.6	72.6	73.9	74.1	76.7	34665	37757	40173	42886	46485	51768
重庆	55.3	58.2	61.2	63.7	64.6	11410	12783	14263	15717	17559	19500

计算 2011~2016 年振兴指数得分与地区 GDP（总量）的相关系数，得到表 2-9。由表 2-9 可知，振兴指数与地区 GDP 之间的相关系数分布于 0.6 左右，同时观察判别"相关系数是否随年增加"符号（"↗"与"↘"）的分配比例，可知 21 个符号中，"↗"为 18 个，占 85.7%，这意味着现有样本支撑"振兴指数对地区 GDP 的相关性系数值随时间增加"这一观测结论的可靠度为 0.857。

表 2 - 9　振兴指数与地区 GDP 相关系数

相关系数		地区 GDP						
		2011 年	2012 年	2013 年	2014 年	2015 年	2016 年	2017 年
振兴 指数	2011 年	0.6156	0.6106	0.6118	0.6138	0.6204	0.6222	0.6208
	2012 年	0.6129	0.6085	0.6098	0.6120	0.6186	0.6199	0.6195
	2013 年	0.6242	0.6203	0.6224	0.6258	0.6332	0.636	0.6370
	2014 年	0.6222	0.6181	0.6201	0.6234	0.6314	0.635	0.6380
	2015 年	0.6362	0.6334	0.6358	0.6392	0.6470	0.6492	0.6533
	2016 年	0.6494	0.6464	0.6487	0.6522	0.6604	0.6646	0.6686
判别	2011 年	—	↘	↗	↗	↗	↗	↘
	2012 年	—	—	↗	↗	↗	↗	↘
	2013 年	—	—	—	↗	↗	↗	↗
	2014 年	—	—	—	—	↗	↗	↗
	2015 年	—	—	—	—	—	↗	↗
	2016 年	—	—	—	—	—	—	↗

注：表中符号"↗"表示本年的相关系数相对于前一年是增长的，符号"↘"表示减少。

　　进一步统计人均 GDP 的相关数据，形成表 2 - 10（囿于篇幅，表 2 - 10 中未列出 2011 年振兴指数及人均 GDP 数据），并据此计算 2011 ~ 2016 年振兴指数得分与地区人均 GDP 的相关系数，得到表 2 - 11。

表 2 - 10　各地区振兴指数得分及人均 GDP 情况

省市区	振兴指数					地区人均 GDP（单位：元/人）					
	2012 年	2013 年	2014 年	2015 年	2016 年	2012 年	2013 年	2014 年	2015 年	2016 年	2017 年
安徽	48.4	52.7	53.7	57.1	58.7	28792	32001	34425	35997	39254	44414
北京	71.8	73.7	75.4	77.5	76.6	87475	94648	99995	106497	114690	128856
福建	64.1	65.6	63.2	65.8	67.1	52763	58145	63472	67966	74288	83372
甘肃	29.7	34.6	34.4	35.5	36.3	21978	24539	26433	26165	27508	29414
广东	68.3	71.9	71.4	73.0	75.9	54095	58833	63469	67503	73290	81716
广西	38.0	40.1	42.5	46.1	46.3	27952	30741	33090	35190	38042	42158
贵州	31.3	35.2	35.8	38.6	40.6	19710	23151	26437	29847	33242	38090
海南	49.1	51.0	52.9	53.7	49.8	32377	35663	38924	40818	44396	48665
河北	41.6	42.9	45.1	46.8	49.3	36584	38909	39984	40255	42866	48145
河南	39.0	43.3	43.9	46.8	46.6	31499	34211	37072	39123	42363	47197
黑龙江	42.3	43.1	42.8	42.7	43.8	35711	37697	39226	39462	40362	42642
湖北	49.3	52.0	53.9	55.1	59.6	38572	42826	47145	50654	55191	62061
湖南	41.3	44.3	45.0	48.2	50.1	33480	36943	40271	42754	46063	50704

省市区	振兴指数					地区人均GDP（单位：元/人）					
	2012年	2013年	2014年	2015年	2016年	2012年	2013年	2014年	2015年	2016年	2017年
吉林	40.7	41.0	44.9	45.6	49.3	43415	47428	50160	51086	54073	55942
江苏	71.2	72.7	73.6	75.2	77.9	68347	75354	81874	87995	95394	107390
江西	42.6	44.6	46.4	48.8	50.3	28800	31930	34674	36724	40220	45336
辽宁	51.8	53.2	53.2	56.3	56.3	56649	61996	65201	65354	50292	54687
内蒙古	35.4	37.1	33.7	34.7	35.9	63886	67836	71046	71101	74204	63901
宁夏	35.9	38.2	37.6	39.2	40.8	36394	39613	41834	43805	47157	51169
青海	27.1	29.8	30.8	32.7	34.2	33181	36875	39671	41252	43750	44567
山东	59.2	60.3	61.2	63.0	63.0	51768	56885	60879	64168	68049	73065
山西	38.4	40.0	41.0	44.8	45.6	33628	34984	35070	34919	35285	40667
陕西	43.9	47.1	46.6	48.4	48.5	38564	43117	46929	47626	50528	57432
上海	77.4	77.4	78.0	77.6	80.9	85373	90993	97370	103796	113731	124520
四川	45.6	47.2	48.7	51.6	53.4	29608	32617	35128	36775	39835	44759
天津	71.9	72.6	70.4	70.7	73.4	93173	100105	105231	107960	115613	119049
西藏	31.0	31.2	33.6	29.3	32.7	22936	26326	29252	31999	35496	39596
新疆	33.3	37.5	37.6	38.6	38.8	33796	37553	40648	40036	40466	45538
云南	35.0	38.8	36.1	37.9	38.5	22195	25322	27264	28806	31358	34650
浙江	72.6	72.6	73.9	74.1	76.7	63374	68805	73002	77644	83923	92609
重庆	55.3	58.2	61.2	63.7	64.6	38914	43223	47850	52321	58199	63977

注：因统计数据尚未更新，2017年地区人均GDP采用2017年的地区GDP比上2016年"地区年末人口数"得到。

由表2-11可知，振兴指数与地区人均GDP之间的相关系数分布于0.85左右，同时观察符号"↗"与"↘"的分配比例，可知21个符号中，"↗"为20个，占95.2%，这意味着现有样本支撑"振兴指数对地区人均GDP的相关性系数值随时间增加"这一观测结论的可靠度为0.952。

表2-11　振兴指数及地区人均GDP相关系数

相关系数		地区人均GDP						
		2011年	2012年	2013年	2014年	2015年	2016年	2017年
振兴指数	2011年	0.8420	0.8366	0.8431	0.8536	0.8724	0.8796	0.9118
	2012年	0.8323	0.8270	0.8334	0.8439	0.8634	0.8702	0.9050
	2013年	0.8141	0.8090	0.8164	0.8284	0.8489	0.8575	0.8956
	2014年	0.7872	0.7810	0.7888	0.8014	0.8248	0.8360	0.8811
	2015年	0.7657	0.7600	0.7677	0.7799	0.8032	0.8116	0.8592
	2016年	0.7698	0.7638	0.7715	0.7840	0.8082	0.8199	0.8663

相关系数		地区人均GDP						
		2011年	2012年	2013年	2014年	2015年	2016年	2017年
判别	2011年	—	↘	↗	↗	↗	↗	↗
	2012年	—	—	↗	↗	↗	↗	↗
	2013年	—	—	—	↗	↗	↗	↗
	2014年	—	—	—	—	↗	↗	↗
	2015年	—	—	—	—	—	↗	↗
	2016年	—	—	—	—	—	—	↗

为便于进一步进行数值比较，仿照表2-10及表2-11的处理过程，求得地区人均GDP与地区GDP（总量）的相关系数，形成表2-12。由表2-12可知，地区人均GDP与地区GDP（总量）之间的相关系数分布在0.39左右，21个数据中"↗"为1个，占4.76%。

表2-12 2011～2017年地区人均GDP与地区GDP相关系数

相关系数		地区GDP						
		2011年	2012年	2013年	2014年	2015年	2016年	2017年
地区人均GDP	2011年	0.4075	0.4010	0.3978	0.3950	0.3943	0.3851	0.3680
	2012年	0.4015	0.3962	0.3937	0.3912	0.3903	0.3801	0.3625
	2013年	0.4069	0.4021	0.4002	0.3984	0.3981	0.3879	0.3708
	2014年	0.4148	0.4104	0.4092	0.4084	0.4091	0.4001	0.3838
	2015年	0.4286	0.4242	0.4236	0.4238	0.4264	0.4203	0.4055
	2016年	0.4215	0.4164	0.4163	0.4184	0.4244	0.4306	0.4174
	2017年	0.4507	0.4456	0.4464	0.4493	0.4569	0.4643	0.4569
判别	2011年	—	↘	↘	↘	↘	↘	↘
	2012年		—	↘	↘	↘	↘	↘
	2013年	—	—	—	↘	↘	↘	↘
	2014年	—	—	—	—	↗	↘	↘
	2015年	—	—	—	—	—	↘	↘
	2016年	—	—	—	—	—	—	↘
	2017年							

综合表2-8～表2-12的信息，归纳结论如下：

第一，振兴指数与地区人均GDP之间的相关性系数（最大值0.9118）要高于与地区GDP（总量）之间的相关性系数（最大值0.6686），并且远高于地区GDP（总量）与地区人均GDP之间的相关性系数（最大值0.4203）。可见，振兴指数与地区人均GDP这一指标的内在关联要高于地区 GDP（总量）指标，从而说明"振兴指数更侧重对内在发展质量的测度"。

第二，"振兴指数对地区人均 GDP 的相关性系数值随时间增加"这一观测结论的可靠度为 0.952，高于对地区 GDP 总量的可靠度（0.857），远高于"人均 GDP 对 GDP 总量相关性系数值随时间增加"这一假设的可靠度（为 0.048，仅用于对比）。可见，数据统计说明"振兴指数对未来 GDP 指标的相关性高于近期数据"这一观测具有较高的可靠性，因而从另一层面证明了"振兴指数是对面向未来可持续性发展能力的深层测度"的结论。

综上所述，振兴指数有着优于 GDP 指标的定位作用，本书建立的评价体系以及构建的振兴指数、评价结果是科学有效的。

（五）主要结论

首先，依指数测度结果，东北地区的发展水平低于全国平均水平，但整体在平缓上升，与全国平均水平的差距呈现缩小趋势。

其次，在全国绝大部分省份取得长足进步而持续发力的大背景下，东北三省虽有进步，但收效微弱。2013 年中部地区实现了对东北地区的超越，2015 年，中部地区的安徽省实现了对辽宁（东北地区最优水平）的超越。

再次，相对于全国其他地区，东北地区的相对排名下滑明显，意味着相对优势的急速退失，结合近年来在指数得分改善上的微弱绩效，可以判断，东北地区的问题不仅表现在综合水平提升的缓慢上，更表现为相对发展速度大幅落后于全国整体进程的突出特征，因而仍需警惕"东北地区由相对能力趋弱而引发绝对能力衰退的可能"。但吉林省的相对发展水平在 2016 年有起色，且对东北地区整体的发展起到了一定的提振作用。

最后，在反映综合发展水平的六个方面，东北三省内，辽宁省在"区域开放""产业发展""创新创业"三个方面的优势相对明显，吉林省的"企态优化"和"产业发展"方面稍好一些，但水平不高，黑龙江省在"产业发展"方面的优势相对明显。比较而言，东北三省的发展水平与东南三省差距显著，依次体现在创新创业、区域开放、企态优化三个方面。着眼于全国，除"产业发展"高于全国平均水平外，其他五个方面均低于全国平均水平，其中"企态优化"方面的劣势最为突出。可见，东北地区的全面振兴任重道远。

二、东北老工业基地全面振兴进程评价分项报告

（一）政府治理评价报告

1. 政府治理指数总体分析

对政府治理的测度包括市场干预、政府规模、简政放权、监管水平、营商环境五个方面，共 8 项关键指标，汇集中国 31 个省市区 2012～2016 年政府治理方面的指标信息，得到连续 5 年的政府治理指数得分。在此基础上，形成多年连续排名和单年排名。其中，多年连续排名用于反映各省市区政府治理的绝对发展水平随时间动态变化的情况（31 个省市区 5 年共 155 个排位，最高排名为 1，最低排名为 155），单年排名用于反映各省市区在全国范围内某个单年的相对发展水平（31 个省市区每年 31 个排位，最高排名为 1，最低排名为 31）。具体而言，31 个省市区政府治理的总体情况如表 2–13 所示。

表 2–13　2012～2016 年 31 个省市区政府治理指数得分、连续及单年排名

省市区	2012 年			2013 年			2014 年			2015 年			2016 年		
	值	总	年	值	总	年	值	总	年	值	总	年	值	总	年
江苏	74.3	6	2	74.9	4	2	74.0	7	2	72.3	10	1	75.1	3	1
上海	68.8	19	4	66.1	27	7	67.1	24	6	61.5	42	6	69.3	15	2
山东	64.5	33	7	67.8	21	5	68.1	20	5	69.0	17	4	69.0	16	3
福建	72.5	9	3	73.3	8	3	71.6	11	3	71.5	12	2	67.7	23	4
天津	80.0	2	1	80.2	1	1	74.5	5	1	69.8	14	3	66.1	28	5
广东	60.6	43	8	68.9	18	4	64.9	32	8	60.2	46	8	63.5	36	6
浙江	67.7	22	5	66.4	26	6	69.8	13	4	60.6	44	7	63.0	38	7
重庆	60.5	45	9	63.7	34	9	62.8	39	10	59.6	47	9	61.9	40	8
安徽	50.0	84	19	56.3	57	12	58.5	50	12	56.9	55	10	59.1	48	9

续表

省市区	2012 年			2013 年			2014 年			2015 年			2016 年		
	值	总	年	值	总	年	值	总	年	值	总	年	值	总	年
湖北	65.2	30	6	65.1	31	8	63.7	35	9	53.6	70	14	58.6	49	10
北京	58.0	51	10	63.3	37	10	66.0	29	7	67.0	25	5	56.7	56	11
河北	56.2	58	13	55.5	62	14	61.8	41	11	54.2	66	13	52.9	73	12
河南	52.1	77	17	57.2	54	11	55.6	61	13	55.2	63	12	51.8	79	13
海南	57.3	53	12	52.3	75	18	49.9	85	18	52.3	74	15	51.4	80	14
广西	54.5	64	14	54.0	68	16	50.3	83	17	52.1	76	16	49.5	88	15
湖南	50.9	82	18	49.8	86	19	51.0	81	16	47.9	95	17	49.5	89	16
江西	52.9	72	16	53.3	71	17	45.7	103	21	41.4	113	22	47.9	96	17
陕西	54.0	67	15	55.7	60	13	51.9	78	15	47.7	97	18	46.5	99	18
贵州	36.9	126	26	46.1	102	23	41.3	114	22	43.1	110	20	45.6	104	19
山西	48.1	94	21	49.3	90	20	48.4	93	20	46.3	100	19	44.4	107	20
辽宁	57.6	52	11	54.2	65	15	54.0	69	14	56.0	59	11	44.2	108	21
宁夏	48.9	92	20	49.0	91	21	41.2	115	23	40.4	119	23	40.7	116	22
吉林	47.3	98	22	44.7	106	24	49.6	87	19	43.1	111	21	40.5	118	23
四川	41.9	112	24	46.1	101	22	40.7	117	24	37.0	125	24	40.3	120	24
内蒙古	38.8	124	25	36.2	127	28	33.7	134	26	34.2	132	26	35.4	130	25
黑龙江	44.9	105	23	44.0	109	25	33.1	135	27	35.9	128	25	33.9	133	26
云南	34.4	131	28	39.6	121	26	33.0	136	28	30.7	141	28	32.5	137	27
甘肃	35.4	129	27	38.9	123	27	39.3	122	25	32.2	138	27	32.2	139	28
新疆	26.3	147	30	29.4	144	30	29.1	145	30	23.1	152	30	24.8	148	29
青海	24.7	149	31	29.9	142	29	31.3	140	29	23.7	151	29	24.6	150	30
西藏	29.4	143	29	21.6	154	31	27.3	146	31	15.1	155	31	22.6	153	31
平均	52.1	75	16	53.3	71	16	51.9	76	16	48.8	83	16	49.1	84	16

注：①对于表中的字段名称，"值"表示各省市区对应年份的指数得分，"总"表示各省市区 2012～2016 年多年连续总排名，"年"表示各省市区 5 个单年的排名；②表中 31 个省市区按照 2016 年的指数得分由高到低（降序）排列。

东北地区的政府治理指数处于全国较靠后的位置，且总体上远落后于东南三省的发展水平。2012～2016 年，6 省份政府治理指数由高到低依次为：江苏、广东、浙江、辽宁、吉林、黑龙江；东南三省中，江苏省和广东省整体呈上升趋势，浙江省呈波动下降趋势，明显好于东北三省；东南三省水平较低的浙江省明显优于东北三省最优的辽宁省；6 省份中，政府治理指数增幅最大的是广东省（1.17%），降幅最大的是黑龙江省（-6.15%），辽宁省和吉林省的降幅分别为-5.83%和-3.60%。就2016年而言，辽宁省政府治理相对较好，在31个省域中的单年排名为21，吉林省和黑龙江省相对较差，排名分别为23和26，如表2-13和2-14所示。

表 2-14　2012~2016 年 6 省份政府治理指数的值及单年排名

年份	辽宁	吉林	黑龙江	江苏	浙江	广东	全国平均
	值/序	值/序	值/序	值/序	值/序	值/序	值
2012	57.61/11	47.32/22	44.92/23	74.35/2	67.67/5	60.64/8	52.09
2012	54.24/15	44.70/24	43.98/25	74.89/2	66.42/6	68.90/4	53.32
2013	53.97/14	49.61/19	33.14/27	73.99/2	69.80/4	64.92/8	51.90
2014	56.00/11	43.09/21	35.85/25	72.33/1	60.63/7	60.19/8	48.83
2016	44.18/21	40.51/23	33.87/26	75.11/1	62.97/7	63.48/6	49.07
平均	53.20/14.4	45.05/21.8	38.35/25.2	74.13/1.6	65.50/5.8	63.63/6.8	51.04

2012~2016年，全国和东北地区的政府治理指数均呈波动下降趋势；东北地区明显低于全国平均水平；东北三省均呈波动下降趋势；相对而言，辽宁省较好，吉林省次之，黑龙江省较弱，如图2-7所示。

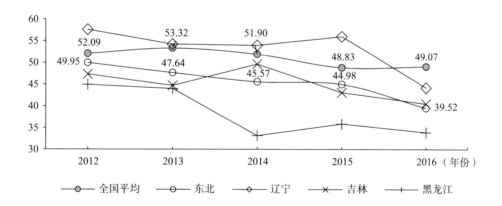

图 2-7　2012~2016 年政府治理指数基本走势

注：①全国平均是指31个省市区的平均水平；②全国范围内（可采集到的数据），政府治理指数最大值为2013年天津的80.17，最小值为2015年西藏的15.06。

2012~2016年，东北三省政府治理指数在全国31个省市区连续5年数据集（共155个指标值）中相对位置的分布情况如图2-8所示。可见，东北三省5年（共15个数据）政府治理指数的百分比排位位于50%以下有11个，其中有4个位于25%以下；排位的最大值是 2012 年的辽宁省（66.8%），最小值是 2014 年的黑龙江省（12.9%）。

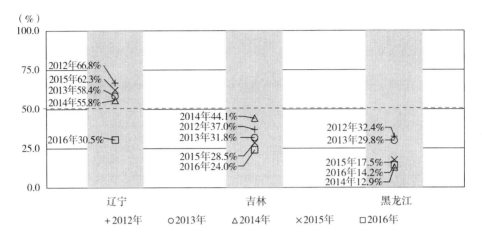

图 2-8　2012～2016 年政府治理指数百分比排位

2. 全国视角下东北地区政府治理进展分析

2012～2016 年，四个区域政府治理指数由高到低依次为：东部、中部、东北、西部；四个区域均整体呈下降趋势，相对而言，东北地区波动幅度较大；东北地区政府治理指数与东部地区相比，差距较大，如表 2-15 所示。

表 2-15　2012～2016 年四大经济区政府治理指数的平均值及排名

年份	东北		东部		西部		中部	
	平均值	年排名	平均值	年排名	平均值	年排名	平均值	年排名
2012	49.95	18.7	65.99	6.5	40.49	23.2	53.21	16.2
2013	47.64	21.3	66.87	7.0	42.51	22.9	55.18	14.5
2014	45.57	20.0	66.76	6.5	40.15	23.3	53.81	15.2
2015	44.98	19.0	63.85	6.4	36.59	23.4	50.21	15.7
2016	39.52	23.3	63.46	6.5	38.05	23.0	51.89	14.2
平均	45.53	20.5	65.39	6.6	39.56	23.2	52.86	15.1

注：为确保区分度，对于具有平均意义的排名（序），本书保留一位小数，以下各表同。

2012～2016 年，七个区域政府治理指数由高到低依次为：华东、华南、华北、华中、东北、西南、西北；东北地区呈平稳下降趋势，华东地区呈波动上升趋势，其他地区均呈波动下降趋势；就七个区域而言，东北地区排名靠后，与最优的华东地区相比，差距较大，如表 2-16 所示。

表 2－16　2012～2016 年七大地理区政府治理的平均值及排名

年份	东北	华北	华东	华南	华中	西北	西南
	值/序	值/序	值/序	值/序	值/序	值/序	值/序
2012	49.95/18.7	56.21/14.0	66.31/6.7	57.48/11.3	55.29/14.3	37.86/24.6	40.63/23.2
2013	47.64/21.3	56.91/14.6	67.47/5.8	58.39/12.7	56.37/13.8	40.56/24.0	43.42/22.2
2014	45.57/20.0	56.85/13.0	68.18/5.3	55.05/14.3	53.99/14.8	38.55/24.4	41.02/23.0
2015	44.98/19.0	54.29/13.2	65.32/5.0	54.88/13.0	49.52/16.3	33.43/25.4	37.11/22.4
2016	39.52/23.3	51.09/14.6	67.19/4.3	54.80/11.7	51.96/14.0	33.75/25.4	40.59/21.8
平均	45.53/20.5	55.07/13.9	66.89/5.4	56.12/12.6	53.43/14.6	36.83/24.8	40.55/22.5

为便于直观分析，将指数信息按空间分类、时间排列、优劣序化等方式整理后，形成多年指数得分、连续排名及单年排名的可视化集成图（见图 2－9～图 2－11），结合表 2－13 的信息，以全国四大经济区为划分标准，对东北三省的政府治理方面的进程评价如下：

（1）东北地区政府治理水平低于全国平均水平，也低于中部和东部地区，仅优于西部地区

从反映四大区域（西部、中部、东北、东部）平均指数得分曲线的变化情况可以看出，东部地区发展相对成熟，基础夯实（2012 年为 66.0），且优势得到持续（2016 年为 63.5）。其余三个地区平均水平较低，5 年的发展并没有改变三个地区的相对水平。其中，西部地区的基础最差（2012 年为 40.5），经过 5 年的发展后，指数得分仍然仅有 38.0；中部地区基本处于平均水平以上；以 2012 年为基点（得分 49.9），东北地区平均指数得分在 5 年间没有超过 50，发展水平介于西部与中部地区之间，并在 5 年内始终位于这个相对位置。

（2）东北地区政府治理水平下降明显，与中部和东部地区的差距不断加大

全国在政府治理上有所起伏，东部地区呈先上升后下降趋势，中部和西部地区均先上升后下降再略有回升，东北地区呈平缓下降趋势。除东北地区外，其他三个区域在 2012 年和 2016 年的指数得分均相差不大。东北地区在 5 年内平均指数得分有明显下降，与东部和中部地区的差距在不断加大，同时，与西部地区的差距在逐渐缩小。

（3）东北地区政府治理水平存在持续下降风险

从四大区域指数得分曲线的变化情况可以看出，除东北地区外的其他三个区域均在 2013 年出现政府治理水平的高点，之后开始下降。而东北地区政府治理水平的高点出现于 2012 年，之后一直下降，东北地区的下降趋势比其他三个区域更加持久。

从四大区域单年排名曲线的变化情况可以看出，2012～2016 年，西部地区和东部地区的平均相对位次基本保持稳定，中部地区和东北地区有所波动。在西部地区 12 个省域中，单年排名提升的有 5 个（占 41.67%），排名退后的有 5 个（占 41.67%），排名不变的有 2 个（占 16.67%），其中贵州省相对排名提升 7 名，陕西省下降 3 名，分别为西部

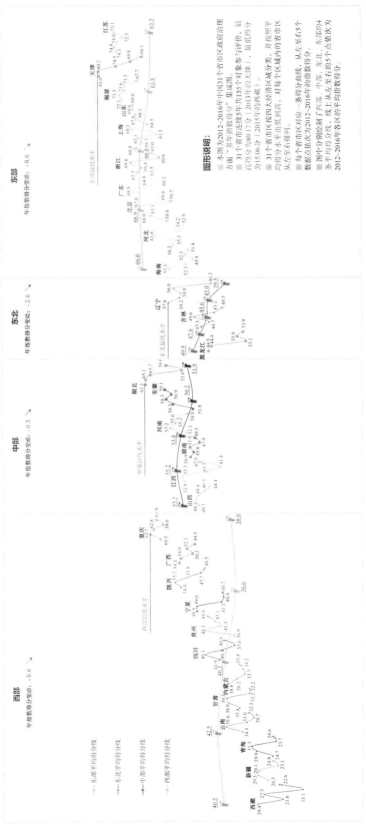

图 2-9 2012~2016 年 31 个省市区政府治理指数得分变动情况

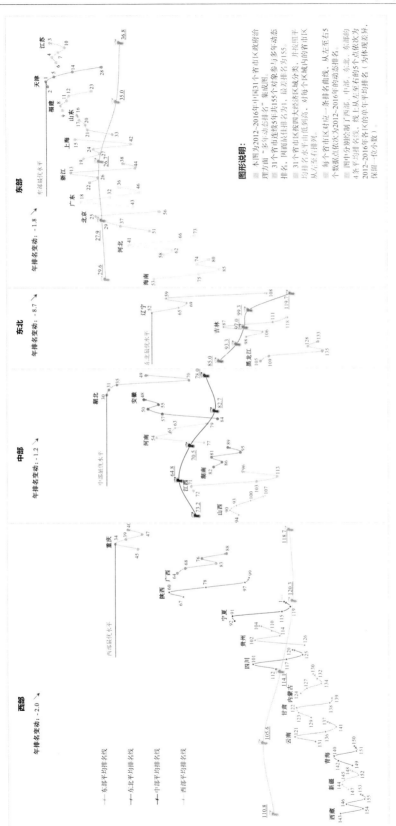

图 2 - 10　2012~2016 年 31 个省市区政府治理多年连续排名变动情况

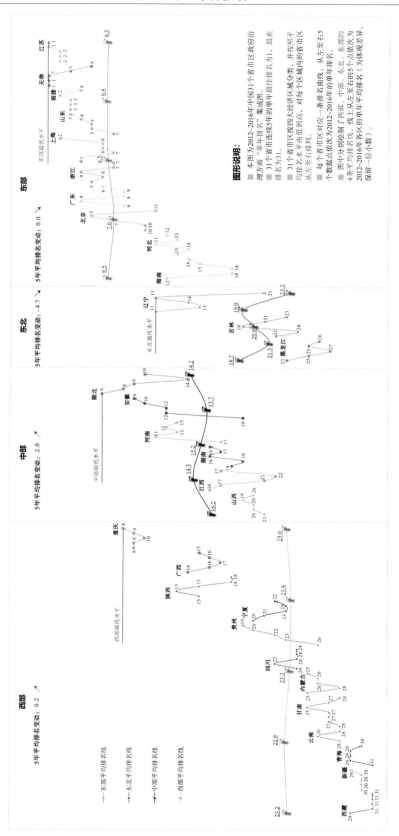

图 2-11　2012~2016 年 31 个省市区政府治理单年排名变动情况

地区上升与下降最快的两个省区。在中部地区 6 个省域中，单年排名提升的有 4 个（占 66.67%），排名退后的有 2 个（占 33.33%），其中安徽省相对排名提升 10 名，湖北省下降 4 名，分别为中部地区上升与下降最快的两个省区。在东部地区的 10 个省域中，单年排名提升和退后的各有 5 个（各占 50.00%），其中山东省相对排名提升 4 名，天津市下降 4 名，分别为东部地区上升与下降最快的两个省区。东北地区的 3 个省域中，单年排名退后的有 3 个（占 100%），退后的省份占比在四个区域中最高，其中辽宁省由 11 名退至 21 名，黑龙江省由 23 名退至 26 名，吉林省由 22 名退至 23 名。

3. 政府治理指数分项分析

东北三省监管水平的平均得分略低于全国平均水平，略高于东南三省平均水平，表现出一定的竞争力；市场干预和政府规模的平均得分略高于全国平均水平，但低于东南三省的平均水平；简政放权和营商环境的平均得分低于东南三省和全国平均水平，表现较弱。东南三省的平均得分雷达图基本将东北三省和全国平均得分雷达图包围，只在监管水平上略逊于东北三省和全国平均，具体如表 2-17 和图 2-12 所示。

表 2-17　2012~2016 年 6 省份政府治理方面分项指数平均得分

	市场干预	政府规模	简政放权	监管水平	营商环境
辽宁	73.11	57.14	55.49	38.00	42.25
吉林	49.86	50.18	37.89	59.99	27.30
黑龙江	43.01	58.15	10.77	49.80	30.04
江苏	90.21	86.78	75.66	54.40	63.63
浙江	91.10	64.05	76.16	33.52	62.67
广东	84.99	77.50	50.15	55.49	49.99
东北三省平均	55.33	55.16	34.72	49.26	33.20
东南三省平均	88.77	76.11	67.32	47.80	58.76
各省平均	52.33	51.59	49.61	51.13	50.55
各省最高	96.22	92.65	97.36	85.16	75.18
各省最低	0.75	3.59	0.14	24.89	25.90

分省来看，除浙江省的监管水平以及广东省的简政放权和营商环境得分低于全国平均外，东南三省 5 个分项指数的 5 年平均得分都超过了全国平均，其发展相对均衡。东北三省 2012~2016 年在 5 个分项指数的发展上较不平衡，其中黑龙江省最为突出，政府规模得分达到 58.15 分，简政放权的得分仅为 10.77 分。就东北三省 2012~2016 年政府治理而言，吉林省相对均衡，监管水平相对较强，政府规模和营商环境均较弱；辽宁省在市场干预、简政放权和营商环境上相对较强，但营商环境尚未能达到全国平均水平；黑龙江省

政府规模较强，市场干预和简政放权均较弱。总体来看，东北三省在监管水平上具有一定优势，在市场干预和简政放权上和东南三省的差距较大。

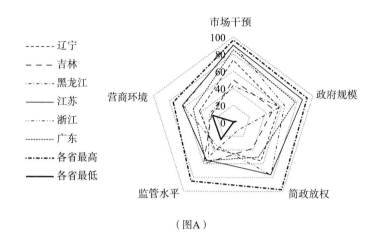

（图A）

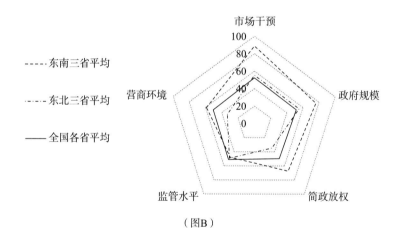

（图B）

图 2－12 2012～2016 年 6 省份政府治理方面分项指数平均得分雷达图

表 2－18 2012～2016 年 6 省份政府治理方面分项指数

分项指数	年份	辽宁	吉林	黑龙江	江苏	浙江	广东	全国平均
		值/序	值/序	值/序	值/序	值/序	值/序	值
市场干预	2012	71.39/11	56.81/13	46.51/21	90.83/5	97.15/2	93.31/3	49.10
	2013	60.98/12 ▽	52.03/1 ▽	45.68/2 ▽	90.12/4 ▽	94.72/2 ▽	91.43/3 ▽	52.84 ▲
	2014	71.61/9 ▲	50.21/1 ▽	49.20/18 ▲	90.38/4 ▲	94.33/2 ▽	91.00/3 ▽	54.44 ▲
	2015	87.08/3 ▲	47.90/15 ▽	38.78/2 ▽	87.72/2 ▽	82.93/4 ▽	69.78/8 ▽	57.18 ▲
	2016	74.51/8 ▽	42.37/1 ▽	34.89/2 ▽	91.98/2 ▲	86.35/3 ▲	79.45/5 ▲	60.50 ▲

续表

分项指数	年份	辽宁 值/序	吉林 值/序	黑龙江 值/序	江苏 值/序	浙江 值/序	广东 值/序	全国平均 值
政府规模	2012	51.25/16	49.4/17	55.84/13	84.67/2	67.02/7	76.24/5	44.79
	2013	53.52/16▲	48.61/18▽	58.59/11▲	86.69/2▲	65.70/8▽	76.42/5▲	54.21▲
	2014	60.74/13▲	53.50/18▲	60.16/14▲	88.16/3▲	66.67/8▲	79.48/5▲	46.33▽
	2015	64.66/9▲	50.69/18▽	59.80/11▽	87.26/2▽	60.70/10▽	78.15/5▽	54.53▲
	2016	55.52/12▽	48.71/18▽	56.37/11▽	87.11/2▽	60.14/9▽	77.23/5▽	55.90▲
简政放权	2012	54.24/13	34.97/21	10.33/28	75.03/8	75.63/6	31.89/22	50.65
	2013	55.26/14▲	36.12/22▲	10.12/29▽	75.43/7▲	76.08/6▲	49.11/17▲	52.74▲
	2014	56.73/14▲	38.16/22▲	10.18/29▲	75.88/7▲	76.31/5▲	54.11/16▲	50.06▽
	2015	57.31/14▲	39.59/22▲	11.84/28▲	76.14/7▲	76.39/6▲	56.13/16▲	54.56▲
	2016	53.90/17▽	40.63/22▲	11.38/28▽	75.81/7▽	76.38/6▽	59.51/14▲	53.82▽
监管水平	2012	41.44/26	71.62/7	68.5/10	56.16/16	31.57/29	61.11/13	47.32
	2013	45.46/24▲	66.42/7▽	54.85/18▽	54.78/19▽	32.92/29▲	59.87/12▽	50.81▲
	2014	36.16/27▽	58.66/9▽	33.66/28▽	50.95/12▽	31.86/29▽	48.87/15▽	52.36▲
	2015	36.21/21▲	54.08/7▽	42.13/18▲	52.84/8▲	31.86/24▽	50.05/11▲	55.38▲
	2016	30.72/26▽	49.16/20▽	49.84/19▲	57.27/11▲	39.39/24▲	57.53/10▲	59.54▲
营商环境	2012	69.73/3	23.78/31	43.44/24	65.05/7	67/5	40.63/26	45.88
	2013	55.97/20▽	20.33/30▽	50.65/22▲	67.45/11▲	62.66/15▽	67.68/9▲	49.34▲
	2014	44.59/22▽	47.51/19▲	12.51/31▽	64.57/8▽	79.84/1▲	51.16/17▽	52.84▲
	2015	34.73/26▽	23.20/30▽	26.71/27▲	57.70/10▽	51.25/12▽	46.82/20▽	54.87▲
	2016	6.24/31▲	21.67/28▽	16.89/30▽	63.36/2▲	52.60/7▲	43.65/16▽	58.08▲

注：表中符号"▲"表示本年的数据相对于前一年是增长的，符号"▽"表示本年的数据相对于前一年是减少的。

由表2-18可知，2012~2016年，政府治理下5个分项指数的全国年平均值中，除政府规模和简政放权有所波动外，其他3个分项指数均呈上升趋势；东南三省在市场干预、政府规模和简放政权上处于全国前列；江苏省在各分项上均排名靠前，使江苏省在政府治理指数平均排名上居于全国第1名（见表2-13）。东北三省2012~2016年5个分项指数的得分中，只有简政放权整体呈稳定上升趋势，其他分项指数均有所起伏。

进一步统计升降符（▲或▽）的数量，对不同地区的发展态势及稳定性进行分析和对比：

2012~2016年，全国5项指数▲的数量均超过半数；东北三省▲的总数量为26个，占东北三省升降符总数的43.3%，东南三省▲的总数量为30个，占50.0%，东南地区总体上具有较高的发展稳定性，东北地区略低；东北三省5个分项指数中只有政府规模▲的总数多于东南三省的总数，其余4个分项指数▲的总数均略少于东南三省的总数，东北地区总体发展稳定性低于东南三省。

2012～2016 年，辽宁省▲的数量为 11 个，占 55.0%，吉林省▲的数量为 6 个，占 30.0%，黑龙江省▲的数量为 9 个，占 45.0%，江苏省▲的数量为 11 个，占 55.0%，浙江省▲的数量为 9 个，占 45.0%，广东省▲的数量为 10 个，占 50.0%，东北三省最优的辽宁省上升势头与东南三省中上升最具持续性的江苏省相同；就东北三省而言，辽宁省的发展稳定性最好，黑龙江省次之，吉林省较弱。

2012～2016 年，就东北三省而言，市场干预和政府规模发展态势较好的是辽宁省，简政放权发展态势较好的是吉林省，监管水平发展态势较好的是辽宁省和黑龙江省，营商环境发展态势较好的是黑龙江省。

（1）市场干预

市场干预主要使用政府分配资源的比重来予以衡量。政府分配资源的比重（单位:%）反映一个地区对市场资源的支配程度，是衡量地区政府对市场干预程度的核心指标，计算公式为扣除教科文卫和社会保障后的财政支出与地区 GDP 的比值。该指标为逆向指标，比重越大意味着政府对市场资源分配的干预越多。

总体而言，东北地区政府分配资源的比重明显低于全国平均水平，意味着东北地区政府对市场资源分配的干预较少，且这种优势呈进一步扩大趋势。

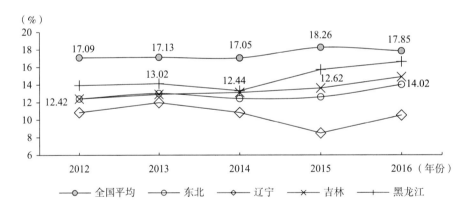

图 2-13　2012～2016 年政府分配资源的比重基本走势

注：①全国平均是指 31 个省市区的平均水平；②全国范围内（可采集到的数据），政府分配资源的比重最大值为 2015 年西藏的 98.23%，最小值为 2012 年山东的 6.66%。

2012～2016 年，全国政府分配资源比重呈先上升后下降的趋势（2015 年上升幅度较为明显），东北三省呈波动上升趋势（2016 年升幅度较大）；东北三省明显优于全国平均水平；辽宁省呈平稳波动趋势（2015 年降幅较大），吉林省呈平稳上升趋势，黑龙江省总体呈上升趋势（2014 年略有下降）；相对而言，辽宁省较好，吉林省次之，黑龙江省较弱。

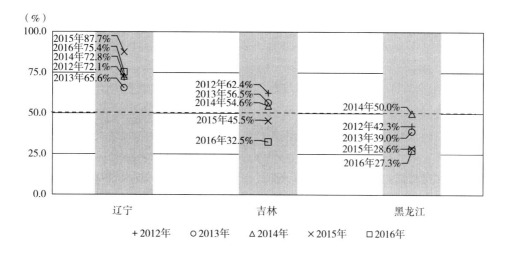

图2-14 2012~2016年东北三省政府分配资源的比重百分比排位

2012~2016年，东北三省政府分配资源的比重在全国31个省市区连续5年数据集（共155个指标值）中相对位置分布情况如图2-14所示。可见，东北三省5年（共15个数据）政府分配资源比重的百分比排位处于50%以下的有6个；排位的最大值是2015年的辽宁省（87.7%），最小值是2016年的黑龙江省（27.3%）。

表2-19 2012~2016年6省份政府分配资源的比重原始值及单年排名

年份	辽宁	吉林	黑龙江	江苏	浙江	广东	全国平均
	值/序	值/序	值/序	值/序	值/序	值/序	值
2012	10.870/11	12.420/13	13.950/21	7.880/5	6.840/2	7.480/3	17.090
2013	11.980/12	12.930/16	14.140/20	8.000/4	7.240/2	7.780/3	17.130
2014	10.850/9	13.130/16	13.330/18	7.960/4	7.310/2	7.860/3	17.050
2015	8.500/3	13.630/15	15.730/22	8.390/2	9.180/4	11.040/8	18.260
2016	10.540/8	14.900/19	16.620/23	7.690/2	8.620/3	9.750/5	17.850
平均	10.550/8.6	13.400/15.8	14.750/20.8	7.990/3.4	7.840/2.6	8.780/4.4	17.480

由表2-19可知，2012~2016年，6省份政府分配资源的比重由低到高排名依次为：浙江、江苏、广东、辽宁、吉林、黑龙江；东南三省中江苏省呈波动下降趋势，浙江省和广东省呈波动上升趋势；东北三省中辽宁省呈波动下降趋势，吉林省和黑龙江省呈波动上升趋势；东北三省相比于东南三省，仍存在较明显的差距；政府分配资源比重增幅最大的是广东省（7.62%），降幅最大的是辽宁省（-0.77%），吉林省和黑龙江的增幅分别为4.99%和4.78%。

表 2 – 20　2012 ~ 2016 年四大经济区政府分配资源的比重平均值及排名

年份	东北		东部		西部		中部	
	平均值	年排名	平均值	年排名	平均值	年排名	平均值	年排名
2012	12.420	15.0	9.950	8.0	26.970	24.4	11.580	13.0
2013	13.020	16.0	10.290	8.0	26.400	23.8	12.070	13.7
2014	12.440	14.3	10.300	8.6	26.340	23.8	12.000	13.7
2015	12.620	13.3	11.880	10.2	27.670	23.1	12.890	12.8
2016	14.020	16.7	11.690	10.4	26.750	22.5	12.210	12.0
平均	12.900	15.1	10.820	9.0	26.830	23.5	12.150	13.0

由表 2 – 20 可知，2012 ~ 2016 年，四个区域政府分配资源的比重由低到高排名依次为：东部、中部、东北、西部；西部地区呈波动下降趋势，其他三个区域均呈波动上升趋势；东北地区政府分配资源的比重与东部地区相比，差距较大。

表 2 – 21　2012 ~ 2016 年七大地理区政府分配资源的比重平均值及排名

年份	东北	华北	华东	华南	华中	西北	西南
	值/序	值/序	值/序	值/序	值/序	值/序	值/序
2012	12.420/15.0	11.520/13.0	9.210/7.2	13.530/15.3	10.820/11.3	24.580/25.4	34.600/25.0
2013	13.020/16.0	11.980/13.0	9.500/7.3	13.340/13.7	11.390/11.8	24.290/25.0	33.620/25.2
2014	12.440/14.3	12.170/14.2	9.430/7.3	13.010/13.0	11.300/12.0	24.360/25.2	33.540/25.0
2015	12.620/13.3	13.490/14.8	10.730/7.8	14.670/15.0	12.260/11.5	26.770/25.6	33.870/23.2
2016	14.020/16.7	13.950/16.8	9.990/7.0	14.490/15.0	11.630/10.5	25.730/25.0	32.580/21.6
平均	12.900/15.1	12.620/14.4	9.770/7.3	13.810/14.4	11.480/11.4	25.150/25.2	33.640/24.0

由表 2 – 21 可知，2012 ~ 2016 年，七个区域政府分配资源的比重由低到高排名依次为：华东、华中、华北、东北、华南、西北、西南；西南地区呈波动下降趋势，其他六个地区整体呈波动上升趋势；就七个区域而言，东北地区排名居中，与最优的华东地区相比，差距较大。

（2）政府规模

第一，政府人员规模（单位：%）。政府人员规模反映了一个地区政府机构的精简情况，是衡量该地区政府规模的重要指标，计算公式为公共管理部门职工人数与地区人口的比值，是逆向指标。总体而言，东北地区的政府人员规模低于全国平均水平，意味着东北地区的政府人员较为精减，且这种优势呈进一步扩大趋势。

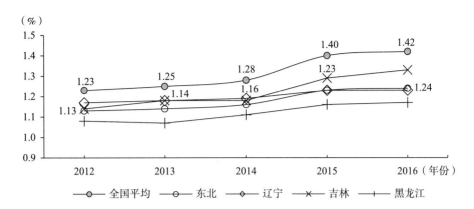

图 2-15　2012~2016 年政府人员规模基本走势

注：①全国平均是指 31 个省市区的平均水平；②全国范围内（可采集到的数据），政府人员规模最大值为 2015 年西藏的 4.38%，最小值为 2014 年安徽的 0.72%。

2012~2016 年，全国政府人员规模的平均水平整体呈上升趋势，东北地区亦呈上升趋势；东北三省水平明显优于全国平均水平；东北三省政府人员规模均呈上升趋势，但与全国平均水平的差异呈扩大趋势；相对而言，黑龙江省较好，辽宁省与吉林省在 2012~2014 年水平相当，辽宁省在 2015~2016 年存在一定的优势。

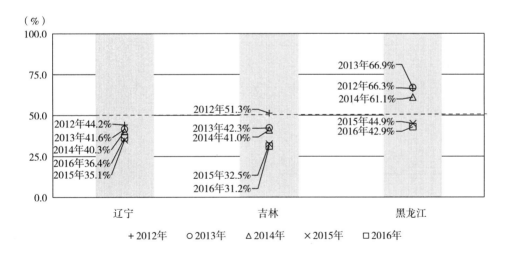

图 2-16　2012~2016 年政府人员规模百分比排位

2012~2016 年，东北三省政府人员规模在全国 31 个省市区连续 5 年数据集（共 155 个指标值）中相对位置分布情况如图 2-16 所示。可见，东北三省 5 年（共 15 个数据）政府人员规模的百分比排位处于 50% 以下有 11 个；此外，排位的最大值是 2013 年的黑龙江省（66.9%），最小值是 2016 年的吉林省（31.2%）。

表 2-22 2012~2016 年 6 省份政府人员规模的原始值及单年排名

年份	辽宁	吉林	黑龙江	江苏	浙江	广东	全国平均
	值/序	值/序	值/序	值/序	值/序	值/序	值
2012	1.170/22	1.140/20	1.080/13	0.810/2	1.100/14	0.960/7	1.230
2013	1.180/20	1.180/19	1.070/13	0.800/3	1.120/15	0.940/8	1.250
2014	1.190/20	1.180/19	1.110/14	0.820/3	1.160/18	0.960/8	1.280
2015	1.230/18	1.290/20	1.160/16	0.890/3	1.270/19	0.980/4	1.400
2016	1.230/18	1.330/20	1.170/15	0.900/3	1.260/19	0.990/4	1.420
平均	1.200/19.6	1.220/19.6	1.120/14.2	0.840/2.8	1.180/17.0	0.960/6.2	1.310

由表 2-22 可知，2012~2016 年，6 省份的政府人员规模由低到高排名依次为：江苏、广东、黑龙江、浙江、辽宁、吉林；东南三省呈上升趋势，东北三省亦呈上升趋势；东北三省相比于东南三省，仍有一定差距；政府人员规模增幅最大的是吉林省（4.19%），最小的是广东省（0.85%），辽宁省和黑龙江省的增幅分别为 1.29% 和 2.07%。

表 2-23 2012~2016 年四大经济区政府人员规模的平均值及排名

年份	东北		东部		西部		中部	
	平均值	年排名	平均值	年排名	平均值	年排名	平均值	年排名
2012	1.130	18.3	1.090	12.4	1.430	19.2	1.100	14.5
2013	1.140	17.3	1.100	12.3	1.500	19.8	1.100	13.8
2014	1.160	17.7	1.120	12.3	1.540	19.9	1.090	13.5
2015	1.230	18.0	1.200	12.1	1.720	20.3	1.160	13.0
2016	1.240	17.7	1.220	12.0	1.740	20.5	1.170	12.8
平均	1.180	17.8	1.140	12.2	1.580	19.9	1.120	13.5

由表 2-23 可知，2012~2016 年，四个区域的政府人员规模由低到高排名依次为：中部、东部、东北、西部；四个区域整体呈波动上升趋势；东北地区的政府人员规模与中部地区相比，差距较大。

由表 2-24 可知，2012~2016 年，七个区域政府人员规模由低到高排名依次为：华东、华南、华中、东北、华北、西南、西北；七个区域整体呈略微上升趋势；就七个区域而言，东北地区排名居中，与最优的华东地区相比，有一定差距。

第二，行政成本比重（单位:%）。行政成本比重反映政府地方一般财政支出中公共服务的支出强度，是衡量该地区政府规模的重要指标，计算公式为财政支出中的一般公共服务支出与地区 GDP 的比值，是逆向指标。总体而言，东北地区行政成本比重明显低于全国平均水平，且差距趋于稳定。

表 2 – 24　2012 ~ 2016 年七大地理区政府人员规模的平均值及排名

年份	东北	华北	华东	华南	华中	西北	西南
	值/序	值/序	值/序	值/序	值/序	值/序	值/序
2012	1.130/18.3	1.450/22.2	0.910/6.7	0.990/10.7	1.060/14.5	1.510/25.6	1.430/14.4
2013	1.140/17.3	1.450/21.4	0.910/7.0	1.010/11.0	1.060/13.5	1.550/25.8	1.550/15.8
2014	1.160/17.7	1.450/21.0	0.920/7.0	1.090/11.7	1.070/13.5	1.610/25.6	1.580/15.8
2015	1.230/18.0	1.540/21.0	0.990/7.3	1.160/10.3	1.140/13.0	1.750/26.0	1.820/16.0
2016	1.240/17.7	1.570/20.8	1.000/7.2	1.200/10.3	1.160/13.0	1.810/26.2	1.810/16.4
平均	1.180/17.8	1.490/21.3	0.950/7.0	1.090/10.8	1.100/13.5	1.640/25.8	1.640/15.7

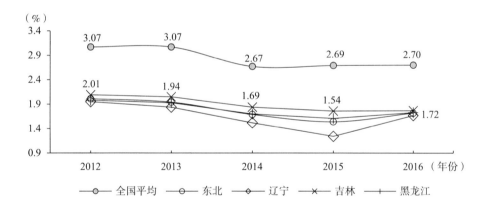

图 2 – 17　2012 ~ 2016 年行政成本比重基本走势

注：①全国平均是指 31 个省市区的平均水平；②全国范围内（可采集到的数据），行政成本比重最大值为 2013 年西藏的 22.13%，最小值为 2013 年天津的 1.00%。

2012 ~ 2016 年，全国行政成本比重的平均水平整体呈波动下降趋势（2014 年下降幅度较为明显），东北三省亦呈先下降后上升趋势；东北三省明显优于全国平均水平；辽宁省和黑龙江呈先下降后上升趋势，吉林省呈略微下降趋势；相对而言，辽宁省略好，黑龙江省和吉林省较弱。

2012 ~ 2016 年，东北三省行政成本比重在全国 31 个省市区连续 5 年数据集（共 155 个指标值）中相对位置分布情况如图 2 – 18 所示。可见，东北三省 5 年（共 15 个数据）

行政成本比重的百分比排位处于50%以下有2个；排位的最大值是2015年的辽宁省（89.0%），最小值是2012年的吉林省（46.8%）。

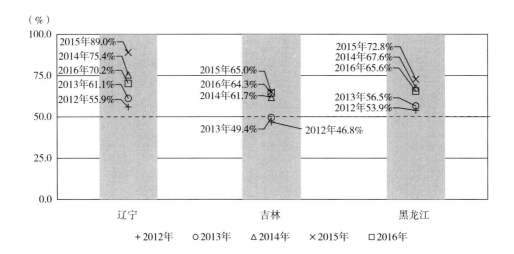

图 2-18　2012~2016 年行政成本比重百分比排位

表 2-25　2012~2016 年 6 省份行政成本比重的原始值及单年排名

年份	辽宁	吉林	黑龙江	江苏	浙江	广东	全国平均
	值/序	值/序	值/序	值/序	值/序	值/序	值
2012	1.950/10	2.090/12	1.980/11	1.520/6	1.450/4	1.560/7	3.070
2013	1.840/9	2.050/13	1.930/11	1.440/5	1.430/4	1.590/8	3.070
2014	1.520/9	1.840/13	1.700/12	1.320/7	1.310/6	1.410/8	2.670
2015	1.240/6	1.760/14	1.610/10	1.210/5	1.360/8	1.400/9	2.690
2016	1.670/11	1.770/14	1.730/13	1.190/5	1.400/6	1.420/7	2.700
平均	1.650/9.0	1.900/13.2	1.790/11.4	1.330/5.6	1.390/5.6	1.480/7.8	2.840

　　由表2-25可知，2012~2016年，6省份行政成本比重由低到高排名依次为：江苏、浙江、广东、辽宁、黑龙江、吉林；东南三省呈下降趋势，江苏省的下降幅度较为明显；东北三省亦呈下降趋势，吉林省的下降幅度较为明显；东北三省相比于东南三省，仍存在较明显的差距；行政成本比重降幅最大的是吉林省（-3.87%），最小的是浙江省（-0.95%），辽宁省和黑龙江的降幅分别为-3.68%和-3.13%。

　　由表2-26可知，2012~2016年，四个区域的行政成本比重由低到高排名依次为：东部、东北、中部、西部；东北、东部和西部地区呈波动下降趋势，中部地区呈平稳下降趋势；东北地区行政成本比重与东部地区相比，差距较大。

表 2 - 26　2012~2016 年四大经济区行政成本比重的平均值及排名

年份	东北		东部		西部		中部	
	平均值	年排名	平均值	年排名	平均值	年排名	平均值	年排名
2012	2.010	11.0	1.660	7.1	4.880	23.8	2.320	17.7
2013	1.940	11.0	1.650	7.2	4.910	23.5	2.340	18.2
2014	1.690	11.3	1.460	7.2	4.200	23.3	2.110	18.3
2015	1.540	10.0	1.450	7.7	4.330	23.0	2.060	18.8
2016	1.720	12.7	1.480	7.3	4.320	23.3	1.980	17.7
平均	1.780	11.2	1.540	7.3	4.530	23.4	2.160	18.1

表 2 - 27　2012~2016 年七大地理区行政成本比重的平均值及排名

年份	东北	华北	华东	华南	华中	西北	西南
	值/序	值/序	值/序	值/序	值/序	值/序	值/序
2012	2.010/11.0	1.780/9.8	1.600/6.7	2.660/19.0	2.300/17.3	3.580/25.8	7.110/23.8
2013	1.940/11.0	1.720/9.2	1.560/6.7	2.700/19.3	2.340/18.3	3.610/25.6	7.200/23.6
2014	1.690/11.3	1.490/8.2	1.350/6.2	2.400/19.3	2.200/20.3	3.320/24.8	5.910/24.2
2015	1.540/10.0	1.530/9.8	1.300/6.0	2.270/19.3	2.160/20.3	3.420/25.0	6.160/23.4
2016	1.720/12.7	1.610/11.2	1.270/4.8	2.360/18.7	2.050/19.3	3.410/25.4	6.100/22.6
平均	1.780/11.2	1.630/9.6	1.410/6.1	2.480/19.1	2.210/19.1	3.470/25.3	6.490/23.5

由表 2 - 27 可知，2012~2016 年，七个区域的行政成本比重由低到高排名依次为：华东、华北、东北、华中、华南、西北、西南；东北和华北地区呈波动下降趋势，其他区域总体呈平稳下降趋势；就七个区域而言，东北地区排名靠前，但与最优的华东地区相比，有一定差距。

（3）简政放权

简政放权主要用社会服务机构规模予以衡量。社会服务机构规模〔单位：个/（万人×万平方千米）〕反映了一个地区在简政放权背景下社会服务提供的程度，是衡量简政放权的核心指标，计算公式为地区社会服务机构及设施数与地区人口和地区面积乘积的比值。总体而言，东北三省的社会服务机构规模明显低于全国平均水平，且差距呈进一步扩大的趋势。

2012~2016 年，全国社会服务机构规模整体呈上升趋势，东北地区整体呈平稳波动趋势；东北地区社会服务机构规模明显低于全国水平；东北三省均呈平稳波动趋势；相对而言，辽宁省较好，吉林省次之，黑龙江省较弱。

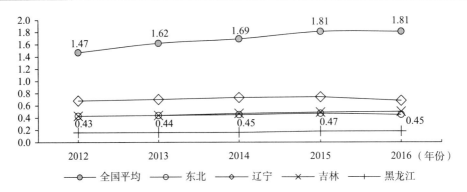

图 2 - 19　2012~2016 年社会服务机构规模基本走势

注：①全国平均是指 31 个省市区的平均水平；②全国范围内（可采集到的数据），社会服务机构规模最大值为 2015 年上海的 17.5024，最小值为 2012 年新疆的 0.0636。

2012~2016 年，东北三省社会服务机构规模在全国 31 个省市区连续 5 年数据集（共 155 个指标值）中相对位置的分布情况如图 2 - 20 所示。可见，东北三省 5 年（共 15 个数据）社会服务机构规模百分比排位处于 50% 以下的数量有 10 个，其中有 5 个位于 25% 以下；此外，排位的最大值是 2015 年的辽宁省（59.7%），最小值是 2013 年的黑龙江省（7.1%）。

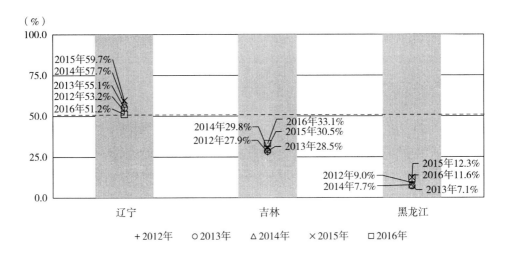

图 2 - 20　2012~2016 年东北三省社会服务机构规模百分比排位

由表 2 - 28 可知，2012~2016 年，6 省份社会服务机构规模由高到低依次为：浙江、江苏、辽宁、广东、吉林、黑龙江；东南三省中，浙江省和广东省呈上升趋势，江苏省呈波动上升趋势，广东省的增幅较大；东北三省中，吉林省和黑龙江省整体呈上升趋势，辽宁省呈先上升后下降趋势；东北三省相比于东南三省，仍存在较明显的差距；社会服务机构规模增幅最大的是广东省（24.20%），降幅最大的是辽宁省（-0.21%），吉林省和黑龙江省的增幅分别为 3.98% 和 1.57%。

表 2 - 28　2012 ~ 2016 年 6 省份社会服务机构规模的原始值及单年排名

年份	辽宁	吉林	黑龙江	江苏	浙江	广东	全国平均
	值/序	值/序	值/序	值/序	值/序	值/序	值
2012	0.680/13	0.430/21	0.160/28	1.050/8	1.450/6	0.390/22	1.470
2013	0.700/14	0.440/22	0.160/29	1.320/7	1.750/6	0.600/17	1.620
2014	0.730/14	0.470/22	0.160/29	1.610/7	1.900/5	0.680/16	1.690
2015	0.740/14	0.490/22	0.180/28	1.790/7	1.950/6	0.720/16	1.810
2016	0.680/17	0.500/22	0.180/28	1.570/7	1.950/6	0.770/14	1.810
平均	0.710/14.4	0.470/21.8	0.170/28.4	1.470/7.2	1.800/5.8	0.630/17.0	1.680

表 2 - 29　2012 ~ 2016 年四大经济区社会服务机构规模的平均值及排名

年份	东北		东部		西部		中部	
	平均值	年排名	平均值	年排名	平均值	年排名	平均值	年排名
2012	0.430	20.7	3.530	8.3	0.480	21.2	0.570	16.2
2013	0.440	21.7	3.910	7.4	0.520	21.0	0.610	17.5
2014	0.450	21.7	4.080	7.2	0.540	21.1	0.620	17.7
2015	0.470	21.3	4.380	7.3	0.580	21.0	0.640	17.8
2016	0.450	22.3	4.340	6.9	0.610	21.2	0.650	17.7
平均	0.4392	21.3	3.8695	7.7	0.5170	21.2	0.5992	16.9

由表 2 - 29 可知，2012 ~ 2016 年，四个区域社会服务机构规模由高到低依次为：东部、中部、西部、东北；四个区域普遍呈上升趋势，其中西部地区上升幅度最大，东北地区上升幅度最小；东北地区社会服务机构规模与西部地区相比，差距较大。

由表 2 - 30 可知，2012 ~ 2016 年，七个区域社会服务机构规模由高到低依次为：华东、华北、华南、西北、华中、西南、东北；七个区域普遍呈上升趋势，其中华南的增幅最大；就七个区域而言，东北地区处于末位，与最优的华东地区相比，差距悬殊。

（4）监管水平

第一，银行不良资产比率（单位:%）。银行不良资产比率反映的是一个地区银行的不良资产情况，也是衡量地区政府监管水平的重要指标，计算公式为银行不良资产期末余额与总资产期末余额的比值，是逆向指标。

表 2-30　2012~2016 年七大地理区社会服务机构规模的平均值及排名

年份	东北	华北	华东	华南	华中	西北	西南
	值/序	值/序	值/序	值/序	值/序	值/序	值/序
2012	0.430/20.7	2.960/12.8	3.180/8.5	1.020/16.3	0.520/17.3	0.600/19.6	0.470/20.6
2013	0.440/21.7	3.320/12.2	3.380/8.7	1.350/14.7	0.570/18.8	0.620/19.8	0.530/20.0
2014	0.450/21.7	3.370/12.2	3.610/8.3	1.440/14.3	0.580/19.3	0.640/20.0	0.550/20.0
2015	0.470/21.3	3.460/12.4	3.980/8.5	1.540/14.3	0.600/19.3	0.690/19.5	0.590/20.0
2016	0.450/22.3	3.530/12.0	3.820/8.5	1.680/14.0	0.590/19.0	0.740/20.0	0.600/20.0
平均	0.450/21.5	3.330/12.3	3.590/8.5	1.410/14.7	0.570/18.7	0.660/19.8	0.550/20.1

总体而言，东北地区的银行不良资产比率高于全国平均水平（2015 年略低于全国平均水平），说明东北地区的银行不良资产比率较大，但这种差距呈缩小趋势。

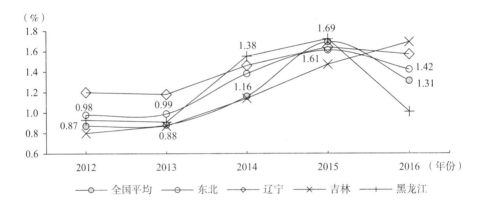

图 2-21　2012~2016 年银行不良资产比率基本走势

注：①全国平均是指 31 个省市区的平均水平；②全国范围内（可采集到的数据），银行不良资产比率最大值为 2015 年内蒙古的 3.97%，最小值为 2016 年西藏的 0.197%。

2012~2016 年，全国和东北地区银行不良资产比率均呈先上升后下降趋势（2014 年上升幅度较明显）；东北地区落后于全国平均水平，但差距呈缩小趋势；在东北三省中，辽宁省和黑龙江省呈先波动上升后下降的趋势，吉林省呈上升趋势；相对而言，黑龙江省较好（2016 年优于全国平均水平），2012~2015 年吉林省优于辽宁省，2015~2016 年被辽宁省反超。

2012~2016 年，东北三省银行不良资产比率在全国 31 个省市区连续 5 年数据集（共 155 个指标值）中相对位置分布情况如图 2-22 所示。可见，东北三省 5 年（共 15 个数据）银行不良资产比率的百分比排位处于 50% 以下有 10 个，其中有 5 个位于 25% 以下；排位的最大值是 2012 年的吉林省（74.7%），最小值是 2015 年的黑龙江省（15.6%）。

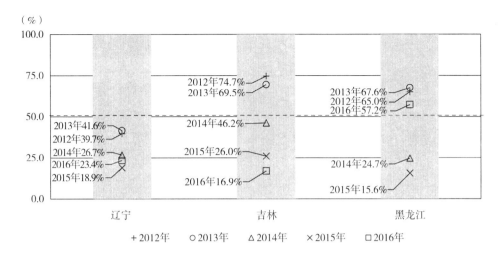

图 2 - 22 2012 ~ 2016 年银行不良资产比率百分比排位

由表 2 - 31 可知, 2012 ~ 2016 年, 6 省份的银行不良资产比率由低到高排名依次为: 广东、吉林、黑龙江、江苏、辽宁、浙江; 东南三省均呈波动上升趋势; 东北三省中, 辽宁省和黑龙江省呈波动上升趋势, 吉林省呈平稳上升趋势; 东北三省相比于东南三省, 存在一定优势; 银行不良资产比率增幅最大的是吉林省 (27.67%), 最小的是黑龙江省 (2.14%), 辽宁省的增幅为 7.65%。

表 2 - 31 2012 ~ 2016 年 6 省份银行不良资产比率的原始值及单年排名

年份	辽宁	吉林	黑龙江	江苏	浙江	广东	全国平均
	值/序	值/序	值/序	值/序	值/序	值/序	值
2012	1.200/29	0.800/16	0.930/20	1.040/24	1.680/31	0.930/20	0.870
2013	1.180/27	0.870/17	0.910/19	1.230/29	1.980/31	0.860/16	0.880
2014	1.460/25	1.140/16	1.550/26	1.310/23	2.040/30	1.150/17	1.160
2015	1.640/17	1.470/10	1.720/19	1.550/12	2.500/29	1.430/9	1.690
2016	1.570/21	1.690/24	1.010/8	1.230/14	1.920/27	1.170/11	1.310
平均	1.410/23.8	1.190/16.6	1.220/18.4	1.270/20.4	2.020/29.6	1.110/14.6	1.180

由表 2 - 32 可知, 2012 ~ 2016 年, 四个区域的银行不良资产比率由低到高排名依次为: 西部、东部、东北、中部; 四个区域均呈波动上升趋势 (2015 年上升幅度较为明显); 东北地区银行不良资产比率较东部地区略有差距。

由表 2 - 33 可知, 2012 ~ 2016 年, 七个区域的银行不良资产比率由低到高排名依次为: 西南、华南、西北、华北、华中、东北、华东; 七个区域均呈波动上升趋势 (2015 年上升幅度较大); 就七个区域而言, 东北地区排名靠后, 与最优的西南地区相比, 差距明显。

表2-32 2012~2016年四大经济区银行不良资产比率的平均值及排名

年份	东北		东部		西部		中部	
	平均值	年排名	平均值	年排名	平均值	年排名	平均值	年排名
2012	0.980	21.7	0.870	14.3	0.800	12.9	0.980	21.2
2013	0.990	21.0	0.980	17.4	0.700	10.2	1.030	22.3
2014	1.380	22.3	1.230	16.8	0.980	11.6	1.310	20.2
2015	1.610	15.3	1.590	14.1	1.730	16.0	1.840	19.0
2016	1.420	17.7	1.240	15.6	1.270	14.9	1.430	18.0
平均	1.280	19.6	1.180	15.6	1.090	13.1	1.320	20.1

表2-33 2012~2016年中国七大地理区银行不良资产比率的平均值及年平均排名

年份	东北	华北	华东	华南	华中	西北	西南
	值/序	值/序	值/序	值/序	值/序	值/序	值/序
2012	0.980/21.7	0.730/9.0	1.040/21.2	0.690/8.3	0.970/20.3	0.940/18.6	0.730/10.8
2013	0.990/21.0	0.780/12.8	1.260/26.0	0.680/9.3	1.030/21.8	0.790/13.2	0.570/5.8
2014	1.380/22.3	1.290/16.6	1.560/24.0	0.940/12.0	1.210/18.0	0.920/10.6	0.770/8.0
2015	1.610/15.3	1.990/17.0	2.000/20.7	1.430/12.0	1.700/16.5	1.520/13.6	1.400/13.6
2016	1.420/17.7	1.460/19.6	1.500/19.0	0.900/8.3	1.360/17.5	1.210/13.6	1.150/13.6
平均	1.280/19.6	1.250/15.0	1.470/22.2	0.930/10.0	1.250/18.8	1.070/13.9	0.920/10.4

第二，生产安全事故死亡率（单位：人/亿元）。生产安全事故死亡率反映了一个地区政府对于生产安全的监管水平，是衡量地区政府监管的重要指标，计算公式为因公死亡人数与地区 GDP（亿元）的比值，是逆向指标，比率越大意味着政府的监管水平越差。

总体而言，东北三省的生产安全事故死亡率明显低于全国平均水平，且差距逐渐缩小至基本持平。

2012~2016年，全国生产安全事故死亡率整体呈逐步下降趋势，东北地区呈平稳趋势；东北地区生产安全事故死亡率明显低于全国平均水平，2015~2016年基本持平；辽宁省2012~2015年基本保持稳定，2015~2016年有所上升，吉林省2012~2014年基本保持稳定，2014~2016年呈先下降后回升的趋势，黑龙江省呈先上升后下降逐渐趋于稳定的趋势；2012~2016年，吉林省和黑龙江省较好，辽宁省较弱。

2012~2016年，东北三省生产安全事故死亡率在全国31个省市区连续5年数据集（共155个指标值）中相对位置分布情况如图2-24所示。可见，东北三省5年（共15个数据）生产安全事故死亡率百分比排位处于50%以下的有7个；排位的最大值是2015年的吉林省（92.3%），最小值是2016年的辽宁省（28.0%）。

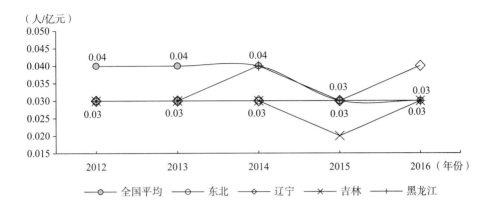

图 2 – 23　2012~2016 年生产安全事故死亡率基本走势

注：①全国平均是指 31 个省市区的平均水平；②全国范围内（可采集到的数据），生产安全事故死亡率最大值为 2012 年青海的 0.095，最小值为 2015 年福建的 0.0118。

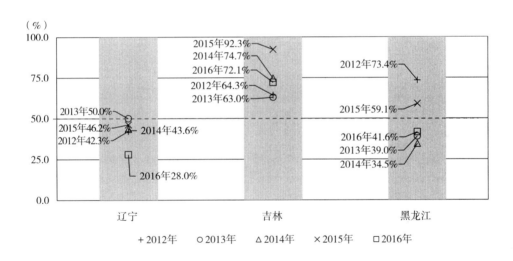

图 2 – 24　2012~2016 年东北三省生产安全事故死亡率百分比排位

由表 2 – 34 可知，2012~2016 年，6 省份生产安全事故死亡率由低到高依次为：江苏、吉林、黑龙江、广东、辽宁、浙江；东南三省整体呈下降趋势，广东省下降趋势较为稳定，江苏省和浙江省波动较大；东南三省中水平最高的江苏省略优于东北地区水平最高的吉林省；东北三省中，增幅最大的是黑龙江省（7.39%），降幅最大的是吉林省（ – 1.92%），辽宁省的增幅为 4.26%。

由表 2 – 35 可知，2012~2016 年，四个区域生产安全事故死亡率由低到高依次为：东北、东部、中部、西部；东北地区基本保持稳定，东部和西部地区呈逐步下降的发展趋势，中部地区呈波动下降趋势，其中东部地区降幅最大。

表 2 - 34　2012～2016 年 6 省份生产安全事故死亡率的原始值及单年排名

年份	辽宁	吉林	黑龙江	江苏	浙江	广东	全国平均
	值/序	值/序	值/序	值/序	值/序	值/序	值
2012	0.030/16	0.030/8	0.030/5	0.030/12	0.040/18	0.030/13	0.040
2013	0.030/15	0.030/8	0.030/19	0.030/6	0.040/20	0.030/16	0.040
2014	0.030/18	0.030/5	0.040/21	0.030/6	0.040/20	0.030/12	0.040
2015	0.030/18	0.020/5	0.030/15	0.020/6	0.030/19	0.030/10	0.030
2016	0.040/25	0.030/17	0.030/22	0.020/6	0.030/19	0.030/14	0.030
平均	0.040/18.4	0.030/8.6	0.030/16.4	0.030/7.2	0.040/19.2	0.030/13.0	0.040

表 2 - 35　2012～2016 年四大经济区生产安全事故死亡率的平均值及排名

年份	东北		东部		西部		中部	
	平均值	年排名	平均值	年排名	平均值	年排名	平均值	年排名
2012	0.030	9.7	0.040	14.5	0.050	20.5	0.040	12.7
2013	0.030	14.0	0.030	12.9	0.050	20.6	0.040	13.0
2014	0.030	14.7	0.030	12.4	0.040	19.8	0.030	15.0
2015	0.030	12.7	0.030	11.0	0.040	20.5	0.040	17.0
2016	0.030	21.3	0.030	11.5	0.040	20.6	0.030	11.7
平均	0.030	14.5	0.030	12.5	0.040	20.4	0.030	13.9

由表 2 - 36 可知，2012～2016 年，七个区域生产安全事故死亡率由低到高依次为：华南、东北、华中、华东、华北、西南、西北；东北地区基本保持稳定，其他区域普遍呈下降趋势，其中华南地区的降幅最小；就七个区域而言，东北地区处于前列，与最优的华南地区相比，差距较小。

表 2 - 36　2012～2016 年七大地理区生产安全事故死亡率的平均值及排名

年份	东北	华北	华东	华南	华中	西北	西南
	值/序	值/序	值/序	值/序	值/序	值/序	值/序
2012	0.030/9.7	0.050/19.2	0.030/14.7	0.030/6.7	0.030/9.3	0.060/24.0	0.050/21.2
2013	0.030/14.0	0.040/15.8	0.030/13.7	0.030/9.7	0.030/9.8	0.050/24.4	0.050/20.6
2014	0.030/14.7	0.040/14.8	0.030/11.5	0.030/7.3	0.030/13.8	0.050/26.2	0.040/20.2
2015	0.030/12.7	0.040/16.0	0.030/11.5	0.020/5.3	0.030/14.8	0.050/23.4	0.040/23.4
2016	0.030/21.3	0.030/16.0	0.030/10.3	0.020/7.3	0.020/9.8	0.050/26.6	0.030/19.2
平均	0.030/14.5	0.040/16.4	0.030/12.3	0.030/7.3	0.030/11.5	0.050/24.9	0.040/20.9

（5）营商环境

第一，万人新增企业数（单位：个/万人）。万人新增企业数反映了一个地区的企业增加情况，是衡量地区营商环境的重要指标，计算公式为当年新增企业单位数与地区人口（万人）的比值。总体而言，东北地区万人新增企业数明显低于全国平均水平，且差距呈进一步扩大趋势。

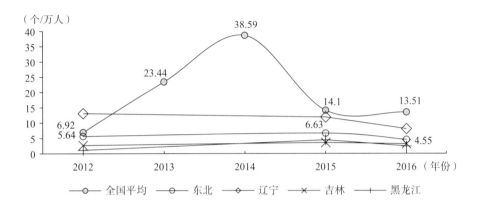

图 2-25 2012~2016 年万人新增企业数基本走势

注：①全国平均是指 31 个省市区的平均水平；②全国范围内（部分省份 2013 年及 2014 年数据缺失），万人新增企业数最大值为 2016 年的天津的 41.97，最小值为 2016 年的西藏的 0.46。

2012~2016 年，全国万人新增企业数的平均水平呈波动上升趋势，东北三省亦呈先上升后下降趋势；东北三省明显低于全国平均水平；辽宁省呈下降趋势，吉林省和黑龙江省呈平稳波动趋势；相对而言，辽宁省较好，吉林省和黑龙江省较弱。

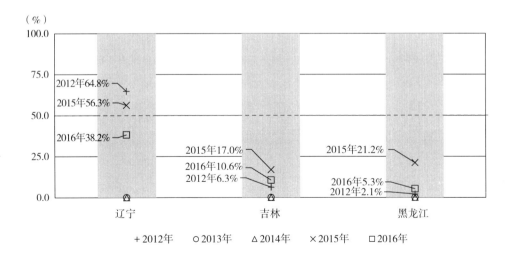

图 2-26 2012~2016 年万人新增企业数百分比排位

2012～2016 年，东北三省万人新增企业数在全国 31 个省市区 3 年数据集（共 93 个指标值）中相对位置分布情况如图 2-26 所示。可见，东北三省 3 年（共 9 个数据）万人新增企业数的百分比排位处于 50% 以下有 7 个，其中有 6 个位于 25% 以下；排位的最大值是 2012 年的辽宁省（64.8%），最小值是 2012 年的黑龙江省（2.1%）。

由表 2-37 可知，2012～2016 年，6 省份万人新增企业数由高到低排名依次为：江苏、浙江、辽宁、广东、吉林、黑龙江；东南三省中，江苏省和广东省呈明显上升趋势，浙江省呈波动上升趋势；东北三省中，吉林省和黑龙江省呈波动上升趋势，辽宁省呈下降趋势；东北三省相比于东南三省，仍存在较明显的差距；万人新增企业数增幅最大的是黑龙江省（28.91%），降幅最大的是辽宁省（-9.59%），吉林省的增幅为 4.45%。

表 2-37　2012～2016 年 6 省份万人新增企业数的原始值及单年排名

年份	辽宁	吉林	黑龙江	江苏	浙江	广东	全国平均
	值/序	值/序	值/序	值/序	值/序	值/序	值
2012	13.100/5	2.690/28	1.120/30	14.200/4	14.610/3	9.070/9	6.920
2013	—	—	—	—	23.440/1	—	23.440
2014	—	—	—	—	38.590/1	—	38.590
2015	11.880/20	3.580/29	4.450/28	25.570/3	19.710/8	9.480/22	14.100
2016	8.080/23	3.160/28	2.420/30	41.120/2	21.150/6	10.940/15	13.510
平均	11.020/16.0	3.140/28.3	2.660/29.3	26.960/3.0	23.500/3.8	9.830/15.3	11.920

由表 2-38 可知，2012～2016 年，四个区域的万人新增企业数由高到低排名依次为：东部、中部、西部、东北；四个区域均呈波动上升趋势；东北地区万人新增企业数与东部地区相比，差距明显。

表 2-38　2012～2016 年四大经济区万人新增企业数的平均值及排名

年份	东北		东部		西部		中部	
	平均值	年排名	平均值	年排名	平均值	年排名	平均值	年排名
2012	5.640	21.0	10.000	9.7	5.100	19.8	6.070	16.3
2013	—	—	23.440	1.0	—	—	—	—
2014	—	—	38.590	1.0	—	—	—	—
2015	6.630	25.7	19.320	10.5	11.720	18.8	13.900	14.7
2016	4.550	27.0	19.990	11.6	10.420	17.8	13.360	14.2
平均	5.610	24.6	17.350	10.0	9.080	18.8	11.110	15.1

由表 2-39 可知，2012～2016 年，七个区域的万人新增企业数由高到低排名依次为：

华东、华北、华南、华中、西南、西北、东北；东北地区呈下降趋势（2015 年略有上升），其他区域均呈波动上升趋势；就七个区域而言，东北地区处于末位，与最优的华东地区相比，差距较大。

表 2－39　2012～2016 年七大地理区万人新增企业数的平均值及排名

年份	东北	华北	华东	华南	华中	西北	西南
	值/序	值/序	值/序	值/序	值/序	值/序	值/序
2012	5.640/21.0	6.630/16.8	11.090/7.5	7.250/13.0	6.100/17.0	4.880/18.8	5.480/20.6
2013	—	—	23.440/1.0	—	—	—	—
2014	—	—	38.590/1.0	—	—	—	—
2015	6.630/25.7	19.670/10.4	19.210/9.5	11.750/18.7	12.210/17.3	11.150/19.6	12.760/17.4
2016	4.550/27.0	19.550/11.8	21.510/10.0	10.730/16.3	11.100/15.8	9.580/19.4	10.740/17.4
平均	5.610/24.6	15.280/13.0	18.640/8.2	9.910/16.0	9.800/16.7	8.530/19.3	9.660/18.5

　　第二，民间固定资产投资增速（单位:%）。民间固定资产投资增速反映一个地区民间投资的发展速度，是反映该地区营商环境的重要指标，计算公式为本年和上年民间固定资产投资额的差值与上年民间固定资产投资额的比值。总体而言，东北地区民间固定资产投资增速低于全国平均水平，且差距呈进一步扩大趋势。

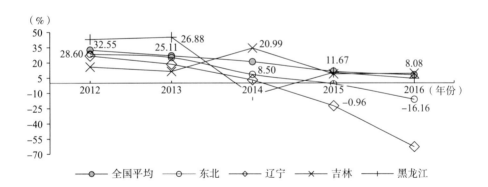

图 2－27　2012～2016 年民间固定资产投资增速基本走势

注：①全国平均是指 31 个省市区的平均水平；②全国范围内（可采集到的数据），民间固定资产投资增速最大值为 2012 年西藏的 74.71%，最小值为 2016 年辽宁的 －62.65%。

　　2012～2016 年，全国和东北地区民间固定资产投资增速均呈下降趋势，东北地区在 2015 年出现"负增长"；东北地区民间固定资产投资增速落后于全国平均水平，并且差距呈进一步扩大趋势；黑龙江省民间固定资产投资增速在 2012～2013 年呈上升趋势，2014 年大幅下降至负值，2015～2016 年有所回升；吉林省在 2014 年明显上升，2015～2016 年明显下降；辽宁省 2012～2016 年整体呈下降趋势，并在 2015 年出现"负增长"；相对而言，吉林省较好，黑龙江省次之，辽宁省较弱。

2012~2016年，东北三省民间固定资产投资增速在全国31个省市区连续5年数据集（共155个指标值）中相对位置分布情况如图2-28所示。可见，东北三省5年（共15个数据）民间固定资产投资增速的百分比排位位于50%以下的有11个，其中有8个位于25%以下；排位的最大值是2013年的黑龙江省（95.4%），最小值是2015年的辽宁省（0.0%）。

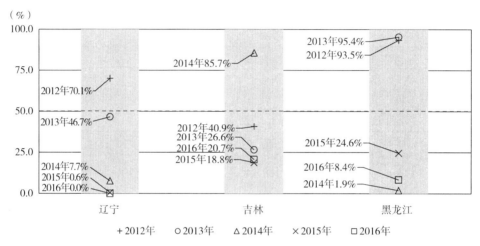

图2-28 2012~2016年东北三省民间固定资产投资增速百分比排位

由表2-40可知，2012~2016年，6省份民间固定资产投资增速由高到低依次为：广东、黑龙江、江苏、浙江、吉林、辽宁；东南三省中，广东省、浙江省民间固定资产投资增速发展呈波动下降趋势，江苏省呈平稳下降趋势；在东北三省中，吉林省和黑龙江省呈波动下降趋势，辽宁省呈平稳下降趋势；民间固定资产投资增速降幅最大的是辽宁省（-83.42%），降幅最小的是广东省（-4.99%），黑龙江省和吉林省的降幅分别为-22.34%和-9.98%。

表2-40 2012~2016年6省份民间固定资产投资增速的原始值及单年排名

年份	辽宁	吉林	黑龙江	江苏	浙江	广东	全国平均
	值/序	值/序	值/序	值/序	值/序	值/序	值
2012	26.810/18	15.960/28	43.030/8	22.850/22	24.130/21	12.190/29	32.550
2013	18.660/25	11.520/29	45.130/2	22.560/22	18.740/24	33.260/9	26.880
2014	3.120/29	34.410/4	-12.040/31	20.690/18	24.880/12	19.610/21	20.990
2015	-22.420/31	9.050/20	10.490/18	15.550/12	8.920/21	17.080/11	11.670
2016	-62.650/31	9.590/20	4.570/28	7.390/25	10.810/14	9.760/19	8.080
平均	-7.290/26.8	16.100/20.2	18.240/17.4	17.810/19.8	17.490/18.4	18.380/17.8	20.030

由表 2 - 41 可知，2012～2016 年，四个区域民间固定资产投资增速由高到低依次为：西部、中部、东部、东北；四个区域民间固定资产投资增速普遍呈下降趋势，其中东北的降幅最大；东北地区民间固定资产投资增速与西部地区差距较大。

表 2 - 41　2012～2016 年四大经济区民间固定资产投资增速的平均值及排名

年份	东北		东部		西部		中部	
	平均值	年排名	平均值	年排名	平均值	年排名	平均值	年排名
2012	28.600	18.0	23.820	21.0	42.750	10.8	28.650	17.2
2013	25.110	18.7	21.670	20.3	29.700	13.0	30.790	13.5
2014	8.500	21.3	20.130	17.6	22.350	15.6	25.980	11.5
2015	-0.960	23.0	13.580	14.6	10.950	17.3	16.250	12.2
2016	-16.160	26.3	8.830	20.4	12.170	12.4	10.750	10.7
平均	9.020	21.5	17.610	18.8	23.580	13.8	22.480	13.0

由表 2 - 42 可知，2012～2016 年，七个区域民间固定资产投资增速由高到低依次为：西北、西南、华中、华北、华南、华东、东北；东北和华南地区呈下降趋势，其他区域呈波动下降趋势，其中东北的降幅最大；就七个区域而言，东北地区处于末位，与最优的西北地区相比，差距较大。

表 2 - 42　2012～2016 年七大地理区民间固定资产投资增速的平均值及排名

年份	东北	华北	华东	华南	华中	西北	西南
	值/序	值/序	值/序	值/序	值/序	值/序	值/序
2012	28.600/18.0	33.890/14.6	17.550/25.2	32.240/15.0	27.210/17.5	52.960/6.6	35.610/14.0
2013	25.110/18.7	24.570/19.2	21.950/19.8	23.460/18.7	29.270/14.8	35.770/7.4	27.410/14.6
2014	8.500/21.3	18.410/16.0	21.420/15.2	15.330/24.7	23.430/14.3	31.550/8.2	21.450/17.8
2015	-0.960/23.0	19.670/9.8	11.970/14.3	16.430/13.3	13.710/15.3	7.200/23.2	10.870/15.0
2016	-16.160/26.3	6.550/24.0	9.140/19.2	11.620/12.7	13.200/5.5	7.150/19.2	17.580/5.2
平均	9.020/21.5	20.620/16.7	16.410/18.7	19.820/16.9	21.360/13.5	26.920/12.9	22.590/13.3

4. 主要结论

首先，总体而言，东北三省的政府治理指数明显低于全国平均水平。在反映政府治理水平的五个方面（市场干预、政府规模、简政放权、监管水平、营商环境），除监管水平外，东北三省在其他四个方面均落后于东南三省，其中，市场干预和简政放权存在的差距最大。

其次，动态来看，2012～2016 年，东北地区的指数得分呈平稳下降趋势，意味着绝对能力在逐年降低，并有长期下降的态势。同时，东北地区的政府治理方面的相对排名也呈现下降趋势，说明东北地区与政府治理具有优势的地区的差距在逐渐加大。

再次，分省来看，辽宁省政府治理水平较高，吉林省次之，黑龙江省较弱。在全国各省相对排名的竞争中，三个省份均有退步。吉林省在政府治理各分项指数上相对均衡，监管水平相对较强，政府规模和营商环境均较弱；辽宁省在市场干预、简政放权和营商环境上相对较强，但营商环境尚未能达到全国平均水平；黑龙江省政府规模较强，市场干预和简政放权均较弱。

最后，从单项指标方面看，东北地区的"政府资源分配"和"政府人员规模"优于全国平均水平；"生产安全事故死亡率"的相对优势逐渐减弱至基本与全国平均水平持平；"行政成本比重""社会服务机构规模""万人新增企业数""民间固定资产投资增速"等的发展相对较落后。

（二）企态优化评价报告

1. 企态优化指数总体分析

对企态优化的测度包括国企效率、国企保增值、企业实力、民企规模、民企融资五个方面，共 8 项关键指标，汇集中国 31 个省市区 2012～2016 年企态优化方面的指标信息，得到了连续 5 年的企态优化指数得分。在此基础上，形成多年连续排名和单年排名。其中，多年连续排名用于反映各省市区企态优化的绝对发展水平随时间动态变化的情况（31 个省市区 5 年共 155 个排位，最高排名为 1，最低排名为 155），单年排名用于反映各省市区在全国范围内某个单年的相对发展水平（31 个省市区每年 31 个排位，最高排名为 1，最低排名为 31）。具体来说，31 个省市区企态优化的总体情况如表 2－43 所示。

表 2－43　2012～2016 年 31 个省市区企态优化指数得分、连续及单年排名

省市区	2012 年			2013 年			2014 年			2015 年			2016 年		
	值	总	年	值	总	年	值	总	年	值	总	年	值	总	年
浙江	76.1	9	2	76.9	8	2	75.5	11	2	81.0	6	2	86.4	1	1
上海	77.2	7	1	81.6	5	1	81.6	4	1	82.2	3	1	84.7	2	2
北京	70.7	17	3	69.6	20	3	73.9	14	3	75.0	12	3	75.7	10	3
江苏	59.8	39	7	65.6	27	6	66.7	25	5	72.0	16	4	75.0	13	4
广东	63.1	33	6	68.3	23	5	66.6	26	6	70.1	19	5	73.3	15	5
天津	70.2	18	4	68.4	22	4	62.9	34	8	62.2	35	7	63.8	29	6
重庆	46.3	82	16	44.0	99	22	55.7	44	9	59.1	40	8	63.1	32	7

续表

省市区	2012 年			2013 年			2014 年			2015 年			2016 年		
	值	总	年	值	总	年	值	总	年	值	总	年	值	总	年
湖北	47.3	76	15	50.1	58	15	49.4	62	11	51.3	52	10	61.6	36	8
海南	58.4	41	8	60.9	37	8	67.6	24	4	63.4	31	6	60.8	38	9
吉林	46.0	86	17	43.5	101	23	48.3	70	12	48.3	69	13	53.8	46	10
福建	55.8	43	9	57.2	42	9	53.0	50	10	49.9	60	11	53.5	49	11
广西	38.5	126	26	45.3	91	19	45.4	88	17	49.7	61	12	51.2	54	12
新疆	69.2	21	5	65.3	28	7	63.5	30	7	53.6	48	9	51.1	55	13
贵州	39.7	123	25	41.7	110	24	41.9	108	21	41.4	111	21	49.4	63	14
山东	47.8	73	14	45.2	92	20	46.2	83	16	46.1	84	16	48.8	65	15
云南	48.8	64	12	51.2	53	12	48.1	71	13	47.7	74	14	48.5	67	16
山西	39.7	121	24	37.6	130	26	39.7	122	25	44.7	93	17	48.3	68	17
宁夏	47.9	72	13	54.8	45	10	46.5	79	15	43.0	102	18	46.6	77	18
四川	40.2	118	23	37.1	131	27	38.5	127	27	42.1	107	20	46.6	78	19
青海	52.2	51	10	51.0	57	14	47.6	75	14	41.0	116	22	46.0	85	20
安徽	44.5	97	19	51.0	56	13	40.9	117	24	41.7	109	20	45.4	89	21
湖南	41.3	112	22	46.3	80	17	43.0	103	19	46.3	81	15	45.3	90	22
西藏	29.2	149	30	34.1	143	29	41.2	114	22	34.7	140	28	44.6	95	23
辽宁	34.1	144	29	32.8	145	30	36.9	132	28	34.8	139	27	42.2	106	24
甘肃	44.4	98	20	48.7	66	16	42.2	105	20	38.6	125	24	41.3	113	25
陕西	42.5	104	21	45.7	87	18	39.6	124	26	35.0	137	25	40.1	119	26
江西	36.5	133	27	37.7	129	25	41.2	115	23	39.8	120	23	37.8	128	27
河北	34.5	141	28	35.9	135	28	32.8	146	30	31.2	148	30	36.0	134	28
黑龙江	44.5	96	18	44.6	94	21	43.8	100	18	32.4	147	29	35.2	136	29
内蒙古	49.9	59	11	53.6	47	11	34.5	142	29	34.8	138	26	26.4	150	30
河南	23.9	151	31	23.7	152	31	22.2	154	31	21.9	155	31	23.3	153	31
平均	49.0	81	16	50.6	75	16	49.6	81	16	48.9	83	16	51.8	71	16

注: ①对于表中的字段名称, "值"表示各省市区对应年份的指数得分, "总"表示各省市区 2012~2016 年多年的连续总排名, "年"表示各省市区 5 个单年的排名; ②表中 31 个省市区按照 2016 年的指数得分由高到低 (降序) 排列。

东北地区的企态优化指数处于全国较靠后的位置, 且总体上远落后于东南三省的发展水平。2012~2016 年, 6 个省份企态优化指数由高到低依次为: 浙江、广东、江苏、吉林、黑龙江、辽宁; 东南三省企态优化指数的发展普遍呈上升趋势, 明显好于东北三省; 东南三省水平较低的江苏省依然明显优于东北地区最优的吉林省; 在 6 省中, 企态优化指数年增幅最大的是江苏省 (6.34%), 降幅最大的是黑龙江省 (-5.25%), 辽宁省和吉林省的增幅分别为 5.69% 和 4.28%。就 2016 年而言, 辽宁省企态优化相对较好, 在 31

个省域中的单年排名为 9，吉林省和黑龙江省相对较差，排名分别为 18 和 23，具体如表 2 - 43 和表 2 - 44 所示。

表 2 - 44　2012～2016 年 6 省份企态优化指数值及年排名

年份	辽宁	吉林	黑龙江	江苏	浙江	广东	全国平均
	值/序	值/序	值/序	值/序	值/序	值/序	值
2012	34.06/29	45.97/17	44.49/18	59.82/7	76.12/2	63.12/6	49.03
2013	32.81/30	43.54/23	44.62/21	65.64/6	76.90/2	68.30/5	50.63
2014	36.87/28	48.28/12	43.85/18	66.70/5	75.47/2	66.63/6	49.58
2015	34.84/27	48.31/13	32.41/29	71.97/4	81.00/2	70.07/5	48.87
2016	42.18/24	53.84/10	35.15/29	74.98/4	86.40/1	73.37/5	51.80
平均	36.15/27.6	47.99/15.0	40.10/23.0	67.82/5.2	79.18/1.8	68.30/5.4	49.98

2012～2016 年，全国企态优化指数整体呈平稳态势，东北地区企态优化指数稳中有升；东北地区企态优化指数明显低于全国平均水平，但这种差异呈逐渐缩小的趋势；2012～2016 年，吉林省企态优化指数有所提高，且在 2016 年超过了全国平均水平；黑龙江省整体呈快速下降趋势（2016 年有所回升），辽宁省整体呈上升趋势，两省始终处于全国平均水平之下；就企态优化指数而言，吉林省较好，辽宁省次之，黑龙江省较弱，具体如图 2 - 29 所示。

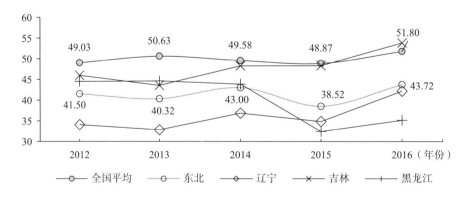

图 2 - 29　2012～2016 年企态优化指数得分基本走势

注：①全国平均是指 31 个省市区的平均水平；②全国范围内（可采集到的数据），企态优化指数最大值为 2016 年浙江的 86.40，最小值为 2015 年河南的 21.86。

2012～2016 年，东北三省企态优化指数在全国 31 个省市区连续 5 年数据集（共 155 个指标值）中相对位置的分布情况如图 2 - 30 所示。可见，东北三省 5 年企态优化指数的百分比排位普遍处于 50% 之下；排位的最大值是 2016 年的吉林省（70.7%），最小值是 2015 年的黑龙江省（5.1%），具体如图 2 - 30 所示。

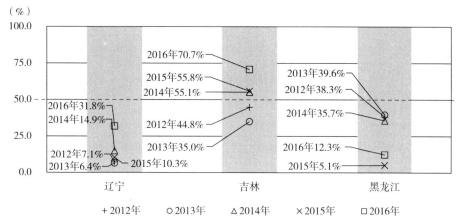

图 2-30　2012~2016 年东北三省企态优化指数百分比排位

2. 全国视角下东北地区企态优化进展分析

2012~2016 年，四大区域企态优化指数由高到低依次为：东部、西部、东北、中部；东部地区和中部地区企态优化指数呈上升趋势，其中中部地区上升幅度最大，东北地区和西部地区企态优化指数呈波动上升趋势，其中东北地区上升幅度较大；东北地区企态优化指数与东部地区差距较大，如表 2-45 所示。

表 2-45　2012~2016 年四大经济区企态优化指数平均值及排名

年份	东北		东部		西部		中部	
	平均值	年排名	平均值	年排名	平均值	年排名	平均值	年排名
2012	41.50	21.3	61.36	8.2	45.73	17.7	38.87	23.0
2013	40.32	24.7	62.97	8.6	47.70	17.4	41.07	21.2
2014	43.00	19.3	62.68	8.5	45.39	18.3	39.40	22.2
2015	38.52	23.0	63.31	8.5	43.40	18.8	40.94	19.3
2016	43.72	21.0	65.81	8.4	46.24	18.6	43.62	21.0
平均	41.41	21.9	63.22	8.4	45.69	18.2	40.78	21.3

注：为确保区分度，对于具有平均意义的排名（序），本书保留一位小数，以下各表同。

2012~2016 年，七大区域企态优化指数由高到低依次为：华东、华南、华北、西北、西南、东北、华中；七大区域企态优化指数呈分化趋势，西北地区和东北地区在 2012~2015 年下降趋势较明显，2016 年有所回升，其他各区域均呈上升趋势；就企态优化指数而言，东北地区处于七个区域的倒数第二位，与华东地区相比，差距较大，如表 2-46 所示。

表 2 - 46　2012 ~ 2016 年七大地理区企态优化指数的平均值及排名

年份	东北	华北	华东	华南	华中	西北	西南
	值/序	值/序	值/序	值/序	值/序	值/序	值/序
2012	41.50/21.3	53.01/14.0	60.19/8.7	53.34/13.3	37.26/23.8	51.24/13.8	40.82/21.2
2013	40.32/24.7	53.03/14.4	62.93/8.5	58.15/10.7	39.46/22.0	53.09/13.0	41.61/22.8
2014	43.00/19.3	48.75/19.0	60.64/9.7	59.89/9.0	38.95/21.0	47.86/16.4	45.11/18.4
2015	38.52/23.0	49.59/16.6	62.15/9.0	61.07/7.7	39.81/19.8	42.22/19.6	45.00/18.0
2016	43.72/21.0	50.06/16.8	65.63/9.0	61.76/8.7	42.01/22.0	45.02/20.4	50.43/15.8
平均	41.41/21.9	50.88/16.2	62.31/9.0	58.84/9.9	39.50/21.7	47.89/16.6	44.60/19.2

为便于直观分析，将指数信息按空间分类、时间排列、优劣序化等方式整理后，形成多年指数得分、连续排名及单年排名的可视化集成图（见图 2 - 31 ~ 图 2 - 33），结合表 2 - 29 的信息，以全国四大经济区为划分标准，对东北三省的企态优化方面的进程评价如下：

（1）东北地区企态优化水平低于全国平均水平，也低于西部和东部地区，与中部地区接近

从反映西部、中部、东北、东部 4 大区域的平均得分曲线的变化情况可以看出，东部地区发展相对成熟，基础夯实（2012 年为 61.4 分），与其他地区的差距还在进一步拉大（2016 年为 65.8 分）。其余三个地区总体水平表现均较为疲弱，地区平均指数得分都没有超过 50 分。其中，西部地区的基础相对较好，指数得分在 43 ~ 47 之间徘徊；中部地区在波动中有所提升；以 2012 年为基点（得分 41.5 分），东北地区拥有优于中部地区的起步条件，在波动中缓慢上升，2016 年在四个区域中仅优于中部地区（得分 43.7 分）。

（2）东北地区企态优化水平上升缓慢，趋势不明朗

在企态优化上，全国整体发展比较平稳，但区域间的发展特征不尽相同，中部地区和东部地区指数得分逐年上升较快（中部地区平均每年指数得分上升 1.2 分，东部地区平均每年指数得分上升 1.1 分）。西部地区和东北地区指数得分逐年上升较慢（西部地区平均每年指数得分上升 0.1 分，东北地区平均每年指数得分上升 0.6 分）。东北地区企态优化水平虽然也呈现上升状态，但上升速度过于缓慢，在与中部地区和东部地区的比较中，趋势不明朗，因而就企态优化而言，东北地区在全国范围内相对能力呈现整体后移的状态。

（3）东北地区企态优化相对水平存在进一步下降风险

2012 ~ 2016 年，在相对位次的排名竞争中，表现最佳的是中部地区。因为，中部地区无论是在平均指标值上（年均 5.3 名）还是在相对排名上（年均 2.0 名）都是进步最快的。事实说明，众多省份在企态优化上处于 50 分左右的位置，竞争异常激烈。在中部地区 6 个省域中，单年排名提升的有 2 个（占 33.33%），排名维持不变的有 3 个（占 50%），排名退后的有 1 个（占 16.67%），其中排名上升的包括湖北省和山西省，相对排名均提升了 7 名，唯一下降的安徽省排名下降了 2 名。在西部地区 12 个省域中，单年排

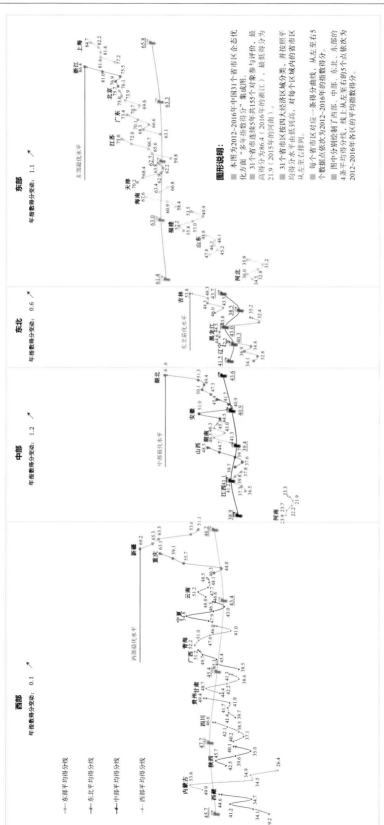

图 2−31 2012～2016 年 31 个省市区企态优化指数得分变动情况

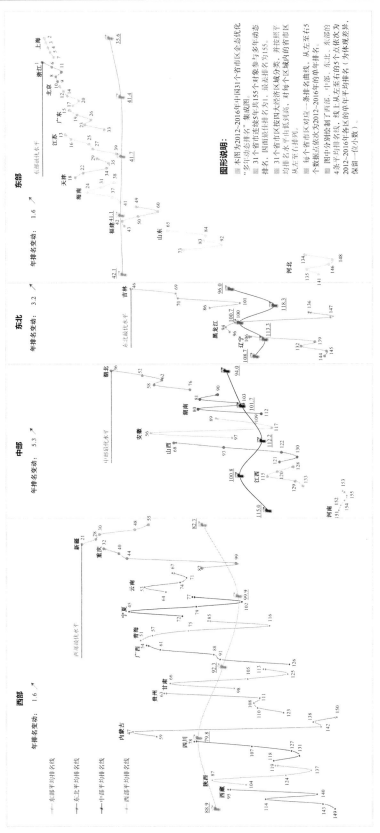

图 2－32 2012～2016 年 31 个省市区企态优化多年连续排名变动情况

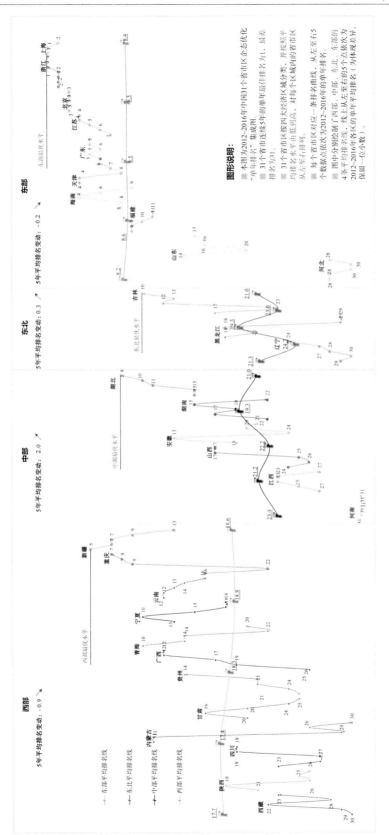

图 2 - 33　2012～2016 年 31 个省市区企态优化单年排名变动情况

名提升的有 5 个（占 41.67%），排名退后的有 7 个（占 58.33%），其中广西壮族自治区相对排名提升 14 名，内蒙古下降 19 名，分别为西部地区上升与下降最快的两个省区。在东部地区 10 个省域中，单年排名提升的有 4 个（占 40.00%），排名退后的有 6 个（占 60.00%），其中江苏省相对排名提升 3 名，福建省、天津市、上海市下降 2 名，分别为东部地区上升与下降最快的省份。东北地区的 3 个省域中，单年排名提升的有 2 个（占 66.67%），排名退后的有 1 个（占 33.33%），其中吉林省由 17 名提升到 10 名，辽宁省由 29 名提升到 24 名，黑龙江省由 18 名退到 29 名。

3. 企态优化分项指数分析

东北三省的平均得分雷达图完全被全国平均得分雷达图所包围。东南三省的平均得分雷达图将东北三省平均得分雷达图和全国平均得分雷达图均加以包围，说明东南三省平均在企态优化的 5 个分项上均优于东北三省平均和全国平均。东北三省在国企效率和民企融资上与东南三省的差距最大，分别落后了 46.91 和 36.28，如表 2 - 47 和图 2 - 34 所示。

表 2 - 47　2012 ~ 2016 年 6 省份企态优化方面分项指数平均得分

	国企效率	国企保增值	企业实力	民企规模	民企融资
辽宁	33.89	20.73	46.92	55.65	23.56
吉林	64.55	57.38	44.52	45.30	28.19
黑龙江	16.63	57.35	33.38	37.49	55.67
江苏	80.96	54.51	62.62	82.78	58.24
浙江	93.53	57.91	76.12	88.07	80.27
广东	81.30	57.79	75.68	48.92	77.78
东北三省平均	38.36	45.16	41.61	46.14	35.81
东南三省平均	85.27	56.74	71.47	73.26	72.09
各省平均	51.32	46.75	49.30	53.02	49.52
各省最高	99.21	83.72	98.36	88.07	87.47
各省最低	4.82	9.18	12.86	11.25	1.09

分省来看，2012 ~ 2016 年，东南三省 5 个分项指数的得分基本都超过了全国平均（2016 年广东省的民企融资低于全国平均），发展相对均衡，仅国企保增值优势不太明显；东北三省 2012 ~ 2016 年在 5 个分项指数的发展上非常不平衡，其中黑龙江省最为突出，国企保增值得分达到 57.35 分，国企效率的得分仅为 16.63 分，吉林省相对均衡，使该省在企态优化总得分上较高（5 年平均为 47.99，接近全国平均水平，见表 2 - 44）；就东北

三省企态优化分项指数而言，吉林省比较均衡，国企效率相对较强，辽宁省民企规模相对较强，民企融资和国企保增值相对薄弱，黑龙江省国企保增值和民企融资相对较强，国企效率、民企规模和企业实力均较为薄弱。总体而言，东北三省在所有5个分项指数上全面落后于东南三省，其中，国企效率和民企融资存在的差距最大，国企保增值则较为接近。

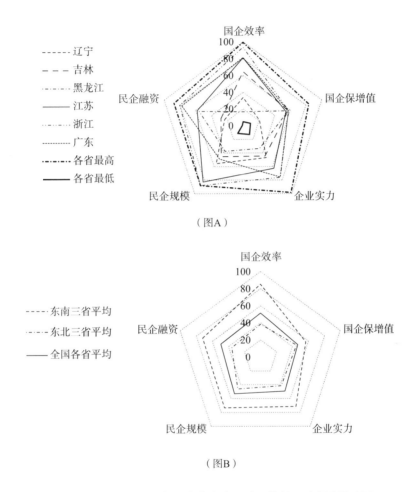

（图A）

（图B）

图 2 - 34　2012～2016 年企态优化方面分项指数平均得分雷达图

2012～2016 年，企态优化下5 个分项指数的全国年平均值中，国企效率、民企规模和民企融资呈持续上升趋势，国企保增值和企业实力呈波动上升趋势；东南三省在国企效率分项指数上均处于全国前列，浙江省在民企规模、国企保增值上具有优势，广东省在企业实力和民企规模上具有优势，江苏省在民企融资上具有优势；广东省的优势项目最多，使广东省在企态优化指数排名上居于全国第四，东北三省5 个分项指数的得分中，只有国企效率和民企规模整体呈上升趋势，其他分项指数均有所起伏，具体如表 2 - 48 所示。

表 2 - 48 2012～2016 年 6 省份企态优化方面分项指数

分项指数	年份	辽宁 值/序	吉林 值/序	黑龙江 值/序	江苏 值/序	浙江 值/序	广东 值/序	全国平均 值
国企效率	2012	55.56/13	25.71/23	61.58/12	85.26/5	91.26/3	73.07/7	49.1
	2013	65.09/13▲	35.83/22▲	68.26/11▲	84.88/5▽	91.13/4▽	73.44/8▲	52.84▲
	2014	64.64/13▽	41.65/20▲	74.94/9▲	85.54/5▲	90.91/4▽	75.10/8▲	54.44▲
	2015	67.14/13▲	48.80/19▲	80.15/8▲	87.25/5▲	90.97/4▲	74.96/11▽	57.18▲
	2016	72.91/13▲	62.83/17▲	88.31/5▲	87.02/6▽	92.28/4▲	75.38/11▲	60.50▲
国企保增值	2012	39.36/19	19.53/31	34.04/22	52.99/12	56.34/9	53.06/11	44.79
	2013	49.63/19▲	26.93/29▲	35.18/27▲	68.31/8▲	68.76/7▲	69.16/6▲	54.21▲
	2014	38.42/23▽	16.21/31▽	47.57/15▲	63.07/3▽	54.77/9▽	55.84/7▽	46.33▽
	2015	56.03/16▲	26.48/31▲	52.91/21▲	60.38/9▽	59.13/11▲	60.11/10▲	54.53▲
	2016	34.56/30▽	48.01/24▲	52.57/19▽	67.25/7▲	63.24/8▲	69.22/5▲	55.90▲
企业实力	2012	25.28/27	85.56/2	66.19/8	52.52/15	80.45/5	77.75/6	50.65
	2013	27.93/28▲	65.12/9▽	68.76/7▲	48.36/18▽	42.99/21▽	80.13/4▲	52.74▲
	2014	29.40/26▲	71.23/5▲	68.88/7▲	50.48/16▲	63.36/11▲	79.59/3▽	50.06▽
	2015	55.60/15▲	73.39/8▲	74.22/6▲	54.69/17▲	58.55/13▲	82.18/3▲	54.56▲
	2016	54.49/15▽	72.62/8▽	60.86/12▽	60.14/13▲	81.13/3▲	86.24/1▲	53.82▽
民企规模	2012	51.51/14	16.01/30	29.77/24	65.74/8	82.33/2	69.2/5	47.32
	2013	55.14/11▲	19.81/31▲	27.11/29▽	67.02/6▲	81.08/3▽	73.12/4▲	50.81▲
	2014	58.32/9▲	27.43/29▲	24.76/30▽	70.97/5▲	81.12/3▲	74.67/4▲	52.36▲
	2015	70.62/6▲	36.82/27▲	33.90/30▲	71.13/5▲	79.60/4▽	84.11/3▲	55.38▲
	2016	69.62/9▽	40.85/27▲	36.74/30▲	84.79/4▲	80.68/5▲	107.09/1▽	59.54▲
民企融资	2012	78.11/2	73.83/3	72.88/5	79.57/1	53.72/12	39/18	45.88
	2013	79.88/3▲	76.19/6▲	82.34/1▲	81.62/2▲	56.54/12▲	41.90/20▲	49.34▲
	2014	80.93/3▲	78.78/7▲	91.62/1▲	84.08/2▲	57.24/12▲	45.57/21▲	52.84▲
	2015	82.57/4▲	80.76/6▲	92.22/1▲	88.39/2▲	57.69/12▲	48.75/19▲	54.87▲
	2016	80.89/4▽	69.22/10▽	109.18/1▲	92.21/2▲	61.35/13▲	55.26/17▲	58.08▲

注：表中符号"▲"表示本年的数据相对于前一年是增长的，符号"▽"表示本年的数据相对于前一年是减少的。

进一步统计升降符（▲或▽）的数量，对不同地区的发展态势及稳定性进行分析和对比可知，2012～2016 年，6 个省份的 5 项指数中▲的数量超过半数以上；东北三省 5 个分项指数中的 1 项▲的总数高于东南三省的总数（东北三省和东南三省的国企效率分别为 11 个和 7 个▲），1 项低于东南三省（东北三省和东南三省的民企融资分别为 9 个和 12 个▲），其余 3 项的▲数量与东南三省持平，东北地区总体发展稳定性略高于东南三省；就 2016 年而言，除国企效率以外，东北三省其余 4 项得分▲的数量均少于东南三省，2016 年的整体发展态势不如东南三省；东北三省▲的总数量为 31 个，占东北三省升降符总数的 75%，东南三省▲的总数量为 44 个，占 73.33%，东北三省与东南三省基本持平。

2012～2016 年，辽宁省▲的数量为 14 个，占 70.00%，吉林省▲的数量为 16 个，占 80.00%，黑龙江省▲的数量为 9 个，占 45.00%，江苏省▲的数量为 15 个，占 75.00%，浙江省▲的数量为 13 个，占 65.00%，广东省▲的数量为 16 个，占 80.00%，东北三省最优的吉林省上升势头超过了东南三省中上升较慢的浙江省；就东北三省而言，吉林省的发展稳定性较好，辽宁省次之，黑龙江省较弱。

2012～2016 年，就东北三省而言，国企效率和国企保增值发展态势较好的是吉林省，企业实力发展态势较好的是辽宁省，民企规模发展态势较好的是辽宁省，民企融资发展态势较好的是黑龙江省。

（1）国企效率

国企效率主要用国企劳均主营业务收入来予以衡量。国企劳均主营业务收入（单位：万元/人）反映一个地区国有控股工业企业单位劳动力的平均主营业务收入状况，是衡量该地区国企效率的核心指标，计算公式为国有控股工业企业主营业务收入与国有控股工业企业就业人数的比值。总体而言，东北三省的国企劳均主营业务收入与全国平均水平差距较大，且有进一步增大的趋势。2013～2016 年，全国平均国企劳均主营业务收入除 2015 年有所下降外，整体呈上升趋势，东北地区国企劳均主营业务收入在 2013～2014 年上升，2015 年下降，2016 年再次上升；东北地区国企劳均主营业务收入明显落后于全国平均水平，并且差距呈进一步扩大趋势；吉林省总体上与全国平均水平接近，在 2013～2014 年呈平稳上升趋势，高于全国平均水平，2015 年明显下降至全国平均水平之下，2016 年再次高于全国平均水平；黑龙江省和辽宁省与全国平均水平存在一定差距，其中，辽宁省国企劳均主营业务收入整体呈波动下降趋势，黑龙江省在 2013～2016 年呈明显下降趋势；就东北三省而言，吉林省较好，辽宁省次之，黑龙江省较弱，具体如图 2 - 35 所示。

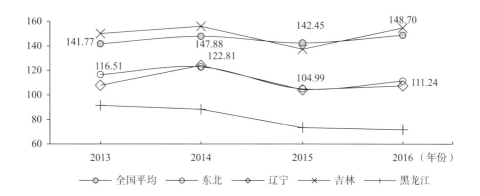

图 2 - 35　2012～2016 年国企劳均主营业务收入对比

注：①全国平均是指 31 个省市区的平均水平；②全国范围内（2012 年数据缺失），国企劳均主营业务收入最大值为 2016 年上海的 337.5396，最小值为 2013 年西藏的 41.3661。

2012～2016 年，东北三省国企劳均主营业务收入在全国 31 个省市区 4 年数据集（共

124 个指标值）中相对位置分布情况如图 2 - 36 所示。可见，东北三省 4 年（共 12 个数据）国企劳均主营业务收入的百分比排位位于 50% 以下的有 7 个，且均位于 25% 以下；排位的最大值是 2014 年的吉林省（69.1%），最小值是 2016 年的黑龙江省（3.2%），具体如图 2 - 36 所示。

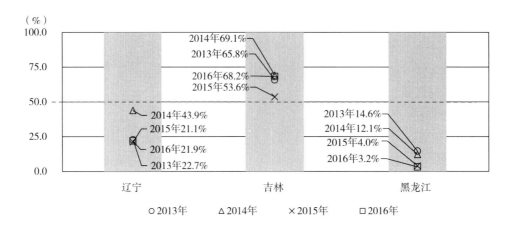

图 2 - 36　2012 ~ 2016 年东北三省国企劳均主营业务收入百分比排位

2012 ~ 2016 年，6 省份国企劳均主营业务收入由高到低依次为：浙江、江苏、广东、吉林、辽宁、黑龙江；东南三省国企劳均主营业务收入相对较低的省份依然优于东北地区最高的吉林省；国企劳均主营业务收入增幅最大的是江苏省（6.63%），降幅最大的是黑龙江省（-7.23%），吉林省和辽宁省的增降幅分别为 1.00% 和 -0.15%，具体如表 2 - 49 所示。

表 2 - 49　2012 ~ 2016 年 6 省份国企劳均主营业务收入原始值及单年排名

年份	辽宁	吉林	黑龙江	江苏	浙江	广东	全国平均
	值/序	值/序	值/序	值/序	值/序	值/序	值
2012	—	—	—	—	—	—	—
2013	107.89/23	150.14/9	91.49/26	187.20/6	273.42/2	208.89/4	141.77
2014	124.00/17	156.05/11	88.37/28	206.72/6	283.79/2	221.26/4	147.88
2015	104.19/25	137.42/14	73.34/30	207.40/4	280.67/2	193.22/5	142.45
2016	107.42/25	154.64/11	71.65/30	224.43/4	299.11/2	190.30/5	148.70
平均	110.88/22.5	149.56/11.3	81.21/28.5	206.44/5.0	284.25/2.0	203.42/4.5	145.20

2012 ~ 2016 年，四大区域国企劳均主营业务收入由高到低依次为：东部、中部、西部、东北；东部、中部和西部地区国企劳均主营业务收入整体呈上升趋势，其中中部地区上升幅度最大，东北地区呈波动下降态势；东北地区国企劳均主营业务收入与东部地区差

距较大，具体如表2-50所示。

表2-50　2012~2016年四大经济区国企劳均主营业务收入平均值及排名

年份	东北		东部		西部		中部	
	平均值	年排名	平均值	年排名	平均值	年排名	平均值	年排名
2012	—	—	—	—	—	—	—	—
2013	116.510	19.3	196.860	8.0	115.530	19.8	115.080	20.2
2014	122.810	18.7	207.010	7.5	118.510	20.2	120.630	20.5
2015	104.990	23.0	197.250	7.9	117.540	19.6	119.710	18.8
2016	111.240	22.0	206.110	8.0	121.720	19.8	125.720	18.8
平均	113.880	20.8	201.810	7.9	118.320	19.8	120.290	19.6

2012~2016年，七大区域国企劳均主营业务收入由高到低依次为：华东、华南、华北、华中、西北、东北、西南；东北地区和华北地区在2015年均呈明显下降趋势，在2016年东北地区呈明显上升趋势，华北地区基本保持不变，西北地区自2013年起呈缓慢下降趋势，华东、华南、华中、西南地区普遍呈上升趋势，其中西南地区的增幅最大；就七个区域而言，东北地区处于中下水平，与最优的华东地区相比，差距较大，具体如表2-51所示。

表2-51　2012~2016年七大地理区国企劳均主营业务收入平均值及排名

年份	东北	华北	华东	华南	华中	西北	西南
	值/序	值/序	值/序	值/序	值/序	值/序	值/序
2012	—	—	—	—	—	—	—
2013	116.51/19.3	157.19/14.0	198.91/8.3	156.10/12.0	121.39/18.3	131.14/16.8	91.28/25.0
2014	122.81/18.7	153.89/15.4	210.83/8.8	171.05/10.0	130.81/17.5	127.96/18.0	101.07/24.0
2015	104.99/23.0	143.07/16.0	204.17/8.3	164.56/9.0	132.62/15.8	120.35/19.4	106.97/22.0
2016	111.24/22.0	143.51/17.4	216.35/8.2	174.20/7.7	139.62/16.0	119.15/20.4	116.72/21.0
平均	113.88/20.8	149.41/15.7	207.57/8.4	166.48/9.7	131.11/16.9	124.65/18.7	104.01/23.0

（2）国企保增值

由于缺乏区域内国家对国企的增资和减资的数据，直接准确计算国企保值增值率存在一定困难。因此，国企保值增值率国企保增值主要用国企利润率来予以衡量。国企利润率（单位:%）反映一个地区国有企业盈利能力，是衡量该地区国有企业保值增值率的核心指标，计算公式为该地区国有控股工业企业利润总额与主营业务收入的比值。

2012~2016年，全国平均国企利润率整体呈下降趋势，2016年有所回升，而东北地区始终呈现下降趋势；东北地区国企利润率与全国平均水平相当，2012 ~ 2014 年，东北地区国企利润率高于全国平均水平，2015 ~ 2016 年低于全国平均水平；2012 ~ 2016 年，黑龙江省国企利润率呈明显下降趋势，自 2015 年开始，下降幅度增大，从高于全国平均下降到低于全国平均水平并持续拉大差距；吉林省呈波动下降趋势，在 2014 年小幅上升；辽宁省整体呈波动下降趋势，并在 2015 ~ 2016 年出现负值，但在 2016 年小幅上升；就东北三省而言，吉林省较好，辽宁省次之，黑龙江省较弱，具体如图 2 – 37 所示。

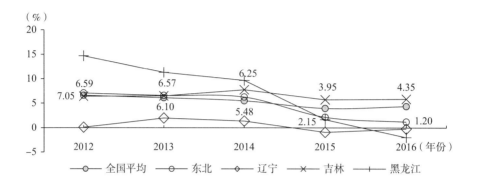

图 2 – 37　2012 ~ 2016 年国企利润率基本走势

注：①全国平均是指 31 个省市区的平均水平；②全国范围内（可采集到的数据），国企利润率最大值为 2014 年海南的 19.45%，最小值为 2015 年西藏的 – 15.15%。

2012 ~ 2016 年，东北三省国企利润率在全国 31 个省市区连续 5 年数据集（共 155 个指标值）中相对位置分布情况如图 2 – 38 所示。可见，东北三省 5 年（共 15 个数据）国企利润率的百分比排位位于 50% 以下的有 7 个，且均位于 25% 以下；排位的最大值是 2012 年的黑龙江省（98.0%），最小值是 2016 年的黑龙江省（3.2%），具体如图 2 – 38 所示。

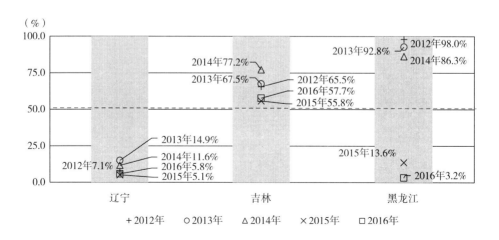

图 2 – 38　2012 ~ 2016 年东北三省国企利润率百分比排位

2012～2016年，6省份国企利润率由高到低依次为：黑龙江、广东、浙江、吉林、江苏、辽宁；东南三省国企利润率发展普遍呈波动上升趋势，东北三省国企利润率发展普遍呈波动下降趋势；国企利润率增幅最大的是广东省（24.24%），降幅最大的是辽宁省（-92.55%），黑龙江省和吉林省的降幅分别为-28.41%和-2.18%，具体如表2-52所示。

表2-52　2012～2016年6省份国企利润率原始值及单年排名

年份	辽宁	吉林	黑龙江	江苏	浙江	广东	全国平均
	值/序	值/序	值/序	值/序	值/序	值/序	值
2012	0.080/30	6.390/12	14.680/2	4.980/18	5.300/17	4.490/23	6.590
2013	1.960/30	6.470/11	11.290/3	5.940/17	6.370/14	6.470/12	6.100
2014	1.370/29	7.740/8	9.650/4	5.560/15	5.840/14	6.070/12	5.480
2015	-0.930/28	5.710/11	1.660/23	7.150/6	6.780/7	7.270/5	3.950
2016	-0.220/29	5.840/11	-2.000/30	7.280/6	8.380/5	8.840/4	4.350
平均	0.450/29.2	6.430/10.6	7.060/12.4	6.180/12.4	6.530/11.4	6.630/11.2	5.300

2012～2016年，四大区域国企利润率由高到低依次为：东部、西部、东北、中部；东部和东北两大区域国企利润率普遍呈波动下降趋势，其中东北地区降幅较大，西部和中部两大区域国企利润率在2016年明显上升，其中西部地区增幅较大；东北地区国企利润率与东部地区差距较大，具体如表2-53所示。

表2-53　2012～2016年四大经济区国企利润率平均值及排名

年份	东北		东部		西部		中部	
	平均值	年排名	平均值	年排名	平均值	年排名	平均值	年排名
2012	7.050	14.7	6.960	14.8	7.220	15.1	4.500	20.5
2013	6.570	14.7	7.150	13.8	5.970	15.0	4.390	22.3
2014	6.250	13.7	7.500	12.3	4.580	16.4	3.510	22.5
2015	2.150	20.7	7.210	9.3	2.520	17.5	2.290	21.8
2016	1.200	23.3	7.000	9.1	3.520	18.1	3.190	19.7
平均	4.650	17.4	7.160	11.9	4.760	16.4	3.580	21.4

2012～2016年，七大区域国企利润率由高到低依次为：华南、华东、西北、华北、东北、华中、西南；华东地区呈波动上升趋势，其他六大区域普遍呈波动下降趋势，其中西北地区的降幅最大，其次是东北地区；就七大区域而言，东北地区处于中间水平，与最优的华南地区相比，差距较大，具体如表2-54所示。

表 2 - 54   2012～2016 年七大地理区国企利润率平均值及排名

年份	东北	华北	华东	华南	华中	西北	西南
	值/序	值/序	值/序	值/序	值/序	值/序	值/序
2012	7.050/14.7	7.580/13.6	5.700/16.2	7.480/17.0	4.200/22.0	9.440/12.0	4.930/17.6
2013	6.570/14.7	6.410/15.6	6.130/16.5	8.300/13.0	4.610/21.8	8.770/10.4	2.710/19.4
2014	6.250/13.7	4.530/19.2	5.800/15.3	9.750/11.7	4.170/20.0	6.390/13.6	3.130/16.8
2015	2.150/20.7	3.500/18.8	5.960/11.7	8.390/7.7	3.110/20.0	2.650/20.0	2.410/13.4
2016	1.200/23.3	4.400/17.2	6.790/10.0	6.700/9.0	3.540/18.3	2.950/20.2	3.910/15.8
平均	4.650/17.4	5.280/16.9	6.080/13.9	8.130/11.7	3.930/20.4	6.040/15.2	3.420/16.6

（3）企业实力

第一，百万人上市公司数（单位：个/百万人）。百万人上市公司数反映一个地区单位人口所占有的上市公司数量，是衡量地区企业实力的重要指标，计算公式为地区当年所有上市公司数量与地区总人口的比值。

2012～2016 年，全国百万人上市公司数的平均水平呈平稳上升趋势，东北地区在 2012～2015 年呈缓慢上升趋势、在 2016 年下降幅度较为明显；东北三省明显低于全国平均水平；吉林省和黑龙江省均呈平稳上升趋势，辽宁省在 2016 年急剧下降，导致东北地区整体水平在 2016 年有所下降；相对而言，吉林省优势较明显，辽宁省次之，黑龙江省较弱。总体而言，东北三省的百万人上市公司数与全国平均水平差距较大，且这种差距呈进一步扩大的趋势，具体如图 2 - 39 所示。

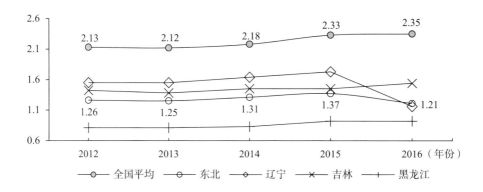

图 2 - 39   2012～2016 年百万人上市公司数基本走势

注：①全国平均是指 31 个省市区的平均水平；②全国范围内（可采集到的数据），百万人上市公司数最大值为 2016 年北京的 12.9775，最小值为 2015 年贵州的 0.5949。

2012～2016 年，东北三省百万人上市公司数在全国 31 个省市区连续 5 年数据集（共 155 个指标值）中相对位置分布情况如图 2 - 40 所示。可见，东北三省 5 年（共 15 个数据）百万人上市公司数的百分比排位处于 50% 以下的数量为 8 个，其中有 5 个位于 25% 以下；排位的最大值是 2015 年的辽宁省（63.6%），最小值是 2013 年的黑龙江省（19.4%），具体如图 2 - 40 所示。

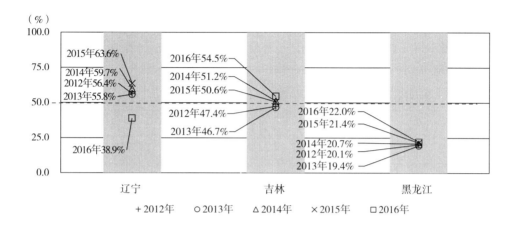

图 2 - 40　2012 ~ 2016 年东北三省百万人上市公司数百分比排位

2012 ~ 2016 年，6 省份百万人上市公司数由高到低依次为：浙江、广东、江苏、辽宁、吉林、黑龙江；6 省份在 2012 ~ 2015 年均呈上升趋势，但在 2016 年辽宁省、浙江省以及广东省均有所下降，其中广东省下降幅度最大；东南三省较低的江苏省依然高于东北地区较高的辽宁省；百万人上市公司数增幅最大的是江苏省（8.25%），最低的是吉林省（2.09%），黑龙江省和辽宁省的增降幅分别为 3.49% 和 - 6.20%，具体如表 2 - 55 所示。

表 2 - 55　2012 ~ 2016 年 6 省份百万人上市公司数原始值及单年排名

年份	辽宁	吉林	黑龙江	江苏	浙江	广东	全国平均
	值/序	值/序	值/序	值/序	值/序	值/序	值
2012	1.550/14	1.420/16	0.810/25	2.980/6	4.510/3	3.480/4	2.130
2013	1.550/14	1.380/16	0.810/25	2.960/7	4.490/3	3.450/4	2.120
2014	1.640/13	1.450/16	0.830/25	3.200/5	4.830/3	3.640/4	2.180
2015	1.730/12	1.450/16	0.920/25	3.470/5	5.400/3	3.920/4	2.330
2016	1.160/21	1.540/15	0.920/25	3.960/5	5.010/3	2.190/8	2.350
平均	1.530/14.8	1.450/15.8	0.860/25.0	3.320/5.6	4.850/3.0	3.340/4.8	2.220

2012 ~ 2016 年，四个区域百万人上市公司数由高到低依次为：东部、西部、东北、中部；东北区域呈波动下降趋势，东部、西部以及中部均呈波动上升趋势，其中东部地区

增幅最大，中部地区增幅最小；东北地区百万人上市公司数与东部地区差距明显，具体如表 2 - 56 所示。

表 2 - 56　2012 ~ 2016 年四大经济区百万人上市公司数平均值及排名

年份	东北		东部		西部		中部	
	平均值	年排名	平均值	年排名	平均值	年排名	平均值	年排名
2012	1.260	18.3	4.020	8.1	1.320	19.3	1.030	21.3
2013	1.250	18.3	4.000	8.1	1.310	19.3	1.020	21.5
2014	1.310	18.0	4.150	8.1	1.320	19.3	1.050	21.7
2015	1.370	17.7	4.480	8.2	1.380	19.4	1.110	21.3
2016	1.210	20.3	4.410	8.6	1.500	18.7	1.160	20.8
平均	1.280	18.5	4.210	8.2	1.360	19.2	1.070	21.3

2012 ~ 2016 年，七个区域百万人上市公司数由高到低依次为：华东、华北、华南、西北、西南、东北、华中；东北、华东、华南地区在 2016 年有所下降，其他四个区域普遍呈平稳上升趋势，其中华北地区的增幅最大；就七个区域而言，东北地区排名靠后，与最优的华东地区相比，差距较大，具体如表 2 - 57 所示。

表 2 - 57　2012 ~ 2016 年七大地理区百万人上市公司数平均值及排名

年份	东北	华北	华东	华南	华中	西北	西南
	值/序	值/序	值/序	值/序	值/序	值/序	值/序
2012	1.26/18.3	3.18/16.4	3.53/8.3	2.35/13.3	0.99/22.0	1.46/15.6	1.36/20.6
2013	1.25/18.3	3.19/16.2	3.49/8.5	2.33/13.7	0.98/22.0	1.46/15.4	1.35/20.6
2014	1.31/18.0	3.26/16.8	3.64/8.5	2.43/13.3	1.00/22.0	1.48/15.2	1.36/20.6
2015	1.37/17.7	3.51/17.0	3.97/8.3	2.54/13.0	1.05/22.0	1.50/15.4	1.46/20.8
2016	1.21/20.3	3.72/16.8	3.95/8.5	2.03/14.0	1.11/21.3	1.58/14.6	1.67/20.0
平均	1.28/18.5	3.37/16.6	3.72/8.4	2.34/13.5	1.03/21.9	1.49/15.2	1.44/20.5

第二，上市公司资产比重（单位:%）。上市公司资产比重反映一个地区上市公司的资产情况，是衡量该地区企业实力的重要指标，计算公式为地区当年所有上市公司总资产与全社会总资产的比值。2012 ~ 2016 年，全国上市公司资产比重的平均水平呈上升趋势，其中 2016 年上升幅度较大，东北地区呈缓慢上升趋势；东北地区显著低于全国平均水平；辽宁省、吉林省和黑龙江省呈微弱上升的发展趋势，且三省水平相当。总体而言，东北地

区的上市公司资产比重显著低于全国平均水平，但差距在逐渐缩小，具体如图 2 - 41
所示。

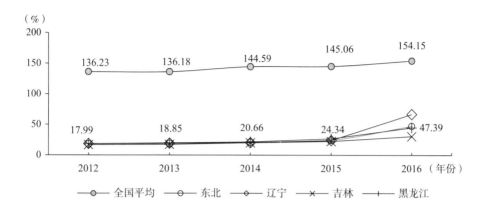

图 2 - 41 2012 ~ 2016 年上市公司资产比重基本走势

注：①全国平均是指 31 个省市区的平均水平；②全国范围内（可采集到的数据），上市公司资产比重最大值为
2014 年北京的 2952.57%，最小值为 2016 年内蒙古省的 5.33%。

2012 ~ 2016 年，东北三省上市公司资产比重在全国 31 个省市区连续 5 年数据集（共
155 个指标值）中相对位置分布情况如图 2 - 42 所示。可见，东北三省 5 年（共 15 个数
据）上市公司资产比重百分比排位处于 50% 以下的有 11 个，其中有 5 个位于 25% 以下；
排位的最大值是 2016 年的辽宁省（79.8%），最小值是 2012 年的吉林省（14.2%），具
体如图 2 - 42 所示。

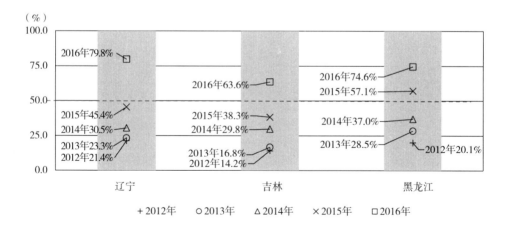

图 2 - 42 2012 ~ 2016 年东北三省上市公司资产比重百分比排位

2012 ~ 2016 年，6 省份上市公司资产比重由高到低依次为：浙江、广东、江苏、辽
宁、黑龙江、吉林；东南三省和东北三省上市公司资产比重均呈上升趋势；东南三省上市

公司资产比重较低的江苏省依然高于东北地区最高的辽宁省；上市公司资产比重增幅最大的是浙江省（806.12%），最低的是吉林省（20.53%），辽宁省和黑龙江省的增幅分别为64.29%和35.64%，具体如表2-58所示。

表2-58　2012~2016年6省份上市公司资产比重原始值及单年排名

年份	辽宁	吉林	黑龙江	江苏	浙江	广东	全国平均
	值/序	值/序	值/序	值/序	值/序	值/序	值
2012	18.680/21	16.790/26	18.500/23	18.060/24	25.790/11	161.530/4	136.230
2013	19.300/22	17.400/25	19.860/20	18.500/24	29.080/8	169.290/4	136.180
2014	20.300/21	20.010/22	21.670/18	23.320/15	32.050/9	184.100/4	144.590
2015	23.960/18	22.430/23	26.640/15	29.060/12	37.970/8	204.080/4	145.060
2016	66.730/9	30.580/22	44.870/15	119.030/5	857.490/2	97.740/8	154.150
平均	29.790/18.2	21.440/23.6	26.310/18.2	41.590/16.0	196.480/7.6	163.350/4.8	143.240

2012~2016年，四个区域上市公司资产比重由高到低依次为：东部、西部、东北、中部；四个区域普遍呈上升趋势，其中东部地区上升幅度最大，中部地区上升幅度最小；东北地区上市公司资产比重与东部地区差距悬殊，具体如表2-59所示。

表2-59　2012~2016年四大经济区上市公司资产比重平均值及排名

年份	东北		东部		西部		中部	
	平均值	年排名	平均值	年排名	平均值	年排名	平均值	年排名
2012	17.990	23.3	374.130	11.0	24.620	17.9	22.060	16.8
2013	18.850	22.3	374.650	10.6	24.430	18.5	20.900	16.8
2014	20.660	20.3	397.680	10.3	26.060	18.8	21.810	17.8
2015	24.340	18.7	395.430	10.5	27.510	18.4	23.250	19.0
2016	47.390	15.3	400.900	7.2	35.760	21.1	33.070	20.8
平均	25.850	20.0	388.560	9.9	27.680	18.9	24.220	18.3

2012~2016年，七个区域上市公司资产比重由高到低依次为：华北、华东、华南、西南、西北、东北、华中；其中，西南地区在2012~2015年呈下降趋势、2016年有所上升，华南地区在2012~2015年呈上升趋势，2016年大幅下降，其他地区在2012~2016年均呈上升趋势；就七个区域而言，东北地区排名处于中下水平，与最优的华北地区相比，差距悬殊，具体如表2-60所示。

（4）民企规模

第一，民企资产占比（单位：%）。民企资产占比反映一个地区社会总资产中的民企资产情况，是衡量地区民企规模的重要指标，计算公式为地区民企资本与社会总资本的比值。2012～2016年，全国民企资产占比的平均水平呈平稳上升趋势，东北三省在2012～2014年呈缓慢上升趋势，2015年略有下降，2016年大幅度上升；辽宁省2012～2014年呈缓慢上升趋势，2015年下降明显，2016年又大幅度上升，吉林省和黑龙江省呈上升趋势；相对而言，辽宁省较好，吉林省次之，黑龙江省较弱。总体而言，东北地区的民企资产占比略低于全国平均水平，差距较为平稳，具体如图2－43所示。

表2－60　2012～2016年七大地理区上市公司资产比重平均值及排名

年份	东北	华北	华东	华南	华中	西北	西南
	值/序	值/序	值/序	值/序	值/序	值/序	值/序
2012	17.99/23.3	579.24/16.2	109.78/12.8	87.68/12.0	21.36/18.0	20.67/17.2	32.48/14.8
2013	18.85/22.3	577.56/15.6	111.26/12.7	88.96/12.3	20.04/17.8	20.41/17.6	32.15/15.8
2014	20.66/20.3	607.55/15.8	120.71/11.8	98.65/12.0	20.81/19.3	23.28/17.4	32.56/17.0
2015	24.34/18.7	575.96/16.2	142.35/11.7	104.25/11.7	22.26/20.3	26.66/17.8	30.99/16.8
2016	47.39/15.3	432.67/14.0	291.79/7.8	71.08/14.7	25.67/24.0	43.36/20.0	37.93/18.6
平均	25.85/20.0	554.60/15.6	155.18/11.4	90.13/12.5	22.03/19.9	26.88/18.0	33.22/16.6

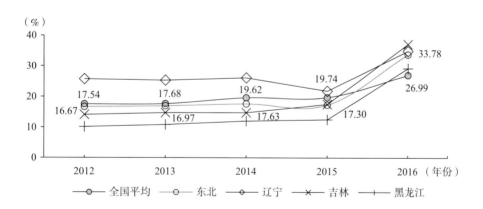

图2－43　2012～2016年民企资产占比基本走势

注：①全国平均是指31个省市区的平均水平；②全国范围内（可采集到的数据），民企资产占比最大值为2016年江苏的46.95%，最小值为2016年内蒙古的1.91%。

2012～2016年，东北三省民企资产占比在全国31个省市区连续5年数据集（共155个指标值）中相对位置分布情况如图2－44所示。可见，东北三省5年（共15个数据）民企资产占比的百分比排位处于50%以下的数量有8个，其中有4个位于25%以下；排位的最大值是2016年的吉林省（94.8%），最小值是2012年的黑龙江省（16.8%）。

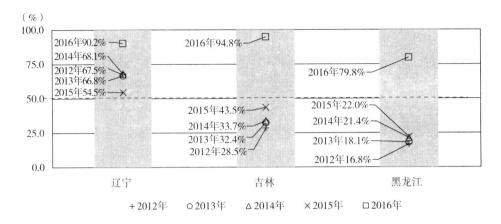

图 2-44　2012~2016 年东北三省民企资产占比百分比排位

2012~2016 年，6 省份民企资产占比的取值由高到低依次为：浙江、江苏、辽宁、吉林、广东、黑龙江；东南三省整体呈现上升趋势；东北三省整体呈上升趋势，但增幅明显低于东南三省；民企资产占比增幅最大的是黑龙江省（46.89%），最低的是浙江省（2.63%），辽宁省和吉林省的增幅分别为 8.95% 和 40.78%，具体如表 2-61 所示。

表 2-61　2012~2016 年 6 省份民企资产占比原始值及单年排名

年份	辽宁	吉林	黑龙江	江苏	浙江	广东	全国平均
	值/序	值/序	值/序	值/序	值/序	值/序	值
2012	25.730/6	14.130/20	10.170/25	28.200/3	38.400/1	13.890/21	17.540
2013	25.320/7	14.730/18	10.870/24	27.880/4	37.940/1	14.110/21	17.680
2014	26.110/11	14.760/22	12.040/24	30.530/4	36.880/1	15.610/19	19.620
2015	21.840/12	17.520/18	12.540/25	30.450/6	35.580/2	16.380/19	19.740
2016	34.940/11	37.170/6	29.240/15	46.950/1	42.440/2	22.920/20	26.990
平均	26.790/9.4	19.660/16.8	14.970/22.6	32.800/3.6	38.250/1.4	16.580/20.0	20.320

2012~2016 年，四个区域民企资产占比由高到低依次为：中部、东部、东北、西部；四个区域普遍呈上升趋势，其中，东部地区上升幅度最大，西部地区上升幅度最小；东北地区民企资产占比与中部地区差距较大，具体如表 2-62 所示。

2012~2016 年，七个区域民企资产占比由高到低依次为：华中、华东、东北、华北、西南、西北、华南；七个区域普遍呈上升趋势，其中东北地区的增幅最大；就七个区域而言，东北地区处于中上水平，与最优的华中地区相比，差距明显，具体如表 2-63 所示。

表 2 – 62 2012～2016 年四大经济区民企资产占比平均值及排名

年份	东北		东部		西部		中部	
	平均值	年排名	平均值	年排名	平均值	年排名	平均值	年排名
2012	16.670	17.0	18.070	16.2	14.580	18.9	23.030	9.3
2013	16.970	16.3	17.970	16.5	14.810	18.7	23.290	9.7
2014	17.630	19.0	20.040	15.6	16.330	18.8	26.500	9.5
2015	17.300	18.3	19.860	15.8	16.480	19.0	27.310	9.2
2016	33.780	10.7	28.550	14.8	20.340	21.3	34.290	10.2
平均	20.470	16.3	20.900	15.8	16.510	19.3	26.880	9.6

表 2 – 63 2012～2016 年七大地理区民企资产占比平均值及排名

年份	东北	华北	华东	华南	华中	西北	西南
	值/序	值/序	值/序	值/序	值/序	值/序	值/序
2012	17.00/14.5	14.51/19.0	24.24/10.5	12.42/21.7	23.96/7.8	13.06/20.2	15.49/18.0
2013	16.97/16.3	14.85/19.6	23.89/10.5	12.53/21.7	24.32/8.3	14.00/18.6	14.96/19.0
2014	17.63/19.0	17.44/17.8	26.55/9.8	13.82/20.7	27.46/8.3	15.06/20.4	16.46/18.8
2015	17.30/18.3	16.45/18.6	26.44/10.2	14.32/20.3	29.17/7.5	15.38/20.2	16.54/19.0
2016	33.78/10.7	22.91/17.4	35.61/9.3	23.38/20.0	32.23/12.3	22.28/20.0	19.32/22.4
平均	20.47/16.3	17.23/18.5	27.35/10.1	15.29/20.9	27.43/8.8	15.96/19.9	16.55/19.4

第二,民企数量占比。民企数量占比反映一个地区的民企数量情况,是衡量地区民企规模的重要指标,计算公式为地区当年私营企业法人单位数与企业法人单位数的比值。2012～2016 年,全国民企数量占比的平均水平在 2013 年大幅度上升之后又大幅度下降,2014～2016 年呈平缓小幅度上升趋势,东北地区在 2012～2014 年呈明显下降趋势,2014～2016 年呈平缓小幅度上升趋势;东北地区明显落后于全国平均水平;相对而言,辽宁省较好(除 2013 年之外均高于全国平均水平),吉林省次之,黑龙江省较弱。总体而言,东北地区的民企数量占比明显低于全国平均水平,且差距呈进一步扩大趋势,具体如图 2 – 45 所示。

2012～2016 年,东北三省民企数量占比在全国 31 个省市区连续 5 年数据集(共 133 个指标值)中相对位置分布情况如图 2 – 46 所示。可见,东北三省 5 年(共 12 个数据)民企数量占比的百分比排位处于 50% 以下的数量有 9 个,其中有 6 个位于 25% 以下;排位的最大值是 2012 年的辽宁省(62.9%),最小值是 2015 年的黑龙江省(4.0%)。

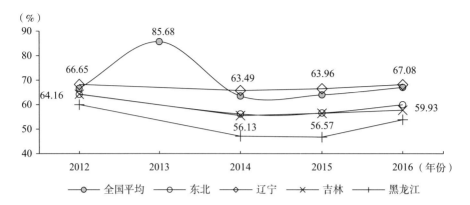

图 2 - 45　2012～2016 年民企数量占比基本走势

注：①全国平均是指 31 个省市区的平均水平；②全国范围内（2013 年数据缺失），民企数量占比最大值为 2016 年浙江的 90.98%，最小值为 2012 年海南的 41.81%。

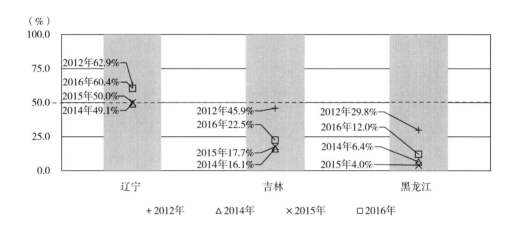

图 2 - 46　2012～2016 年东北三省民企数量占比百分比排位

　　2012～2016 年，6 省份民企数量占比由高到低依次为：浙江、江苏、辽宁、广东、吉林、黑龙江；东南三省整体呈上升趋势，其中广东省呈下降趋势，江苏省和浙江省呈上升趋势；东北三省呈下降趋势，与东南三省的差距越来越大；民企数量占比增幅最大的是浙江省（2.46%），降幅最大的是黑龙江省（-2.56%），辽宁省和吉林省的降幅分别为 -0.03% 和 -2.53%，具体如表 2 - 64 所示。

表 2 - 64　2012～2016 年 6 省份民企数量占比原始值及单年排名

年份	辽宁	吉林	黑龙江	江苏	浙江	广东	全国平均
	值/序	值/序	值/序	值/序	值/序	值/序	值
2012	68.270/15	64.240/19	59.980/26	83.570/1	82.820/2	68.540/14	66.650
2013	—						85.680

续表

年份	辽宁	吉林	黑龙江	江苏	浙江	广东	全国平均
	值/序	值/序	值/序	值/序	值/序	值/序	值
2014	65.790/13	55.500/25	47.100/30	82.420/2	86.780/1	63.070/16	63.490
2015	66.520/13	56.430/24	46.750/30	82.860/2	87.530/1	63.950/17	63.960
2016	68.200/16	57.730/25	53.840/28	84.640/2	90.980/1	63.940/21	67.080
平均	67.190/14.3	58.480/23.3	51.920/28.5	83.370/1.8	86.760/1.2	64.880/17.0	65.460

2012~2016 年，四个区域民企数量占比由高到低依次为：东部、中部、西部、东北；四个区域在 2016 年普遍以较大幅度上升，其中，中部地区上升幅度最大，东部地区上升幅度最小；东北地区民企数量占比与东部地区存在一定差距，具体如表 2-65 所示。

表 2-65　2012~2016 年四大经济区民企数量占比平均值及排名

年份	东北		东部		西部		中部	
	平均值	年排名	平均值	年排名	平均值	年排名	平均值	年排名
2012	64.160	20.0	70.340	11.9	64.630	17.7	65.820	17.5
2013	—	—	—	—	—	—	—	—
2014	56.130	22.7	68.670	11.8	61.350	17.8	62.790	16.2
2015	56.570	22.3	68.960	11.7	62.630	17.3	61.990	17.5
2016	59.930	23.0	71.000	13.1	65.850	17.2	66.600	15.0
平均	59.200	22.0	70.130	11.9	63.620	17.5	64.300	16.5

2012~2016 年，七个区域民企数量占比由高到低依次为：华东、华北、西南、西北、华南、华中、东北；其中，华北、华南、西南地区呈上升趋势，其他地区呈下降趋势；就七个区域而言，东北地区排名处于末位，与最优的华东地区相比，差距明显，具体如表 2-66 所示。

表 2-66　2012~2016 年七大地理区民企数量占比平均值及排名

年份	东北	华北	华东	华南	华中	西北	西南
	值/序	值/序	值/序	值/序	值/序	值/序	值/序
2012	64.160/20.0	65.210/19.4	76.190/6.7	61.370/17.0	66.450/16.8	65.970/17.0	62.170/19.2
2013	—	—	—	—	—	—	—
2014	56.130/22.7	63.940/15.2	75.310/6.2	61.240/17.3	59.150/20.3	59.170/18.8	62.380/17.6
2015	56.570/22.3	65.480/14.6	75.750/6.5	60.980/17.7	57.120/22.0	59.900/18.4	64.060/16.8
2016	59.930/23.0	69.360/14.6	78.250/7.3	62.200/19.3	61.050/19.0	62.620/19.2	67.910/16.0
平均	59.200/22.0	66.000/16.0	76.750/6.4	61.450/17.8	60.940/19.5	61.920/18.4	64.130/17.4

第三，民企就业占比。民企就业占比反映一个地区民营企业创造就业机会的情况，是衡量地区民企规模的重要指标，计算公式为地区民企就业人数与总就业人数的比值。2012～2016 年，全国民企就业占比的平均水平呈上升趋势（2013 年略有下降），东北地区呈平稳提升趋势（2015 年略有下降）；东北地区在 2012～2014 年略高于全国平均水平，在 2014～2016 年明显低于全国平均水平；辽宁省呈整体上升趋势，吉林省呈平稳上升趋势，黑龙江省呈波动下降趋势，总体基本保持不变；相对而言，吉林省最优，辽宁省次之，黑龙江省则整体较弱。总体而言，东北地区的民企就业占比略低于全国平均水平，且差距呈进一步扩大趋势，具体如图 2-47 所示。

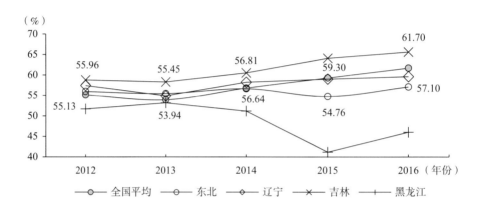

图 2-47　2012～2016 年民企就业占比基本走势

注：①全国平均是指 31 个省市区的平均水平；②全国范围内（可采集到的数据），民企就业占比最大值为 2016 年西藏的 74.35%，最小值为 2013 年天津的 33.49%。

2012～2016 年，东北三省民企就业占比在全国 31 个省市区连续 5 年数据集（共 155 个指标值）中相对位置的分布情况如图 2-48 所示。可见，东北三省 5 年（共 15 个数据）民企就业占比的百分比排位处于 50% 以下的数量有 9 个，其中有 4 个位于 25% 以下；排位的最大值是 2016 年的吉林省（90.2%），最小值是 2015 年的黑龙江省（3.2%）。

2012～2016 年，6 省份民企就业占比由高到低依次为：江苏、浙江、吉林、广东、辽宁、黑龙江；东南三省整体呈上升趋势，江苏和广东 2013 年的降幅较大；东北三省整体呈上升趋势，但增幅明显低于东南三省；东南三省民企就业占比较低的浙江省依然优于东北地区较高的吉林省；民企就业占比增幅最大的是浙江省（4.93%），降幅最大的是黑龙江省（-2.74%），辽宁省和吉林省的增幅分别为 0.96% 和 2.92%，具体如表 2-67 所示。

2012～2016 年，四个区域民企就业占比由高到低依次为：西部、中部、东部、东北；四个区域普遍呈上升趋势，其中，东部地区增幅最大，东北地区增幅最小；东北地区民企就业占比与西部地区差距较大，具体如表 2-68 所示。

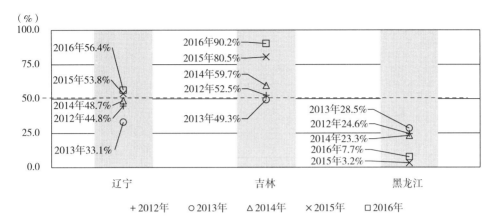

图 2-48　2012～2016 年东北三省民企就业占比百分比排位

表 2-67　2012～2016 年 6 省份民企就业占比原始值及单年排名

年份	辽宁	吉林	黑龙江	江苏	浙江	广东	全国平均
	值/序	值/序	值/序	值/序	值/序	值/序	值
2012	57.41/13	58.78/10	51.70/21	72.88/1	59.10/8	58.11/11	55.13
2013	54.89/16	58.30/10	53.18/19	62.85/2	62.16/4	50.92/21	53.94
2014	58.23/17	60.51/12	51.17/25	62.01/8	64.12/4	56.15/19	56.81
2015	59.01/20	64.10/10	41.17/30	64.26/8	69.05/2	60.79/19	59.30
2016	59.62/22	65.64/9	46.04/30	67.53/6	70.75/3	65.01/13	61.70
平均	57.83/17.6	61.46/10.2	48.65/25.0	65.91/5.0	65.04/4.2	58.20/16.6	57.38

表 2-68　2012～2016 年四大经济区民企就业占比平均值及排名

年份	东北		东部		西部		中部	
	平均值	年排名	平均值	年排名	平均值	年排名	平均值	年排名
2012	55.960	14.7	53.860	18.0	55.570	15.4	55.940	14.5
2013	55.450	15.0	52.360	17.5	54.740	15.4	54.230	15.2
2014	56.640	18.0	55.180	18.0	57.610	14.9	58.040	13.8
2015	54.760	20.0	59.000	16.9	60.230	15.6	60.230	13.3
2016	57.100	20.3	62.170	15.2	62.940	15.3	60.750	16.7
平均	55.980	17.6	56.510	17.1	58.220	15.3	57.840	14.7

2012～2016 年,七个区域民企就业占比由高到低依次为:西南、华东、华南、华中、东北、西北、华北;七个区域普遍呈上升趋势,其中华中地区增幅最大;就七个区域而言,东北地区排名偏中后,与最优的西南地区相比,有一定差距,具体如表 2-69 所示。

表 2 - 69　2012 ~ 2016 年七大地理区民企就业占比平均值及排名

年份	东北	华北	华东	华南	华中	西北	西南
	值/序	值/序	值/序	值/序	值/序	值/序	值/序
2012	14.70/46.8	46.81/25.2	58.95/12.7	57.24/13.7	57.26/13.3	51.42/21.0	59.08/10.2
2013	55.45/15.0	47.19/23.8	57.01/12.2	55.80/14.0	55.00/13.5	49.79/22.2	58.30/10.4
2014	56.64/18.0	50.61/22.6	59.61/12.8	58.45/15.7	59.03/11.5	52.61/22.4	61.22/9.4
2015	54.76/20.0	53.06/23.0	63.44/11.7	61.96/16.0	61.04/11.5	54.67/21.4	64.94/10.0
2016	57.10/20.3	56.04/23.0	66.72/9.0	64.14/16.0	60.28/16.8	57.52/21.0	67.96/9.2
平均	55.98/17.6	50.74/23.5	61.14/11.7	59.52/15.1	58.52/13.3	53.20/21.6	62.30/9.8

（5）民企融资

民企融资主要运用民企与国企资产负债率比来予以衡量。民企与国企资产负债率比反映一个地区民营企业与国有企业资产负债率的对比情况，是衡量该地区民营企业融资难易的核心指标，计算公式为该地区民企资产负债率与国企资产负债率的比值。2012 ~ 2016 年，全国民企与国企资产负债率比呈波动下降趋势，东北地区呈波动上升趋势；东北地区民企与国企资产负债率比明显落后于全国平均水平，但差距存在缩小趋势；黑龙江省民企与国企资产负债率比在 2013 年小幅上升，2013 ~ 2015 年呈明显下降趋势，2016 年再次小幅回升；吉林省整体呈波动上升趋势，其中 2013 年和 2016 年小幅下降；辽宁省整体呈平稳上升趋势；就东北三省而言，黑龙江省相对较好，吉林省次之，辽宁省较弱。总体而言，东北三省的民企与国企资产负债率比与全国平均水平差距较大，但存在缩小趋势，具体如图 2 - 49 所示。

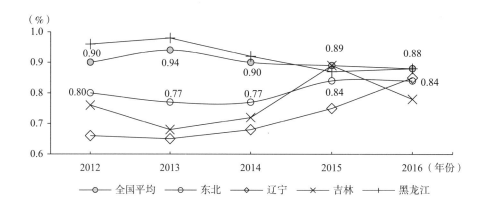

图 2 - 49　2012 ~ 2016 年民企与国企资产负债率比基本走势

注：①全国平均是指 31 个省市区的平均水平；②全国范围内（可采集到的数据），民企与国企资产负债率比最大值为 2014 年海南的 1.5652，最小值为 2016 年河南的 0.4094。

2012～2016 年，东北三省民企与国企资产负债率比在全国 31 个省市区连续 5 年数据集（共 155 个指标值）中相对位置分布情况如图 2－50 所示。可见，东北三省 5 年（共 15 个数据）民企与国企资产负债率比的百分比排位位于 50% 以下的有 12 个，其中有 7 个位于 25% 以下；排位的最大值是 2013 年的黑龙江省（69.4%），最小值是 2013 年的辽宁省（5.1%）。

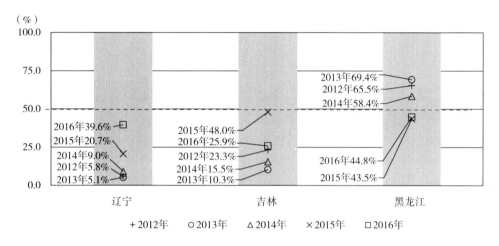

图 2－50 2012～2016 年东北三省民企与国企资产负债率比百分比排位

2012～2016 年，6 省份民企与国企资产负债率比由高到低依次为：浙江、广东、江苏、黑龙江、吉林、辽宁；东南三省民企与国企资产负债率比相对较低的江苏省优于东北地区最高的黑龙江省；民企与国企资产负债率比增幅最大的是辽宁省（7.21%），降幅最大的是黑龙江省（-2.07%），并且呈明显下降趋势，吉林省的增幅为 0.42%，具体如表 2－70 所示。

表 2－70 2012～2016 年 6 省份民企与国企资产负债率比原始值及单年排名

| 年份 | 辽宁 | 吉林 | 黑龙江 | 江苏 | 浙江 | 广东 | 全国平均 |
	值/序	值/序	值/序	值/序	值/序	值/序	值
2012	0.660/29	0.760/24	0.960/11	0.950/12	1.160/3	1.030/7	0.900
2013	0.650/30	0.680/29	0.980/14	1.000/10	1.150/4	1.120/6	0.940
2014	0.680/28	0.720/25	0.920/12	0.930/11	1.150/4	1.050/8	0.900
2015	0.750/24	0.890/15	0.870/16	0.920/12	1.100/4	1.080/6	0.890
2016	0.850/18	0.780/22	0.880/15	0.880/14	1.100/5	1.100/6	0.880
平均	0.720/25.8	0.770/23.0	0.920/13.6	0.940/11.8	1.130/4.0	1.080/6.6	0.900

2012～2016 年，四大区域民企与国企资产负债率比由高到低依次为：东部、西部、

东北、中部；东北地区民企与国企资产负债率比整体呈上升趋势，且增幅最大，西部地区、东部地区、中部地区略呈波动下降趋势；东北地区民企与国企资产负债率比与东部地区差距较大，具体如表 2 - 71 所示。

表 2 - 71　2012 ~ 2016 年四大经济区民企与国企资产负债率比平均值及排名

年份	东北		东部		西部		中部	
	平均值	年排名	平均值	年排名	平均值	年排名	平均值	年排名
2012	0.800	21.3	1.020	10.3	0.910	15.8	0.740	23.3
2013	0.770	24.3	1.050	11.4	0.970	15.1	0.810	21.3
2014	0.770	21.7	1.020	12.0	0.940	13.7	0.710	24.5
2015	0.840	18.3	1.000	11.7	0.890	15.1	0.720	23.8
2016	0.840	18.3	0.960	12.9	0.900	14.0	0.700	24.0
平均	0.800	20.8	1.010	11.7	0.920	14.7	0.740	23.4

2012 ~ 2016 年，七大区域民企与国企资产负债率比由高到低依次为：华南、华北、西北、华东、西南、东北、华中；华北、西北、华东、华中地区从 2013 年起呈明显下降趋势，华南地区整体呈波动下降趋势、西南地区整体呈波动上升趋势，东北地区整体呈明显上升趋势，且增幅最大；就七个区域而言，东北地区处于中下水平，与最优的华南地区相比，差距较大，具体如表 2 - 72 所示。

表 2 - 72　2012 ~ 2016 年七大地理区民企与国企资产负债率比平均值及排名

年份	东北	华北	华东	华南	华中	西北	西南
	值/序	值/序	值/序	值/序	值/序	值/序	值/序
2012	0.800/21.3	0.970/11.2	0.970/13.8	1.060/8.0	0.650/27.3	0.960/12.8	0.850/19.2
2013	0.770/24.3	1.000/12.8	1.020/13.0	1.120/6.3	0.700/26.8	1.010/12.8	0.930/18.2
2014	0.770/21.7	0.930/14.0	0.940/14.5	1.170/8.7	0.630/28.5	0.950/12.8	0.940/14.0
2015	0.840/18.3	0.960/12.0	0.920/15.7	1.080/7.3	0.640/27.8	0.920/14.2	0.860/16.6
2016	0.840/18.3	0.920/14.4	0.890/16.3	1.040/7.0	0.630/27.8	0.910/13.4	0.900/14.4
平均	0.800/20.8	0.960/12.9	0.950/14.7	1.090/7.5	0.650/27.6	0.950/13.2	0.900/16.5

4. 主要结论

首先，总体而言，东北三省的企态优化指数明显低于全国平均水平。在反映企态优化水平的五个方面（国企效率、国企保增值、企业实力、民企规模、民企融资），东北三省全面落后于东南三省，其中，国企效率和民企融资存在的差距最大。尤其值得关注的是，东北三省的企业实力和国企保增值与东南三省的差距在进一步拉大，这成为东北地区企态优化方面最显著的问题。

其次，动态来看，2012～2016 年，东北地区的指数得分的增长速度相较于中部地区和东部地区较慢，意味着相对能力的不断下降。然而，东北地区的企态优化方面的相对排名变动情况在全国四大区域来看仅次于中部地区，说明东北地区企态优化状况发展还算理想。

再次，分省来看，吉林省企态优化水平较高，黑龙江省次之，辽宁省较弱。在全国各省相对排名的竞争中，吉林省和辽宁省均有进步，黑龙江省有所退步。吉林省国企效率和国企保增值相对较强，民企融资相对较弱；黑龙江省国企保增值和民企融资相对较强，国企效率、民企规模和企业实力均较为薄弱；辽宁省民企规模相对较强，民企融资、国企保增值和国企效率相对薄弱。

最后，单项指标方面，东北地区仅有"国企利润率"和"民企资产占比"接近全国平均水平，但"国企利润率"近年来也显著下滑；其他各项指标，特别是"百万人上市公司数""上市公司资产比重"等指标的发展均比较落后。

（三）区域开放评价报告

1. 区域开放指数总体分析

对区域开放的测度涵括了贸易开放、投资开放、生产开放、市场开放、区位支撑五个方面，共 11 项关键指标。汇集中国 31 个省市区 2012～2016 年区域开放的指标信息，得到连续 5 年的指数得分。在此基础上，形成多年连续排名和单年排名。其中，多年连续排名用于反映各省市区区域开放的绝对发展水平随时间动态变化的情况（31 个省市区 5 年共 155 个排位，最高排名为 1，最低排名为 155），单年排名用于反映各省市区在全国范围内某单年的相对发展水平（31 个省市区每年 31 个排位，最高排名为 1，最低排名为 31）。31 个省市区区域开放的总体情况如表 2 - 73 所示。

表 2 - 73　2012～2016 年 31 个省市区区域开放指数得分、连续及单年排名

省市区	2012 年			2013 年			2014 年			2015 年			2016 年		
	值	总	年	值	总	年	值	总	年	值	总	年	值	总	年
上海	94.1	1	1	93.3	5	1	93.9	2	1	93.7	3	1	93.4	4	1
天津	80.0	18	5	79.1	20	4	78.2	21	4	79.6	19	4	84.7	6	2
北京	83.8	7	2	82.6	9	2	82.0	11	3	81.3	15	3	81.4	14	3
广东	83.5	8	3	81.8	12	3	82.2	10	2	81.4	13	2	80.5	17	4
江苏	81.3	16	4	77.7	25	5	77.8	24	5	77.9	22	5	77.8	23	5

续表

省市区	2012 年			2013 年			2014 年			2015 年			2016 年		
	值	总	年	值	总	年	值	总	年	值	总	年	值	总	年
福建	73.2	32	7	73.1	33	7	73.0	34	7	73.4	30	6	73.4	29	6
浙江	74.6	26	6	74.0	27	6	73.8	28	6	73.3	31	7	71.0	35	7
重庆	69.3	36	8	68.6	37	8	67.6	39	8	66.6	40	8	68.4	38	8
辽宁	66.2	41	9	65.3	42	9	63.9	45	9	65.1	44	9	65.2	43	9
山东	62.5	47	11	60.1	51	11	59.7	53	11	60.0	52	10	60.3	50	10
安徽	52.5	66	14	53.6	64	13	54.9	57	13	54.8	58	12	54.6	59	11
江西	55.2	56	12	54.3	61	12	56.4	55	12	54.6	60	13	53.9	62	12
湖北	53.9	63	13	51.7	68	14	51.2	69	14	51.1	70	14	52.5	65	13
海南	63.9	46	10	60.5	49	10	62.2	48	10	59.0	54	11	52.4	67	14
四川	46.9	72	15	47.4	71	15	46.0	75	15	46.8	73	15	46.5	74	15
陕西	40.0	94	19	42.3	87	18	44.6	79	16	45.9	76	16	45.7	77	16
河南	45.2	78	16	44.1	81	16	43.8	83	17	43.8	82	17	43.5	84	17
吉林	40.4	91	18	40.4	90	19	40.1	93	19	37.3	104	21	42.6	86	18
湖南	37.0	106	21	37.3	105	21	37.5	103	21	38.2	100	20	40.5	89	19
河北	44.2	80	17	42.9	85	17	41.6	88	18	39.8	95	19	39.7	96	20
广西	38.6	98	20	37.6	102	20	38.3	99	20	40.2	92	18	39.5	97	21
山西	35.1	109	23	34.5	110	23	34.2	113	23	35.6	108	22	37.9	101	22
黑龙江	36.7	107	22	34.3	112	23	34.4	111	22	30.1	114	23	30.1	115	23
内蒙古	25.8	123	26	27.0	119	25	26.6	120	24	24.4	125	25	28.7	116	24
云南	27.7	118	24	28.0	117	24	26.3	121	25	25.2	124	24	22.6	126	25
宁夏	17.7	135	28	17.5	136	27	21.4	129	26	20.5	130	26	21.5	128	26
贵州	18.4	132	27	17.2	137	28	16.9	138	28	18.2	134	27	18.3	133	27
新疆	15.5	143	30	14.9	144	30	13.5	146	30	13.4	147	28	16.2	140	28
西藏	25.9	122	25	22.5	127	26	19.8	131	27	12.7	151	30	15.7	142	29
甘肃	16.9	139	29	16.2	141	29	14.8	145	29	13.3	148	29	13.0	149	30
青海	13.0	150	31	10.2	153	31	8.5	155	31	9.6	154	31	12.3	152	31
平均	49.0	76	16	48.1	78	16	47.9	78	16	47.3	80	16	47.9	78	16

注：①对于表中的字段名称，"值"表示各省市区对应年份的指数得分，"总"表示各省市区 2012～2016 年多年连续总排名，"年"表示各省市区 5 个单年的排名；②表中 31 个省市区按照 2016 年单年的指数得分由高到低（降序）排列。

辽宁省的区域开放发展指数处于全国中等偏上位置，吉林省和黑龙江省处于中等偏下位置，均落后于东南三省。2012～2016 年，6 省份区域开放指数由高到低依次为：广东、江苏、浙江、辽宁、吉林、黑龙江；东南三省整体均呈下降趋势；东南三省水平较低的浙江省持续优于东北三省最优的辽宁省；区域开放指数年均增幅最大的是吉林省

（1.39%），降幅最大的是黑龙江省（-4.50%），辽宁省的降幅为-0.37%。就2016年而言，辽宁省的区域开放发展相对较好，在31个省域中的单年排名为9；吉林省次之，排名为18，黑龙江省相对较差，排名为23，具体如表2-73和表2-74所示。

表2-74　2012～2016年6省份区域开放指数的值及单年排名

年份	辽宁	吉林	黑龙江	江苏	浙江	广东	全国平均
	值/序	值/序	值/序	值/序	值/序	值/序	值
2012	66.18/9	40.36/18	36.65/22	81.27/4	74.62/6	83.49/3	49.00
2013	65.29/9	40.41/19	34.33/23	77.75/5	73.95/6	81.79/3	48.07
2014	63.94/9	40.06/19	34.37/22	77.78/5	73.77/6	82.22/2	47.91
2015	65.11/9	37.28/21	30.08/23	77.86/5	73.30/7	81.43/2	47.32
2016	65.22/9	42.60/18	30.05/23	77.80/5	71.03/7	80.48/4	47.87
平均	65.15/9.0	40.14/19.0	33.10/22.6	78.49/4.8	73.33/6.4	81.88/2.8	48.03

2012～2016年，全国区域开放整体呈缓慢下降趋势，东北地区亦呈缓慢下降态势，且低于全国平均水平；辽宁省的区域开放明显高于全国平均水平，2012～2013年呈缓慢下降趋势，2014年有所回升，黑龙江省呈下降趋势，2015年降幅较大，吉林省整体呈波动下降态势，2016年有所回升。就东北三省而言，辽宁省区域开放较好，吉林省次之，黑龙江省较弱，如图2-51所示。

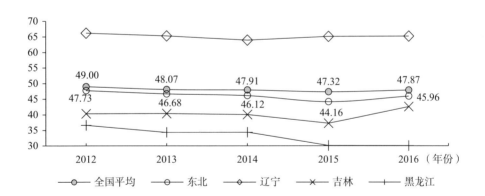

图2-51　2012～2016年区域开放指数基本走势

注：①全国平均是指31个省市区的平均水平；②全国范围内（可采集到的数据），区域开放指数最大值为2012年上海的94.136，最小值为2014年青海的8.53。

2012～2016年，东北三省区域开放指数在全国31个省市区连续5年数据集（共155个指标值）中相对位置分布情况如图2-52所示。可见，东北三省5年（共15个数据）区域开放指数的百分比排位处于50%以下的有10个；此外，排位的最大值是2012年的辽宁省（74.0%），最小值是2016年的黑龙江省（25.9%）。

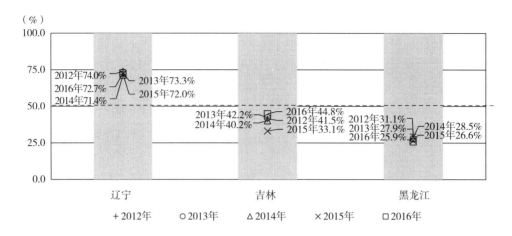

图 2-52　2012~2016 年区域开放指数百分比排位

2. 全国视角下东北地区区域开放进展分析

2012~2016 年, 四大区域开放指数由高到低依次为: 东部、中部、东北、西部; 中部地区整体呈上升趋势, 其他地区整体呈下降态势, 以东北地区降幅最大 (-0.93%) ; 东北地区 2014 年开始被中部地区反超, 且与东部地区的差距较大, 如表 2-75 所示。

表 2-75　2012~2016 年四大经济区区域开放指数的平均值及排名

年份	东北		东部		西部		中部	
	平均值	年排名	平均值	年排名	平均值	年排名	平均值	年排名
2012	47. 73	16. 3	74. 12	6. 6	29. 65	23. 5	46. 48	16. 5
2013	46. 68	17. 0	72. 51	6. 6	29. 11	23. 4	45. 93	16. 3
2014	46. 12	16. 7	72. 44	6. 7	28. 7	23. 3	46. 34	16. 7
2015	44. 16	17. 7	71. 94	6. 8	28. 07	23. 1	46. 36	16. 3
2016	45. 96	16. 7	71. 45	7. 2	29. 04	23. 3	47. 16	15. 7
平均	46. 13	16. 9	72. 49	6. 8	28. 91	23. 3	46. 46	16. 3

注: 为确保区分度, 对于具有平均意义的排名 (序), 本书保留一位小数, 以下各表同。

2012~2016 年, 七大区域开放指数由高到低依次为: 华东、华南、华北、华中、东北、西南、西北; 华北和西北整体呈上升趋势, 且西北地区上涨幅度最大 (1.36%) , 其他区域整体均呈下降趋势, 其中东北、华北、华中和西南地区 2016 年均有所回升; 就七个区域而言, 东北地区处于中下水平, 与华东地区相比, 差距明显, 如表 2-76 所示。

表 2-76 2012~2016 年七大地理区区域开放的平均值及排名

年份	东北	华北	华东	华南	华中	西北	西南
	值/序	值/序	值/序	值/序	值/序	值/序	值/序
2012	47.73/16.3	53.78/14.6	73.05/7.2	61.99/11.0	47.82/15.5	20.64/27.4	37.64/19.8
2013	46.68/17.0	53.22/14.0	71.97/7.2	59.96/11.0	46.86/15.8	20.20/27.0	36.75/20.2
2014	46.12/16.7	52.52/14.4	72.19/7.2	60.90/10.7	47.23/16.0	20.58/26.4	35.33/20.6
2015	44.16/17.7	52.16/14.6	72.18/6.8	60.20/10.3	46.93/16.0	20.54/26.0	33.90/20.8
2016	45.96/16.7	54.48/14.2	71.76/6.7	57.46/13.0	47.60/15.3	21.76/26.2	34.29/20.8
平均	46.13/16.9	53.23/14.4	72.23/7.0	60.10/11.2	47.29/15.7	20.74/26.6	35.58/20.4

为了便于直观分析,将指数信息按空间分类、时间排列、优劣序化等方式整理后,形成多年连续排名及单年排名的可视化集成图(见图 2-53~图 2-55),结合表 2-73 的信息,以全国四大经济区为划分标准,对东北三省的区域开放的进程评价如下:

(1) 东北地区区域开放指数得分呈下跌趋势,下跌速度居四大区域第二位

从四大区域平均得分曲线的变化情况可以看出,中国在区域开放上成效并不显著,仅中部地区整体水平有所提升,西部、东部和东北的得分均在下滑。具体而言,中部仅在 2013 年有微弱的下降,随后在 2014 年回升并在 2016 年继续发力;西部在 2016 年小幅上升,发展势头有回暖迹象;东部连续出现倒退现象,以每年一个较大跨度(年均下降 0.7 分,为四个区域之首)的速度下滑,有进一步下滑的趋势;东北 2012~2015 年显著下降,2016 年有较大幅度的回升,接近中部 2015 年的水平,但总体仍呈下降趋势,与东部地区的差距巨大。

(2) 东北地区区域开放绝对水平呈倒退趋势,下跌速度居四大区域第二位

从四大区域连续排名曲线的变化情况可以看出,仅中部地区整体呈上升趋势,其他地区均呈下降趋势,下跌速度最快的是东部地区和东北地区,连续排名年均下跌 1.5 名和 0.4 名,西部地区下跌 0.2 名,而中部地区上升 0.8 名。东北地区 2016 年的连续排名接近中部 2014 年的排名。具体来说,东北三省中,黑龙江省从 2012 年的 107 名降至 2013 年的 114 名后,阻力重重,先进后退,2016 年更是降至排名新低(115 名),吉林省从 2012 年的 91 名升至 2013 年的 90 名后,先退后进,2016 年更是升至排名新高(86 名),辽宁省从 2012 年的 41 名降至 2014 年的 45 名后开始回升,在 2016 年回升至 43 名。

(3) 东北地区区域开放相对水平呈波动下降趋势,且下降幅度较大

从四大区域单年排名曲线的变化情况可以看出,在相对位次的排名竞争中,东北和东部地区呈下降趋势,东北地区 2016 年较 2012 年下降 0.4 名,东部地区的下降幅度较大,下降 0.6 名,而中部和西部的提升幅度分别为 0.8 名和 0.2 名。东北 2016 年的单年排名与中部 2014 年相同。就东北三省而言,辽宁省单年排名维持不变,吉林省整体维持不变,黑龙江省由 22 名退到 23 名,为东北地区唯一下降的省份。

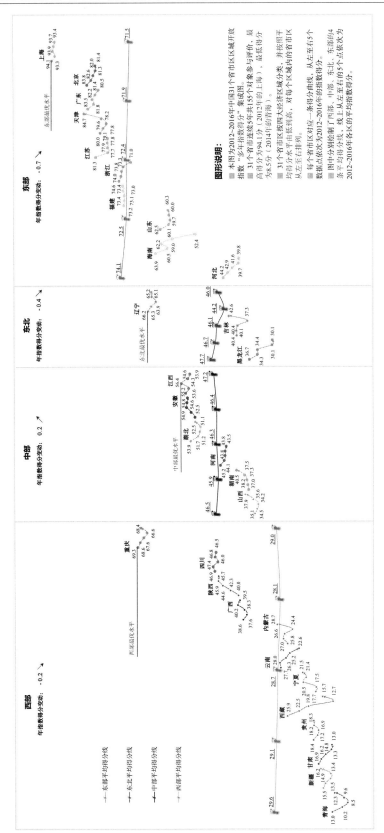

图2-53 2012~2016年31个省市区区域开放指数指数得分变动情况

图形说明：

■ 本图为2012~2016年中国31个省市区区域开放指数"多年指数得分"集成图。

■ 31个省市连续5年共155个"对象参与评价，最高得分为94.1分（2012年的上海），最低得分为8.5分（2014年的青海）。

■ 31个省市区按四大经济区域分类，并按照平均得分水平由低到高，对每个区域内的省市区从左至右排列。

■ 每个省市区对应一条得分曲线，从左至右数据点依次为2012-2016年的指数得分。

■ 图中分别绘制了两部、中部、东北、东部的4条平均得分线，线上从左至右的5个点依次为2012-2016年各区的平均得分。

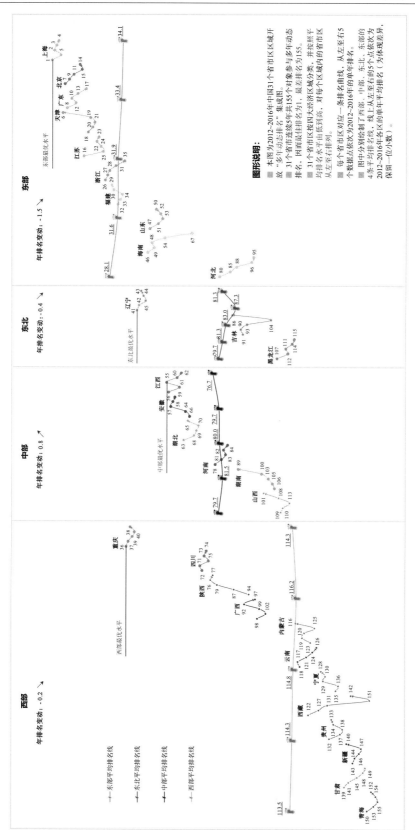

图 2-54　2012~2016 年 31 个省市区区域开放多年连续排名变动情况

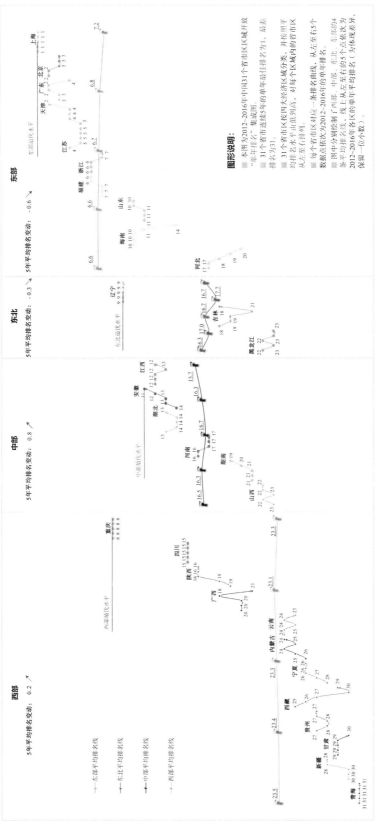

图 2－55　2012～2016 年 31 个省市区区域开放单年排名变动情况

3. 区域开放分项指数分析

2012～2016 年，东北三省 5 个分项指标均低于东南三省平均水平，辽宁省 5 个分项指数均高于全国平均水平，表现相对较好，吉林省仅投资开放高于全国平均水平，黑龙江省均低于全国平均水平，表现较弱。东南三省的平均得分显著高于全国平均和东北三省，优势明显。分省来看，东南三省 5 个分项指数的发展相对均衡，江苏省的区位支撑和浙江省的投资开放略低，广东省的贸易开放为全国最优水平；东北三省中，辽宁省 5 个分项指数的发展相对均衡，吉林省和黑龙江省差距较大。就东北三省而言，辽宁省的贸易开放和生产开放相对较强，区位支撑相对较弱，吉林省投资开放相对较强，市场开放较为薄弱，黑龙江省区位支撑相对较强，市场开放最为薄弱。总体来看，东北三省 5 个分项指数与东南三省的差距明显，具体如表 2－77 和图 2－56 所示。

表 2－77　2012～2016 年 6 省份区域开放方面分项指数平均得分

	贸易开放	投资开放	生产开放	市场开放	区位支撑
辽宁	67.74	61.96	66.91	68.14	60.99
吉林	35.66	51.66	38.72	34.13	40.54
黑龙江	34.36	30.77	34.39	27.42	38.54
江苏	84.39	78.83	83.16	76.60	69.47
浙江	84.91	58.66	74.70	75.38	73.02
广东	89.35	70.81	89.06	79.61	80.59
东北三省平均	45.92	48.13	46.67	43.23	46.69
东南三省平均	86.21	69.44	82.31	77.19	74.36
各省平均	48.53	48.35	47.38	45.77	50.14
各省最高	89.35	91.81	99.38	98.25	95.40
各省最低	4.89	1.83	1.72	6.32	11.65

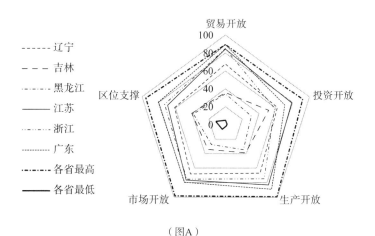

（图A）

图 2－56　2012～2016 年 6 省份区域开放方面分项指数平均得分雷达图

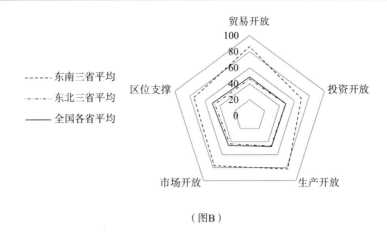

（图B）

图 2-56　2012～2016 年 6 省份区域开放方面分项指数平均得分雷达图（续）

　　2012～2016 年，全国在反映区域开放五个方面的整体进展良好，整体呈上升趋势，尤其是"投资开放""生产开放""市场开放"和"区位支撑"四个方面，5 年间水平持续提升，其中"贸易开放"和"投资开放"的发展相对缓慢。除浙江省的"投资开放"以外，东南三省各分项指数均处于全国前列（从年排名得出），尤其是广东省"贸易开放"5 年均位于全国首位；东南三省"贸易开放""投资开放""生产开放"和"市场开放"整体均呈下降趋势，"区位支撑"广东省呈上升趋势，江苏省和浙江省总体呈下降趋势；就东北三省 5 个分项指数而言，仅辽宁省 5 个分项指数的排名相对靠前（2016 年的投资开放相对靠后），吉林省和黑龙江省的排名相对靠后，其中吉林省"投资开放"在 2016 年处于前列，增长迅速；东北三省中，除辽宁省的"贸易开放""投资开放"和"区位支撑"、吉林省的"生产开放"和"市场开放"、黑龙江省的"贸开放易""市场开放"和"区域支撑"整体呈下降趋势外，其余整体均呈上升趋势，具体如表 2-78 所示。

表 2-78　2012～2016 年 6 省份区域开放方面分项指数

分项指数	年份	辽宁	吉林	黑龙江	江苏	浙江	广东	全国平均
		值/序	值/序	值/序	值/序	值/序	值/序	值
贸易开放	2012	66.21/9	37.77/21	47.99/16	86.41/3	85.92/4	92.16/1	48.03
	2013	64.29/10 ▼	36.92/21 ▼	40.47/17 ▼	85.08/4 ▼	85.17/3 ▼	89.59/1 ▼	51.56▲
	2014	63.66/10 ▼	38.25/20▲	39.14/18 ▼	84.13/4 ▼	85.26/3▲	89.83/1▲	51.90▲
	2015	78.43/6▲	27.50/22 ▼	23.78/24 ▼	83.54/4 ▼	84.58/3 ▼	88.38/1 ▼	51.00 ▼
	2016	66.08/10 ▼	37.86/18▲	20.44/25 ▼	82.78/4 ▼	83.60/3 ▼	86.77/1 ▼	51.80▲

续表

分项指数	年份	辽宁 值/序	吉林 值/序	黑龙江 值/序	江苏 值/序	浙江 值/序	广东 值/序	全国平均 值
投资开放	2012	70.43/8	44.73/18	24.44/23	80.82/4	60.49/12	73.13/7	47.46
	2013	69.37/8▼	44.35/20▼	29.35/23▲	78.62/4▼	59.38/12▼	70.25/6▼	49.72▲
	2014	69.97/8▲	47.37/19▲	30.74/23▲	78.04/4▼	58.73/15▼	71.15/7▲	51.70▲
	2015	51.31/16▼	48.92/19▲	35.47/22▲	77.83/4▼	57.73/14▼	70.62/7▼	53.44▲
	2016	48.74/19▼	72.91/7▲	33.84/23▼	78.84/4▲	56.98/15▼	68.9/9▼	54.55▲
生产开放	2012	60.52/12	41.06/18	32.37/20	84.45/5	76.86/7	91.65/2	43.89
	2013	61.58/9▲	46.47/18▲	32.42/19▲	83.60/6▼	76.07/8▼	90.82/2▼	48.82▲
	2014	62.78/10▲	42.13/16▼	34.74/19▲	83.05/6▼	75.46/8▼	89.31/2▼	49.65▲
	2015	71.11/9▲	34.24/20▼	34.96/18▲	82.60/6▼	73.30/8▼	87.61/2▼	60.76▲
	2016	78.56/7▲	29.71/20▼	37.46/18▲	82.11/4▼	71.82/8▼	85.90/2▼	66.87▲
市场开放	2012	70.15/7	40.82/18	34.64/24	78.27/5	76.34/6	80.97/4	45.87
	2013	67.11/7▼	36.17/18▼	30.99/24▼	76.60/5▼	75.43/6▼	78.34/4▼	48.94▲
	2014	66.28/8▼	33.75/19▼	29.61/24▼	76.51/5▼	75.32/6▼	80.14/2▲	49.76▲
	2015	66.37/8▲	33.10/20▼	20.71/25▼	76.31/5▼	75.33/6▲	79.32/2▼	52.92▲
	2016	70.78/7▲	26.80/22▼	21.15/25▲	75.31/5▼	74.46/6▼	79.28/2▼	55.28▲
区位支撑	2012	63.61/9	37.39/21	43.82/16	76.41/5	73.47/6	79.56/4	46.44
	2013	64.11/9▲	38.12/22▲	38.44/21▼	64.83/8▼	73.71/5▲	79.95/4▲	48.37▲
	2014	57.00/10▼	38.79/20▲	37.61/22▼	67.16/8▲	74.06/5▲	80.67/4▲	51.39▲
	2015	58.34/12▲	42.65/17▲	35.47/24▼	69.02/8▲	75.57/5▲	81.20/4▲	56.92▲
	2016	61.91/12▲	45.73/17▲	37.36/25▲	69.94/7▲	68.29/8▼	81.56/4▲	61.55▲

注：表中符号"▲"表示本年的数据相对于前一年是增长的，符号"▼"表示本年的数据相对于前一年是减少的。

进一步统计升降符（▲或▼）的数量，对不同地区的发展态势进行分析和对比可知，2012～2016年，全国5项指数▲的数量明显大于▼的数量，发展态势较好；除"区位支撑"外，东北地区▲的数量均多于东南三省，其中以"生产开放"的差距最大（东北地区为9个，东南三省为0个），发展势头优于东南三省，而"区位支撑"▲的数量仅比东南三省少2个；总体而言，东北三省▲的总数量明显多于东南三省，东北地区为30个，占东北三省升降符总数的50.0%，东南三省为16个，占26.7%。

2012～2016年，辽宁省▲的数量为11个，占辽宁省升降符总数的55.0%，吉林省▲的数量为10个，占50.0%，黑龙江省▲的数量为9个，占45.0%，江苏省▲的数量为4个，占20.0%，浙江省▲的数量为5个，占25.0%，广东省▲的数量为7个，占35.0%；

就东北三省而言，辽宁省的发展态势相对较好，吉林省次之，黑龙江省较弱。2012～2016年，东北三省中，"贸易开放""投资开放"和"区位支撑"发展态势较好的是吉林省，"市场开放"发展态势较好的是辽宁省，"生产开放"发展态势较好的是辽宁省和黑龙江省。

（1）贸易开放

1）对外贸易依存度。对外贸易依存度反映一个地区对国际市场的依赖程度，是衡量地区对外开放程度的重要指标，计算公式是进出口总额与地区GDP之比。2012～2016年，全国对外贸易依存度平均水平呈下行态势，东北地区亦呈下行态势，其中2016年略有回升，但仍低于全国平均水平；2012～2014年，东北三省对外贸易依存度平缓下降，2014～2015年降幅增大，黑龙江省尤为明显，2016年辽宁省对外贸易依存度明显上升，吉林省基本不变，黑龙江省继续下降；就东北三省而言，辽宁省发展较好，黑龙江省次之，吉林省较弱。总体而言，东北地区对外贸易依存度与全国平均水平差距较大，如图2－57所示。

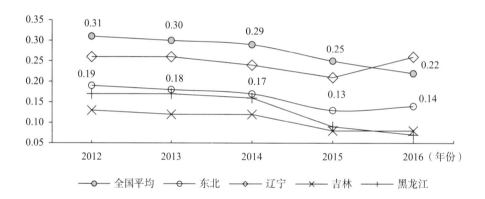

图 2－57　2012～2016 年对外贸易依存度基本走势

注：①全国平均是指 31 个省市区的平均水平；②全国范围内（可采集到的数据），对外贸易依存度最大值为 2012 年北京的 1.4409，最小值为 2016 年贵州省的 0.0319。

2012～2016年，东北三省对外贸易依存度在全国31个省市区连续5年数据集（共155个指标值）中相对位置分布情况如图2－58所示。可见，东北三省5年（共15个数据）对外贸易依存度的百分比排位位于50%以下的有7个，其中位于25%以下的有3个；此外，排位的最大值是2012年的辽宁省（70.1%），最小值是2016年的黑龙江省（15.5%）。

2012～2016年，6省份对外贸易依存度由高到低依次为：广东、江苏、浙江、辽宁、黑龙江、吉林；东南三省对外贸易依存度虽呈下降趋势，但明显高于东北三省和全国平均水平；东北三省中对外贸易依存度较高的辽宁省持续低于东南三省中较低的浙江省；对外贸易依存度降幅最大的是黑龙江省（－14.74%），最小的是辽宁省（－0.73%），吉林省的降幅为－9.14%，如表2－79所示。

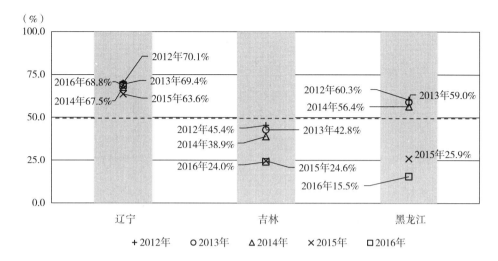

图 2 - 58　2012 ~ 2016 年东北三省对外贸易依存度百分比排位

表 2 - 79　2012 ~ 2016 年 6 省份对外贸易依存度的原始值及单年排名

年份	辽宁	吉林	黑龙江	江苏	浙江	广东	全国平均
	值/序	值/序	值/序	值/序	值/序	值/序	值
2012	0.26/12	0.13/19	0.17/14	0.64/4	0.57/5	1.09/3	0.31
2013	0.26/11	0.12/20	0.17/14	0.58/4	0.55/6	1.09/3	0.30
2014	0.24/11	0.12/22	0.16/15	0.53/5	0.54/4	0.98/3	0.29
2015	0.21/11	0.08/23	0.09/22	0.48/5	0.50/4	0.87/2	0.25
2016	0.26/8	0.08/22	0.07/24	0.43/5	0.47/4	0.78/2	0.22
平均	0.25/10.6	0.11/21.2	0.13/17.8	0.53/4.6	0.53/4.6	0.96/2.6	0.27

　　2012 ~ 2016 年，四个区域对外贸易依存度由高到低依次为：东部、东北、西部、中部；中部地区整体较为平稳，东部和西部地区整体呈下降趋势，东北地区整体呈下降趋势，其中，东部地区降幅最大；东北地区的对外贸易依存度与东部地区差距明显，如表 2 - 80 所示。

　　2012 ~ 2016 年，七个区域对外贸易依存度由高到低依次为：华东、华南、华北、东北、西南、华中、西北；华中地区整体较为平稳，西南地区波动较为明显，东北地区整体呈下降趋势，2016 年略有上升，其他地区普遍呈下降趋势，其中华北地区降幅最大；就七个区域而言，东北地区排名居中，与最优的华东地区相比，差距较大，如表 2 - 81 所示。

表 2 - 80 2012~2016 年四大经济区对外贸易依存度的平均值及排名

年份	东北		东部		西部		中部	
	平均值	年排名	平均值	年排名	平均值	年排名	平均值	年排名
2012	0.19	15.0	0.69	6.6	0.13	21.3	0.11	21.7
2013	0.18	15.0	0.66	6.8	0.14	20.8	0.11	22.3
2014	0.17	16.0	0.61	6.7	0.14	20.7	0.11	22.2
2015	0.13	18.7	0.53	6.5	0.11	21.3	0.11	19.8
2016	0.14	18.0	0.47	6.8	0.09	21.6	0.10	19.2
平均	0.16	16.5	0.59	6.7	0.12	21.1	0.11	21.0

表 2 - 81 2012~2016 年七大地理区对外贸易依存度的平均值及排名

年份	东北	华北	华东	华南	华中	西北	西南
	值/序	值/序	值/序	值/序	值/序	值/序	值/序
2012	0.19/15.0	0.45/16.6	0.59/7.3	0.52/9.7	0.11/22.0	0.09/24.4	0.19/17.0
2013	0.18/15.0	0.43/16.8	0.55/7.5	0.51/10.3	0.11/22.5	0.10/23.6	0.19/16.6
2014	0.17/16.0	0.39/16.8	0.53/7.3	0.47/9.0	0.11/22.3	0.10/23.2	0.19/17.6
2015	0.13/18.7	0.30/17.0	0.48/6.7	0.43/8.0	0.11/19.5	0.09/22.8	0.13/19.8
2016	0.14/18.0	0.27/15.6	0.44/7.0	0.38/8.3	0.10/19.8	0.08/22.4	0.10/21.2
平均	0.16/16.5	0.37/16.6	0.52/7.2	0.46/9.1	0.11/21.2	0.09/23.3	0.16/18.4

2) 净出口贡献率 (单位:%)。净出口贡献率反映的是商品和服务在国际市场的竞争能力，是衡量地区贸易开放的重要指标，计算公式为净出口 (地区 GDP 与资本形式总额及最终消费支出的差值) 与地区 GDP 的比值。2012~2016 年，全国净出口贡献率平均水平呈缓慢下降趋势且持续为负值；东北地区净出口贡献率高于全国平均水平，且 2013~2015 年上升趋势明显；辽宁省和吉林省呈波动上升态势，且 2014~2016 年波动幅度较大，黑龙江省整体呈下降趋势；就东北三省而言，辽宁省发展较好，吉林省次之，黑龙江省较弱。总体而言，东北地区的净出口贡献率略高于全国平均水平，且优势呈逐步扩大的趋势，如图 2 - 59 所示。

2012~2016 年，东北三省净出口贡献率在全国 31 个省市区连续 5 年数据集 (共 155 个指标值) 中相对位置分布情况如图 2 - 60 所示。可见，东北三省 5 年 (共 15 个数据) 净出口贡献率的百分比排位位于 50% 以下的有 9 个；此外，排位的最大值是 2015 年的辽宁省 (100%)，最小值是 2015 年的黑龙江省 (25.3%)，具体如图 2 - 60 所示。

2012~2016 年，6 省份净出口贡献率由高到低依次为：广东、浙江、江苏、辽宁、吉林、黑龙江；东南三省普遍呈下降趋势，但均在全国平均水平之上；2012~2014 年东北三省明显低于东南三省，2015 年辽宁省有较大涨幅，且跃居全国第一，2016 年明显下降；净出口贡献率增幅最大的是黑龙江省 (21.17%)，降幅最大的是吉林省 (-16.09%)，辽宁省的降幅为（-2.29%），如表2-82所示。

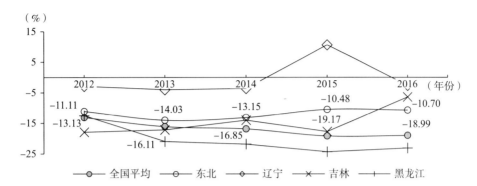

图2-59 2012~2016年净出口贡献率基本走势

注：①全国平均是指31个省市区的平均水平；②全国范围内（可采集到的数据），净出口贡献率最大值为2015年辽宁的10.6175%，最小值为2016年青海的-103.7676%。

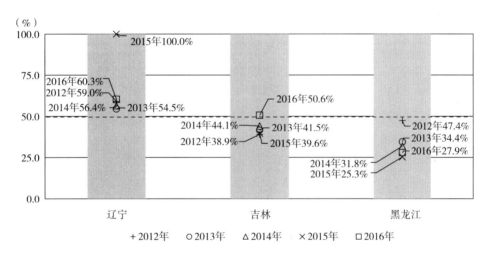

图2-60 2012~2016年东北三省净出口贡献率百分比排位

表2-82 2012~2016年6省份净出口贡献率的原始值及单年排名

年份	辽宁	吉林	黑龙江	江苏	浙江	广东	全国平均
	值/序	值/序	值/序	值/序	值/序	值/序	值
2012	-2.89/15	-17.92/21	-12.51/16	7.56/3	7.78/2	8.64/1	-13.13
2013	-4.00/15	-17.16/18	-20.95/20	6.94/2	7.24/1	6.30/3	-16.11
2014	-3.62/13	-14.02/17	-21.81/22	6.49/4	7.42/3	7.56/2	-16.85
2015	10.62/1	-17.74/18	-24.32/22	6.38/4	7.16/3	7.18/2	-19.17
2016	-2.63/12	-6.38/17	-23.10/21	6.16/3	6.57/2	6.58/1	-18.99
平均	-0.50/11.2	-14.64/18.2	-20.54/20.2	6.70/3.2	7.23/2.2	7.25/1.8	-16.85

2012～2016 年，四个区域净出口贡献率由高到低依次为：东部、中部、东北、西部；东部、中部和西部普遍呈下降趋势，东北呈上升趋势；东北地区相比于东部地区差距明显，但在 2015～2016 年差距有所减小，如表 2-83 所示。

表 2-83　2012～2016 年四大经济区净出口贡献率的平均值及排名

年份	东北		东部		西部		中部	
	平均值	年排名	平均值	年排名	平均值	年排名	平均值	年排名
2012	-11.11	17.0	0.20	8.0	-28.31	23.5	-6.01	13.7
2013	-14.03	17.7	-1.36	8.0	-32.64	22.8	-8.70	14.8
2014	-13.15	17.3	-1.24	9.0	-35.09	22.3	-8.25	14.5
2015	-10.48	13.7	-0.78	8.5	-40.64	22.8	-11.22	16.2
2016	-10.70	16.7	-0.62	7.8	-40.53	22.8	-10.69	15.8
平均	-11.89	16.5	-0.76	8.3	-35.44	22.8	-8.97	15.0

2012～2016 年，七个区域净出口贡献率由高到低依次为：华东、华中、华北、东北、华南、西南、西北；其中，东北、华北和华南整体呈上升趋势，其余四个区域呈下降态势；就七个区域而言，东北地区排名居中，与最优的华东地区相比，差距较大，如表 2-84所示。

表 2-84　2012～2016 年七大地理区净出口贡献率的平均值及排名

年份	东北	华北	华东	华南	华中	西北	西南
	值/序	值/序	值/序	值/序	值/序	值/序	值/序
2012	-11.11/17.3	-10.33/15.8	4.36/4.8	-15.07/17.0	-5.55/13.8	-29.44/24.0	-26.72/22.0
2013	-14.03/17.7	-14.76/16.4	3.64/4.5	-13.39/16.3	-7.50/14.8	-37.17/24.0	-29.89/21.2
2014	-13.15/17.3	-11.87/16.0	3.64/5.5	-12.33/16.0	-6.55/14.0	-44.37/24.6	-32.08/20.8
2015	-10.48/13.7	-12.24/16.2	3.19/5.8	-12.32/14.3	-9.39/15.5	-56.12/26.2	-33.12/20.6
2016	-10.70/16.7	-10.04/15.6	3.01/4.7	-13.20/14.7	-8.41/15.5	-56.69/26.4	-33.57/20.4
平均	-11.89/16.5	-11.85/16.0	3.57/5.1	-13.26/15.7	-7.48/14.7	-44.76/25.0	-31.08/21.0

（2）投资开放

1）人均实际利用外资额（单位：美元/人）。人均实际利用外资额是指国外商业公司在一个地区的投资项目中，已经到账并投入到商业运作应用的资金在该地区的人均分配情况，它反映了地区人口吸收并有效利用外资的平均水平，是衡量区域开放的重要指标，计算公式为实际利用外资额与地区常住人口的比值。2012～2016 年，全国人均实际利用外资额的平均水平呈小幅上升态势，东北地区呈波动下降趋势；2012～2014 年东北地区高于全国平均水平，2015～2016 年低于全国平均水平；2012～2016 年黑龙江省和吉林省整体呈上升趋势，辽宁省呈明显下降趋势；就东北三省而言，吉林省发展较好，黑龙江省次之，辽宁省较弱。总体而言，东北地区的人均实际利用外资额与全国平均水平相比已失去优势，如图 2 - 61 所示。

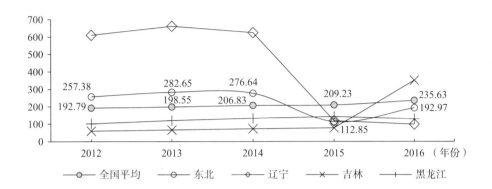

图 2 - 61　2012～2016 年人均实际利用外资额基本走势

注：①全国平均是指 31 个省市区的平均水平；②全国范围内（缺少 2015 年宁夏数据），人均实际利用外资额最大值为 2016 年天津的 1973.47，最小值为 2016 年西藏的 0。

2012～2016 年，东北三省人均实际利用外资额在全国 31 个省市区连续 5 年数据集（共 154 个指标值）中相对位置分布情况如图 2 - 62 所示。可见，东北三省 5 年（共 15 个数据）人均实际利用外资额的百分比排位位于 50% 以下的数量有 10 个，其中有 1 个位于 25% 以下；此外，排位的最大值是 2013 年的辽宁省（94.1%），最小值是 2012 年的吉林省（24.8%）。

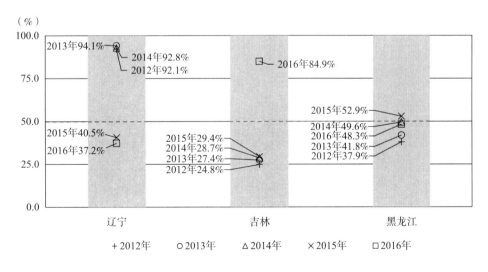

图 2 - 62　2012～2016 年东北三省人均实际利用外资额百分比排位

2012～2016 年，6 省份人均实际利用外资额由高到低依次为：辽宁、江苏、浙江、广东、黑龙江、吉林；东南三省中浙江省呈逐年上升趋势，广东省和江苏省总体呈下滑趋势；东北地区相对较弱的吉林省持续低于东南三省中较弱的广东省；人均实际利用外资额增幅最大的是吉林省（121.33%），降幅最大的是辽宁省（-20.98%），黑龙江省的增幅是 6.88%，如表 2-85 所示。

表 2-85　2012～2016 年 6 省份人均实际利用外资额的原始值及单年排名

年份	辽宁	吉林	黑龙江	江苏	浙江	广东	全国平均
	值/序	值/序	值/序	值/序	值/序	值/序	值
2012	610.46/3	59.95/23	101.72/18	451.51/4	238.62/7	222.29/8	192.79
2013	661.50/3	66.14/23	120.29/18	418.93/4	257.53/6	234.42/7	198.55
2014	624.54/3	72.65/23	132.74/18	353.95/5	286.81/6	250.57/7	206.83
2015	118.33/20	77.28/23	142.94/15	304.35/5	306.20/4	247.72/6	209.23
2016	98.27/20	350.91/5	129.73/17	325.74/6	315.43/7	212.30/10	235.63
平均	422.62/9.8	125.39/19.4	125.48/17.2	370.89/4.8	280.92/6.0	233.46/7.6	208.60

2012～2016 年，四大区域人均实际利用外资额由高到低依次为：东部、东北、中部、西部；东部与中部呈稳定增长趋势，西部呈波动上升趋势，东北地区呈波动下降趋势；东北地区人均实际利用外资额持续低于东部地区，且差距较大，如表 2-86 所示。

表 2-86　2012～2016 年四大经济区人均实际利用外资额的平均值及排名

年份	东北		东部		西部		中部	
	平均值	年排名	平均值	年排名	平均值	年排名	平均值	年排名
2012	257.38	14.7	356.32	8.1	78.29	22.8	116.94	16.2
2013	282.65	14.7	376.36	7.8	60.86	23.4	135.56	15.5
2014	276.64	14.7	394.15	7.8	60.29	23.9	152.79	14.5
2015	112.85	19.3	426.98	7.2	60.73	23.5	166.75	12.7
2016	192.97	14.0	470.49	9.9	84.36	22.2	182.14	13.3
平均	224.50	15.5	404.86	8.2	68.78	23.2	150.84	14.4

2012～2016 年，七个区域人均实际利用外资额由高到低依次为：华北、华东、东北、华中、华南、西南、西北；华北、华东和华中普遍呈逐年上升趋势，西北和西南地区呈波动上升趋势，华南和东北呈波动下降趋势；就七个区域而言，东北地区处于中上水平，但与最优的华北地区相比，差距较大，如表 2-87 所示。

表 2 - 87　2012～2016 年七大地理区人均实际利用外资额的平均值及排名

年份	东北	华北	华东	华南	华中	西北	西南
	值/序	值/序	值/序	值/序	值/序	值/序	值/序
2012	257.38/14.7	351.75/11.8	294.84/8.5	141.10/15.3	122.01/15.5	33.70/26.6	119.32/20.2
2013	282.65/14.7	379.50/11.6	311.65/7.7	150.52/15.0	139.71/15.3	32.12/26.6	73.78/21.8
2014	276.64/14.7	397.96/12.0	322.43/7.7	160.26/13.7	158.24/14.0	31.04/27.2	77.69/22.6
2015	112.85/19.3	452.08/12.6	329.26/6.7	167.93/13.0	175.12/11.8	38.65/26.3	68.69/22.6
2016	192.97/14.0	588.51/11.6	337.13/8.3	85.76/20.0	197.56/12.5	34.95/26.4	134.52/18.3
平均	224.50/15.5	433.96/11.9	319.06/7.8	141.11/15.4	158.53/13.8	33.90/26.6	93.15/21.2

2）外商投资企业货物进出口占比（单位:%）。外商投资企业货物进出口占比反映的是地区企业的对外贸易吸引外商投资的能力，是衡量地区投资开放程度的重要指标，计算公式为外商投资企业货物进出口总额与货物进出口总额（按境内目的地和货源地分）的比值。2012～2016 年，全国外商投资企业货物进出口占比的平均水平整体略呈下降趋势，东北地区呈缓慢上升趋势；东北地区低于全国平均水平，吉林省和辽宁省高于全国平均水平，黑龙江省与全国平均水平相差巨大；就东北三省而言，吉林省表现较好，辽宁省次之，黑龙江省较弱。总体而言，东北地区外商投资企业货物进出口占比低于全国平均水平，但两者之间的差距呈现缩小趋势，如图 2 - 63 所示。

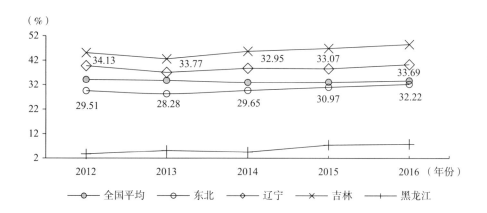

图 2 - 63　2012～2016 年外商投资企业货物进出口占比基本走势

注：①全国平均是指 31 个省市区的平均水平；②全国范围内（可采集到的数据），外商投资企业货物进出口占比最大值为 2012 年海南的 78.87%，最小值为 2015 年西藏的 0%。

2012～2016 年，东北三省外商投资企业货物进出口占比在全国 31 个省市区连续 5 年数据集（共 155 个指标值）中相对位置分布情况如图 2 - 64 所示。可见，东北三省 5 年（共 15 个数据）外商投资企业货物进出口占比的百分比排位位于 50% 以下的有 5 个，且都位于 25% 以下；此外，排位的最大值是 2016 年的吉林省（68.8%），最小值是 2012 年的黑龙江省（14.9%）。

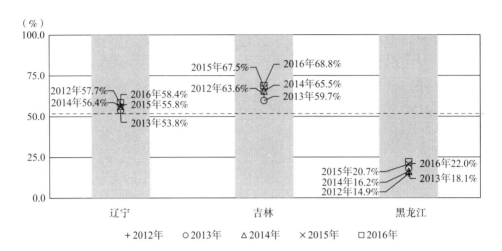

图 2 - 64　2012 ~ 2016 年东北三省外商投资企业货物进出口占比百分比排位

2012 ~ 2016 年，6 省份外商投资企业货物进出口占比由高到低依次为：江苏、广东、吉林、辽宁、浙江、黑龙江；2012 ~ 2016 年广东省和浙江省整体呈下降趋势，江苏省 2013 年大幅下降后，呈上升趋势；东北三省与东南三省中最优的江苏省差距明显；外商投资企业货物进出口占比增幅最大的是黑龙江省（27.68%），降幅最大的是浙江省（-6.51%），辽宁省与吉林省的增幅分别为 0.36% 和 1.92%，如表 2 - 88 所示。

表 2 - 88　2012 ~ 2016 年 6 省份外商投资企业货物进出口占比的原始值及单年排名

年份	辽宁	吉林	黑龙江	江苏	浙江	广东	全国平均
	值/序	值/序	值/序	值/序	值/序	值/序	值
2012	39.75/15	45.07/11	3.71/28	60.78/5	29.64/18	51.22/9	34.13
2013	37.07/15	42.60/12	5.16/27	57.19/6	27.30/19	46.21/11	33.77
2014	38.74/13	45.67/11	4.52/25	57.43/5	25.58/19	47.41/10	32.95
2015	38.60/14	46.86/10	7.44/25	58.06/6	23.43/19	46.58/11	33.07
2016	40.31/14	48.53/11	7.81/24	59.58/6	21.92/21	44.36/12	33.69
平均	38.90/14.2	45.75/11.0	5.73/25.8	58.61/5.6	25.57/19.2	47.16/10.6	33.52

2012 ~ 2016 年，四个区域外商投资企业货物进出口占比从高到低依次为：东部、中部、东北、西部；东部呈下降趋势，中部、东北、西部总体呈上升态势；东北地区外商投资企业货物进出口占比与东部地区差距较大，具体如表 2 - 89 所示。

表2-89　2012～2016年四大经济区外商投资企业货物进出口占比的平均值及排名

年份	东北		东部		西部		中部	
	平均值	年排名	平均值	年排名	平均值	年排名	平均值	年排名
2012	29.51	18.0	51.47	9.3	18.32	22.0	39.18	14.2
2013	28.28	18.0	48.62	10.0	20.54	21.3	38.22	14.3
2014	29.65	16.3	47.83	10.5	18.96	21.4	37.77	14.5
2015	30.97	16.3	46.92	10.6	20.12	21.0	36.93	14.8
2016	32.22	16.3	44.96	11.9	21.46	20.8	40.11	13.2
平均	30.12	17.0	47.96	10.4	19.88	21.3	38.44	14.2

2012～2016年，七个区域外商投资企业货物进出口占比由高到低依次为：华南、华东、华中、华北、东北、西南、西北；华东、华南、华中呈下降趋势，西北、东北、华北、西南总体呈现上升态势；就七个区域而言，东北地区处于中下水平，与最优的华南地区差距明显，如表2-90所示。

表2-90　2012～2016年七大地理区外商投资企业货物进出口占比的平均值及排名

年份	东北	华北	华东	华南	华中	西北	西南
	值/序	值/序	值/序	值/序	值/序	值/序	值/序
2012	29.51/18.0	36.35/15.0	45.40/11.3	51.21/10.3	44.52/12.0	12.25/24.4	24.50/19.6
2013	28.28/18.0	35.36/15.2	43.76/11.8	48.29/11.0	41.76/12.8	15.96/23.2	26.18/19.0
2014	29.65/16.3	34.90/14.8	43.62/12.2	48.65/10.7	39.26/13.8	15.61/22.8	23.04/19.8
2015	30.97/16.3	35.37/15.2	43.50/11.7	45.64/11.3	36.99/14.8	17.01/22.4	24.90/19.2
2016	32.22/16.3	36.46/14.8	42.94/12.5	41.96/13.0	38.53/13.8	17.97/22.2	27.58/18.6
平均	30.12/17.0	35.69/15.0	43.84/11.9	47.15/11.3	40.21/13.4	15.76/23.0	25.24/19.2

（3）生产开放

生产开放主要用外资工业企业产值占比来予以衡量。外资工业企业产值占比（单位：%）反映一个地区生产开放的水平，是衡量地区生产开放程度的核心指标，计算公式为地区外商投资工业企业产值（包括外商及港澳台商投资工业企业产值）与地区工业总产值的比值。2012～2016年，全国外资工业企业产值占比平均水平呈缓慢下降趋势，东北地区呈缓慢上升趋势；东北地区落后于全国平均水平，但差距在缩小；就东北三省而言，辽宁省呈平稳上升趋势，吉林省下降趋势明显，黑龙江省略有提升；相对而言，辽宁省的发展较好，吉林省次之，黑龙江省较弱。总体而言，东北三省外资工业企业产值占比与全国平均水平相差较大，但差距在不断缩小，如图2-65所示。

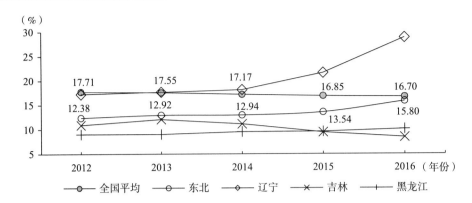

图 2－65　2012～2016 年外资工业企业产值占比基本走势

注：①全国平均是指 31 个省市区的平均水平；②全国范围内（可采集到的数据），外资工业企业产值占比最大值为 2013 年上海的 62.50%，最小值为 2014 年新疆的 1.07%。

2012～2016 年，东北三省外资工业企业产值占比在全国 31 个省市区连续 5 年数据集（共 155 个指标值）中相对位置分布情况如图 2－66 所示。可见，东北三省 5 年（共 15 个数据）外资工业企业产值占比的百分比排位位于 50% 以下的有 10 个；此外，排位的最大值是 2016 年的辽宁省（80.5%），最小值是 2016 年的吉林省（36.3%）。

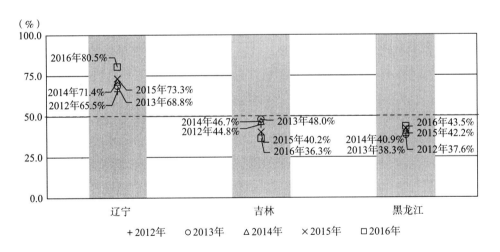

图 2－66　2012～2016 年东北三省外资工业企业产值占比百分比排位

2012～2016 年，6 省份外资工业企业产值占比由高到低依次为：广东、江苏、浙江、辽宁、吉林、黑龙江；东南三省均呈下降趋势，但整体发展水平明显高于东北地区；东北地区水平较高的辽宁省持续低于东南三省较弱的浙江省，东南三省中最优的广东省是辽宁省发展水平的 2 倍以上；外资工业企业产值占比降幅最大的是吉林省（－5.64%），增幅最大的是辽宁省（16.89%），黑龙江省的增幅为 3.06%，如表 2－91 所示。

表2-91 2012~2016年6省份外资工业企业产值占比的原始值及单年排名

年份	辽宁	吉林	黑龙江	江苏	浙江	广东	全国平均
	值/序	值/序	值/序	值/序	值/序	值/序	值
2012	17.22/12	10.90/18	9.02/20	38.09/5	26.18/7	49.39/2	17.71
2013	17.66/9	12.07/18	9.03/19	36.75/6	24.94/8	48.09/2	17.55
2014	18.16/10	11.13/16	9.53/19	35.89/6	23.98/8	45.72/2	17.17
2015	21.63/9	9.42/20	9.58/18	35.18/6	22.55/8	43.06/2	16.85
2016	28.85/7	8.44/20	10.12/18	34.42/4	21.93/8	40.36/2	16.70
平均	20.71/9.4	10.39/18.4	9.45/18.8	36.07/5.4	23.91/7.8	45.32/2.0	17.20

2012~2016年，四个区域外资工业企业产值占比由高到低依次为：东部、东北、中部、西部；西部、东部和中部总体呈下降趋势，东北地区呈现上升趋势，其中东部地区下降幅度最大；东北地区外资工业企业产值占比与东部地区差距较大，如表2-92所示。

表2-92 2012~2016年四大经济区外资工业企业产值占比的平均值及排名

年份	东北		东部		西部		中部	
	平均值	年排名	平均值	年排名	平均值	年排名	平均值	年排名
2012	12.38	16.7	34.30	6.6	8.39	22.6	11.38	18.2
2013	12.92	15.3	33.66	7.1	8.35	22.7	11.42	17.8
2014	12.94	15.0	32.80	7.0	8.09	23.2	11.42	17.2
2015	13.54	15.7	31.26	7.2	8.39	22.8	11.39	17.2
2016	15.80	15.0	30.26	7.2	8.35	23.0	11.23	17.2
平均	13.52	15.5	32.46	7.0	8.31	22.9	11.37	17.5

2012~2016年，七个区域外资工业企业产值占比由高到低依次为：华东、华南、华北、东北、华中、西南、西北；西北和东北呈上升趋势，其他区域普遍呈下降趋势；就七个区域而言，东北地区排名居中，与最优的华东地区差距明显，如表2-93所示。

表2-93 2012~2016年七大地理区外资工业企业产值占比的平均值及排名

年份	东北	华北	华东	华南	华中	西北	西南
	值/序	值/序	值/序	值/序	值/序	值/序	值/序
2012	12.38/16.7	21.05/14.6	32.74/7.7	28.70/7.0	12.10/17.5	4.27/27.2	10.89/20.0
.2013	12.92/15.3	21.47/14.4	31.99/8.2	27.66/7.7	12.09/16.5	3.47/28.2	11.47/19.8
2014	12.94/15.0	20.84/14.0	31.23/8.2	27.50/7.3	11.67/17.0	4.31/27.0	10.24/21.4
2015	13.54/15.7	20.49/13.6	30.03/8.5	25.53/7.7	11.49/17.0	4.89/26.8	10.42/21.0
2016	15.80/15.0	19.55/14.2	29.60/7.8	24.70/7.7	11.22/17.5	5.11/27.2	10.07/20.8
平均	13.52/15.5	20.68/14.2	31.12/8.1	26.82/7.5	11.71/17.1	4.41/27.3	10.62/20.6

（4）市场开放

1）单位 GDP 外商投资企业数（单位：户/亿元）。单位 GDP 外商投资企业数反映地区吸引外商投资的能力，是衡量地区市场开放程度的重要指标，计算公式为地区外商投资企业数与地区 GDP 的比值。2012～2016 年，全国单位 GDP 外商投资企业数平均水平呈缓慢下降趋势，东北地区亦呈现缓慢下降趋势，持续低于全国平均水平；辽宁省总体呈上升趋势，吉林省和黑龙江省呈下降态势；就东北三省而言，辽宁省发展较好，吉林省和黑龙江省次之。总体而言，东北地区单位 GDP 外商投资企业数与全国平均水平相比存在一定的差距，如图 2-67 所示。

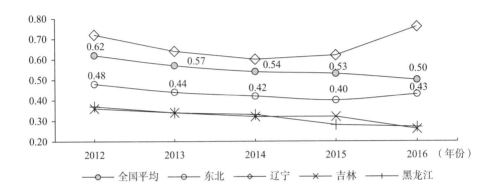

图 2-67 2012～2016 年单位 GDP 外商投资企业数基本走势

注：①全国平均是指 31 个省市区的平均水平；②全国范围内（可采集到的数据），单位 GDP 外商投资企业数最大值为 2012 年上海的 3.05，最小值为 2016 年贵州的 0.13。

2012～2016 年，东北三省单位 GDP 外商投资企业数在全国 31 个省市区连续 5 年数据集（共 155 个指标值）中相对位置分布情况如图 2-68 所示。可见，东北三省 5 年（共 15 个数据）单位 GDP 外商投资企业数的百分比排位位于 50% 以下的有 5 个；此外，排位的最大值是 2016 年的辽宁省（77.9%），最小值是 2016 年的吉林省（29.8%）。

2012～2016 年，6 省份单位 GDP 外商投资企业数由高到低依次为：广东、江苏、浙江、辽宁、黑龙江、吉林；东南三省均呈下降趋势，仍优于全国平均水平；东北三省中水平较高的辽宁省低于东南三省中较低的浙江省；单位 GDP 外商投资企业数降幅最大的是吉林省（-6.89%），增幅最大的是辽宁省（1.35%），黑龙江省的降幅为 -6.34%，如表 2-94 所示。

2012～2016 年，四个区域单位 GDP 外商投资企业数由高到低依次为：东部、东北、中部、西部；四个区域普遍呈下降趋势，中部降幅最大，东北降幅最小；东北地区单位 GDP 外商投资企业数与东部地区差距较大，如表 2-95 所示。

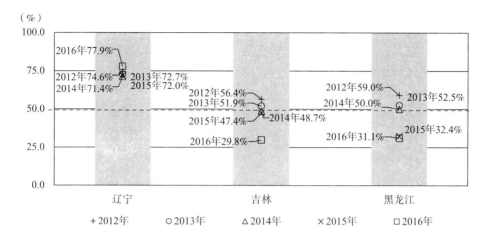

图 2 - 68　2012~2016 年东北三省单位 GDP 外商投资企业数百分比排位

表 2 - 94　2012~2016 年 6 省份单位 GDP 外商投资企业数的原始值及单年排名

年份	辽宁	吉林	黑龙江	江苏	浙江	广东	全国平均
	值/序	值/序	值/序	值/序	值/序	值/序	值
2012	0.72/9	0.36/19	0.37/17	0.93/6	0.85/8	1.73/2	0.62
2013	0.64/9	0.34/18	0.34/17	0.85/6	0.82/7	1.62/2	0.57
2014	0.60/9	0.32/17	0.33/16	0.79/6	0.77/7	1.54/2	0.54
2015	0.62/9	0.32/15	0.28/20	0.76/7	0.76/6	1.53/2	0.53
2016	0.76/5	0.26/20	0.27/19	0.72/8	0.73/7	1.48/2	0.50
平均	0.67/8.2	0.32/17.8	0.32/17.8	0.81/6.6	0.79/7.0	1.58/2.0	0.55

表 2 - 95　2012~2016 年四大经济区单位 GDP 外商投资企业数平均值及排名

年份	东北		东部		西部		中部	
	平均值	年排名	平均值	年排名	平均值	年排名	平均值	年排名
2012	0.48	15.0	1.20	7.1	0.30	21.6	0.34	20.2
2013	0.44	14.7	1.12	7.0	0.28	21.6	0.30	20.5
2014	0.42	14.0	1.06	7.1	0.26	21.8	0.29	20.3
2015	0.40	14.7	1.06	6.8	0.24	22.0	0.28	20.0
2016	0.43	14.7	1.00	7.3	0.23	21.8	0.26	19.7
平均	0.43	14.6	1.09	7.1	0.26	21.7	0.29	20.1

　　2012~2016 年，七个区域单位 GDP 外商投资企业数由高到低依次为：华东、华南、华北、东北、华中、西南、西北；七大区域普遍呈下降趋势，其中，降幅最大的是华中地区 （-7.23%），最小的是东北地区 （-2.65%）；就七个区域而言，东北地区排名居中，与最优的华东地区相比，差距明显，如表 2 - 96 所示。

表 2-96　2012~2016 年七大地理区单位 GDP 外商投资企业数的平均值及排名

年份	东北	华北	华东	华南	华中	西北	西南
	值/序	值/序	值/序	值/序	值/序	值/序	值/序
2012	0.48/15.0	0.63/16.8	1.13/9.2	1.03/10.0	0.37/18.8	0.28/22.8	0.34/18.6
2013	0.44/14.7	0.58/17.2	1.07/8.8	0.96/10.0	0.32/19.0	0.26/22.8	0.32/18.6
2014	0.42/14.0	0.55/17.0	1.03/9.0	0.89/10.0	0.31/18.8	0.24/23.0	0.30/19.0
2015	0.40/14.7	0.54/16.2	1.03/8.5	0.87/9.3	0.29/19.5	0.23/23.0	0.27/19.8
2016	0.43/14.7	0.53/15.2	0.98/8.7	0.79/10.7	0.26/20.0	0.22/22.6	0.25/19.8
平均	0.43/14.6	0.56/16.5	1.05/8.8	0.91/10.0	0.31/19.2	0.25/22.8	0.29/19.2

2）货运活跃度（单位：亿吨千米/平方千米）。货运活跃度反映一个地区的市场开放水平，是衡量区域开放的必要指标，计算公式为货物周转量与地区面积的比值，其中货物周转量是实际运送货物吨数与货物平均运距的乘积。2012~2016 年，全国货运活跃度的平均水平总体上呈先下降后上升的趋势，东北地区总体呈上升趋势，但明显低于全国平均水平；东北三省均呈缓慢上升的趋势；就东北三省而言，辽宁省发展较好，吉林省次之，黑龙江省较差。总体而言，东北地区的货运活跃度明显低于全国平均水平，但差距呈现进一步扩大的趋势，以 2013 年的差距最小，具体如图 2-69 所示。

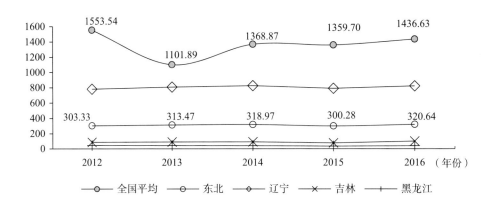

图 2-69　2012~2016 年货运活跃度基本走势

注：①全国平均是指 31 个省市区的平均水平；②全国范围内（可采集到的数据），货运活跃度最大值为 2012 年上海的 32132.17，最小值为 2012 年西藏的 0.38。

2012~2016 年，东北三省货运活跃度在全国 31 个省市区连续 5 年数据集（共 155 个指标值）中相对位置分布情况如图 2-70 所示。可见，东北三省 5 年（共 15 个数据）货运活跃度的百分比排位处于 50% 以下的有 10 个，其中位于 25% 以下有 6 个；此外，排位的最大值是 2014 年的辽宁省（85.0%），最小值是 2015 年的黑龙江省（8.4%），如图

2-70 所示。

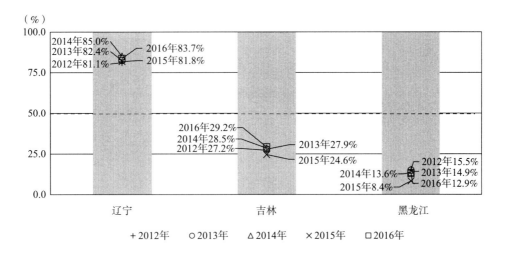

图 2-70 2012～2016 年东北三省货运活跃度百分比排位

2012～2016 年，6 省份货运活跃度由高到低依次为：浙江、江苏、辽宁、广东、吉林、黑龙江；东南三省明显优于吉林省和黑龙江省，浙江省和广东省呈上升趋势，江苏省呈下降趋势；东南三省水平较低的广东省总体上优于东北地区较低的黑龙江省；货运活跃度增幅最大的是广东省（31.96%），降幅最大的是黑龙江省（-2.71%），辽宁省的和吉林省的增幅分别为 1.34% 和 4.36%，具体如表 2-97 所示。

表 2-97 2012～2016 年 6 省份货运活跃度的原始值及单年排名

年份	辽宁	吉林	黑龙江	江苏	浙江	广东	全国平均
	值/序	值/序	值/序	值/序	值/序	值/序	值
2012	780.80/4	85.17/22	44.03/27	776.43/5	870.46/3	532.34/11	1553.54
2013	808.26/6	89.72/22	42.44/26	974.91/3	848.46/5	513.55/10	1101.89
2014	826.18/6	90.92/22	39.82/26	1023.37/3	904.24/5	823.65/7	1368.87
2015	790.81/6	76.06/23	33.98/28	812.40/5	935.52/3	828.17/4	1359.70
2016	822.61/7	100.04/26	39.26/31	722.91/9	937.14/5	1212.89/4	1436.63
平均	805.73/5.8	83.38/23.0	39.90/27.6	862.00/5.0	899.16/4.2	782.12/7.2	1364.13

2012～2016 年，四个区域货运活跃度由高到低依次为：东部、中部、东北、西部；西部、中部、东北总体呈上升态势，西部的上升幅度最大，东部总体上呈下降的态势；东北地区货运活跃度与东部地区差距显著，具体如表 2-98 所示。

表 2 – 98　2012 ~ 2016 年四大经济区货运活跃度的平均值及排名

年份	东北		东部		西部		中部	
	平均值	年排名	平均值	年排名	平均值	年排名	平均值	年排名
2012	303. 33	18. 0	4406. 31	7. 2	89. 31	24. 1	352. 51	13. 7
2013	313. 47	18. 0	3002. 72	7. 5	82. 61	24. 2	366. 62	12. 8
2014	318. 97	18. 0	3804. 61	7. 0	88. 91	24. 3	394. 19	13. 5
2015	300. 28	19. 0	3810. 7	6. 6	87. 52	24. 0	348. 76	14. 2
2016	320. 64	21. 3	3887. 15	7. 0	201. 85	22. 4	379. 95	15. 5
平均	311. 34	18. 8	3782. 3	7. 1	110. 04	23. 8	368. 41	13. 9

2012 ~ 2016 年，七个区域货运活跃度由高到低依次为：华东、华北、华南、东北、华中、西北、西南；华东和华北整体呈下降的态势，其余五个地区总体呈上升态势；就七个区域而言，东北地区排名居中，与表现最优的华东地区相比，差距显著，具体如表 2 – 99 所示。

表 2 – 99　2012 ~ 2016 年七大地理区货运活跃度的平均值及排名

年份	东北	华北	华东	华南	华中	西北	西南
	值/序	值/序	值/序	值/序	值/序	值/序	值/序
2012	303/17. 7	1713/12. 0	5916/6. 0	381/14. 0	300/15. 0	77/24. 8	93/24. 2
2013	313/18. 0	868/11. 8	4358/5. 7	284/15. 7	272/14. 5	71/24. 8	87/24. 0
2014	319/18. 0	971/12. 4	5531/6. 0	472/12. 7	291/15. 3	74/24. 8	97/24. 2
2015	300/19. 0	746/12. 6	5702/6. 2	445/12. 0	283/15. 3	70/25. 0	99/23. 4
2016	321/21. 3	678/14. 2	5658/7. 8	927/9. 3	319/16. 5	284/19. 8	152/24. 2
平均	311/18. 8	995/12. 6	5433/6. 3	502/12. 7	293/15. 3	115/23. 8	106/24. 0

3）客运活跃度（单位：亿人千米/平方千米）。客运活跃度反映一个地区的市场开放水平，是衡量区域开放的必要指标，计算公式为客运周转量与地区面积的比值，其中客运周转量是指在一定时期内运送旅客数量与平均运距的乘积。2012 ~ 2016 年，全国客运活跃度的平均水平呈下降趋势，东北地区亦呈下降趋势，且明显低于全国平均水平；东北三省呈缓慢下降趋势，吉林省下降幅度最大；就东北三省而言，辽宁省发展较好，吉林省次之，黑龙江省较弱。总体而言，东北地区的客运活跃度明显低于全国平均水平，差距较大，具体如图 2 – 71 所示。

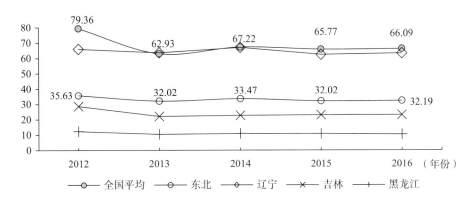

图 2 - 71 2012 ~ 2016 年客运活跃度基本走势

注：①全国平均是指 31 个省市区的平均水平；②全国范围内（可采集到的数据），客运活跃度最大值为 2015 年上海的 339.42，最小值为 2012 年西藏的 0.27。

2012 ~ 2016 年，东北三省客运活跃度在全国 31 个省市区连续 5 年数据集（共 155 个指标值）中相对位置分布情况如图 2 - 72 所示。可见，东北三省 5 年（共 15 个数据）客运活跃度的百分比排位处于 50% 以下的有 10 个，其中位于 25% 以下的有 5 个；此外，排位的最大值是 2014 年的辽宁省（64.2%），最小值是 2016 年的黑龙江省（12.9%）。

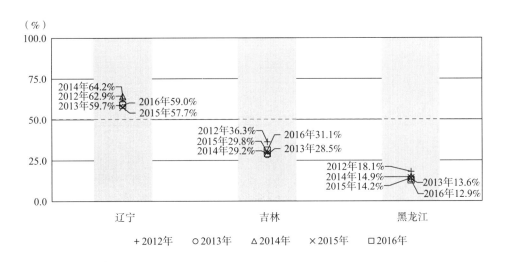

图 2 - 72 2012 ~ 2016 年东北三省客运活跃度百分比排位

2012 ~ 2016 年，6 省份客运活跃度由高到低依次为：江苏、广东、浙江、辽宁、吉林、黑龙江；东南三省均呈下降趋势，广东省的降幅最大；东南三省明显优于东北三省，且东南三省水平相对较低的浙江省优于东北地区较高的辽宁省；客运活跃度降幅最大的是广东省（- 9.26%），最小的是辽宁省（- 1.05%），吉林省和黑龙江省的降幅分别为 - 4.89% 和 - 3.95%，具体如表 2 - 100 所示。

表 2 – 100　2012~2016 年 6 省份客运活跃度的原始值及单年排名

年份	辽宁	吉林	黑龙江	江苏	浙江	广东	全国平均
	值/序	值/序	值/序	值/序	值/序	值/序	值
2012	65.97/14	28.61/21	12.30/27	183.93/4	124.89/7	166.84/5	79.36
2013	63.58/11	22.08/22	10.41/27	134.11/4	97.17/6	99.11/5	62.93
2014	66.93/12	22.65/22	10.84/27	142.95/4	102.06/7	128.85/5	67.22
2015	62.37/14	22.96/22	10.72/27	142.80/4	103.56/5	99.97/6	65.77
2016	63.21/13	23.01/21	10.36/27	144.25/4	101.89/6	105.03/5	66.09
平均	64.41/12.8	23.86/21.6	10.93/27.0	149.61/4.0	105.91/6.2	119.96/5.2	68.27

2012~2016 年，四个区域客运活跃度由高到低依次为：东部、中部、东北、西部；四大区域普遍呈下降趋势，其中中部下降幅度最大；东北地区客运活跃度与东部地区差距较大，具体如表 2 – 101 所示。

表 2 – 101　2012~2016 年四大经济区客运活跃度的平均值及排名

年份	东北		东部		西部		中部	
	平均值	年排名	平均值	年排名	平均值	年排名	平均值	年排名
2012	35.63	20.7	158.37	7.5	23.29	23.8	81.66	12.2
2013	32.02	20.0	123.91	7.8	18.22	23.8	66.18	12.2
2014	33.47	20.3	131.80	7.8	19.47	23.8	72.00	12.0
2015	32.02	21.0	129.81	7.6	20.08	23.7	67.29	12.2
2016	32.19	20.3	131.15	7.6	19.73	23.8	67.33	12.3
平均	33.07	20.5	135.01	7.7	20.16	23.8	70.89	12.2

2012~2016 年，七个区域客运活跃度由高到低依次为：华东、华北、华中、华南、东北、西南、西北；七个区域普遍呈下降趋势，华南、华北降幅较为明显；就七个区域而言，东北地区处于中下水平，与表现最优的华东地区相比，差距较大，具体如表 2 – 102 所示。

表 2 – 102　2012~2016 年七大地理区客运活跃度的平均值及排名

年份	东北	华北	华东	华南	华中	西北	西南
	值/序	值/序	值/序	值/序	值/序	值/序	值/序
2012	35.63/20.7	128.33/13.2	147.90/7.3	86.67/13.0	83.15/11.3	16.26/25.4	30.05/22.6
2013	32.02/20.0	96.95/13.4	123.84/7.5	52.23/14.7	70.14/11.0	13.89/24.8	24.07/22.4
2014	33.47/20.3	96.82/13.0	133.31/7.7	63.48/14.7	76.55/10.8	14.82/25.0	25.77/22.4
2015	32.02/21.0	97.75/13.0	131.97/7.2	54.26/15.0	73.12/11.0	14.49/25.2	26.89/22.0
2016	32.19/20.3	98.25/13.2	132.04/7.3	56.82/14.7	74.04/11.0	14.25/25.2	26.18/22.2
平均	33.07/20.5	103.62/13.2	133.81/7.4	62.69/14.4	75.40/11.0	14.74/25.1	26.59/22.3

（5）区位支撑

1）城市化水平（单位:%）。城市化水平反映一个地区的城市化发展程度，是衡量区域开放的重要指标，计算公式为地区城镇人口与总人口的比值。2012～2016年，全国城市化水平的平均表现整体呈上升趋势，东北地区呈缓慢上升趋势且明显高于全国平均水平，但这种优势呈进一步缩小的趋势；就东北三省而言，辽宁省发展较好，黑龙江省次之，吉林省较弱。总体而言，东北地区城市化水平明显高于全国平均水平，但优势逐步缩小，具体如图2-73所示。

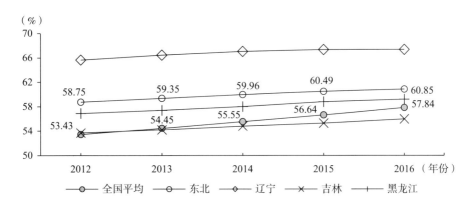

图2-73 2012～2016年城市化水平基本走势

注：①全国平均是指31个省市区的平均水平；②全国范围内（可采集到的数据），城市化水平最大值为2013年上海的89.60%，最小值为2012年西藏的22.75%。

2012～2016年，东北三省城市化水平在全国31个省市区连续5年数据集（共155个指标值）中相对位置分布情况如图2-74所示。可见，东北三省2012～2016年（共15个数据）城市化水平的百分比排位全部位于50%以上；此外，排位的最大值是2016年的辽宁省（86.3%），最小值是2012年的吉林省（50.0%）。

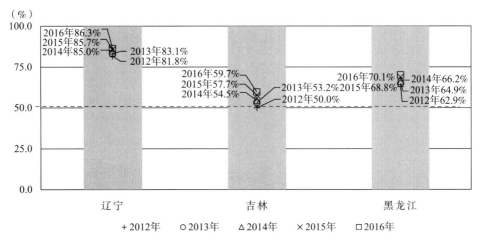

图2-74 2012～2016年东北三省城市化水平百分比排位

2012～2016 年，6 省份城市化水平由高到低依次为：广东、辽宁、江苏、浙江、黑龙江、吉林；东南三省呈平稳上升态势，其中江苏省增幅较大；吉林省和黑龙江省的城市化水平低于东南三省中较低的浙江省；城市化水平增幅最大的是江苏省（1.87%），最小的是辽宁省（0.65%），黑龙江省和吉林省的增幅分别为 1.01% 和 1.06%，具体如表 2-103 所示。

表 2-103 2012～2016 年 6 省份城市化水平的原始值及单年排名

年份	辽宁	吉林	黑龙江	江苏	浙江	广东	全国平均
	值/序	值/序	值/序	值/序	值/序	值/序	值
2012	65.650/5	53.700/12	56.900/11	63.000/7	63.200/6	67.400/4	53.430
2013	66.450/5	54.200/13	57.400/11	64.110/6	64.000/7	67.760/4	54.450
2014	67.050/5	54.810/14	58.010/11	65.210/6	64.870/7	68.000/4	55.550
2015	67.350/5	55.310/14	58.800/11	66.520/6	65.800/7	68.710/4	56.640
2016	67.370/6	55.970/17	59.200/11	67.720/5	67.000/7	69.200/4	57.850
平均	66.770/5.2	54.800/14.0	58.060/11.0	65.310/6.0	64.970/6.8	68.210/4.0	55.580

2012～2016 年，四个区域城市化水平由高到低依次为：东部、东北、中部、西部；四个区域普遍呈上升趋势，其中西部上升幅度最大，东北上升幅度最小；东北地区城市化水平与东部地区差距较大，具体如表 2-104 所示。

表 2-104 2012～2016 年四大经济区城市化水平的平均值及排名

年份	东北		东部		西部		中部	
	平均值	年排名	平均值	年排名	平均值	年排名	平均值	年排名
2012	58.750	9.3	66.110	8.1	44.260	22.2	47.980	20.0
2013	59.350	9.7	66.920	8.1	45.430	22.3	49.260	19.8
2014	59.960	10.0	67.620	8.1	46.890	22.3	50.550	19.7
2015	60.490	10.0	68.380	7.9	48.250	22.3	51.960	19.8
2016	60.850	11.3	69.400	7.5	49.680	22.5	53.440	19.5
平均	59.880	10.1	67.680	7.9	46.900	22.3	50.640	19.8

2012～2016 年，七个区域城市化水平由高到低依次为：华北、华东、东北、华南、华中、西北、西南；七个区域普遍呈平稳上升态势，西南地区增幅最大；就七个区域而言，东北地区处于中上水平，与最优的华北地区相比差距较大，具体如表 2-105 所示。

2）运网密度（单位：千米/平方千米）。运网密度反映一个地区交通运输的发展水平，是衡量区域开放程度的重要指标，计算公式为地区交通线路总长度与地区总面积的比值。2012～2016 年，全国运网密度的平均水平呈上升态势，东北地区呈缓慢上升趋势；

东北地区整体水平明显低于全国平均水平；东北三省均呈上升趋势；就东北三省而言，辽宁省发展较好，吉林省次之，黑龙江省较弱。总体而言，东北地区的运网密度明显低于全国平均水平，且这种差距在不同年度基本保持不变，具体如图 2 – 75 所示。

表 2 – 105　2012~2016 年七大地理区城市化水平的平均值及排名

年份	东北	华北	华东	华南	华中	西北	西南
	值/序	值/序	值/序	值/序	值/序	值/序	值/序
2012	58. 750/9. 3	64. 710/10. 2	62. 340/9. 8	54. 180/14. 7	47. 520/20. 3	46. 170/21. 6	39. 800/24. 8
2013	59. 350/9. 7	65. 540/10. 2	63. 350/9. 8	55. 100/14. 7	48. 790/20. 0	47. 290/22. 0	41. 050/24. 6
2014	59. 960/10. 0	66. 250/10. 2	64. 270/9. 7	55. 920/15. 3	50. 090/20. 0	48. 740/21. 8	42. 680/24. 4
2015	60. 490/10. 0	67. 160/10. 4	65. 010/9. 3	56. 960/15. 3	51. 550/20. 0	49. 970/22. 0	44. 340/24. 4
2016	60. 850/11. 3	68. 030/10. 0	66. 210/9. 2	58. 020/15. 0	53. 110/19. 8	51. 260/22. 2	46. 110/24. 4
平均	59. 880/10. 1	66. 340/10. 2	64. 230/9. 6	56. 040/15. 0	50. 210/20. 0	48. 690/21. 9	42. 800/24. 5

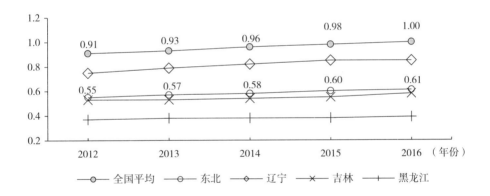

图 2 – 75　2012~2016 年运网密度基本走势

注：①全国平均是指 31 个省市区的平均水平；②全国范围内（可采集到的数据），运网密度最大值为 2016 年上海的 2.51，最小值为 2012 年西藏的 0.05。

2012~2016 年，东北三省运网密度在全国 31 个省市区连续 5 年数据集（共 155 个指标值）中相对位置分布情况如图 2 – 76 所示。可见，东北三省 5 年（共 15 个数据）运网密度的百分比排位均位于 50% 以下，其中有 6 个位于 25% 以下；此外，排位最大值为 2016 年的辽宁省（45.4%），最小值是 2012 年的黑龙江省（16.2%）。

2012~2016 年，6 省份运网密度由高到低依次为：江苏、广东、浙江、辽宁、吉林、黑龙江；东南三省均呈上升趋势；东南三省中水平较低的浙江省优于东北地区较高的辽宁省；运网密度增幅最大的是辽宁省（3.51%），最小的是江苏省（0.51%），黑龙江省和吉林省的增幅分别为 0.83% 和 2.51%，具体如表 2 – 106 所示。

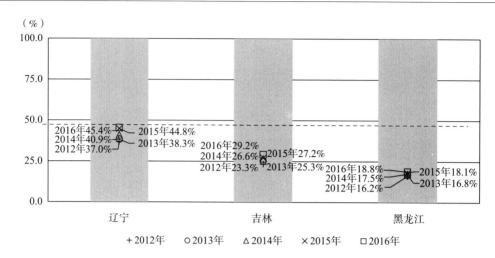

图 2 - 76　2012～2016 年东北三省运网密度百分比排位

表 2 - 106　2012～2016 年 6 省份运网密度的原始值及单年排名

年份	辽宁	吉林	黑龙江	江苏	浙江	广东	全国平均
	值/序	值/序	值/序	值/序	值/序	值/序	值
2012	0.75/19	0.53/23	0.37/26	1.78/2	1.19/10	1.17/12	0.91
2013	0.79/19	0.53/23	0.38/26	1.80/2	1.21/11	1.22/10	0.93
2014	0.82/19	0.54/23	0.38/26	1.81/2	1.22/11	1.27/10	0.96
2015	0.85/18	0.55/23	0.38/26	1.83/2	1.24/11	1.29/10	0.98
2016	0.85/19	0.58/23	0.39/26	1.81/3	1.25/11	1.30/10	1.00
平均	0.81/18.8	0.55/23.0	0.38/26.0	1.80/2.2	1.22/10.8	1.25/10.4	0.96

　　2012～2016 年，四个区域运网密度由高到低依次为：东部、中部、东北、西部；四个区域均呈平稳上升的趋势，西部地区上升幅度最大；东北地区运网密度与东部地区相比差距较大，具体如表 2 - 107 所示。

表 2 - 107　2012～2016 年四大经济区运网密度的平均值及排名

年份	东北		东部		西部		中部	
	平均值	年排名	平均值	年排名	平均值	年排名	平均值	年排名
2012	0.55	22.7	1.34	9.4	0.51	22.6	1.18	10.5
2013	0.57	22.7	1.37	9.1	0.53	22.7	1.20	10.8
2014	0.58	22.7	1.40	9.0	0.55	22.7	1.22	11.0
2015	0.60	22.3	1.43	9.3	0.57	22.7	1.25	10.7
2016	0.61	22.7	1.44	9.5	0.59	22.5	1.29	10.5
平均	0.58	22.6	1.40	9.3	0.55	22.6	1.23	10.7

2012～2016 年，七个区域运网密度由高到低依次为：华东、华中、华北、华南、西南、东北、西北；七个区域普遍呈平稳上升趋势，其中西南地区增幅最大；就七大区域而言，东北地区排名靠后，与最优的华东地区相比，差距较大，具体如表 2 - 108 所示。

表 2 - 108　2012～2016 年七大地理区运网密度的平均值及排名

年份	东北	华北	华东	华南	华中	西北	西南
	值/序	值/序	值/序	值/序	值/序	值/序	值/序
2012	0.55/22.7	0.96/14.4	1.50/7.0	0.79/18.7	1.23/9.8	0.34/25.6	0.75/18.2
2013	0.57/22.7	0.99/14.2	1.54/7.0	0.82/18.0	1.24/10.3	0.36/25.8	0.77/18.2
2014	0.58/22.7	1.01/14.0	1.56/7.2	0.85/18.0	1.26/10.3	0.37/25.8	0.80/18.2
2015	0.60/22.3	1.02/14.4	1.59/7.2	0.88/18.0	1.29/10.0	0.38/26.0	0.85/18.0
2016	0.61/22.7	1.04/14.6	1.61/7.2	0.90/18.0	1.33/10.0	0.39/25.8	0.87/17.8
平均	0.58/22.6	1.00/14.3	1.56/7.1	0.85/18.1	1.27/10.1	0.37/25.8	0.81/18.1

3）国际旅游收入占比（单位:%）。国际旅游收入占比反映一个地区的对外开放程度，是衡量地区区域开放程度的重要指标，计算公式为地区向国际旅游者提供商品和各种服务所得外汇收入与 GDP 的比值。2012～2016 年，全国国际旅游收入占比的平均水平整体呈下降趋势，东北地区亦呈下降趋势；东北地区明显低于全国平均水平，且这种差距有扩大的趋势；辽宁省和黑龙江省呈下降趋势，吉林省呈上升趋势；就东北三省而言，辽宁省发展较好，吉林省次之，黑龙江省较弱。总体而言，东北地区国际旅游收入占比与全国平均水平的差距明显，具体如图 2 - 77 所示。

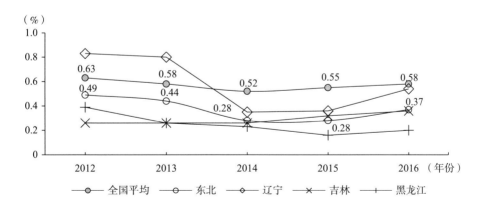

图 2 - 77　2012～2016 年国际旅游收入占比基本走势

注：①全国平均是指 31 个省市区的平均水平；②全国范围内（可采集到的数据），国际旅游收入占比最大值为 2012 年北京的 1.82%，最小值为 2014 年甘肃的 0.0091%。

2012~2016 年，东北三省国际旅游收入占比在全国 31 个省市区连续 5 年数据集（共155 个指标值）中相对位置分布情况如图 2－78 所示。可见，东北三省 5 年（共 15 个数据）国际旅游收入占比的百分比排位处于 50% 以下的有 11 个，其中有 2 个位于 25% 以下；此外，排位的最大值是 2012 年的辽宁省（74.6%），最小值是 2015 年的黑龙江省（21.4%）。

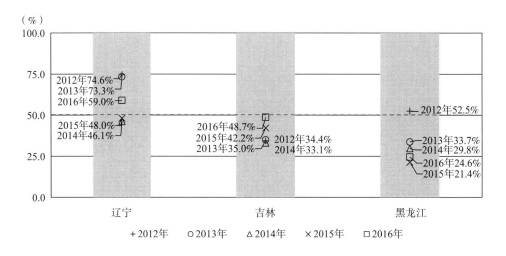

图 2－78　2012~2016 年东北三省国际旅游收入占比百分比排位

2012~2016 年，6 省份国际旅游收入占比由高到低依次为：广东、浙江、辽宁、江苏、吉林、黑龙江；东南三省普遍呈下降趋势；东北地区水平较高的辽宁省与东南三省中较高的江苏省差距较大；国际旅游收入占比增幅最小的是吉林省（8.99%），降幅最大的是江苏省（－13.91%），辽宁省和黑龙江省的降幅分别为－8.58% 和－12.17%；具体如表 2－109 所示。

表 2－109　2012~2016 年 6 省份国际旅游收入占比的原始值及单年排名

	辽宁	吉林	黑龙江	江苏	浙江	广东	全国平均
	值/序	值/序	值/序	值/序	值/序	值/序	值
2012	0.829/9	0.262/23	0.385/17	0.736/11	0.938/8	1.727/2	0.626
2013	0.795/9	0.264/20	0.260/21	0.249/22	0.889/8	1.622/1	0.576
2014	0.347/14	0.260/19	0.230/21	0.286/17	0.880/8	1.550/1	0.519
2015	0.356/15	0.321/18	0.163/24	0.313/19	0.986/8	1.530/1	0.549
2016	0.545/13	0.356/18	0.198/24	0.326/19	0.440/14	1.526/2	0.580
平均	0.574/12.0	0.292/19.6	0.247/21.4	0.382/17.6	0.826/9.2	1.591/1.4	0.570

2012~2016 年，四个区域国际旅游收入占比由高到低依次为：东部、西部、东北、

中部；其中，东部、中部和东北总体呈下降趋势，西部总体呈上升趋势；东北地区国际旅游收入占比与东部地区相比，差距较大，具体如表2-110所示。

表2-110 2012~2016年四大经济区国际旅游收入占比的平均值及排名

年份	东北		东部		西部		中部	
	平均值	年排名	平均值	年排名	平均值	年排名	平均值	年排名
2012	0.492	16.3	1.065	9.2	0.447	19.1	0.320	21.0
2013	0.440	16.7	0.931	10.2	0.452	18.3	0.302	20.7
2014	0.279	18.0	0.875	10.0	0.420	17.8	0.242	21.5
2015	0.280	19.0	0.891	10.5	0.468	17.5	0.273	20.7
2016	0.366	18.3	0.895	11.0	0.514	17.2	0.294	20.8
平均	0.371	17.7	0.931	10.2	0.460	18.0	0.286	20.9

2012~2016年，七个区域国际旅游收入占比由高到低依次为：华南、华东、华北、西南、东北、西北、华中；除西南地区呈上升趋势外，其余区域总体均呈下降态势，东北地区下降幅度最大；就七个区域而言，东北地区处于中下水平，与最优的华南地区相比，差距较大，具体如表2-111所示。

表2-111 2012~2016年七大地理区国际旅游收入占比的平均值及排名

年份	东北	华北	华东	华南	华中	西北	西南
	值/序	值/序	值/序	值/序	值/序	值/序	值/序
2012	0.49/16.3	0.74/14.8	0.95/10.0	1.04/8.7	0.24/23.3	0.26/23.6	0.63/15.2
2013	0.44/16.7	0.71/13.6	0.80/11.5	0.98/7.3	0.22/23.5	0.24/23.4	0.64/15.2
2014	0.28/18.0	0.62/15.0	0.78/10.5	0.88/7.7	0.19/23.0	0.21/23.2	0.60/14.6
2015	0.28/19.0	0.61/16.2	0.84/10.5	0.89/7.7	0.21/22.0	0.24/22.8	0.67/14.0
2016	0.37/18.3	0.67/15.6	0.80/11.3	0.96/7.7	0.23/22.5	0.27/22.8	0.72/13.6
平均	0.37/17.7	0.67/15.0	0.83/10.8	0.95/7.8	0.22/22.9	0.24/23.2	0.65/14.5

4. 主要结论

首先，总体而言，东北三省的区域开放指数低于全国平均水平，但差距相对不大。在反映区域开放的五个方面（贸易开放、投资开放、生产开放、市场开放、区位支撑），东北三省五个方面整体均落后于东南三省，尤其值得关注的是，东北三省的贸易开放、市场开放与东南三省差距明显，成为东北地区区域开放方面最显著的问题。

其次，动态来看，2012~2016年，东北地区的指数得分呈下降趋势，意味着绝对能力倒退，同时，东北地区的区域开放方面的相对排名小幅下降（年均下降0.3名），意味着全国范围内相对优势缓慢退失。

再次，分省来看，辽宁省的区域开放水平较高，吉林省次之，黑龙江省较弱。在全国各省相对排名的竞争中，辽宁省长期持平，吉林省总体持平，黑龙江省小幅下降。辽宁省在区域开放各分项指数上发展比较均衡，市场开放相对较好，区域支撑相对较弱，吉林省和黑龙江省关于各分项指数呈不均衡发展，吉林省投资开放较好，市场开放较薄弱，黑龙江省区位支撑相对较好，市场开放较弱。

最后，单项指标方面，东北三省仅"净出口贡献率""城市化水平"相对于全国平均水平有一定的优势；其他各项指标，尤其"货运活跃度""运网密度""国际旅游收入占比"的发展比较落后。

（四）产业发展评价报告

1. 产业发展指数总体分析

对产业发展的测度包括产业均衡、服务业发展、重化工调整、金融深化、现代农业 5 个方面，共 10 项关键指标，汇集中国 31 个省市区 2012～2016 年产业发展方面的指标信息，得到了连续 5 年的产业发展指数得分。在此基础上，形成多年连续排名和单年排名。其中，多年连续排名用于反映各省市区产业发展的绝对发展水平随时间动态变化的情况（31 个省市区 5 年共 155 个排位，最高排名为 1，最低排名为 155），单年排名用于反映各省市区在全国范围内某个单年的相对发展水平（31 个省市区每年 31 个排位，最高排名为 1，最低排名为 31）。具体而言，31 个省市区产业发展的总体情况如表 2－112 所示。

表 2－112　2012～2016 年 31 个省市区产业发展指数得分、连续及单年排名

省市区	2012 年			2013 年			2014 年			2015 年			2016 年		
	值	总	年	值	总	年	值	总	年	值	总	年	值	总	年
上海	75.7	11	1	76.3	9	1	77.6	8	1	78.8	4	2	83.4	1	1
北京	71.6	16	3	73.4	12	2	72.1	15	2	80.5	2	1	79.8	3	2
广东	62.4	42	7	67.5	28	6	66.2	34	6	70.0	20	4	78.6	5	3
天津	69.4	23	4	70.1	18	3	68.1	27	5	69.0	25	6	78.4	6	4
江苏	67.2	29	5	70.0	19	4	70.8	17	3	72.4	14	3	78.3	7	5
浙江	72.8	13	2	68.1	26	5	69.5	22	4	69.2	24	5	75.7	10	6
黑龙江	52.9	78	9	56.3	61	10	61.6	48	8	66.7	31	7	69.5	21	7
四川	52.4	79	10	54.4	69	13	57.8	55	10	62.9	38	9	66.9	30	8
福建	65.2	35	6	66.2	33	7	53.1	77	15	59.5	51	13	64.5	36	9

续表

省市区	2012 年			2013 年			2014 年			2015 年			2016 年		
	值	总	年	值	总	年	值	总	年	值	总	年	值	总	年
河北	50.5	86	12	50.5	87	17	53.3	75	14	58.3	54	14	62.8	40	10
辽宁	50.0	89	13	55.5	63	12	54.3	70	13	66.4	32	8	62.5	41	11
湖北	40.8	119	21	47.8	92	18	51.1	84	17	55.0	66	18	62.1	44	12
安徽	49.0	91	14	53.9	73	15	54.7	68	12	61.6	47	12	61.8	46	13
重庆	50.8	85	11	63.9	37	8	62.9	39	7	62.3	43	10	61.5	49	14
吉林	44.1	105	16	44.8	99	20	47.1	93	19	53.2	76	19	58.7	53	15
山西	42.3	113	18	42.3	112	24	42.7	109	22	52.2	80	20	57.4	56	16
河南	43.3	108	17	51.6	83	16	50.3	88	18	55.3	65	17	57.3	57	17
山东	57.1	59	8	60.0	50	9	58.8	52	9	61.9	45	11	57.1	58	18
江西	37.6	133	25	39.4	125	27	44.1	106	21	49.7	90	21	54.1	71	19
新疆	39.6	123	22	53.9	72	14	51.8	82	16	55.4	64	16	53.7	74	20
湖南	41.8	116	19	44.2	101	21	42.2	114	23	46.3	95	22	51.8	81	21
西藏	40.9	118	20	45.2	98	19	44.3	100	20	44.2	104	24	46.5	94	22
海南	45.7	97	15	55.6	62	11	54.8	67	11	57.0	60	15	45.8	96	23
青海	28.8	152	28	39.9	121	25	37.7	132	25	44.2	103	23	42.6	111	24
陕西	38.6	127	23	44.2	102	22	39.5	124	24	42.7	110	25	42.1	115	25
甘肃	21.8	155	31	35.3	140	28	35.0	142	27	40.5	120	26	41.0	117	26
内蒙古	37.9	131	24	39.7	122	26	36.0	139	26	33.9	143	31	39.3	126	27
云南	36.1	138	26	43.3	107	23	32.2	148	30	36.7	135	28	38.5	128	28
贵州	28.1	154	30	32.0	149	31	31.9	150	31	37.0	134	27	38.4	129	29
广西	28.3	153	29	33.2	145	29	32.7	147	29	36.5	136	29	38.0	130	30
宁夏	31.4	151	27	32.9	146	30	33.5	144	28	35.1	141	30	36.3	137	31
平均	47.6	94	16	52.0	79	16	51.2	83	16	55.3	69	16	57.6	64	16

注：①对于表中的字段名称，"值"表示各省市区对应年份的指数得分，"总"表示各省市区 2012 ~ 2016 年多年连续总排名，"年"表示各省市区 5 个单年的排名；②表中 31 个省市区按照 2016 年的指数得分由高到低（降序）排列。

东北地区的产业发展指数处于全国中等偏上的位置，但总体上还落后于东南三省的发展水平。2012 ~ 2016 年，6 省份产业发展平均指数由高到低依次为：江苏、浙江、广东、黑龙江、辽宁、吉林；6 省份整体呈上升趋势，辽宁、浙江和广东省呈波动上升趋势；东南三省水平较低的省份广东省平均得分也优于东北三省最优的黑龙江省；6 省份中，产业发展指数年均增幅最大的是吉林省（8.26%），最低的是浙江省（1.00%），辽宁省和黑龙江省的增幅分别为 6.27% 和 7.86%。就 2016 年而言，黑龙江省和辽宁省产业发展相对较好，在 31 个省市区中的单年排名分别为 7 和 11，吉林省相对较差，排名为 15，具体如表2 - 112 和表 2 - 113 所示。

表 2 - 113　2012 ~ 2016 年 6 省份产业发展指数的值及单年排名

年份	辽宁	吉林	黑龙江	江苏	浙江	广东	全国平均
	值/序	值/序	值/序	值/序	值/序	值/序	值
2012	49.96/13	44.13/16	52.89/9	67.22/5	72.82/2	62.41/7	47.55
2013	55.53/12	44.78/20	56.33/10	70.04/4	68.10/5	67.55/6	51.99
2014	54.34/13	47.06/19	61.55/8	70.83/3	69.48/4	66.16/6	51.21
2015	66.39/8	53.25/19	66.68/7	72.37/3	69.19/5	70.02/4	55.30
2016	62.49/11	58.70/15	69.53/7	78.28/5	75.74/6	78.64/3	57.57
平均	57.74/11.4	49.58/17.8	61.40/8.2	71.75/4.0	71.06/4.4	68.96/5.2	52.72

2012 ~ 2016 年，全国产业发展呈波动上升趋势，东北地区亦呈稳步上升趋势，且高于全国平均水平；黑龙江省和吉林省均呈稳步上升趋势，辽宁省呈波动上升趋势；相对而言，黑龙江省较好，辽宁省次之，吉林省较弱，具体如图 2 - 79 所示。

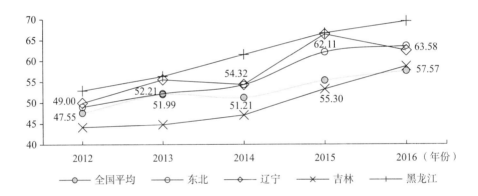

图 2 - 79　2012 ~ 2016 年产业发展指数基本走势

注：①全国平均是指 31 个省市区的平均水平；②全国范围内（可采集到的数据），产业发展指数最大值为 2016 年上海的 83.43，最小值为 2012 年甘肃的 21.76。

2012 ~ 2016 年，东北三省产业发展指数在全国 31 个省市区连续 5 年数据集（共 155 个指标值）中相对位置分布情况如图 2 - 80 所示。可见，东北三省 5 年（共 15 个数据）产业发展总指数的百分比排位处于 50% 以下的数量有 4 个；排位的最大值是 2016 年的黑龙江省（87.0%），最小值是 2012 年的吉林省（32.4%）。

2. 全国视角下东北地区产业发展进展分析

2012 ~ 2016 年，四个区域产业发展总指数由高到低依次为：东部、东北、中部、西部；四个区域普遍呈上升趋势，其中中部地区上升幅度最大，东部地区上升幅度最小；东北地区产业发展指数与东部地区相比，存在一定差距，具体如表 2 - 114 所示。

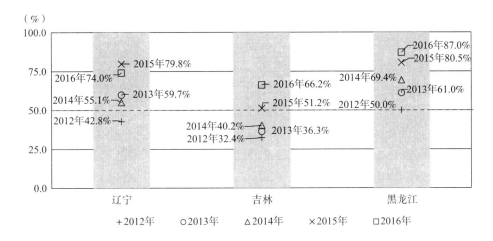

图2-80 2012~2016年产业发展指数百分比排位

表2-114 2012~2016年四大经济区产业发展平均值及排名

年份	东北		东部		西部		中部	
	平均值	年排名	平均值	年排名	平均值	年排名	平均值	年排名
2012	49	12.7	63.76	6.3	36.23	23.4	42.46	19.0
2013	52.21	14.0	65.78	6.5	43.16	22.3	46.54	20.2
2014	54.32	13.3	64.42	7.0	41.27	22.8	47.51	18.8
2015	62.11	11.3	67.65	7.4	44.28	23.2	53.36	18.3
2016	63.58	11.0	70.45	8.1	45.4	23.7	57.42	16.3
平均	56.24	12.5	66.41	7.1	42.07	23.1	49.46	18.5

注：为确保区分度，对于具有平均意义的排名（序），本书保留一位小数，以下各表同。

2012~2016年，七个区域产业发展由高到低依次为：华东、华北、东北、华南、华中、西南、西北；七个区域整体呈上升趋势，其中华中地区的增幅最大；就七个区域而言，东北地区排名靠前，但与最优的华东地区相比，存在较大差距，具体如表2-115所示。

表2-115 2012~2016年七大地理区产业发展指数的平均值及排名

年份	东北	华北	华东	华南	华中	西北	西南
	值/序	值/序	值/序	值/序	值/序	值/序	值/序
2012	49.00/12.7	54.34/12.2	64.50/6.0	45.49/17.0	40.85/20.5	32.03/26.2	41.68/19.4
2013	52.21/14.0	55.21/14.4	65.76/6.8	52.11/15.3	45.75/20.5	41.25/23.8	47.75/18.8
2014	54.32/13.3	54.44/13.8	64.08/7.3	51.23/15.3	46.91/19.8	39.49/24.0	45.80/19.6
2015	62.11/11.3	58.77/14.4	67.22/7.7	54.50/16.0	51.60/19.5	43.57/24.0	48.63/19.6
2016	63.58/11.0	63.52/11.8	70.15/8.7	54.16/18.7	56.34/17.3	43.13/25.2	50.36/20.2
平均	56.24/12.5	57.26/13.3	66.34/7.3	51.50/16.5	48.29/19.5	39.89/24.6	46.84/19.5

为便于直观分析，将指数信息按空间分类、时间排列、优劣序化等方式整理后，形成多年连续排名及单年排名的可视化集成图（见图2-81~图2-83），结合表2-112的信息，以全国四大经济区为划分标准，对东北三省的产业发展方面的进程评价如下：

第一，东北地区产业发展水平高于全国平均水平，但低于东部地区。从反映西部、中部、东北、东部4大区域的平均得分曲线的变化情况可以看出，东部地区发展相对成熟，基础夯实（2012年为63.8），但与其他地区的差距在缩小（2016年为70.5）。其余三个地区平均水平都较低，但上升势头都较猛，5年的发展并没有改变三个地区的相对水平。其中，西部地区的基础最差（2012年为36.2），尽管经过5年的快速发展，但指数得分仍然没有超过50；中部地区在波动中有所提升，指数得分在2015年成功超过50；以2012年为基点（得分49.0），东北地区拥有优于全国平均水平的起步条件，并将这种优势保持到了2016年（得分63.6）。

第二，东北地区产业发展连续排名提升明显，高于西部和东部地区。四个区域中上升最快的为中部地区，连续排名年均提高54.1名。中部地区上升最快的是湖北省（从2012年的119名发展至2016年的44名），上升最慢的是湖南省（由2012年的116名发展至2016年的81名）。西部地区上升最快的是新疆维吾尔自治区（从2012年的123名发展至2016年的74名）和四川省（从2012年的79名发展至2016年的30名），上升最慢的是内蒙古自治区（由2012年的131名发展至2016年的126名）。东部地区各省份排名均相对稳定，河北省的排名升幅较大（由2012年的86名发展至2016年的40名），其次是广东省（由2012年的42名发展至2016年的5名）。东北地区连续排名的上升速度高于东部和西部地区，但低于中部地区。在东北三省中，黑龙江省上升最快，从2012年的78名稳步发展至2016年的21名，辽宁省与吉林省的升幅尚可，均有年均40名以上的升幅。

第三，东北三省在产业发展上出现分化。2012~2016年，在相对位次的排名竞争中，只有东部地区总体呈下降趋势。在东部地区的10个省域中，单年排名不变的有3个（占30.00%），排名退后的有3个（占30.00%），排名提升的有4个（占40.00%），其中广东省相对排名提升4名，山东省退后10名，分别为东部地区上升与下降最快的省区。上升最快的是中部地区，在中部地区6个省域中，单年排名提升的有4个（占66.67%），其中湖南省相对排名退后2名，河南省相对排名持平。

在西部地区12个省域中，单年排名提升的有5个（占41.66%），排名退后的有7个（占58.34%），其中甘肃省相对排名提升5名，宁夏回族自治区和内蒙古自治区下降4名，分别为西部地区上升与下降最快的省区。东北地区的3个省域均呈上升趋势，黑龙江省由9名提升至7名，吉林省由16名提升至15名，辽宁省由13名提升至11名。

3. 产业发展分项指数分析

2012~2016年，东北三省现代农业的平均水平超过了全国平均水平和东南三省平均水平，表现出较强的竞争力；产业均衡的平均水平超过了全国平均水平，但低于东南三省的平均水平；服务业发展、重化工调整和金融深化的平均水平低于东南三省和全国平均水

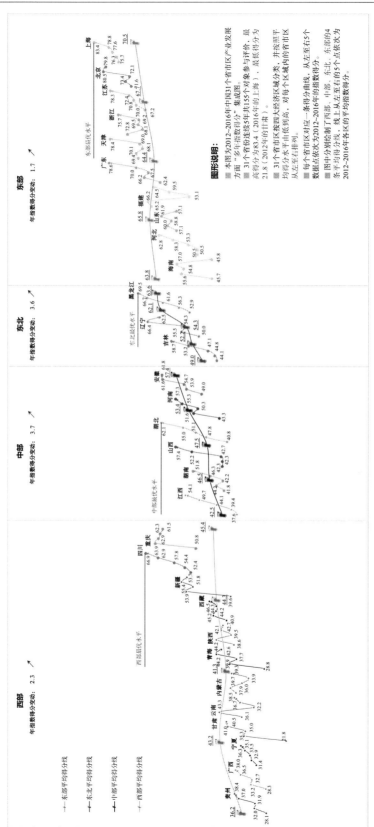

图 2－81　2012～2016 年 31 个省市区产业发展指数得分变动情况

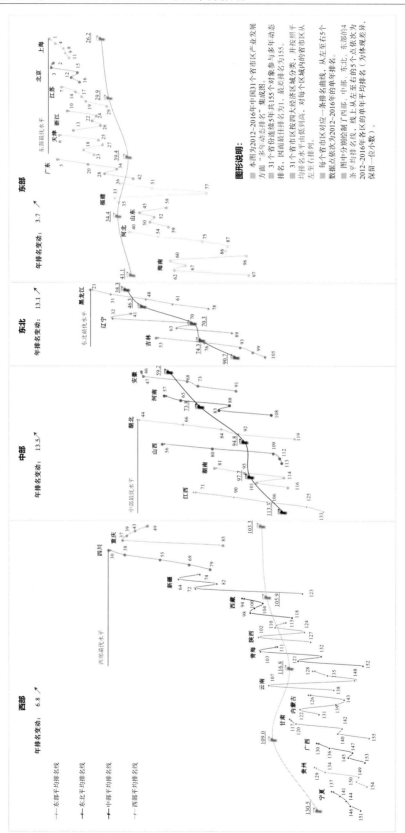

图 2-82 2012~2016 年 31 个省市区产业发展多年连续排名变动情况

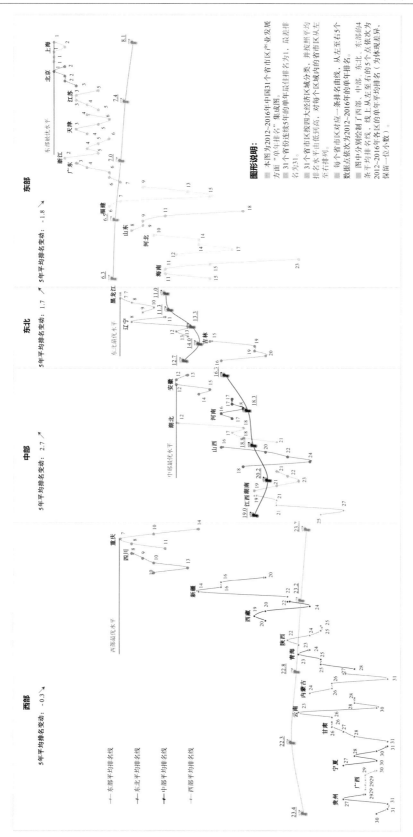

图 2－83　2012～2016 年 31 个省市区产业发展单年排名变动情况

平，表现较弱。东南三省的平均得分雷达图基本包围东北三省平均得分雷达图和全国平均得分雷达图，只在现代农业上略低于东北三省。东北三省在 5 个分项指数的发展上非常不平衡，其中黑龙江省最为突出，现代农业得分达到 89.65，金融深化的得分仅为 30.46。就东北三省而言，辽宁省的重化工调整和金融深化相对较好，且超过全国平均水平；黑龙江省的服务业发展和现代农业相对较好，且现代农业超越全国平均水平；吉林省产业均衡相对较好，其他指数均较弱。总体来看，东北三省在现代农业上具有一定优势，在服务业发展和金融深化上和东南三省的差距较大，具体如表 2 – 116 和图 2 – 84 所示。

表 2 – 116　2012～2016 年 6 省份产业发展方面分项指数平均得分

省份	产业均衡	服务业发展	重化工调整	金融深化	现代农业
辽宁	65.07	43.60	38.54	61.04	80.47
吉林	42.96	27.43	73.58	28.18	75.76
黑龙江	74.65	44.46	67.79	30.46	89.65
江苏	85.99	62.40	53.24	71.93	85.18
浙江	91.31	60.45	65.30	80.96	57.31
广东	74.39	61.48	81.18	81.64	46.10
东北三省平均	60.89	38.50	59.97	39.89	81.96
东南三省平均	83.90	61.44	66.57	78.18	62.86
各省平均	54.81	51.15	52.37	53.08	52.20
各省最高	98.75	74.26	82.59	93.53	89.65
各省最低	11.69	27.43	13.28	24.72	10.28

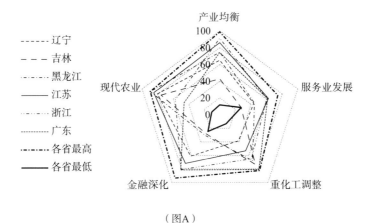

（图A）

图 2 – 84　2012～2016 年 6 省份产业发展方面分项指数平均得分雷达图

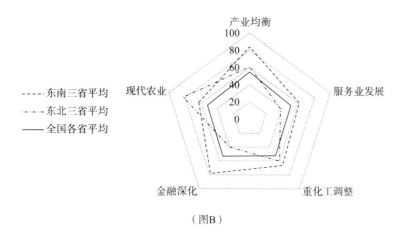

（图B）

图 2 - 84 2012～2016 年 6 省份产业发展方面分项指数平均得分雷达图（续）

2012～2016 年，产业发展下 5 个分项指数的全国年平均值中，产业均衡、金融深化和现代农业呈上升趋势，服务业发展和重化工调整有所波动；东南三省在各分项上均排名靠前，因此在产业发展排名上居于全国前六。在东北三省，5 个分项指数均有所波动，具体如表 2 - 117 所示。

表 2 - 117 2012～2016 年 6 省份产业发展方面分项指数

分项指数	年份	辽宁	吉林	黑龙江	江苏	浙江	广东	全国平均
		值/序	值/序	值/序	值/序	值/序	值/序	值
产业均衡	2012	55.56/13	25.71/23	61.58/12	85.26/5	91.26/3	73.07/7	49.10
	2013	65.09/13 ▲	35.83/22 ▲	68.26/11 ▲	84.88/5 ▽	91.13/4 ▽	73.44/8 ▲	52.84 ▲
	2014	64.64/13 ▽	41.65/20 ▲	74.94/9 ▲	85.54/5 ▲	90.91/4 ▽	75.10/8 ▲	54.44 ▲
	2015	67.14/13 ▲	48.8/19 ▲	80.15/8 ▲	87.25/5 ▲	90.97/4 ▲	74.96/11 ▽	57.18 ▲
	2016	72.91/13 ▲	62.83/17 ▲	88.31/5 ▲	87.02/6 ▽	92.28/4 ▲	75.38/11 ▲	60.50 ▲
服务业发展	2012	39.36/19	19.53/31	34.04/22	52.99/12	56.34/9	53.06/11	44.79
	2013	49.63/19 ▲	26.93/29 ▲	35.18/27 ▲	68.31/8 ▲	68.76/7 ▲	69.16/6 ▲	54.21 ▲
	2014	38.42/23 ▽	16.21/31 ▽	47.57/15 ▲	63.07/3 ▽	54.77/9 ▽	55.84/7 ▽	46.33 ▽
	2015	56.03/16 ▲	26.48/31 ▲	52.91/21 ▲	60.38/9 ▽	59.13/11 ▲	60.11/10 ▲	54.53 ▲
	2016	34.56/30 ▽	48.01/24 ▲	52.57/19 ▽	67.25/7 ▲	63.24/8 ▲	69.22/5 ▲	55.90 ▲
重化工调整	2012	25.28/27	85.56/2	66.19/8	52.52/15	80.45/5	77.75/6	50.65
	2013	27.93/28 ▲	65.12/9 ▽	68.76/7 ▲	48.36/18 ▽	42.99/21 ▽	80.13/4 ▲	52.74 ▲
	2014	29.40/26 ▲	71.23/5 ▲	68.88/7 ▲	50.48/16 ▲	63.36/11 ▲	79.59/3 ▽	50.06 ▽
	2015	55.60/15 ▲	73.39/8 ▲	74.22/6 ▲	54.69/17 ▲	58.55/13 ▽	82.18/3 ▲	54.56 ▲
	2016	54.49/15 ▽	72.62/8 ▽	60.86/12 ▽	60.14/13 ▲	81.13/3 ▲	86.24/1 ▲	53.82 ▽

分项指数	年份	辽宁	吉林	黑龙江	江苏	浙江	广东	全国平均
		值/序	值/序	值/序	值/序	值/序	值/序	值
金融深化	2012	51.51/14	16.01/30	29.77/24	65.74/8	82.33/2	69.20/5	47.32
	2013	55.14/11▲	19.81/31▲	27.11/29▽	67.02/6▲	81.08/3▽	73.12/4▲	50.81▲
	2014	58.32/9▲	27.43/29▲	24.76/30▽	70.97/5▲	81.12/3▲	74.67/4▲	52.36▲
	2015	70.62/6▲	36.82/27▲	33.90/30▲	71.13/5▲	79.60/4▽	84.11/3▲	55.38▲
	2016	69.62/9▽	40.85/27▲	36.74/30▲	84.79/4▲	80.68/5▲	107.09/1▽	59.54▲
现代农业	2012	78.11/2	73.83/3	72.88/5	79.57/1	53.72/12	39.00/18	45.88
	2013	79.88/3▲	76.19/6▲	82.34/1▲	81.62/2▲	56.54/12▲	41.90/20▲	49.34▲
	2014	80.93/3▲	78.78/7▲	91.62/1▲	84.08/2▲	57.24/12▲	45.57/21▲	52.84▲
	2015	82.57/4▲	80.76/6▲	92.22/1▲	88.39/2▲	57.69/12▲	48.75/19▲	54.87▲
	2016	80.89/4▽	69.22/10▽	109.18/1▽	92.21/2▲	61.35/13▲	55.26/17▲	58.08▲

注：表中符号"▲"表示本年的数据相对于前一年是增长的，符号"▽"表示本年的数据相对于前一年是减少的。

进一步统计升降符（▲或▽）的数量，对不同地区的发展态势及稳定性进行分析和对比可知，2012~2016年，全国5个分项指数▲的数量均超过半数，表现出较稳定的上升趋势；除服务业发展外，东北地区4个分项指数▲的总数多于东南三省的总数，东南地区总体发展的稳定性高于东北三省；东北三省▲的总数量为45个，占东北三省升降符总数的75.0%，东南三省▲的总数量为44个，占73.3%，两个地区的发展均具有较高稳定性。

2012~2016年，黑龙江省▲的数量为15个，占75.0%，辽宁省▲的数量14个，占70.0%，吉林省▲的数量为16个，占80.0%，江苏省▲的数量均为15个，占75.0%，浙江省▲的数量为13个，占21.6%，广东省▲的数量为16个，占26.6%，东北三省最优的吉林省上升态势与东南三省中上升最快的广东省持平；就东北三省而言，吉林省发展的稳定性相对较好，辽宁省和黑龙江省也不错。2012~2016年，就东北三省而言，产业均衡发展态势较好的是吉林省和黑龙江省，服务业发展态势较好的是黑龙江省和吉林省，重化工调整发展态势较好的是辽宁省和黑龙江省，金融深化发展态势较好的是吉林省，三省的现代农业发展态势均比较好。

（1）产业均衡

产业均衡主要用产业分布泰尔指数来予以衡量。产业分布泰尔指数是衡量一个地区产业结构失衡的核心指标，是一个逆向指标，指标值越大意味着地区产业结构越不合理。2012~2016年，全国和东北地区的产业分布泰尔指数均呈下降趋势；由于黑龙江省2012~2013年的数据缺失，考虑到黑龙江省2014~2016年的较低取值和数据延续性，东北地的产业分布泰尔指数总体上应该略低于全国平均水平；吉林省、辽宁省产业分布泰尔指数均呈下降趋势，且吉林省的下降趋势比辽宁省更加明显；相对而言，黑龙江省较好，辽宁省次之，吉林省较弱。总体而言，东北三省的产业分布泰尔指数略低于全国平均水平，呈下降的发展趋势，如图2-85所示。

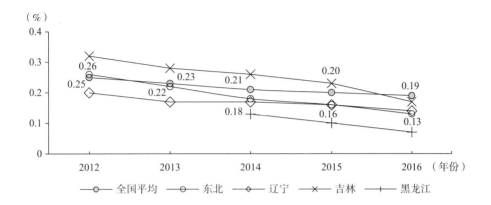

图2-85　2012~2016年产业分布泰尔指数基本走势

注：①全国平均是指31个省市区的平均水平；②全国范围内（黑龙江省2012~2013年的数据缺失），产业分布泰尔指数最大值为2012年贵州的0.59%，最小值为2014年上海的0.018%。

2012~2016年，东北三省产业分布泰尔指数在全国31个省市区连续5年数据集（共153个指标值）中相对位置分布情况如图2-86所示。可见，东北三省5年（共13个数据）产业分布泰尔指数的百分比排位处于50%以下的有5个，其中25%以下的有1个；排位的最大值是2012年的吉林省（23.7%），最小值是2016年的黑龙江省（86.5%）。

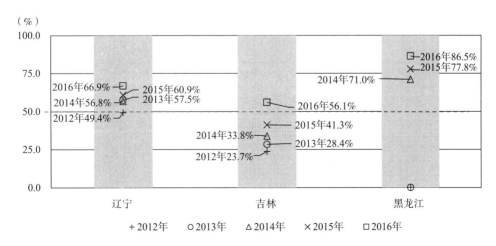

图2-86　2012~2016年东北三省产业分布泰尔指数百分比排位

2012~2016年，6省份产业分布泰尔指数由低到高依次为：浙江、江苏、黑龙江、广东、辽宁、吉林；江苏省、广东省、浙江省产业分布泰尔指数均呈下降趋势，东南三省明显优于东北三省；东南三省中产业分布泰尔指数相对较低的浙江省优于东北地区较低的黑龙江省；产业分布泰尔指数降幅最大的是黑龙江省（-23.13%），降幅最小的是浙江省（-2.03%），辽宁省和吉林省的降幅分别为 -8.23% 和 -11.56%，具体如表 2-118 所示。

表 2-118　2012~2016 年 6 省份产业分布泰尔指数的原始值及单年排名

年份	辽宁	吉林	黑龙江	江苏	浙江	广东	全国平均
	值/序	值/序	值/序	值/序	值/序	值/序	值
2012	0.200/12	0.320/21	—	0.080/5	0.060/3	0.130/7	0.250
2013	0.170/12	0.280/21	—	0.080/5	0.060/4	0.130/8	0.230
2014	0.170/13	0.260/20	0.130/9	0.080/5	0.060/4	0.130/8	0.210
2015	0.160/13	0.230/19	0.100/8	0.070/5	0.060/4	0.130/11	0.200
2016	0.140/13	0.170/17	0.070/5	0.070/6	0.050/4	0.130/11	0.190
平均	0.170/12.6	0.250/19.6	0.100/7.3	0.080/5.2	0.060/3.8	0.130/9.0	0.220

2012~2016 年，四个区域产业分布泰尔指数由低到高依次为：东部、东北、中部、西部；四个区域产业分布泰尔指数均呈下降趋势，其中东北地区降幅最大，东部地区降幅最小；东北地区产业分布泰尔指数与东部地区相比，差距较大，具体如表 2-119 所示。

表 2-119　2012~2016 年四大经济区产业分布泰尔指数的平均值及排名

年份	东北		东部		西部		中部	
	平均值	年排名	平均值	年排名	平均值	年排名	平均值	年排名
2012	0.260	16.5	0.090	5.6	0.390	23.3	0.240	15.0
2013	0.220	16.5	0.090	5.6	0.360	23.0	0.220	15.5
2014	0.180	14.0	0.080	5.8	0.340	24.0	0.210	16.8
2015	0.160	13.3	0.080	6.1	0.320	24.0	0.200	16.7
2016	0.130	11.7	0.080	6.8	0.310	24.9	0.170	15.5
平均	0.180	14.1	0.090	6.0	0.340	23.9	0.210	15.9

2012~2016 年，七个区域产业分布泰尔指数由低到高依次为：华东、华北、东北、华南、华中、西南、西北；七个区域普遍呈下降趋势，其中东北地区降幅最大，华东地区降幅最小；就七个区域而言，东北地区排名居中，与表现最优的华东地区相比，差距较

大，具体如表 2-120 所示。

表 2-120　2012~2016 年七大地理区产业分布泰尔指数的平均值及排名

年份	东北	华北	华东	华南	华中	西北	西南
	值/序	值/序	值/序	值/序	值/序	值/序	值/序
2012	0.260/16.5	0.200/11.8	0.110/6.5	0.210/13.3	0.230/14.5	0.410/24.5	0.370/21.6
2013	0.220/16.5	0.180/11.8	0.100/6.8	0.190/13.0	0.210/14.8	0.370/23.8	0.350/21.8
2014	0.180/14.0	0.170/12.6	0.100/7.0	0.190/13.3	0.210/16.3	0.360/25.3	0.320/22.4
2015	0.160/13.3	0.170/12.6	0.090/7.0	0.180/14.3	0.190/16.0	0.320/25.0	0.300/22.6
2016	0.130/11.7	0.140/10.6	0.090/7.8	0.180/14.7	0.190/17.3	0.330/27.2	0.270/22.2
平均	0.180/14.1	0.170/11.9	0.100/7.0	0.190/13.7	0.210/15.8	0.360/25.2	0.320/22.1

（2）服务业发展

1）服务业增加值比重（单位:%）。服务业增加值比重反映了一个地区的服务业发展程度，是衡量经济发展和现代化水平的必要指标，计算公式为地区服务业增加值与 GDP 的比值。2012~2016 年，全国服务业增加值比重呈稳步上升趋势，东北地区亦呈上升趋势；东北地区服务业增加值比重明显低于全国平均水平，但差距逐步变小且开始反超；东北三省服务业增加值比重均呈上升趋势，其中，黑龙江省、辽宁省的上升趋势比吉林省更明显；相对而言，黑龙江省较好，辽宁省次之，吉林省相对较弱。总体而言，东北地区的服务业增加值比重低于全国平均水平，呈平稳上升的发展趋势，具体如图 2-87 所示。

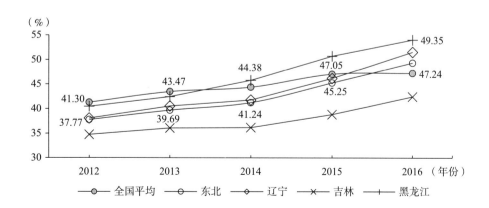

图 2-87　2012~2016 年服务业增加值比重基本走势

注：①全国平均是指 31 个省市区的平均水平；②全国范围内（可采集到的数据），服务业增加值比重最大值为 2016 年北京的 80.23%，最小值为 2016 年海南的 5.42%。

2012~2016 年，东北三省服务业增加值比重在全国 31 个省市区连续 5 年数据集（共

155 个指标值）中相对位置分布情况如图 2 - 88 所示。可见，东北三省 5 年（共 15 个数据）服务业增加值比重的百分比排位处于 50% 以下的有 10 个，其中，有 5 个处于 25% 以下；排位的最大值是 2016 年的黑龙江省（92.2%），最小值是 2012 年的吉林省（5.1%）。

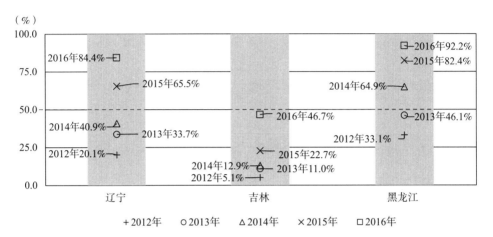

图 2 - 88　2012 ~ 2016 年东北三省服务业增加值比重百分比排位

2012 ~ 2016 年，6 省份服务业增加值比重由高到低依次为：广东、浙江、江苏、黑龙江、辽宁、吉林；东南三省服务业增加值比重整体呈上升趋势，且相对于东北三省而言，水平较高；东南三省中水平较低的江苏省优于东北地区水平较高的黑龙江省；2016 年，黑龙江省的服务业增加值比重要高于东南三省；服务业增加值比重增幅最大的是辽宁省（8.85%），最小的是广东省（2.98%），吉林省和黑龙江省的增幅分别为 5.53% 和 8.39%，具体如表 2 - 121 所示。

表 2 - 121　2012 ~ 2016 年 6 省份服务业增加值比重的原始值及单年排名

年份	辽宁	吉林	黑龙江	江苏	浙江	广东	全国平均
	值/序	值/序	值/序	值/序	值/序	值/序	值
2012	38.070/19	34.760/25	40.470/12	43.500/9	45.240/8	46.470/7	41.300
2013	40.540/19	36.080/27	42.440/14	45.520/10	47.540/7	48.830/5	43.470
2014	41.770/18	36.170/30	45.770/10	47.010/8	47.850/7	48.990/6	44.380
2015	46.190/13	38.830/30	50.730/7	48.610/11	49.760/9	50.610/8	47.050
2016	51.550/8	42.450/24	54.040/5	50.000/11	50.990/10	52.010/7	47.240
平均	43.620/15.4	37.660/27.2	46.690/9.6	46.930/9.8	48.270/8.2	49.380/6.6	44.690

2012 ~ 2016 年，四个区域服务业增加值比重由高到低依次为：东部、西部、东北、中部；四个区域服务业增加值比重均呈现稳步增长的趋势，其中中部地区增幅最大；东北

地区服务业增加值与东部地区相比，差距较大，具体如表 2 – 122 所示。

表 2 – 122　2012～2016 年四大经济区服务业增加值比重的原始值及排名

年份	东北		东部		西部		中部	
	平均值	年排名	平均值	年排名	平均值	年排名	平均值	年排名
2012	37.770	18.7	48.060	9.2	39.450	17.1	35.480	23.8
2013	39.690	20.0	50.050	9.6	41.640	16.4	38.060	23.8
2014	41.240	19.3	50.840	9.3	42.200	17.6	39.570	22.3
2015	45.250	16.7	52.890	10.4	44.580	17.8	43.140	21.3
2016	49.350	12.3	49.600	13.0	45.820	17.3	45.090	20.3
平均	42.660	17.4	50.280	10.3	42.740	17.2	40.270	22.3

2012～2016 年，七个区域服务业增加值比重由高到低依次为：华北、华东、西南、华南、东北、西北、华中；七个区域普遍呈现稳步增长的趋势，其中，华南地区略有下降，东北地区增幅最大；就七个区域而言，东北地区排名靠后，与表现最佳的华北地区相比，差距较大，具体如表 2 – 123 所示。

表 2 – 123　2012～2016 年七大地理区服务业增加值比重的原始值及排名

年份	东北	华北	华东	华南	华中	西北	西南
	值/序	值/序	值/序	值/序	值/序	值/序	值/序
2012	37.770/18.7	46.570/14.0	43.520/13.2	42.930/12.0	35.370/23.8	37.160/19.8	43.360/12.2
2013	39.690/20.0	48.160/14.2	45.350/14.3	46.040/10.3	38.070/24.0	39.800/19.0	45.250/11.4
2014	41.240/19.3	49.760/13.0	46.360/13.8	46.240/11.3	39.390/22.8	40.460/20.6	45.350/12.4
2015	45.250/16.7	53.130/12.8	48.680/14.5	47.560/14.3	41.640/23.5	44.100/18.4	47.040/13.2
2016	49.350/12.3	55.490/11.4	50.230/14.8	32.330/22.7	43.520/22.3	45.420/18.4	47.880/12.8
平均	42.660/17.4	50.620/13.1	46.830/14.1	43.020/14.1	39.600/23.3	41.390/19.2	45.780/12.4

2）服务业增长率（单位:%）。服务业增长率反映了一个地区第三产业增加值的变动情况，是衡量该地区服务业发展的必要指标，计算公式为本年与上年第三产业增加值的差值与上年第三产业增加值的比值。2012～2016 年，全国平均和东北地区服务业增长率均呈波动下降趋势；东北地区服务业增长率低于全国平均水平；黑龙江省服务业增长率整体呈波动下降趋势，2014 年小幅上升；吉林省呈波动下降趋势，在 2013 年和 2015 年小幅上升；辽宁省整体呈波动下降趋势，在 2016 年出现大幅下降；就东北三省而言，吉林省较好，黑龙江省次之，辽宁省较弱。总体而言，东北三省的服务业增长率与全国平均水平差距较小，均呈波动下降的趋势，具体如图 2 – 89 所示。

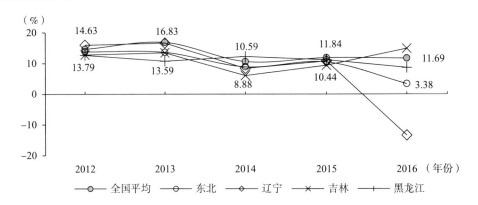

图 2-89 2012~2016 年服务业增长率基本走势

注：①全国平均是指 31 个省市区的平均水平；②全国范围内（可采集到的数据），服务业增长率最大值为 2013 年重庆的 32.79%，最小值为 2016 年辽宁的 -13.40%。

　　2012~2016 年，东北三省服务业增长率在全国 31 个省市区连续 5 年数据集（共 155 个指标值）中相对位置分布情况如图 2-90 所示。可见，东北三省 5 年（共 15 个数据）服务业增长率的百分比排位位于 50% 以下的有 9 个，其中有 6 个位于 25% 以下；排位的最大值是 2013 年的辽宁省（85.7%），最小值是 2016 年的辽宁省（0.0%）。

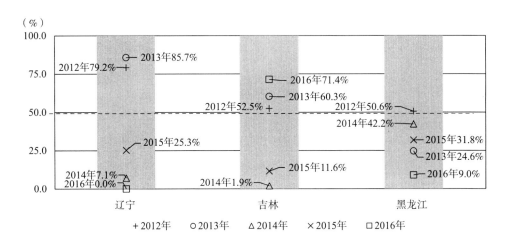

图 2-90 2012~2016 年东北三省服务业增长率百分比排位

　　2012~2016 年，6 省份服务业增长率由高到低依次为：江苏、广东、吉林、浙江、黑龙江、辽宁；辽宁省和黑龙江省服务业增长率均呈波动下降趋势，吉林省服务业增长率均呈波动上升趋势；服务业增长率降幅最大的是辽宁省（-46.02%），并且呈明显下降趋势，增幅最大的是广东省（10.08%），吉林省的增幅为 4.08%，黑龙江省的降幅为 -7.88%，具体如表 2-124 所示。

表 2 – 124　2012～2016 年 6 省份服务业增长率的原始值及单年排名

年份	辽宁	吉林	黑龙江	江苏	浙江	广东	全国平均
	值/序	值/序	值/序	值/序	值/序	值/序	值
2012	15.950/9	12.780/23	12.650/24	12.840/22	10.580/28	10.050/30	14.630
2013	16.630/11	13.430/23	10.720/30	15.650/18	14.460/21	15.020/20	16.830
2014	8.370/24	6.050/31	12.220/11	12.510/7	7.090/28	8.920/23	10.590
2015	10.760/21	9.390/27	11.160/16	11.390/15	11.040/17	10.930/19	11.840
2016	– 13.410/31	14.870/6	8.660/28	13.510/12	12.880/13	14.100/9	11.690
平均	7.660/19.2	11.300/22.0	11.080/21.8	13.180/14.8	11.210/21.4	11.800/20.2	13.110

2012～2016 年，四大区域服务业增长率由高到低依次为：中部、西部、东部、东北；四大区域服务业增长率普遍呈波动下降趋势，东部地区略有上升，其中东北地区降幅最大；东北地区服务业增长率与中部地区差距较大，具体如表 2 – 125 所示。

表 2 – 125　2012～2016 年四大经济区服务业增长率平均值及排名

年份	东北		东部		西部		中部	
	平均值	年排名	平均值	年排名	平均值	年排名	平均值	年排名
2012	13.790	18.7	12.440	22.0	16.610	10.6	14.710	15.5
2013	13.590	21.3	14.600	20.7	18.960	12.3	17.910	12.8
2014	8.880	22.0	9.760	19.4	10.980	15.3	12.050	8.7
2015	10.440	21.3	10.740	19.8	11.670	16.1	14.680	6.8
2016	3.380	21.7	13.380	12.5	11.300	20.0	13.800	11.0
平均	10.020	21.0	12.180	18.9	13.900	14.9	14.630	11.0

2012～2016 年，七大区域服务业增长率由高到低依次为：西南、华中、西北、华南、华东、华北、东北；七大区域服务业增长率普遍呈波动下降趋势，华中地区略有上升，其中东北地区的降幅最大；就七大区域而言，东北地区排名靠后，与最优的西南地区相比，差距较大，具体如表 2 – 126 所示。

表 2 – 126　2012～2016 年七大地理区服务业增长率平均值及排名

年份	东北	华北	华东	华南	华中	西北	西南
	值/序	值/序	值/序	值/序	值/序	值/序	值/序
2012	13.790/18.7	13.550/18.6	12.270/23.3	14.020/16.3	14.230/17.3	16.110/11.2	18.220/6.6
2013	13.590/21.3	12.240/26.0	14.670/19.3	18.460/11.0	19.320/10.8	19.920/10.6	19.910/11.4
2014	8.880/22.0	9.230/20.6	10.650/15.8	9.550/20.7	13.280/3.5	10.300/18.0	11.650/13.2

续表

年份	东北	华北	华东	华南	华中	西北	西南
	值/序	值/序	值/序	值/序	值/序	值/序	值/序
2015	10.440/21.3	10.490/21.2	12.370/13.3	9.810/24.7	12.980/9.0	11.800/17.6	13.700/9.6
2016	3.380/21.7	11.440/18.8	14.010/10.3	12.250/16.7	14.940/8.3	9.650/23.8	13.220/14.6
平均	10.020/21.0	11.390/21.0	12.790/16.4	12.820/17.9	14.950/9.8	13.560/16.2	15.340/11.1

　　3）金融业增加值比重（单位:%）。金融业增加值比重反映了金融业的相对规模，是衡量金融业在国民经济中的地位和金融业发育程度的重要指标，尤其代表了生产性服务业的发展水平，计算公式为地区金融业增加值与 GDP 的比值。2012～2016 年，全国金融业增加值比重呈平稳上升趋势，东北地区亦呈上升趋势，但低于全国平均水平；东北三省金融业增加值比重均呈上升趋势，2012～2014 年，东北三省上升趋势大致相同，2015～2016 年，辽宁省的上升趋势比吉林省、黑龙江省更加显著；相对而言，辽宁省较好，黑龙江省次之，吉林省较弱；2016 年，辽宁省的金融业增加值比重赶超全国平均水平。总体而言，东北三省的金融业增加值比重明显低于全国平均水平，呈平稳上升的发展趋势，具体如图 2-91 所示。

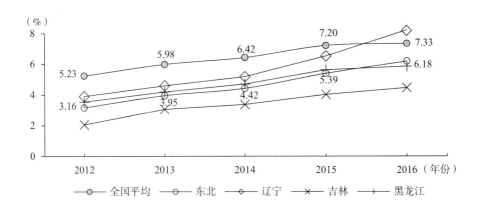

图 2-91　2012～2016 年金融业增加值比重基本走势

注：①全国平均是指 31 个省市区的平均水平；②全国范围内（可采集到的数据），金融业增加值比重最大值为 2015 年北京的 17.06%，最小值为 2016 年海南的 0.69%。

　　2012～2016 年，东北三省金融业增加值比重在全国 31 个省市区连续 5 年数据集（共 155 个指标值）中相对位置分布情况如图 2-92 所示。可见，东北三省 5 年（共 15 个数据）金融业增加值比重的百分比排位处于 50% 以下的有 12 个，其中有 9 个处于 25% 以下；排位的最大值是 2016 年的辽宁省（83.1%），最小值是 2012 年的吉林省（0.6%），吉林省也成为 5 年间金融增加值比重最低的省份。

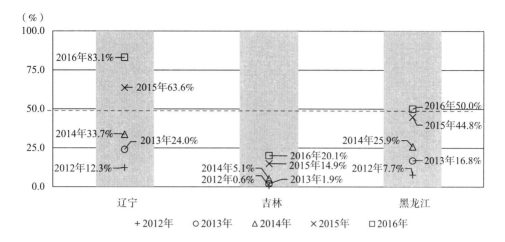

图2－92　2012～2016年东北三省金融业增加值比重百分比排位

2012～2016年，6省份金融业增加值比重由高到低依次为：浙江、江苏、广东、辽宁、黑龙江、吉林；广东省、江苏省的金融业增加值比重呈增长态势，浙江省缓慢下降，相对于东北三省而言，东南三省水平较高；东南三省中水平较低的广东省优于东北三省中水平较高的辽宁省；金融业增加值比重增幅最大的是吉林省（29.46%），辽宁省和黑龙江省次之，分别为27.69%和16.31%，降幅最大的是浙江省（－4.25%），具体如表2－127所示。

表2－127　2012～2016年6省份金融业增加值比重的原始值及单年排名

年份	辽宁	吉林	黑龙江	江苏	浙江	广东	全国平均
	值/序	值/序	值/序	值/序	值/序	值/序	值
2012	3.900/20	2.050/31	3.540/24	5.800/8	7.780/4	6.080/7	5.230
2013	4.590/22	3.060/31	4.190/25	6.630/8	7.400/6	6.600/9	5.980
2014	5.180/21	3.370/31	4.700/25	7.260/7	6.890/9	6.560/11	6.420
2015	6.520/16	4.020/30	5.620/24	7.560/9	6.820/12	7.910/8	7.200
2016	8.220/9	4.460/29	5.850/22	7.770/11	6.460/17	7.580/12	7.330
平均	5.680/17.6	3.390/30.4	4.780/24.0	7.000/8.6	7.070/9.6	6.940/9.4	6.430

2012～2016年，四个区域金融业增加值比重由高到低依次为：东部、西部、中部、东北；四个区域金融业增加值比重均呈增长趋势，东部地区在2016年略有下降，其中东北地区增幅最大，东部地区增幅最小；东北地区金融业增加值比重与东部地区相比，差距较大，具体如表2－128所示。

表 2 – 128　2012 ~ 2016 年四大经济区金融业增加值比重的原始值及排名

年份	东北		东部		西部		中部	
	平均值	年排名	平均值	年排名	平均值	年排名	平均值	年排名
2012	3.160	25.0	7.080	10.1	4.990	15.3	3.670	22.8
2013	3.950	26.0	7.700	10.6	5.830	14.8	4.450	22.3
2014	4.420	25.7	8.110	11.5	6.270	14.1	4.930	22.5
2015	5.390	23.3	8.840	12.1	6.930	14.7	5.900	21.5
2016	6.180	20.0	8.290	14.8	7.350	14.0	6.270	20.0
平均	4.620	24.0	8.000	11.8	6.270	14.6	5.050	21.8

　　2012 ~ 2016 年，七个区域金融业增加值比重由高到低依次为：华北、华东、西南、西北、华南、东北、华中；七个区域服务业增加值比重普遍呈稳步增长趋势，华南地区略有下降，其中东北地区增幅最大，华东地区增幅最小；就七个区域而言，东北排名靠后，与表现最佳的华北地区相比，差距较大，具体如表 2 – 129 所示。

表 2 – 129　2012 ~ 2016 年七大地理区金融业增加值比重的原始值及排名

年份	东北	华北	华东	华南	华中	西北	西南
	值/序	值/序	值/序	值/序	值/序	值/序	值/序
2012	3.160/25.0	6.770/14.2	6.390/11.8	5.020/13.3	3.290/25.8	4.690/17.2	5.760/10.0
2013	3.950/26.0	7.500/13.8	6.970/12.3	5.960/13.0	3.900/26.0	5.930/14.2	6.240/12.2
2014	4.420/25.7	8.090/13.4	7.360/13.5	6.060/14.3	4.390/26.3	6.490/12.8	6.610/11.8
2015	5.390/23.3	9.060/13.2	7.970/15.2	6.840/13.7	5.210/25.0	7.300/13.4	7.180/12.2
2016	6.180/20.0	9.360/12.8	8.080/15.7	4.830/20.3	5.600/23.3	7.520/13.0	7.770/11.8
平均	4.620/24.0	8.160/13.5	7.350/13.7	5.740/14.9	4.480/25.3	6.390/14.1	6.710/11.6

　　（3）重化工调整

　　1）重化工业比重（单位:%）。重化工业比重是衡量一个地区重化工业发展程度的重要指标，是一个逆向指标，指标值越小，效果越佳，计算公式为地区重化工业总产值占规模以上工业总产值的比重。2012 ~ 2016 年，全国重化工业比重呈稳步下降趋势，东北地区亦呈波动下降趋势；2012 ~ 2015 年，东北地区重化工业比重低于全国平均水平，2016年超过全国平均水平；辽宁省重化工业比重均呈上升趋势，吉林省重化工业比重基本稳定，黑龙江省重化工业比重呈下降趋势；相对而言，黑龙江省较好，吉林省次之，辽宁省较弱。总体而言，东北地区重化工业比重低于全国平均水平，呈逐步上升的发展趋势，具体如图 2 – 93 所示。

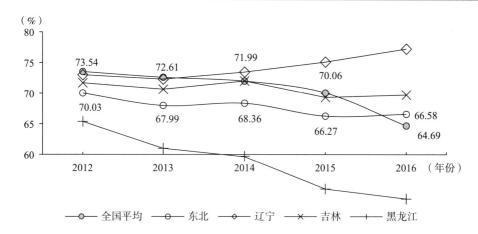

图 2－93　2012～2016 年重化工业比重基本走势

注：①全国平均是指 31 个省市区的平均水平；②全国范围内（可采集到的数据），重化工业比重最大值为 2012 年山西的 94.22%，最小值为 2016 年福建的 42.73%。

2012～2016 年，东北三省重化工业比重在全国 31 个省市区连续 5 年数据集（共 155 个指标值）中相对位置分布情况如图 2－94 所示。可见，东北三省 5 年（共 15 个数据）重化工业比重的百分比排位处于 50% 以下的有 8 个；排位的最大值是 2016 年的黑龙江省（93.6%），最小值是 2016 年的辽宁省（26.7%）。

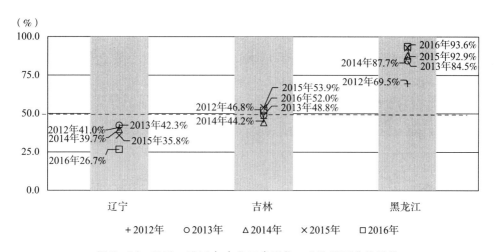

图 2－94　2012～2016 年东北三省重化工业比重百分比排位

2012～2016 年，6 省份重化工业比重由低到高依次为浙江、黑龙江、广东、江苏、吉林、辽宁；东南三省均呈下降趋势，相对于东北三省而言，重化工业比重较低；东南三省中表现较好的浙江省优于东北三省中表现较佳的黑龙江省；重化工业比重降幅最大的是黑龙江省（－4.83%），最小的是吉林省（－0.69%），辽宁省的增幅为（1.45%），具体如表 2－130 所示。

表 2 - 130　2012 ~ 2016 年 6 省份重化工业比重的原始值及单年排名

年份	辽宁	吉林	黑龙江	江苏	浙江	广东	全国平均
	值/序	值/序	值/序	值/序	值/序	值/序	值
2012	73.020/16	71.710/14	65.380/6	67.980/10	55.290/2	63.380/4	73.540
2013	72.310/17	70.670/14	61.010/3	67.590/11	55.090/2	63.170/5	72.610
2014	73.470/17	72.010/15	59.620/3	67.280/10	55.440/2	62.930/5	71.990
2015	75.120/22	69.330/16	54.360/2	66.610/14	54.600/3	63.150/6	70.060
2016	77.250/28	69.740/20	52.750/7	63.420/15	51.760/14	61.260/14	64.690
平均	74.230/20.0	70.690/15.8	58.620/4.2	66.580/12.0	54.440/2.6	62.780/6.8	70.580

2012 ~ 2016 年，四个区域重化工业比重由低到高依次为：东部、东北、中部、西部；四个区域重化工业比重整体呈稳步下降的趋势，2016 年东北地区的重化工业比重略有上升，其中西部地区降幅最大，东北地区降幅最小；东北地区重化工业比重与东部地区相比，差距不大，具体如表 2 - 131 所示。

表 2 - 131　2012 ~ 2016 年四大经济区重化工业比重的平均值及排名

年份	东北		东部		西部		中部	
	平均值	年排名	平均值	年排名	平均值	年排名	平均值	年排名
2012	70.030	12.0	69.400	12.9	78.980	21.4	71.300	12.3
2013	67.990	11.3	68.570	13.1	78.170	21.5	70.520	12.2
2014	68.360	11.7	68.580	13.7	77.000	21.2	69.460	11.7
2015	66.270	13.3	67.230	14.2	74.330	20.3	68.150	11.8
2016	66.580	18.3	64.900	16.8	65.990	17.3	60.820	11.0
平均	67.850	13.3	67.740	14.1	74.890	20.3	68.050	11.8

2012 ~ 2016 年，七个区域重化工业比重由低到高依次为：华东、华中、华南、东北、西南、西北、华北；七个区域整体呈现波动下降趋势，其中西北地区降幅最大，东北地区降幅最小；就七个区域而言，东北地区排名居中，与重化工业比重最低的华东地区相比，差距较大，具体如表 2 - 132 所示。

2）产能过剩产业比重（单位:%）。产能过剩产业比重是衡量一个地区重化工业内部结构的重要指标，是一个逆向指标，指标值越小，效果越佳，计算公式为地区产能过剩产业主营业务收入占重化工业主营业务收入的比重。2012 ~ 2016 年，全国产能过剩产业比重整体呈下降趋势；东北地区产能过剩产业比重低于全国平均水平，且差距逐渐缩小；吉林省和黑龙江省产能过剩产业比重均呈下降趋势，且吉林省下降趋势较为明显，辽宁省产能过剩产业比重先下降后上升；相对而言，吉林省较好，黑龙江省次之，辽宁省较弱。总体而言，东北地区产能过剩产业比重低于全国平均水平，且呈上升趋势，具体如图 2－95 所示。

表 2－132　2012～2016 年七大地理区重化工业比重的平均值及排名

年份	东北	华北	华东	华南	华中	西北	西南
	值/序	值/序	值/序	值/序	值/序	值/序	值/序
2012	70.030/12.0	82.840/24.6	62.650/6.8	69.620/11.3	67.950/10.0	85.580/27.8	74.180/16.6
2013	67.990/11.3	82.130/24.8	62.310/7.5	67.790/10.7	66.930/9.5	84.440/27.4	73.800/17.2
2014	68.360/11.7	81.320/25.0	62.130/7.5	68.450/12.3	65.800/8.8	82.950/27.0	72.780/16.8
2015	66.270/13.3	79.480/24.6	61.190/8.7	67.170/12.7	64.360/9.0	80.180/25.6	69.760/15.8
2016	66.580/18.3	75.830/24.2	57.610/10.5	65.690/18.3	56.310/7.5	61.670/14.0	70.050/20.4
平均	67.850/13.3	80.320/24.6	61.180/8.2	67.750/13.1	64.270/9.0	78.960/24.4	72.120/17.4

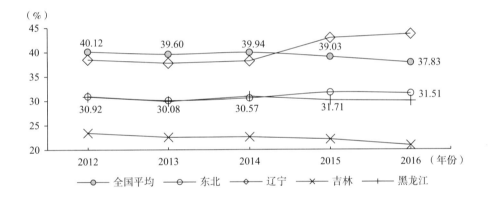

图 2－95　2012～2016 年产能过剩产业比重基本走势

注：①全国平均是指 31 个省市区的平均水平；②全国范围内（可采集到的数据），产能过剩产业比重最大值为 2015 年甘肃的 77.10%，最小值为 2016 年重庆的 18.44%。

2012～2016 年，东北三省产能过剩产业比重在全国 31 个省市区连续 5 年数据集（共 155 个指标值）中相对位置分布情况如图 2－96 所示。可见，东北三省 5 年（共 15 个数据）产能过剩产业比重的百分比排位处于 50% 以下的有 5 个；排位的最大值是 2016 年的吉林省（98.8%），最小值是 2016 年的辽宁省（26.7%）。

2012～2016 年，6 省份产能过剩产业比重由低到高依次为广东、吉林、浙江、江苏、黑龙江、辽宁；东南三省均呈下降趋势，相对于东北三省而言，产能过剩产业比重较低；东南三省中表现较好的广东省优于东北三省中表现较佳的吉林省；产能过剩产业比重年均降幅最大的是广东省（－3.22%），增幅最大的是辽宁省（3.38%），吉林省和黑龙江省

的降幅分别为 -2.73% 和 -0.71% ，具体如表 2 - 133 所示。

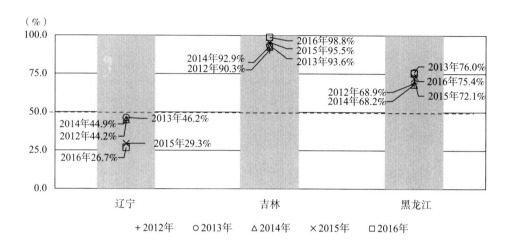

图 2 - 96   2012 ~ 2016 年东北三省产能过剩产业比重百分比排位

表 2 - 133   2012 ~ 2016 年 6 省份产能过剩产业比重的原始值及单年排名

年份	辽宁	吉林	黑龙江	江苏	浙江	广东	全国平均
	值/序	值/序	值/序	值/序	值/序	值/序	值
2012	38.480/18	23.440/2	30.850/10	30.050/9	29.090/6	22.530/1	40.120
2013	37.770/17	22.560/2	29.900/7	30.100/9	30.050/8	22.480/1	39.600
2014	38.200/17	22.610/2	30.900/9	29.800/6	30.150/7	22.960/3	39.940
2015	42.890/21	22.120/3	30.110/9	28.590/7	28.000/6	21.400/2	39.030
2016	43.680/24	20.880/3	29.970/11	27.620/9	26.360/6	19.630/2	37.830
平均	40.210/19.4	22.320/2.4	30.350/9.2	29.230/8	28.730/6.6	21.800/1.8	39.310

2012 ~ 2016 年，四个区域产能过剩产业比重由低到高依次为：东北、东部、中部、西部；四个区域产能过剩产业比重普遍呈下降的趋势，东北地区略有上升，其中中部地区降幅最大，西部地区降幅最小；东北地区排名靠前，东部地区产能过剩产业比重与东北地区相比，差距较小，具体如表 2 - 134 所示。

2012 ~ 2016 年，七个区域产能过剩产业比重由低到高依次为：华东、东北、华中、西南、华北、华南、西北；七个区域普遍呈现下降趋势，东北地区略有上升，其中华中地区降幅最大，西北地区降幅最小；就七个区域而言，东北地区排名靠前，与产能过剩产业比重最低的华东地区相比，差距较小，具体如表 2 - 135 所示。

表 2-134　2012～2016 年四大经济区产能过剩产业比重的原始值及排名

年份	东北		东部		西部		中部	
	平均值	年排名	平均值	年排名	平均值	年排名	平均值	年排名
2012	30.920	10.0	33.760	10.8	48.290	21.2	38.990	17.3
2013	30.080	8.7	33.120	11.1	48.130	21.4	38.110	17.0
2014	30.570	9.3	34.160	11.5	48.560	21.3	37.040	16.2
2015	31.710	11.0	32.610	11.6	48.120	21.5	35.200	14.7
2016	31.510	12.7	31.660	12.0	46.730	21.1	33.490	14.2
平均	30.960	10.3	33.060	11.4	47.970	21.3	36.560	15.9

表 2-135　2012～2016 年七大地理区产能过剩产业比重的原始值及排名

年份	东北	华北	华东	华南	华中	西北	西南
	值/序	值/序	值/序	值/序	值/序	值/序	值/序
2012	30.920/10.0	38.890/16.6	30.070/8.0	40.650/17.0	39.560/18.0	60.310/27.0	38.870/15.4
2013	30.080/8.7	39.040/17.8	29.750/8.2	38.770/15.7	38.250/17.3	60.570/27.4	38.290/15.8
2014	30.570/9.3	39.380/18.4	29.800/7.5	40.910/17.0	37.170/16.5	61.160/27.2	38.730/15.6
2015	31.710/11.0	38.210/18.0	28.180/7.2	38.820/15.7	35.240/15.3	61.440/27.0	38.010/17.2
2016	31.510/12.7	37.500/17.8	26.790/7.8	37.620/16.0	33.510/14.8	60.090/26.8	36.530/16.2
平均	30.960/10.3	38.600/17.7	28.920/7.7	39.350/16.3	36.750/16.4	60.720/27.1	38.090/16.0

（4）金融深化

1）银行信贷占比（单位:%）。银行信贷占比反映一个地区的银行信贷规模，是衡量该地区产业发展的重要指标，计算公式为银行信贷与地区 GDP 比值的百分数。2012～2016 年，全国和东北地区的银行信贷占比均呈平稳上升趋势；东北地区银行信贷占比明显低于全国平均水平；东北三省银行信贷占比均呈平稳上升趋势，且吉林省和黑龙江省的上升趋势大致相同；相对而言，辽宁省较好，吉林省次之，黑龙江省较弱。总体而言，东北三省的银行信贷占比明显低于全国平均水平，且差距保持稳定，具体如图 2-97 所示。

2012～2016 年，东北三省银行信贷占比在全国 31 个省市区连续 5 年数据集（共 155 个指标值）中相对位置分布情况如图 2-98 所示。可见，东北三省 5 年（共 15 个数据）银行信贷占比的百分比排位处于 50%以下的有 13 个，其中，有 6 个处于 25%以下；排位的最大值是 2016 年的辽宁省（85.0%），最小值是 2012 年的黑龙江省（3.2%）。

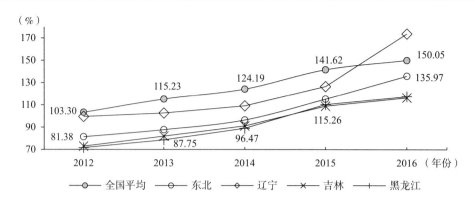

图 2 - 97　2012～2016 年银行信贷占比基本走势

注：①全国平均是指 31 个省市区的平均水平；②全国范围内（可采集到的数据），银行信贷占比最大值为 2016 年北京的 264.77%，最小值为 2012 年新疆的 45.13%。

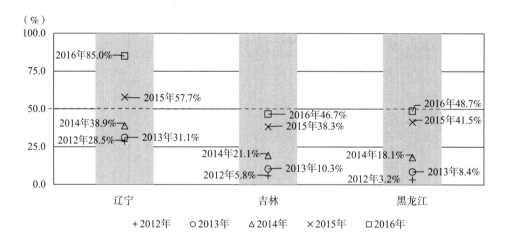

图 2 - 98　2012～2016 年东北三省银行信贷占比百分比排位

　　2012～2016 年，6 省份银行信贷占比由高到低依次为：浙江、辽宁、广东、江苏、吉林、黑龙江；东南三省银行信贷占比普遍呈上升趋势，浙江省略有下降，江苏省和广东省均有较大幅度的提升；2012～2016 年，东南三省中水平较低的江苏省优于东北地区水平较高的辽宁省；银行信贷占比增幅最大的是辽宁省（18.68%），最小的是浙江省（1.33%），黑龙江省和吉林省的增幅分别为 16.03% 和 14.89%，具体如表 2 -136 所示。

　　2012～2016 年，四个区域银行信贷占比由高到低依次为：东部、西部、东北、中部；东部地区优势明显，中部地区呈波动上升趋势，西部和东北地区呈平稳上升趋势，且西部增幅最大；东北地区银行信贷占比与东部地区相比，差距较大，具体如表 2 -137 所示。

表 2-136 2012~2016 年 6 省份银行信贷占比的原始值及单年排名

年份	辽宁	吉林	黑龙江	江苏	浙江	广东	全国平均
	值/序	值/序	值/序	值/序	值/序	值/序	值
2012	99.53/15	72.99/24	71.62/26	100.66/14	164.38/3	103.83/12	103.30
2013	102.69/19	81.99/26	78.58/28	103.49/18	165.79/3	109.63/17	115.23
2014	109.17/18	91.19/25	89.04/26	106.89/19	170.68/5	114.86/17	124.19
2015	126.56/18	108.86/25	110.36/23	112.48/21	178.30/7	131.38/15	141.62
2016	173.89/8	116.47/24	117.55/23	120.12/21	173.13/9	137.19/16	150.05
平均	122.37/15.6	94.30/24.8	93.43/25.2	108.73/18.6	170.46/5.4	119.38/15.4	126.88

表 2-137 2012~2016 年四大经济区银行信贷占比的平均值及年排名

年份	东北		东部		西部		中部	
	平均值	年排名	平均值	年排名	平均值	年排名	平均值	年排名
2012	81.380	21.7	123.080	11.3	97.820	16.4	92.290	20.2
2013	87.750	24.3	130.320	12.5	122.580	12.9	89.090	23.8
2014	96.470	23.0	135.700	13.3	135.710	12.4	95.810	24.2
2015	115.260	22.0	155.870	13.0	153.410	13.1	107.490	23.8
2016	135.970	18.3	158.560	14.1	164.430	13.1	114.150	23.8
平均	103.370	21.9	140.710	12.8	134.790	13.6	99.770	23.2

2012~2016 年，七个区域银行信贷占比由高到低依次为：西北、西南、华北、华东、华南、东北、华中；七个区域普遍呈上升趋势，其中西北增幅最大；就七个区域而言，东北地区排名靠后，与最优的西北地区相比，差距较大，具体如表 2-138 所示。

表 2-138 2012~2016 年七大地理区银行信贷占比的平均值及年排名

年份	东北	华北	华东	华南	华中	西北	西南
	值/序	值/序	值/序	值/序	值/序	值/序	值/序
2012	81.38/21.7	125.80/12.8	120.93/11.7	97.02/15.7	74.04/25.0	103.58/14.2	99.72/15.8
2013	87.75/24.3	123.52/14.8	123.96/14.3	109.88/16.7	79.43/27.3	132.32/10.4	127.68/10.4
2014	96.47/23.0	131.57/15.4	128.22/15.2	116.04/16.7	85.04/27.8	147.21/10.0	141.77/9.6
2015	115.26/22.0	152.67/15.0	140.92/15.8	139.61/15.7	95.15/27.5	170.89/9.4	156.36/11.2
2016	135.97/18.3	157.77/15.4	143.21/16.8	146.51/16.0	100.71/27.8	180.04/9.2	170.59/11.6
平均	103.37/21.9	138.27/14.7	131.45/14.8	121.81/16.1	86.88/27.1	146.81/10.6	139.22/11.7

2）社会融资规模增量（单位：亿元）。社会融资规模增量反映指一定时期内（每月、每季或每年）实体经济从金融体系获得的全部资金总额，是衡量地区金融深化程度的重

要指标，计算公式为当年社会融资总额与上一年社会融资总额的差值。2012～2016 年，全国社会融资规模增量整体呈波动上升趋势，东北地区社会融资规模增量整体呈波动下降趋势；东北地区社会融资规模增量明显低于全国平均水平；辽宁省和黑龙江省整体呈下降趋势，吉林省呈上升趋势，其中，黑龙江省下降明显，辽宁省在 2015 年略有上升，吉林省在 2015～2016 年呈平稳上升趋势；相对而言，辽宁省较好，吉林省次之，黑龙江省较弱。总体而言，东北三省的直接融资占比明显低于全国平均水平，具体如图 2-99 所示。

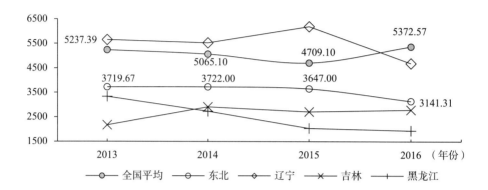

图 2-99 2012～2016 年社会融资规模增量基本走势

注：①全国平均是指 31 个省市区的平均水平；②全国范围内（可采集到的数据），社会融资规模增量最大值为 2015 年宁夏的 503，最小值为 2016 年广东的 21154.68。

　　2012～2016 年，东北三省社会融资规模增量在全国 31 个省市区连续 4 年数据集（共 124 个指标值）中相对位置分布情况如图 2-100 所示。可见，东北三省 5 年（共 12 个数据）社会融资规模增量的百分比排位处于 50% 以下的有 8 个；排位的最大值是 2015 年的辽宁省（72.3%），最小值是 2016 年的黑龙江省（17.0%）。

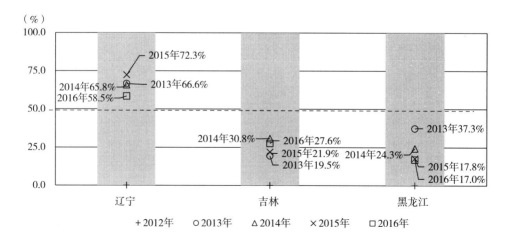

图 2-100 2012～2016 年东北三省社会融资规模增量百分比排位

2012～2016 年，6 省份社会融资规模增量由高到低依次为：广东、江苏、浙江、辽宁、吉林、黑龙江；东南三省普遍呈上升趋势，其中浙江省呈波动下降趋势；东南三省中水平较低的浙江省优于东北地区水平较高的辽宁省；社会融资规模增量降幅最大的是黑龙江省（-13.92%），升幅最大的是广东省（17.67%），辽宁省的降幅为 -5.66%，吉林省的升幅为 9.48%，具体如表 2 - 139 所示。

表 2 - 139   2012～2016 年 6 省份社会融资规模增量的原始值及单年排名

年份	辽宁	吉林	黑龙江	江苏	浙江	广东	全国平均
	值/序	值/序	值/序	值/序	值/序	值/序	值
2012	—	—	—	—	—	—	—
2013	5654.0/12	2172.0/27	3333.0/22	12070.0/3	8345.0/5	13826.0/1	5237.3
2014	5526.0/10	2909.0/24	2731.0/27	13440.0/1	7998.0/5	13173.0/2	5065.1
2015	6194.0/7	2710.0/24	2037.0/25	11394.0/3	6291.0/6	14443.0/2	4709.1
2016	4693.2/13	2789.7/20	1940.9/24	16758.2/2	7485.3/6	21154.6/1	5372.5
平均	5516.8/10.5	2645.1/23.8	2510.4/24.5	13415.5/2.3	7529.8/5.5	15649.1/1.5	5096.0

2012～2016 年，四大区域社会融资规模增量由高到低依次为：东部、中部、东北、西部；东北和西部区域呈波动下降趋势，东部和中部区域呈波动上升趋势，其中东北地区降幅最大，东部地区升幅最大；东北地区社会融资规模增量与东部地区相比，差距较大，具体如表 2 - 140 所示。

表 2 - 140   2012～2016 年四大经济区社会融资规模增量平均值及排名

年份	东北		东部		西部		中部	
	平均值	年排名	平均值	年排名	平均值	年排名	平均值	年排名
2012	—	—	—	—	—	—	—	—
2013	3719.670	20.3	8476.300	8.2	3158.250	21.8	4756.330	15.3
2014	3722.000	20.3	7909.900	9.5	3237.000	21.0	4651.500	14.7
2015	3647.000	18.7	7866.100	8.4	2711.420	21.8	3973.830	15.7
2016	3141.310	19.0	9700.190	8.2	2580.220	22.6	4860.170	14.3
平均	3557.490	19.6	8488.120	8.6	2921.720	21.8	4560.460	15.0

2012～2016 年，七个区域社会融资规模增量由高到低依次为：华东、华南、华北、华中、西南、东北、西北；东北、华北、西北和西南地区均呈波动下降趋势，华东、华南和华中呈波动上升趋势；就七个区域而言，东北地区排名靠后，与最优的华东地区相比，差距较大，具体如表 2 - 141 所示。

表 2-141　2012~2016 年七大地理区社会融资规模增量的平均值及排名

年份	东北	华北	华东	华南	华中	西北	西南
	值/序	值/序	值/序	值/序	值/序	值/序	值/序
2012	—	—	—	—	—	—	—
2013	3719.7/20.3	6028.8/14.2	8518.2/6.7	5903.7/18.0	4967.0/14.5	2323.6/25.0	4150.0/17.4
2014	3722.0/20.3	5740.4/15.4	7706.8/8.3	5785.3/17.3	5148.0/12.5	2597.8/23.4	3994.4/17.8
2015	3647.0/18.7	5904.8/13.6	6944.2/8.0	6233.7/17.7	4305.0/14.5	2286.4/23.2	3299.8/19.4
2016	3141.3/19.0	5467.3/15.8	9477.2/6.2	8557.2/16.0	5261.7/12.3	1811.9/25.6	3429.6/19.6
平均	3557.5/19.6	5785.3/14.8	8161.6/7.3	6620.0/17.3	4920.4/13.4	2254.9/24.3	3718.5/18.6

（5）现代农业

1）农业综合机械化水平。农业综合机械化水平是对机器（装备）在农业中使用程度、作用大小和使用效果的一种表达和度量，是衡量该地区现代农业发展的重要指标，计算公式为 0.4 倍机耕面积加 0.3 倍机播面积加 0.3 倍机收面积与农作物播种面积的比值。2012~2016 年，全国和东北地区农业综合机械化水平均呈平稳上升趋势；东北地区农业综合机械化水平明显高于全国平均水平；东北三省的农业综合机械化水平均呈平稳上升趋势；相对而言，黑龙江省较好，吉林省次之，辽宁省较弱。总体而言，东北三省的农业综合机械化水平明显高于全国平均水平，且差距保持稳定，具体如图 2-101 所示。

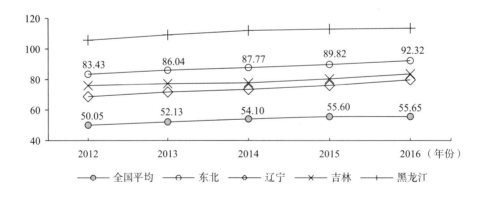

图 2-101　2012~2016 年农业综合机械化水平基本走势

注：①全国平均是指 31 个省市区的平均水平；②全国范围内（可采集到的数据），农业综合机械化水平最大值为 2016 年黑龙江的 113.50，最小值为 2012 年贵州的 9.82。

2012~2016 年，东北三省农业综合机械化水平在全国 31 个省市区连续 5 年数据集（共 155 个指标值）中相对位置分布情况如图 2-102 所示。可见，东北三省 5 年（共 15 个数据）农业综合机械化水平的百分比排位均处于 75% 以上；排位的最大值是 2016 年的黑龙江省（100%），黑龙江省也成为 5 年间农业机械化水平最高的省份，最小值是 2012 年的辽宁省（78.5%）。

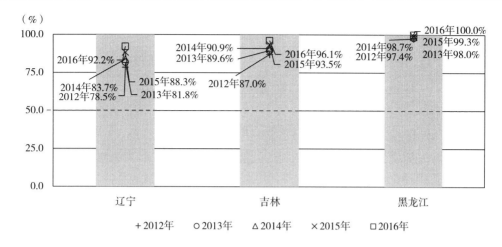

图 2 - 102　2012～2016 年东北三省农业综合机械化水平百分比排位

2012～2016 年，6 省份农业综合机械化水平由高到低依次为：黑龙江、吉林、辽宁、江苏、广东、浙江；在东南三省中，浙江省和广东省整体呈上升趋势，其中浙江省在 2015 年略有下降；2012～2016 年，东北地区中水平较低的辽宁省优于东南地区水平较高的江苏省；农业综合机械化水平增幅最大的是辽宁省（4.05%），降幅最大的是浙江省（0.35%），吉林省和黑龙江省的增幅分别为 2.53% 和 1.85%，具体如表 2 - 142 所示。

表 2 - 142　2012～2016 年 6 省份农业综合机械化水平原始值及单年排名

年份	辽宁	吉林	黑龙江	江苏	浙江	广东	全国平均
	值/序	值/序	值/序	值/序	值/序	值/序	值
2012	68.68/5	75.96/3	105.67/1	65.39/7	39.12/23	39.90/21	50.05
2013	71.69/5	77.26/4	109.17/1	68.00/6	40.15/23	41.21/21	52.13
2014	73.48/6	77.80/4	112.03/1	68.54/8	40.40/25	42.29/23	54.10
2015	76.08/6	80.40/5	112.98/1	68.97/8	39.45/24	43.32/23	55.60
2016	79.79/3	83.65/2	113.51/1	69.49/8	39.66/24	45.84/23	55.65
平均	73.94/5.0	79.01/3.6	110.67/1.0	68.08/7.4	39.750/23.8	42.51/22.2	53.51

2012～2016 年，四个区域农业综合机械化水平取值由高到低依次为：东北、中部、东部、西部；四个区域普遍呈上升趋势，东部地区在 2015 年略有下降，西部地区在 2016年略有下降，其中中部地区增幅最大，东部地区增幅最小；西部地区与东北地区相比，差距较大，具体如表 2 - 143 所示。

表 2 – 143　　2012~2016 年四大经济区农业综合机械化水平的平均值及排名

年份	东北		东部		西部		中部	
	平均值	年排名	平均值	年排名	平均值	年排名	平均值	年排名
2012	83.430	3.0	50.690	15.7	40.200	20.2	51.990	14.7
2013	86.040	3.3	51.930	16.0	42.620	19.8	54.530	14.7
2014	87.770	3.7	52.800	16.9	45.220	19.2	57.180	14.3
2015	89.820	4.0	51.770	17.4	48.060	19.1	59.960	13.5
2016	92.320	2.0	51.800	17.5	46.960	19.6	61.120	13.3
平均	87.880	3.2	51.800	16.7	44.610	19.6	56.960	14.1

2012~2016 年,七个区域农业综合机械化水平由高到低依次为:东北、华北、西北、华东、华中、华南、西南;七个区域普遍呈上升趋势,华北地区在 2015~2016 年略有下降,华南地区在 2015 年略有下降,西北地区在 2016 年略有下降,其中华中地区增幅最大;就七大区域而言,东北排名首位,农业综合机械化水平排名第二的华北地区与东北地区相比,差距较大,具体如表 2 – 144 所示。

表 2 – 144　　2012~2016 年七大地理区的农业综合机械化水平的平均值及排名

年份	东北	华北	华东	华南	华中	西北	西南
	值/序	值/序	值/序	值/序	值/序	值/序	值/序
2012	83.430/3.0	63.770/9.2	52.460/14.2	35.860/24.0	47.050/17.5	50.230/16.4	24.150/26.4
2013	86.040/3.3	65.300/9.4	53.680/14.5	38.530/23.7	49.660/17.3	52.970/16.0	26.040/26.4
2014	87.770/3.7	66.790/9.6	54.550/15.5	41.040/23.7	52.470/16.8	56.610/14.6	27.290/26.6
2015	89.820/4.0	65.700/11.0	55.160/15.5	40.730/23.0	55.780/15.5	61.340/14.0	28.540/27.0
2016	92.320/2.0	62.950/11.6	56.410/15.0	42.900/22.7	56.940/15.8	57.740/15.2	29.970/27.0
平均	87.880/3.2	64.900/10.2	54.450/14.9	39.810/23.4	52.380/16.6	55.780/15.2	27.200/26.7

2) 农业劳动生产率 (单位:万元/人)。农业劳动生产率是指单位农业劳动者在单位时间内 (一般指一年内) 生产的产品价值,是衡量该地区农业发展的重要指标,计算公式为地区第一产业增加值与第一产业从业人员数的比值。2012~2016 年,全国和东北地区农业劳动生产率均呈平稳上升趋势;东北地区农业劳动生产率明显高于全国平均水平;2012~2015 年,东北三省的农业劳动生产率均呈平稳上升趋势;2016 年,吉林省和黑龙江省的农业劳动生产率呈下降趋势;相对而言,黑龙江省和辽宁省大体相同,吉林省较弱。总体而言,东北三省的农业劳动生产率略高于全国平均水平,且均呈上升趋势,具体如图 2 – 103 所示。

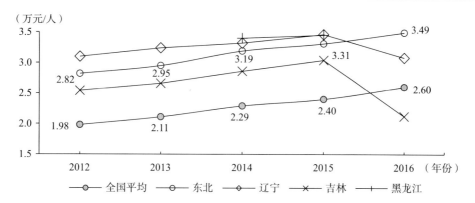

图 2 – 103　2012 ~ 2016 年农业劳动生产率基本走势

注：①全国平均是指 31 个省市区的平均水平；②全国范围内（黑龙江省 2012 年、2013 年数据缺失），农业劳动生产率最大值为 2016 年黑龙江的 5.25，最小值为 2012 年贵州的 0.75。

　　2012 ~ 2016 年，东北三省农业劳动生产率在全国 31 个省市区连续 5 年数据集（共 153 个指标值）中相对位置分布情况如图 2 – 104 所示。可见，东北三省 5 年（共 13 个数据）农业劳动生产率的百分比排位处于 50% 以下仅有 2016 年的吉林省；排位的最大值是 2016 年的黑龙江省（100.0%），最小值是 2016 年的吉林省（48.0%）。

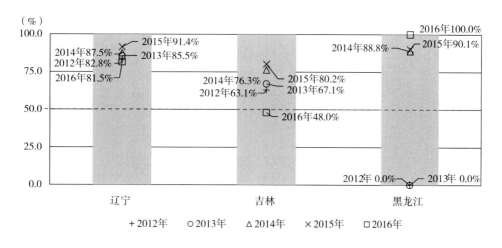

图 2 – 104　2012 ~ 2016 年东北三省农业劳动生产率百分比排位

　　2012 ~ 2016 年，6 省份农业劳动生产率由高到低依次为：江苏、黑龙江、浙江、辽宁、吉林、广东；东南三省普遍呈平稳上升趋势；东南三省农业劳动生产率相对较高的江苏省优于东北地区较高的黑龙江省；农业劳动生产率增幅最大的是黑龙江省（27.36%），降幅最大的是吉林省（ – 4.05%），辽宁省的降幅为 – 0.18%，具体如表 2 – 145 所示。

表 2-145 2012~2016 年 6 省份农业劳动生产率的原始值及年排名

年份	辽宁 值/序	吉林 值/序	黑龙江 值/序	江苏 值/序	浙江 值/序	广东 值/序	全国平均 值
2012	3.100/3	2.540/9	—	3.450/1	3.200/2	2.010/13	1.980
2013	3.240/4	2.660/10	—	3.630/1	3.470/2	2.120/14	2.110
2014	3.320/5	2.860/10	3.400/4	3.960/1	3.540/2	2.290/15	2.290
2015	3.460/4	3.040/8	3.450/5	4.550/1	3.720/2	2.430/14	2.400
2016	3.080/8	2.120/21	5.260/1	4.840/2	4.210/3	2.710/11	2.600
平均	3.240/4.8	2.640/11.6	4.030/3.3	4.090/1.2	3.630/2.2	2.310/13.4	2.280

2012~2016 年,四个区域农业劳动生产率由高到低依次为:东北、东部、中部、西部;四个区域的农业劳动生产率均呈平稳上升趋势,其中中部地区增幅最大,西部地区增幅最小;东部地区农业劳动生产率与东北地区相比,仍存在差距,具体如表 2-146 所示。

表 2-146 2012~2016 年四大经济区农业劳动生产率的平均值及排名

年份	东北 平均值	东北 年排名	东部 平均值	东部 年排名	西部 平均值	西部 年排名	中部 平均值	中部 年排名
2012	2.820	6.0	2.650	7.6	1.480	21.3	1.550	20.2
2013	2.950	7.0	2.820	7.6	1.610	21.1	1.650	20.3
2014	3.190	6.3	3.010	8.2	1.730	22.2	1.770	21.5
2015	3.310	5.7	3.120	8.4	1.820	22.1	1.870	21.7
2016	3.490	10.0	3.320	9.1	1.960	21.8	2.240	18.7
平均	3.190	7.1	2.990	8.2	1.720	21.7	1.810	20.5

2012~2016 年,七个区域农业劳动生产率由高到低依次为:东北、华东、华南、华北、华中、西北、西南;七个区域普遍呈平稳上升趋势,其中华南地区增幅最大;就七个区域而言,东北地区排名靠前;农业劳动生产率排名第二的华东地区与东北地区相比仍存在差距,具体如表 2-147 所示。

4. 主要结论

首先,总体而言,东北地区的产业发展指数高于全国平均水平。在反映产业发展水平的五个方面(产业均衡、服务业发展、重化工调整、金融深化、现代农业),东北三省在现代农业上具有一定优势,但在其他四个方面均较东南三省存在一定差距,尤其在服务业发展和金融深化上和东南三省的差距较大,且低于全国平均水平。

其次,动态来看,2012~2016 年,东北地区的指数得分明显上升,意味着绝对能力的不断提高。同时,东北地区的产业发展方面的相对排名也有所上升,说明东北地区产业发展状况相对于全国其他地区有所提升。

再次，分省来看，黑龙江省产业发展水平最高，辽宁省次之，吉林省最低。在全国各省相对排名的竞争中，吉林省有所进步，辽宁省均有退步，黑龙江省维持不变。辽宁省重化工调整和金融深化相对较好，黑龙江省的服务业发展和现代农业相对较好，吉林省产业均衡相对较好，其他指数相对较弱。

最后，单项指标方面，东北地区"农业综合机械化水平""农业劳动生产率"相对于全国平均水平具有一定优势；其他各项指标，特别是"金融业增加值比重""银行信贷占比""社会融资规模增量"等指标的发展均比较落后。

表 2 - 147　2012 ~ 2016 年七大地理区的农业劳动生产率的平均值及排名

年份	东北	华北	华东	华南	华中	西北	西南
	值/序	值/序	值/序	值/序	值/序	值/序	值/序
2012	2.820/6.0	2.170/13.4	2.600/8.7	2.190/13.0	1.700/17.8	1.600/19.8	1.170/25.0
2013	2.950/7.0	2.370/12.4	2.720/9.3	2.330/13.3	1.800/17.8	1.730/19.2	1.270/25.2
2014	3.190/6.3	2.490/13.6	2.930/9.7	2.490/14.0	1.930/19.5	1.840/20.6	1.420/25.6
2015	3.310/5.7	2.480/14.0	3.060/10.0	2.650/13.3	2.070/19.3	1.880/21.4	1.580/25.0
2016	3.490/10.0	2.750/11.8	3.280/11.2	2.930/12.7	2.280/17.8	1.970/22.0	1.790/24.0
平均	3.190/7.1	2.450/13.0	2.920/9.8	2.520/13.3	1.960/18.4	1.800/20.6	1.450/25.0

（五）创新创业评价报告

1. 创新创业指数总体分析

对创新创业的测度涵括了研发基础、人才基础、技术转化、技术产出、创业成效五个方面，共 11 项关键指标。汇集中国 31 个省市区 2012 ~ 2016 年创新创业的指标信息，得到连续 5 年的指数得分。在此基础上，形成多年连续排名和单年排名。其中，多年连续排名用于反映各省市区创新创业的绝对发展水平随时间动态变化的情况（31 个省市区 5 年共 155 个排位，最高排名为 1，最低排名为 155），单年排名用于反映各省市区在全国范围内某个单年的相对发展水平（31 个省市区每年 31 个排位，最高排名为 1，最低排名为 31）。具体而言，31 个省市区创新创业的总体情况见表 2 - 148。

表 2-148　2012~2016 年 31 个省市区创新创业指数得分、连续及单年排名

省市区	2012 年			2013 年			2014 年			2015 年			2016 年		
	值	总	年	值	总	年	值	总	年	值	总	年	值	总	年
北京	84.4	7	1	88.3	4	1	91.6	3	1	92.4	2	1	93.6	1	1
广东	76.2	29	5	79.2	21	4	78.8	22	4	83.0	9	2	85.4	5	2
浙江	76.9	28	4	78.5	24	5	78.8	23	5	81.3	15	5	84.5	6	3
江苏	81.6	13	2	81.6	14	2	81.1	16	2	82.1	11	3	83.4	8	4
天津	75.7	30	6	80.0	18	3	79.6	19	3	81.8	12	4	82.9	10	5
上海	78.5	25	3	77.3	27	6	77.3	26	6	79.2	20	6	80.7	17	6
安徽	59.5	60	10	62.2	51	9	64.7	46	8	70.2	37	9	73.8	31	7
福建	61.1	53	8	63.4	48	8	63.0	49	9	70.4	36	8	72.7	32	8
山东	64.9	45	7	66.6	41	7	67.9	40	7	71.6	34	7	72.5	33	9
重庆	54.1	69	12	58.0	63	11	60.7	56	11	69.6	38	10	70.6	35	10
湖北	55.3	66	11	57.5	65	12	60.9	54	10	65.8	42	11	68.6	39	11
陕西	49.0	79	14	51.3	75	14	54.7	67	14	61.5	52	13	65.4	43	12
辽宁	60.8	55	9	60.5	58	10	58.5	61	12	60.6	57	14	65.4	44	13
四川	52.5	74	13	54.3	68	13	58.0	62	13	62.7	50	12	64.1	47	14
湖南	45.2	85	15	51.7	76	15	52.7	72	15	57.5	64	15	60.1	59	15
江西	30.3	133	23	36.8	111	20	42.9	91	17	49.3	77	17	53.9	70	16
河南	34.2	121	18	44.5	86	16	46.4	82	16	52.6	73	16	53.8	71	17
河北	28.5	138	25	31.6	127	26	35.1	119	25	42.1	95	23	49.1	78	18
宁夏	30.9	129	20	32.8	125	25	35.5	116	23	41.4	99	24	48.8	80	19
吉林	35.9	114	17	40.2	104	18	40.9	101	18	43.4	89	18	48.3	81	20
新疆	26.9	141	26	33.4	123	23	35.1	118	24	43.3	90	19	45.4	83	21
甘肃	31.3	128	19	32.9	124	24	34.9	120	26	42.5	93	21	45.3	84	22
广西	30.6	131	22	36.7	112	21	39.0	105	20	42.2	94	22	44.5	87	23
黑龙江	41.7	98	16	41.7	97	17	40.8	102	19	42.8	92	20	44.0	88	24
贵州	30.2	134	24	35.1	117	22	38.9	106	21	41.0	100	25	42.0	96	25
云南	25.9	142	27	29.7	136	27	31.7	126	27	36.9	110	27	40.3	103	26
山西	30.7	130	21	36.9	109	19	36.4	113	22	37.0	108	26	37.4	107	27
青海	17.2	154	31	19.2	153	31	22.0	146	29	30.3	132	28	35.6	115	28
海南	25.6	143	28	29.0	137	28	28.4	139	28	29.9	135	29	33.7	122	29
内蒙古	21.2	148	29	22.0	147	29	20.4	151	31	23.9	145	30	28.2	140	30
西藏	19.9	152	30	20.6	149	30	20.4	150	30	17.1	155	31	24.2	144	31
平均	46.3	92	16	49.5	84	16	50.9	80	16	55.0	70	16	58.0	63.2	16

注：①对于表中的字段名称，"值"表示各省市区对应年份的指数得分，"总"表示各省市区 2012~2016 年多年连续总排名，"年"表示各省市 5 个单年的排名；②表中 31 个省市区按照 2016 年单年指数得分由高到低（降序）排列。

辽宁省创新创业发展指数处于全国中等偏上的位置，吉林省和黑龙江省处于中等偏下的位置，总体上落后于东南三省。2012～2016 年，6 省份创新创业指数由高到低依次为：江苏、广东、浙江、辽宁、黑龙江、吉林；东南三省普遍呈上升趋势；东南三省发展水平较弱的浙江省明显优于东北地区较优的辽宁省；创新创业指数增幅最大的是吉林省（8.66%），最小的是江苏省（0.55%），辽宁省和黑龙江省的增幅分别为 1.88% 和 1.42%。就 2016 年而言，辽宁省的创新创业发展相对较好，在 31 个省份中的单年排名为 13，吉林省次之，排名为 20，黑龙江省相对较差，排名为 24，具体如表 2-148 和表 2-149 所示。

表 2-149　2012～2016 年 6 省份创新创业指数的值及单年排名

年份	辽宁	吉林	黑龙江	江苏	浙江	广东	全国平均
	值/序	值/序	值/序	值/序	值/序	值/序	值
2012	60.84/9	35.86/17	41.68/16	81.63/2	76.92/4	76.21/5	46.34
2013	60.48/10	40.16/18	41.71/17	81.61/2	78.55/5	79.15/4	49.48
2014	58.54/12	40.91/18	40.78/19	81.07/2	78.80/5	78.81/4	50.88
2015	60.60/14	43.45/18	42.82/20	82.13/3	81.27/5	82.99/2	55.01
2016	65.41/13	48.28/20	44.05/24	83.42/4	84.48/3	85.40/2	58.01
平均	61.17/11.6	41.73/18.2	42.21/19.2	81.97/2.6	80.00/4.4	80.51/3.4	51.94

2012～2016 年，全国创新创业的平均水平呈平稳上升趋势，东北地区整体呈上升趋势，仅 2013 年略有下降；东北地区创新创业低于全国平均水平，且差距呈进一步扩大的趋势；东北三省整体均呈上升趋势；就东北三省而言，辽宁省优于全国平均水平，发展较好，吉林省和黑龙江省均低于全国平均水平，相对较差，具体如图 2-105 所示。

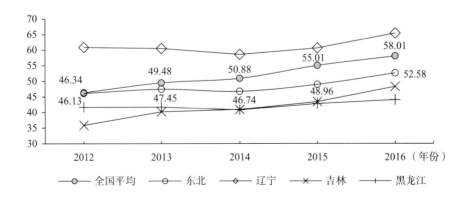

图 2-105　2012～2016 年创新创业指数基本走势

注：①全国平均是指 31 个省市区的平均水平；②全国范围内（可采集到的数据），创新创业指数占比最大值为 2016 年北京的 93.62，最小值为 2015 年西藏的 17.08。

2012~2016 年，东北三省创新创业指数在全国 31 个省市区连续 5 年数据集（共 155 个指标值）中相对位置分布情况如图 2-106 所示。可见，东北三省 5 年（共 15 个数据）创新创业指数的百分比排位位于 50% 以下的有 10 个；此外，排位的最大值是 2016 年的辽宁省（72.0%），最小值是 2012 年的吉林省（26.6%）。

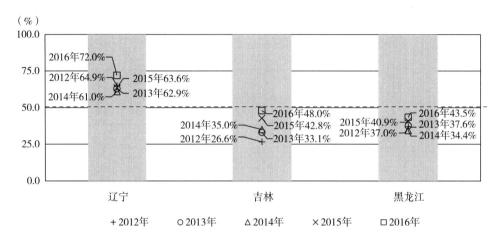

图 2-106　2012~2016 年创新创业指数百分比排位

2. 全国视角下东北地区创新创业进展分析

2012~2016 年，四大区域创新创业指数由高到低依次为：东部、中部、东北、西部；四大区域普遍呈上升趋势，其中西部地区增幅最大（10.58%）；东北地区的创新创业与东部地区的差距较大，具体如表 2-150 所示。

表 2-150　2012~2016 年四大经济区创新创业指数的平均值及排名

年份	东北		东部		西部		中部	
	平均值	年排名	平均值	年排名	平均值	年排名	平均值	年排名
2012	46.13	14.0	65.34	8.9	32.46	22.3	42.52	16.3
2013	47.45	15.0	67.55	9.0	35.55	22.5	48.25	15.2
2014	46.74	16.3	68.16	9.0	37.62	22.4	50.66	14.7
2015	48.96	17.3	71.38	8.8	42.68	21.8	55.41	15.7
2016	52.58	19.0	73.86	8.5	46.21	21.8	57.91	15.5
平均	48.37	16.3	69.26	8.8	38.90	22.2	50.95	15.5

注：为确保区分度，对于具有平均意义的排名（序），本书保留一位小数，以下各表同。

2012~2016 年，七大区域创新创业指数由高到低依次为：华东、华北、华中、华南、东北、西南、西北；七大区域整体均呈上升趋势，其中西北地区上升幅度最大

（13.74%）；就七大区域而言，东北地区处于中下水平，与最优的华东地区相比，差距明显，具体如表 2-151 所示。

表 2-151 2012～2016 年七大地理区创新创业指数的平均值及排名

年份	东北	华北	华东	华南	华中	西北	西南
	值/序	值/序	值/序	值/序	值/序	值/序	值/序
2012	46.13/14.0	48.12/16.4	70.41/5.7	44.12/18.3	41.22/16.8	31.05/22.0	36.50/21.2
2013	47.45/15.0	51.77/15.6	71.60/6.2	48.30/17.7	47.60/15.8	34.04/23.4	39.54/20.6
2014	46.74/16.3	52.62/16.4	72.13/6.2	48.74/17.3	50.73/14.5	36.44/23.2	41.96/20.4
2015	48.96/17.3	55.45/16.8	75.81/6.3	51.68/17.7	56.30/14.8	43.77/21.0	45.44/21.0
2016	52.58/19.0	58.25/16.2	77.94/6.2	54.54/18.0	59.08/14.8	48.10/20.4	48.25/21.2
平均	48.37/16.3	53.24/16.3	73.58/6.1	49.48/17.8	50.99/15.3	38.68/22.0	42.34/20.9

为便于直观分析，将指数信息按空间分类、时间排列、优劣序化等方式整理后，形成多年指数得分、连续排名及单年排名的可视化集成图（见图 2-107～图 2-109），结合表 2-148 的信息，以全国四大经济区为划分标准，对东北三省的创新创业方面的进程评价如下：

（1）东北地区创新创业指数得分有所提升，但增幅落后于其他三个区域

从四大区域平均得分曲线的变化情况可以看出，中国的创新创业有一定成效，四大区域均呈现上升趋势，其中上升幅度最大的为中部地区，年均提升 3.8 分，东部、西部和东北地区的年均提升幅度分别为 2.1 分、3.4 分和 1.6 分，可以看出东北地区的提升幅度最小。此外，虽然四个区域的创新创业有所提升，但除东部地区外，其他地区的指数得分均未达到 60 分，尤其东北地区以 2012 年为基点（46.1 分），拥有优于中部地区的起步条件，但表现乏力，发展后劲不足，并于 2013 年被中部地区反超。

（2）东北地区创新创业绝对水平提升，但不明显，为四个区域中最低

从四大区域连续排名曲线的变化情况可以看出，四大区域的连续排名均呈现上升趋势，其中提升最大的是中部，年均提升 9.1 名，东部、西部和东北地区的年均提升幅度分别为 5.0 名、8.8 名和 4.5 名，可以看出东北地区增幅最小。具体而言，东北三省中，辽宁省表现较好，从 2012 年的 55 名下降至 2014 年的 61 名后，强势反弹，2016 年升至 44 名（11 名的位次改进，增速居全国 26 位），吉林省次之，但发展势头最好，从 2012 年的 114 名持续升至 2016 年的 81 位（33 名的位次改进，增速居全国 13 位），黑龙江省相对较差，虽然从 2012 年的 97 名升至 2016 年的 88 名，但波动幅度较大，趋势不明朗（10 名的位次改进，增速居全国 27 位）。

（3）东北地区创新创业相对水平出现倒退，且倒退幅度较大

从四大区域单年排名曲线的变化情况可以看出，在相对位次的排名竞争中，只有东北

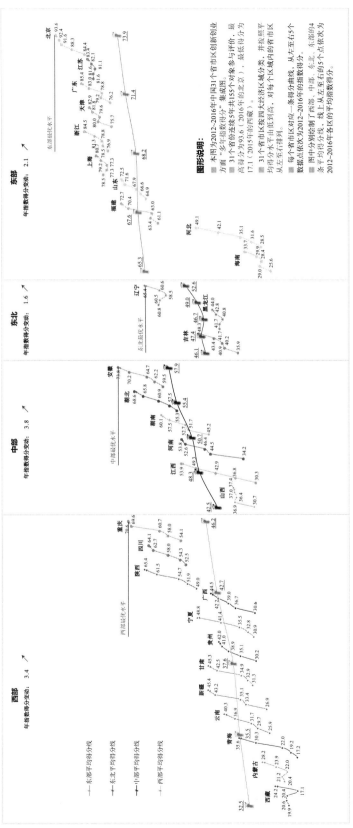

图 2－107　2012～2016 年 31 个省市区创新创业指数得分变动情况

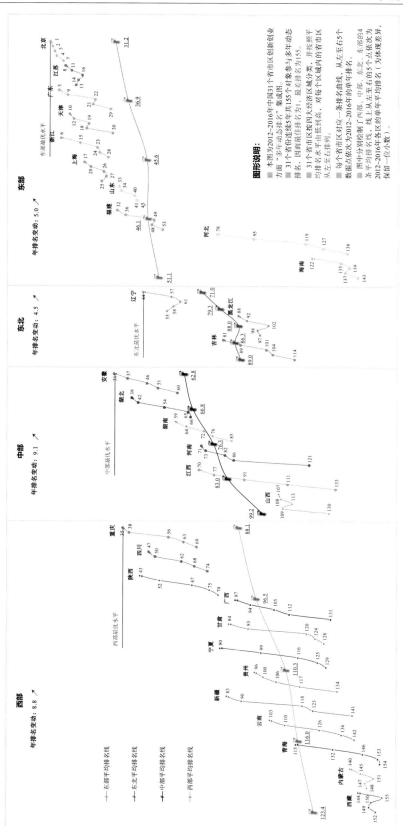

图 2 - 108 2012～2016 年 31 个省市区创新创业多年连续排名变动情况

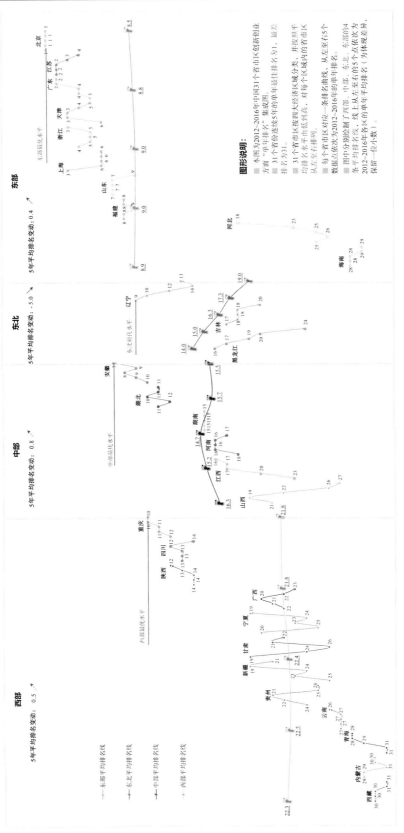

图 2－109　2012～2016 年 31 个省市区创新创业单年排名变动情况

地区总体呈下降趋势，2016年较2012年下降5名，而东部、中部和西部的排名提升幅度分别为0.4名、0.8名和0.5名。对东北三省而言，黑龙江省的下降幅度最大（由16名退到24名，倒退了8名），辽宁省倒退4名，吉林省倒退3名，呈现出"倒退范围广，倒退幅度大"的特征。

3. 创新创业分项指数分析

2012~2016年，东北三省5个分项指标均低于东南三省平均水平，其中人才基础均超过全国平均水平，表现相对较好，其余4个分项指数，辽宁省仅技术产出低于全国平均水平，吉林省均低于全国平均水平，黑龙江省仅科技转化高于全国平均水平，尤其是技术产出和创业成效表现较弱。东南三省在5个分项指标上的发展水平均优于全国平均和东北平均水平。分省来看，东南三省5个分项指数的发展相对均衡，广东省与浙江省的科技转化略低，广东省技术产出为全国最优水平，江苏省科技转化为全国最优水平。东北三省5个分项指数的发展差距较大，其中吉林省和黑龙江省最为突出。就东北三省而言，辽宁省研发基础、人才基础和创业成效相对较强，技术产出相对薄弱，吉林省人才基础相对较强，科技转化明显落后，黑龙江省人才基础和科技转化相对较强，技术产出较为薄弱。总体来看，东北三省在人才基础上具有一定优势，在技术产出上和东南三省的差距较大，具体如表2-152和图2-110所示。

表2-152　2012~2016年6省份创新创业方面分项指数平均得分

省份	研发基础	人才基础	科技转化	技术产出	创业成效
辽宁	64.09	66.90	58.67	46.97	69.25
吉林	39.16	70.04	24.67	39.74	35.03
黑龙江	38.09	62.47	66.83	28.67	14.99
江苏	81.75	80.64	81.75	81.71	84.01
浙江	81.33	81.38	71.62	76.51	89.17
广东	82.12	77.95	72.00	91.19	79.31
东北三省平均	47.11	66.47	50.06	38.46	39.76
东南三省平均	81.73	79.99	75.12	83.14	84.16
各省平均	50.86	51.37	54.00	50.55	52.93
各省最高	97.10	99.05	81.75	91.19	96.23
各省最低	2.25	10.68	13.92	16.37	14.99

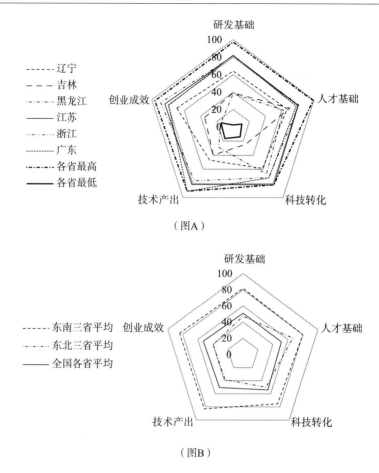

图 2－110　2012～2016 年 6 省份创新创业方面分项指数平均得分雷达图

2012～2016 年，全国在反映创新创业五个方面的整体进展良好，均呈上升趋势，尤其是"人才基础""科技转化""技术产出"和"创业成效"四个方面，5 年间水平持续提升，其中"研发基础"的发展相对缓慢。东南三省的 5 个分项指数均处于全国前列，仅 2015 年浙江省"科技转化"的排位处于全国中等水平（从年排名得出）；东南三省 5 个分项指数的得分整体呈上升趋势，仅江苏省"科技转化"呈下降趋势；东北三省 5 个分项指数中，仅"人才基础"的发展相对较好（从排名得出），黑龙江省和吉林省其余 4 个分项指数的发展水平较低，辽宁省的"科技转化"和"技术产出"较低；东北三省中，除辽宁省和黑龙江省的研发基础、吉林省和黑龙江省的人才基础整体呈下降趋势外，其余整体均呈上升趋势，具体如表 2－153 所示。

进一步统计升降符（▲或▼）的数量，对不同地区的发展态势进行分析和对比可知，2012～2016 年，全国 5 项指数▲的数量明显大于▼的数量，发展势头良好；东北地区 5 个分项指数▲的数量均少于（或等于）东南三省的数量，以"研发基础"（东南三省为 10 个，东北三省为 4 个）和"人才基础"（东南三省为 11 个，东北三省为 5 个）的差距最大，发展稳定性低于东南三省；除"技术产出"和"创业成效"外，东北三省 2016 年其余 3 项指数▲的数量均少于东南三省（技术产出和创业成效数量相同），2016 年的整体发展态势不如东南三省；东北三省▲的总数量为 36 个，占东北三省升降符总数的 60.0%，东南三省▲的总数量为 50 个，占 83.3%，东北三省与东南三省的差距较大。

表 2-153 2012~2016 年 6 省份创新创业方面分项指数

分项指数	年份	辽宁	吉林	黑龙江	江苏	浙江	广东	全国平均
		值/序	值/序	值/序	值/序	值/序	值/序	值
研发基础	2012	68.79/9	28.98/25	42.08/17	80.83/5	80.93/4	79.18/6	48.03
	2013	70.28/9▲	43.45/19▲	41.67/21▼	81.85/5▲	81.38/6▲	81.98/4▲	51.56▲
	2014	66.92/10▼	42.45/19▼	39.84/21▼	81.94/4▲	81.61/5▲	78.73/6▼	51.90▲
	2015	54.91/13▼	45.14/18▲	34.42/23▼	81.97/5▲	81.12/6▼	83.53/3▲	51.00▼
	2016	59.53/12▲	35.78/21▼	32.42/23▼	82.17/5▲	81.59/7▲	87.18/3▲	51.80▲
人才基础	2012	63.99/9	70.58/7	64.76/8	78.25/5	78.7/4	74.22/6	47.46
	2013	65.66/8▲	68.30/7▼	64.05/9▼	79.98/5▲	80.06/4▲	77.96/6▲	49.72▲
	2014	69.19/9▲	70.45/8▲	63.66/12▼	81.00/4▲	81.13/4▲	78.43/6▲	51.70▲
	2015	67.33/11▼	70.82/9▲	61.34/15▼	81.66/5▲	83.02/4▲	79.67/6▲	53.44▲
	2016	68.32/12▲	70.06/10▼	58.52/16▼	82.29/5▲	83.99/4▲	79.47/6▼	54.55▲
科技转化	2012	59.25/9	14.36/27	62.15/7	86.97/1	71.85/4	60.49/8	43.89
	2013	53.95/14▼	19.47/29▲	64.73/11▲	84.48/1▼	70.99/5▼	69.39/7▲	48.82▲
	2014	44.86/21▼	18.00/29▼	59.84/13▼	78.14/2▼	66.77/7▼	67.17/6▼	49.65▲
	2015	64.89/18▲	23.90/29▲	73.98/9▲	79.54/7▲	70.18/13▲	79.66/6▲	60.76▲
	2016	70.41/17▲	47.63/27▲	73.42/15▼	79.61/8▲	78.30/10▲	83.28/5▲	66.87▲
技术产出	2012	45.07/17	36.14/21	25.32/26	80.92/3	69.09/6	88.97/1	45.87
	2013	45.39/17▲	39.34/20▲	25.97/27▲	79.77/4▼	73.81/7▲	89.99/1▲	48.94▲
	2014	42.66/18▼	39.22/21▼	28.20/25▲	81.27/5▲	75.19/6▲	90.38/1▲	49.76▲
	2015	45.16/18▲	39.97/22▲	27.91/26▼	82.29/4▲	80.68/6▲	91.54/1▲	52.92▲
	2016	56.56/17▲	44.06/22▲	35.98/25▲	84.30/2▲	83.79/4▲	95.05/1▲	55.28▲
创业成效	2012	67.08/9	29.24/24	14.11/31	81.16/4	84.03/2	78.18/6	46.44
	2013	67.15/9▲	30.23/24▲	12.11/31▼	81.97/4▲	86.48/2▲	76.45/7▼	48.37▲
	2014	69.07/9▲	34.43/24▲	12.35/31▲	83.02/4▲	89.29/2▲	79.35/5▲	51.39▲
	2015	70.70/9▲	37.41/29▲	16.47/31▲	85.17/3▲	91.33/2▲	80.54/6▲	56.92▲
	2016	72.24/10▲	43.85/27▲	19.89/31▲	88.74/3▲	94.71/2▲	82.03/6▲	61.55▲

注：表中符号"▲"表示本年的数据相对于前一年是增长的，符号"▼"表示本年的数据相对于前一年是减少的。

2012～2016 年，辽宁省▲的数量为 14 个，占辽宁省升降符总数的 70.0%，吉林省▲的数量为 14 个，占 70.0%，黑龙江省▲的数量为 8 个，占 40.0%，江苏省▲的数量为 17 个，占 85.0%，浙江省▲的数量为 17 个，占 85.0%，广东省▲的数量为 16 个，占 80.0%，东北三省最优的辽宁省和吉林省依然落后于东南三省；就东北三省而言，辽宁省和吉林省的发展稳定性相对较好，黑龙江省较弱。2012～2016 年，东北三省"研发基础"的发展态势均不理想，"人才基础"发展态势较好的是辽宁省，"科技转化"发展态势较好的是吉林省，"技术产出"三省的发展态势大体相当，相对较好，"创业成效"发展态势较好的是辽宁省和吉林省。

（1）研发基础

1）研发（R&D）投入强度（单位:%）。研发（R&D）投入强度反映一个地区科技研发基础的水平，是衡量地区在科技创新方面努力程度的重要指标，计算公式为地区研发（R&D）经费支出与地区 GDP 的比值。2012～2016 年，全国研发（R&D）投入强度的平均水平呈平稳上升趋势，东北地区呈小幅波动上升趋势；东北地区研发（R&D）投入强度明显低于全国平均水平；东北三省中，辽宁省呈波动上升的趋势，且 2014～2016 年波动幅度较大，黑龙江省总体呈下降趋势，吉林省总体呈上升趋势；就东北三省而言，辽宁省表现相对较好，黑龙江省次之，吉林省较弱。总体而言，东北地区的研发（R&D）投入强度与全国平均水平差距较大，具体如图 2-111 所示。

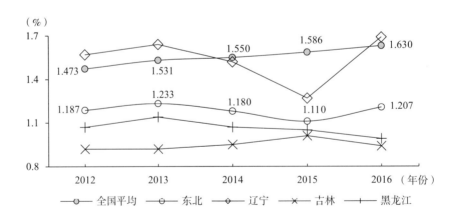

图 2-111　2012～2016 年研发（R&D）投入强度基本走势

注：①全国平均是指 31 个省市区的平均水平；②全国范围内（可采集到的数据），研发（R&D）投入强度最大值为 2015 年北京的 6.01%，最小值为 2016 年西藏的 0.19%。

2012～2016 年，东北三省研发（R&D）投入强度在全国 31 个省市区连续 5 年数据集（共 155 个指标值）中相对位置分布情况如图 2-112 所示。可见，东北三省 5 年（共 15 个数据）研发（R&D）投入强度的百分比排位位于 50% 以下数量有 10 个；此外，排位的最大值是 2016 年的辽宁省（66.8%），最小值是 2012 年和 2013 年的吉林省（29.2%）。

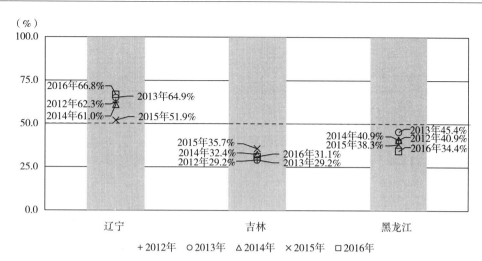

图 2 - 112　2012～2016 年东北三省研发（R&D）投入强度百分比排位

2012～2016 年，6 省份研发（R&D）投入强度由高到低依次为：江苏、广东、浙江、辽宁、黑龙江、吉林；东南三省呈平稳上升趋势，发展势头良好，整体发展水平明显高于东北三省；东北三省发展水平较好的辽宁省持续低于东南三省较弱的浙江省；研发（R&D）投入强度增幅最大的是广东省（4.49%），降幅最大的是黑龙江省（-1.87%），辽宁省和吉林省的增幅分别为 1.91% 和 0.54%，具体如表 2 - 154 所示。

表 2 - 154　2012～2016 年 6 省份研发（R&D）投入强度的原始值及单年排名

年份	辽宁	吉林	黑龙江	江苏	浙江	广东	全国平均
	值/序	值/序	值/序	值/序	值/序	值/序	值
2012	1.57/11	0.92/20	1.07/17	2.38/4	2.08/6	2.17/5	1.47
2013	1.64/11	0.92/22	1.14/17	2.49/4	2.16/6	2.31/5	1.53
2014	1.52/12	0.95/22	1.07/19	2.54/4	2.26/6	2.37/5	1.55
2015	1.27/15	1.01/22	1.05/19	2.57/4	2.36/6	2.47/5	1.59
2016	1.69/13	0.94/23	0.99/21	2.66/4	2.43/6	2.56/5	1.63
平均	1.54/12.4	0.95/21.8	1.06/18.6	2.53/4.0	2.26/6.0	2.38/5.0	1.55

2012～2016 年，四大区域研发（R&D）投入强度由高到低依次为：东部、中部、东北、西部；四大区域中，东北地区呈波动上升趋势，其他区域普遍呈平稳上升趋势，东北地区区域研发（R&D）投入强度与东部地区差距明显，具体如表 2 - 155 所示。

表 2 - 155　2012～2016 年四大经济区研发（R&D）投入强度的平均值及排名

年份	东北		东部		西部		中部	
	平均值	年排名	平均值	年排名	平均值	年排名	平均值	年排名
2012	1.187	16.0	2.357	9.2	0.904	21.9	1.282	15.2
2013	1.233	16.7	2.449	9.1	0.921	22.2	1.370	14.8
2014	1.180	17.7	2.495	9.1	0.928	22.0	1.403	14.7
2015	1.110	18.7	2.564	8.8	0.970	21.7	1.425	15.0
2016	1.207	19.0	2.610	8.9	1.007	21.6	1.453	14.8
平均	1.183	17.6	2.495	9.0	0.946	21.9	1.387	14.9

2012～2016 年，七大区域研发（R&D）投入强度由高到低依次为：华北、华东、华中、华南、东北、西北、西南；七大区域中，东北地区呈波动上升趋势，其他区域均呈平稳上升态势；就七大区域而言，东北地区处于中下水平，与最优的华北地区相比，差距较大，具体如表 2 -156 所示。

表 2 - 156　2012～2016 年七大经济区研发（R&D）投入强度的平均值及排名

年份	东北	华北	华东	华南	华中	西北	西南
	值/序	值/序	值/序	值/序	值/序	值/序	值/序
2012	1.187/16.0	2.280/13.4	2.148/7.2	1.133/19.7	1.240/16.3	1.012/20.4	0.880/22.0
2013	1.233/16.7	2.368/13.0	2.268/6.8	1.177/19.7	1.293/16.0	1.036/21.2	0.886/22.2
2014	1.180/17.7	2.370/13.0	2.337/6.8	1.187/19.7	1.335/15.8	1.042/21.0	0.904/22.0
2015	1.110/18.7	2.414/13.2	2.400/6.8	1.187/20.3	1.388/15.3	1.064/20.8	0.986/21.0
2016	1.207/19.0	2.396/13.4	2.468/7.0	1.250/20.0	1.430/15.0	1.098/20.8	1.030/20.8
平均	1.183/17.6	2.366/13.2	2.324/6.9	1.187/19.9	1.337/15.7	1.050/20.8	0.937/21.6

2）科技创新支出强度（单位:%）。科技创新支出强度反映一个地区对科技创新的投入和重视程度，是衡量地区创新创业的重要指标。2012～2016 年，全国科技创新支出强度的平均水平整体呈上升趋势，东北地区呈下降趋势；东北地区明显低于全国平均水平；辽宁省呈明显下降趋势，黑龙江省略呈下降趋势，吉林省在 2012～2013 年呈明显上升趋势，2013～2016 年呈下降趋势；就东北三省而言，辽宁省发展较好，吉林省次之，黑龙江省较弱。总体而言，东北地区的科技创新支出强度与全国平均水平的差距呈进一步扩大趋势，具体如图 2 -113 所示。

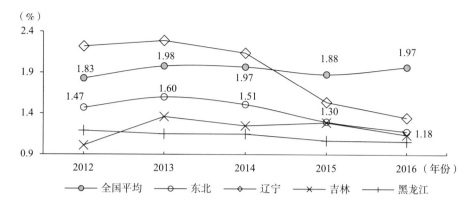

图 2-113 2012~2016 年科技创新支出强度基本走势

注：①全国平均是指 31 个省市区的平均水平；②全国范围内（可采集到的数据），科技创新支出强度最大值为 2014 年北京的 6.25%，最小值为 2016 年西藏的 0.30%。

2012~2016 年，东北三省科技创新支出强度在全国 31 个省市区连续 5 年数据集（共 155 个指标值）中相对位置分布情况如图 2-114 所示。可见，东北三省 5 年（共 15 个数据）科技创新支出强度的百分比排位处于 50% 以下有 9 个，其中，有 3 个低于 25%；此外，排位的最大值是 2013 年的辽宁省（75.3%），最小值是 2012 年的吉林省（18.1%）。

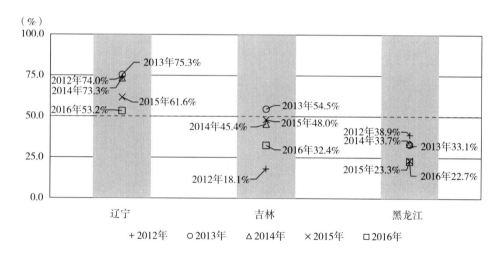

图 2-114 2012~2016 年东北三省科技创新支出强度百分比排位

2012~2016 年，6 省份科技创新支出强度由高到低依次为：广东、浙江、江苏、辽宁、吉林、黑龙江；东南三省中江苏省和广东省整体呈上升趋势，浙江省呈下降态势；东南三省中水平较低的江苏省优于东北地区较高的辽宁省；科技创新支出强度增幅最大的是广东省（16.37%），降幅最大的是辽宁省（-9.85%），黑龙江省的降幅为 -2.62%，吉林省的增幅为 3.31%，具体如表 2-157 所示。

表 2 – 157　2012～2016 年 6 省份科技创新支出强度的原始值及单年排名

年份	辽宁	吉林	黑龙江	江苏	浙江	广东	全国平均
	值/序	值/序	值/序	值/序	值/序	值/序	值
2012	2.22/8	1.01/24	1.19/17	3.66/4	3.99/3	3.34/6	1.83
2013	2.29/8	1.36/16	1.15/22	3.88/5	4.06/4	4.10/3	1.98
2014	2.14/9	1.25/17	1.15/24	3.86/3	4.03/3	3.00/6	1.97
2015	1.54/12	1.29/17	1.07/24	3.84/4	3.77/5	4.44/2	1.88
2016	1.35/15	1.14/20	1.06/24	3.82/R	3.86/5	5.53/1	1.97
平均	1.91/10.4	1.21/18.8	1.12/22.2	3.81/4.6	3.94/4	4.08/3.6	1.93

2012～2016 年，四个区域科技创新支出强度由高到低依次为：东部、中部、东北、西部；中部和西部整体呈上升趋势，其中中部增幅最大，东北和东部表现出先升后降的变化特征，总体呈下降态势；东北地区科技创新支出强度与东部地区差距较大，具体如表 2 – 158 所示。

表 2 – 158　2012～2016 年四大经济区科技创新支出强度的平均值及排名

年份	东北		东部		西部		中部	
	平均值	年排名	平均值	年排名	平均值	年排名	平均值	年排名
2012	1.47	16.3	3.22	7.4	0.97	23.4	1.42	15.3
2013	1.60	15.3	3.37	7.9	1.04	24.3	1.71	13.3
2014	1.51	16.7	3.27	8.6	1.05	23.6	1.88	12.8
2015	1.30	17.7	3.08	9.6	1.09	21.7	1.76	14.5
2016	1.18	19.7	3.21	8.4	1.05	22.2	2.15	14.5
平均	1.41	17.1	3.23	8.4	1.04	23.0	1.79	14.1

2012～2016 年，七个区域科技创新支出强度由高到低依次为：华东、华北、华南、华中、东北、西北、西南；华中、西南、西北呈上升趋势，华北、东北普遍呈波动下降趋势，华东、华南呈波动上升趋势；就七个区域而言，东北地区处于中下水平，与最优的华东地区相比，差距较大，具体如表 2 – 159 所示。

（2）人才基础

1）研发（R&D）人员占比（单位:%）。研发（R&D）人员占比反映一个地区的研究与开发人员实力，是衡量地区创新能力的重要指标，计算公式为地区研发人员的总数与常住人口的比值。2012～2016 年，全国研发（R&D）人员占比的平均水平呈上升趋势，东北地区总体呈缓慢下降趋势；东北地区明显低于全国平均水平，且这种差距呈进一步扩大的趋势；吉林省呈缓慢上升趋势，黑龙江省呈下降趋势，辽宁省总体变化不大；就东北三省而言，辽宁省表现相对较好，吉林省次之，黑龙江省较弱。总体而言，东北地区的研发（R&D）人员占比与全国平均水平的差距呈进一步扩大的趋势，具体如图 2 - 115 所示。

表 2 - 159　2012 ~ 2016 年七大地理区科技创新支出强度的平均值及排名

年份	东北	华北	华东	华南	华中	西北	西南
	值/序	值/序	值/序	值/序	值/序	值/序	值/序
2012	1.47/16.3	2.42/14.2	3.32/5.7	2.03/10.7	1.23/17.3	0.96/23.2	0.92/25.0
2013	1.60/15.3	2.66/13.8	3.39/6.2	2.39/10.3	1.43/15.8	1.01/25.0	0.99/25.0
2014	1.51/16.7	2.75/14.4	3.35/6.2	1.98/12.3	1.69/14.5	1.02/25.0	0.99/23.4
2015	1.30/17.7	2.30/17.2	3.11/6.3	2.22/16.0	1.66/14.5	1.13/21.4	1.08/21.2
2016	1.18/19.7	2.16/17.0	3.52/5.8	2.56/15.7	1.79/14.5	1.10/21.6	1.08/20.8
平均	1.41/17.1	2.46/15.3	3.34/6.0	2.24/13.0	1.56/15.3	1.04/23.2	1.01/23.1

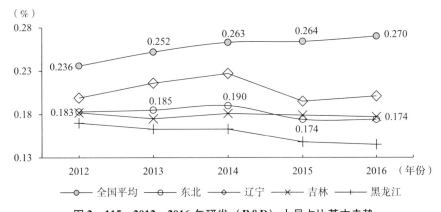

图 2 - 115　2012 ~ 2016 年研发（R&D）人员占比基本走势

注：①全国平均是指 31 个省市区的平均水平；②全国范围内（可采集到的数据），研发（R&D）人员占比最大值为 2016 年北京的 1.166%，最小值为 2016 年西藏的 0.034%。

2012 ~ 2016 年，东北三省研发（R&D）人员占比在全国 31 个省市区连续 5 年数据集（共 155 个指标值）中相对位置分布情况如图 2 - 116 所示。可见，东北三省 5 年（共 15 个数据）科技创新支出强度的百分比排位普遍处于 50% 以下的仅 2 个；其中，排位的最大值是 2014 年的辽宁省（68.8%），最小值是 2016 年的黑龙江省（41.5%）。

2012 ~ 2016 年，6 省份研发（R&D）人员占比由高到低依次为：江苏、浙江、广东、辽宁、吉林、黑龙江；江苏省和浙江省普遍呈上升趋势，广东省呈波动上升态势，东南三省明显优于东北三省；东南三省中水平较低的广东省明显优于东北地区较高的辽宁省；研发（R&D）人员占比增幅最大的是江苏省（8.47%），降幅最大的是黑龙江省（- 3.71%），辽宁省的增幅为 0.25%，吉林省的降幅为 - 0.70%，具体如表 2 - 160 所示。

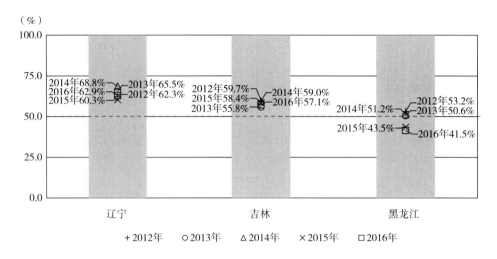

图 2-116 2012~2016 年东北三省科研（R&D）人员占比百分比排位

表 2-160 2012~2016 年 6 省份研发（R&D）人员占比的原始值及单年排名

年份	辽宁	吉林	黑龙江	江苏	浙江	广东	全国平均
	值/序	值/序	值/序	值/序	值/序	值/序	值
2012	0.199/11	0.182/12	0.170/14	0.507/5	0.508/4	0.465/6	0.236
2013	0.216/11	0.175/14	0.163/15	0.587/4	0.566/5	0.471/6	0.252
2014	0.227/11	0.181/14	0.163/16	0.627/4	0.614/5	0.473/6	0.263
2015	0.195/13	0.179/14	0.148/18	0.652/5	0.658/4	0.462/6	0.264
2016	0.201/13	0.177/14	0.145/20	0.679/4	0.674/5	0.469/6	0.270
平均	0.207/11.8	0.179/13.6	0.158/16.6	0.611/4.4	0.604/4.6	0.468/6	0.257

2012~2016 年，四个区域研发（R&D）人员占比由高到低依次为：东部、东北、中部、西部；东部、中部和西部普遍呈上升趋势，东北地区总体呈下降态势；东北地区研发（R&D）人员占比与东部地区差距较大，具体如表 2-161 所示。

表 2-161 2012~2016 年四大经济区科研（R&D）人员占比的平均值及排名

年份	东北		东部		西部		中部	
	平均值	年排名	平均值	年排名	平均值	年排名	平均值	年排名
2012	0.183	12.3	0.465	8.5	0.104	22.8	0.148	16.7
2013	0.185	13.3	0.495	8.5	0.112	22.7	0.162	16.5
2014	0.190	13.7	0.516	8.3	0.117	22.7	0.169	16.7
2015	0.174	15.0	0.528	8.0	0.115	22.8	0.167	16.2
2016	0.174	15.7	0.539	8.1	0.119	22.5	0.172	16.3
平均	0.181	14.0	0.509	8.3	0.113	22.7	0.164	16.5

2012～2016 年，七个区域研发（R&D）人员占比由高到低依次为：华北、华东、华南、东北、华中、西北、西南；华北、华东、华中、西南普遍呈上升趋势，华南、西北总体呈持平态势，东北总体呈下降趋势；就七个区域而言，东北地区排名居中，与最优的华北地区相比，差距较大，具体如表 2 - 162 所示。

表 2 - 162　2012～2016 年七大地理区研发（R&D）人员占比的平均值及排名

| 年份 | 东北 | 华北 | 华东 | 华南 | 华中 | 西北 | 西南 |
	值/序	值/序	值/序	值/序	值/序	值/序	值/序
2012	0.183/12.3	0.428/12.6	0.400/6.5	0.210/19.3	0.146/17.3	0.120/20.8	0.086/25.2
2013	0.185/13.3	0.446/12.8	0.441/6.3	0.212/19.3	0.160/16.8	0.125/21.4	0.096/24.4
2014	0.190/13.7	0.461/13.0	0.466/6.5	0.214/19.0	0.167/16.5	0.131/21.6	0.103/24.0
2015	0.174/15.0	0.470/12.2	0.479/6.3	0.209/19.3	0.168/16.0	0.124/22.2	0.106/23.8
2016	0.174/15.7	0.471/12.2	0.496/6.5	0.212/19.7	0.173/16.0	0.124/22.2	0.112/23.0
平均	0.181/14	0.455/12.6	0.456/6.4	0.211/19.3	0.163/16.5	0.125/21.6	0.101/24.1

2）高校 R&D 人员平均强度（单位：人）。高校 R&D 人员平均强度反映一个地区高校参与科研人员数量的平均水平，是衡量地区创新创业的重要指标，计算公式为地区高校 R&D 人员总数与高校总数的比值。2012～2016 年，全国和东北地区高校 R&D 人员平均强度的平均水平均呈上升趋势；东北地区优于全国平均水平，但优势在逐渐减弱；辽宁省和吉林省整体呈上升趋势，黑龙江省呈下降态势；就东北三省而言，吉林省发展较好，黑龙江省次之，辽宁省较弱。总体而言，东北地区的高校 R&D 人员平均强度整体高于全国平均水平，但优势在逐渐减弱，具体如图 2 - 117 所示。

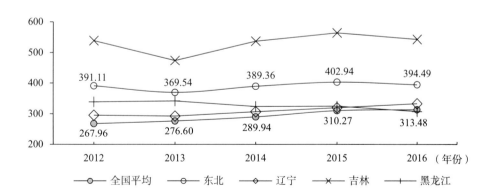

图 2 - 117　2012～2016 年高校 R&D 人员平均强度基本走势

注：①全国平均是指 31 个省市区的平均水平；②全国范围内（可采集到的数据），高校 R&D 人员平均强度最大值为 2015 年北京的 887.297，最小值为 2015 年青海的 111.333。

2012～2016 年，东北三省高校 R&D 人员平均强度在全国 31 个省市区连续 5 年数据集（共 155 个指标值）中相对位置分布情况如图 2–118 所示。可见，东北三省 5 年（共 15 个数据）科技创新支出强度的百分比排位全部处于 50% 以上，其中有 7 个处于 75% 以上；此外，排位的最大值是 2015 年的吉林省（93.5%），最小值是 2013 年的辽宁省（61.0%）。

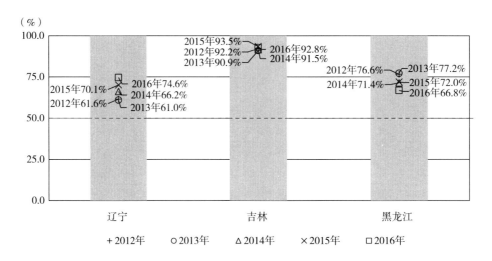

图 2–118　2012～2016 年东北三省高校 R&D 人员平均强度百分比排位

　　2012～2016 年，6 省份高校 R&D 人员平均强度由高到低依次为：吉林、浙江、江苏、广东、黑龙江、辽宁；东南三省普遍呈上升的发展趋势；东南三省中水平较低的广东省高于东北三省中较低的辽宁省；高校 R&D 人员平均强度增幅最大的是浙江省（10.18%），降幅最大的是黑龙江省（-2.32%），辽宁省和吉林省的增幅分别为 3.18% 和 0.19%，具体如表 2–163 所示。

表 2–163　2012～2016 年 6 省份高校 R&D 人员平均强度的原始值及单年排名

年份	辽宁 值/序	吉林 值/序	黑龙江 值/序	江苏 值/序	浙江 值/序	广东 值/序	全国平均 值
2012	295.37/11	539.07/3	338.89/5	317.87/8	328.25/6	296.04/10	267.96
2013	292.60/11	474.16/3	341.85/7	335.54/8	352.87/5	319.21/10	276.60
2014	306.95/10	537.24/3	323.90/9	356.55/7	369.95/6	338.36/8	289.94
2015	319.74/11	564.22/3	324.86/10	370.09/8	427.80/6	401.02/7	310.27
2016	332.98/10	543.07/3	307.43/13	381.02/7	461.88/4	388.08/6	313.48
平均	309.53/10.6	531.55/3.0	327.39/8.8	352.21/7.6	388.15/5.4	348.54/8.2	291.65

　　2012～2016 年，四个区域高校 R&D 人员平均强度由高到低依次为：东北、东部、西部、中部；四个区域普遍呈上升趋势，其中东部上升幅度最大；东北地区高校 R&D 人员

平均强度相对优势在减弱，2015 年被东部反超，具体如表 2 – 164 所示。

表 2 – 164 2012 ~ 2016 年四大经济区高校 R&D 人员平均强度的平均值及排名

年份	东北		东部		西部		中部	
	平均值	年排名	平均值	年排名	平均值	年排名	平均值	年排名
2012	391. 11	6. 0	338. 3	12. 4	215. 05	18. 8	194. 95	21. 2
2013	369. 54	7. 0	359. 29	12. 1	224. 93	18. 7	195. 64	21. 7
2014	389. 36	7. 3	381. 69	11. 2	232. 94	18. 9	201. 29	22. 5
2015	402. 94	10. 2	419. 96	8. 0	241. 34	20. 0	218. 98	21. 7
2016	394. 49	9. 4	429. 3	8. 7	243. 92	20. 2	219. 05	22. 3
平均	389. 49	7. 5	385. 71	11. 1	231. 64	19. 3	205. 98	21. 9

2012 ~ 2016 年，七个区域高校 R&D 人员平均强度由高到低依次为：东北、华北、华东、华南、西南、华中、西北；七个区域整体呈上升趋势，华东的上升幅度最大；就七个区域而言，东北地区处于首位，与第二位的华北相比，优势在逐渐减弱，具体如表 2 – 165 所示。

表 2 – 165 2012 ~ 2016 年七大地理区高校 R&D 人员平均强度的平均值及排名

年份	东北	华北	华东	华南	华中	西北	西南
	值/序	值/序	值/序	值/序	值/序	值/序	值/序
2012	391. 11/6. 3	332. 00/15. 8	301. 59/13. 0	252. 21/15. 3	195. 00/21. 5	193. 55/21. 4	231. 89/16. 2
2013	369. 54/7. 0	350. 42/16. 0	319. 56/12. 2	266. 37/15. 7	195. 04/21. 8	188. 62/22. 6	254. 82/15. 0
2014	389. 36/7. 3	362. 78/16. 6	340. 13/11. 5	263. 07/15. 7	202. 79/22. 3	193. 04/23. 0	279. 93/14. 2
2015	402. 94/8. 0	377. 90/16. 2	379. 57/10. 7	310. 68/14. 0	222. 07/21. 0	200. 80/22. 6	283. 64/16. 6
2016	394. 49/8. 7	370. 44/16. 6	397. 12/10. 0	321. 63/12. 7	227. 45/21. 5	216. 96/22. 4	267. 98/18. 2
平均	389. 49/7. 5	358. 71/16. 2	347. 59/11. 5	282. 79/14. 7	208. 47/21. 6	198. 59/22. 6	263. 65/16. 0

（3）技术转化

1）技术市场成交额占比（单位:%）。技术市场成交额占比反映一个地区科技创新成果对地区 GDP 的贡献程度，是衡量地区创新创业的重要指标，计算公式为地区技术市场成交总额与地区 GDP 的比值。2012 ~ 2016 年，全国技术市场成交额占比的平均水平呈明显上升趋势，东北地区亦呈上升趋势；东北地区明显落后于全国平均水平；辽宁省和吉林省整体呈上升趋势，黑龙江省呈缓慢上升趋势；就东北三省而言，辽宁省发展较好，黑龙江省次之，吉林省较弱。总体而言，东北地区的技术市场成交额占比与全国平均水平差距较大，具体如图 2 – 119 所示。

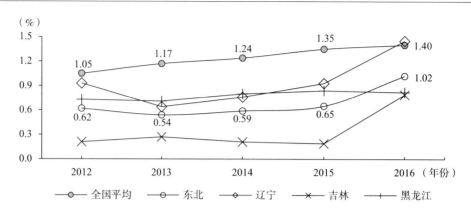

图 2 – 119　2012～2016 年技术市场成交额占比基本走势

注：①全国平均是指 31 个省市区的平均水平；②全国范围内（可采集到的数据），技术市场成交额占比最大值为 2016 年北京的 15.353%，最小值为 2016 年西藏的 0%。

2012～2016 年，东北三省技术市场成交额占比在全国 31 个省市区连续 5 年数据集（共 155 个指标值）中相对位置分布情况如图 2 – 120 所示。可见，东北三省 5 年（共 15 个数据）技术市场成交额占比的百分比排位位于 50% 以下的数量有 4 个；此外，排位的最大值是 2016 年的辽宁省（80.0%），最小值是 2015 年的吉林省（25.3%）。

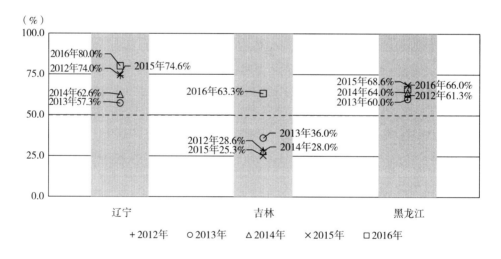

图 2 – 120　2012～2016 年东北三省技术市场成交额占比百分比排位

2012～2016 年，6 省份技术市场成交额占比由高到低依次为：辽宁、江苏、广东、黑龙江、吉林、浙江；东南三省总体呈上升趋势；东南三省中水平较低的浙江省总体低于东北地区较低的吉林省；技术市场成交额占比增幅最大的是吉林省（68.62%），增幅最小的是江苏省（2.69%），黑龙江省和辽宁省的增幅分别为 2.86% 和 14.12%，具体如表 2 – 166 所示。

表2-166　2012~2016年6省份技术市场成交额占比的原始值及单年排名

年份	辽宁	吉林	黑龙江	江苏	浙江	广东	全国平均
	值/序	值/序	值/序	值/序	值/序	值/序	值
2012	0.930/7	0.210/22	0.730/10	0.740/9	0.230/21	0.640/12	1.050
2013	0.640/13	0.270/20	0.710/11	0.890/8	0.220/23	0.850/9	1.170
2014	0.760/12	0.210/22	0.800/11	0.830/9	0.220/20	0.610/14	1.240
2015	0.930/9	0.190/23	0.840/12	0.820/13	0.230/21	0.910/10	1.350
2016	1.450/8	0.790/15	0.820/14	0.820/13	0.420/18	0.940/9	1.400
平均	0.940/9.8	0.330/20.4	0.780/11.6	0.820/10.4	0.260/20.6	0.790/10.8	1.240

2012~2016年，四个区域技术市场成交额占比由高到低依次为：东部、西部、东北、中部；四个区域普遍呈上升趋势，中部上升幅度最大，东部上升幅度最小；东北地区技术市场成交额占比与最优的东部地区差距较大，具体如表2-167所示。

表2-167　2012~2016年四大经济区技术市场成交额占比的平均值及排名

年份	东北		东部		西部		中部	
	平均值	年排名	平均值	年排名	平均值	年排名	平均值	年排名
2012	0.620	13.0	2.040	13.9	0.640	16.4	0.380	17.8
2013	0.540	14.7	2.170	14.2	0.770	16.8	0.580	15.7
2014	0.590	15.0	2.210	14.5	0.840	16.6	0.690	15.3
2015	0.650	14.7	2.350	14.1	0.920	17.3	0.800	15.0
2016	1.020	12.3	2.440	14.0	1.020	17.1	0.820	16.7
平均	0.690	13.9	2.240	14.1	0.840	16.8	0.650	16.1

2012~2016年，七个区域技术市场成交额占比由高到低依次为：华北、西北、华东、华中、东北、西南、华南；七个区域总体均呈上升趋势，且华中地区增幅最大；就七个区域而言，东北地区处于中下水平，与最优的华北地区相比，差距较大，具体如表2-168所示。

2）科技人员专利申请强度（单位：件/人年）。科技人员专利申请强度反映一个地区的科技创新能力，是衡量地区创新创业水平的必要指标，计算公式为地区科技人员专利申请数量与R&D人员的比值。2012~2016年，全国科技人员专利申请强度的平均水平呈持续上升态势，东北地区整体呈波动上升趋势；东北地区明显低于全国平均水平，且这种差距呈进一步扩大的态势；东北三省总体上均呈上升趋势；就东北三省而言，黑龙江省较好，辽宁省次之，吉林省较弱。总体而言，东北地区科技人员专利申请强度明显低于全国平均水平，且差距在逐年增大，具体如图 2 - 121 所示。

表 2 - 168　2012 ~ 2016 年七大地理区技术市场成交额占比的平均值及排名

年份	东北	华北	华东	华南	华中	西北	西南
	值/序	值/序	值/序	值/序	值/序	值/序	值/序
2012	0.620/13.0	3.320/12.0	0.760/13.7	0.230/23.7	0.380/18.5	0.960/13.8	0.380/17.5
2013	0.540/14.7	3.460/13.6	0.800/14.5	0.340/21.3	0.590/16.8	1.260/14.6	0.470/15.5
2014	0.590/15.0	3.550/14.8	0.830/13.3	0.230/24.0	0.730/16.5	1.340/13.8	0.600/14.8
2015	0.650/14.7	3.730/14.0	0.870/14.3	0.340/22.3	0.890/16.0	1.600/14.2	0.480/15.8
2016	1.020/12.3	3.800/15.4	0.940/14.5	0.400/19.7	0.920/17.0	1.720/14.4	0.580/16.3
平均	0.690/13.9	3.570/14.0	0.840/14.1	0.310/22.2	0.700/17.0	1.380/14.2	0.500/16.0

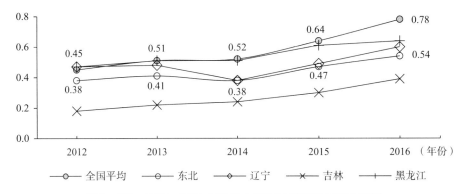

图 2 - 121　2012 ~ 2016 年科技人员专利申请强度基本走势

注：①全国平均是指 31 个省市区的平均水平；②全国范围内（可采集到的数据），科技人员专利申请强度最大值为 2016 年广西的 1.4846，最小值为 2012 年内蒙古的 0.1418。

2012 ~ 2016 年，东北三省科技人员专利申请强度在全国 31 个省市区连续 5 年数据集（共 155 个指标值）中相对位置分布情况如图 2 - 122 所示。可见，东北三省 5 年（共 15 个数据）科技人员专利申请强度的百分比排位处于 50% 以下的有 12 个，其中有 5 个位于 25% 以下；此外，排位的最大值是 2016 年的黑龙江省（64.9%），最小值是 2012 年的吉林省（3.8%）。

2012 ~ 2016 年，6 省份科技人员专利申请强度由高到低依次是：江苏、浙江、广东、黑龙江、辽宁、吉林；东南三省中，江苏省呈下降态势，浙江省和广东省呈上升趋势；东南三省中水平较低的广东省优于东北地区水平最高的黑龙江省；科技人员专利申请强度增幅最大的是吉林省（28.41%），降幅最大的是江苏省（-4.95%），辽宁省和吉林省的增幅分别为 6.72% 和 28.41%，具体如表 2 - 169 所示。

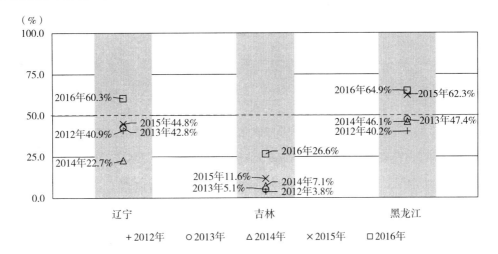

图 2-122　2012~2016 年东北三省科技人员专利申请强度百分比排位

表 2-169　2012~2016 年 6 省份科技人员专利申请强度的原始值及单年排名

年份	辽宁	吉林	黑龙江	江苏	浙江	广东	全国平均
	值/序	值/序	值/序	值/序	值/序	值/序	值
2012	0.470/10	0.180/28	0.470/11	1.180/1	0.900/2	0.470/12	0.450
2013	0.480/16	0.220/29	0.510/14	1.080/1	0.950/2	0.530/11	0.510
2014	0.380/23	0.240/29	0.510/15	0.850/3	0.770/5	0.550/14	0.520
2015	0.490/21	0.300/29	0.610/17	0.820/6	0.840/5	0.710/11	0.640
2016	0.600/23	0.390/30	0.640/21	0.940/9	1.040/6	0.980/8	0.780
平均	0.490/18.6	0.270/29.0	0.550/15.6	0.970/4.0	0.900/4.0	0.650/11.2	0.580

　　2012~2016 年，四个区域科技人员专利申请强度由高到低依次是：东部、西部、中部、东北；四个区域均呈上升趋势，西部上升幅度最大；东北地区科技人员专利批准强度与东部地区差距较大，具体如表 2-170 所示。

表 2-170　2012~2016 年四大经济区科技人员专利申请强度的平均值及排名

年份	东北		东部		西部		中部	
	平均值	年排名	平均值	年排名	平均值	年排名	平均值	年排名
2012	0.380	16.3	0.540	12.8	0.400	18.2	0.420	16.8
2013	0.410	19.7	0.580	12.9	0.490	15.8	0.450	19.7
2014	0.380	22.3	0.540	14.7	0.550	14.8	0.480	17.5
2015	0.470	22.3	0.640	14.9	0.700	14.5	0.600	17.7
2016	0.540	24.7	0.790	14.7	0.820	14.3	0.790	17.2
平均	0.430	21.1	0.620	14.0	0.590	15.5	0.550	17.8

2012～2016 年，七个区域科技人员专利申请强度由高到低依次为：华东、西南、华南、西北、华中、华北、东北；七个区域均呈上升趋势，华南地区增幅最大；就七大区域而言，东北地区排名靠后，东北地区与最优的华东地区相比，差距较大，具体如表 2－171 所示。

表 2－171　2012～2016 年七大地理区科技人员专利申请强度的平均值及排名

年份	东北	华北	华东	华南	华中	西北	西南
	值/序	值/序	值/序	值/序	值/序	值/序	值/序
2012	0.380/16.3	0.330/20.6	0.700/6.7	0.350/20.3	0.360/19.5	0.350/19.6	0.520/13.4
2013	0.410/19.7	0.400/20.6	0.720/7.7	0.480/15.3	0.380/22.8	0.440/17.4	0.600/12.8
2014	0.380/22.3	0.380/21.8	0.640/10.3	0.550/14.7	0.450/18.0	0.470/16.8	0.660/11.6
2015	0.470/22.3	0.450/23.2	0.750/9.5	0.750/13.3	0.570/18.8	0.640/14.4	0.760/13.8
2016	0.540/24.7	0.570/22.4	0.930/10.2	0.980/12.3	0.760/18.0	0.770/14.8	0.860/13.2
平均	0.430/21.1	0.430/21.7	0.750/8.9	0.620/15.2	0.500/19.4	0.530/16.6	0.680/13.0

3）科技人员专利批准强度（单位：件/人年）。科技人员专利批准强度反映一个地区科技创新强度，是衡量地区创新创业水平的必要指标，计算公式为地区科技人员专利批准数与 R&D 人员的比值。2012～2016 年，全国科技人员专利批准强度的平均水平整体呈上升趋势，东北地区亦呈上升态势，东北地区明显低于全国平均水平；辽宁省、黑龙江省呈波动上升趋势，吉林省呈稳定上升趋势；就东北三省而言，黑龙江省发展较好，辽宁省次之，吉林省较弱。总体而言，东北地区科技人员专利批准强度明显低于全国平均水平，其差距呈进一步扩大的趋势，具体如图 2－123 所示。

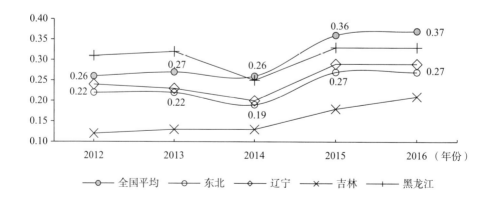

图 2－123　2012～2016 年科技人员专利批准强度基本走势

注：①全国平均是指 31 个省市区的平均水平；②全国范围内（可采集到的数据），科技人员专利批准强度最大值为 2012 年浙江的 0.678，最小值为 2012 年内蒙古的 0.097。

2012～2016 年，东北三省科技人员专利批准强度在全国 31 个省市区连续 5 年数据集（共 155 个指标值）中相对位置分布情况如图 2-124 所示。可见，东北三省 5 年（共 15 个数据）科技人员专利批准强度的百分比排位处于 50% 以下的有 10 个，其中有 5 个位于 25% 以下；此外，排位的最大值是 2015 年的黑龙江省（69.4%），最小值是 2012 年的吉林省（5.8%）。

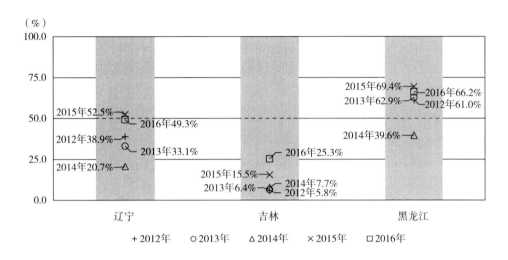

图 2-124 2012～2016 年东北三省科技人员专利批准强度百分比排位

2012～2016 年，6 省份科技人员专利批准强度由高到低依次为：浙江、江苏、广东、黑龙江、辽宁、吉林；江苏省和浙江省整体呈下降趋势，广东省整体呈上升趋势；东南三省中水平较低的广东省优于东北地区较高的辽宁省；科技人员专利批准强度增幅最大的是吉林省（18.63%），降幅最大的是江苏省（-9.18%），辽宁省和黑龙江省的增幅分别为 4.35% 和 1.38%，具体如表 2-172 所示。

表 2-172 2012～2016 年 6 省份科技人员专利批准强度的原始值及单年排名

年份	辽宁	吉林	黑龙江	江苏	浙江	广东	全国平均
	值/序	值/序	值/序	值/序	值/序	值/序	值
2012	0.24/12	0.12/27	0.31/9	0.67/2	0.68/1	0.31/8	0.26
2013	0.23/18	0.13/28	0.32/8	0.51/2	0.65/1	0.34/6	0.27
2014	0.20/24	0.13/28	0.25/16	0.40/4	0.56/1	0.36/7	0.26
2015	0.29/21	0.18/29	0.33/15	0.48/8	0.64/1	0.48/9	0.36
2016	0.29/24	0.21/30	0.33/16	0.43/10	0.59/3	0.50/6	0.37
平均	0.25/19.8	0.15/28.4	0.31/12.8	0.50/5.2	0.62/1.4	0.40/7.2	0.30

2012～2016 年，四个区域科技人员专利批准强度由高到低依次为：东部、西部、中部、东北；四个区域整体均呈上升趋势，西部增幅最大，东部增幅最小；东北地区科技人员专利批准强度与东部地区差距较大，具体如表 2 - 173 所示。

表 2 - 173　2012～2016 年四大经济区科技人员专利批准强度的平均值及排名

年份	东北		东部		西部		中部	
	平均值	年排名	平均值	年排名	平均值	年排名	平均值	年排名
2012	0.22	16.0	0.34	11.2	0.21	19.8	0.24	16.5
2013	0.22	18.0	0.33	11.4	0.24	18.4	0.24	17.8
2014	0.19	22.7	0.31	12.1	0.25	17.3	0.25	16.5
2015	0.27	21.7	0.40	13.5	0.37	16.1	0.35	17.2
2016	0.27	23.3	0.40	13.5	0.37	15.4	0.36	17.7
平均	0.24	20.3	0.35	12.3	0.29	17.4	0.29	17.1

2012～2016 年，七个区域科技人员专利批准强度由高到低依次为：华东、西南、华南、华中、西北、东北、华北；华东地区 2016 年与 2012 年持平，其余六个区域总体均呈上升趋势；就七个区域而言，东北地区处于中下水平，与最优的华东地区相比，差距较大，具体如表 2 - 174 所示。

表 2 - 174　2012～2016 年七大地理区科技人员专利批准强度的平均值及排名

年份	东北	华北	华东	华南	华中	西北	西南
	值/序	值/序	值/序	值/序	值/序	值/序	值/序
2012	0.22/16.0	0.18/21.2	0.44/5.8	0.21/19.0	0.21/17.5	0.15/24.2	0.30/11.8
2013	0.22/18.0	0.20/20.8	0.41/6.8	0.24/17.3	0.22/19.0	0.20/21.8	0.31/12.0
2014	0.19/22.7	0.20/21.8	0.36/8.0	0.27/15.0	0.24/16.8	0.21/21.2	0.32/10.6
2015	0.27/21.7	0.27/22.4	0.46/9.3	0.37/16.0	0.35/16.5	0.33/17.6	0.45/12.2
2016	0.27/23.3	0.28/22.2	0.44/9.7	0.37/15.3	0.38/17.5	0.37/14.4	0.41/13.8
平均	0.24/20.3	0.22/21.7	0.42/7.9	0.29/16.5	0.28/17.5	0.25/19.8	0.36/12.1

（4）技术产出

1）高新技术产业收入占比（单位:%）。高新技术产业收入占比反映一个地区对高新技术产业的投入和重视程度，是衡量该地区创新创业的重要指标，计算公式为地区高新技术产业主营业务收入与 GDP 的比值。2012～2016 年，全国高新技术产业收入占比的平均水平与东北地区均呈上升态势；东北地区明显低于全国平均水平，且差距有进一步扩大的趋势；辽宁省和黑龙江省呈下降趋势，吉林省呈明显上升趋势；就东北地区而言，吉林省的发展较好，辽宁省次之，黑龙江省较弱。总体而言，东北地区的高新技术产业收入占比与全国平均水平相比有明显差距，具体如图 2－125 所示。

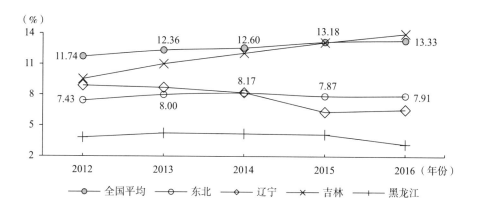

图 2－125 2012～2016 年高新技术产业收入占比基本走势

注：①全国平均是指 31 个省市区的平均水平；②全国范围内（可采集到的数据），高新技术产业收入占比最大值为 2016 年广东的 46.71%，最小值为 2012 年新疆的 0.23%。

2012～2016 年，东北三省高新技术产业收入占比在全国 31 个省市区连续 5 年数据集（共 155 个指标值）中相对位置分布情况如图 2－126 所示。可见，东北三省 5 年（共 15 个数据）高新技术产业收入占比的百分比排位处于 50% 以下的有 11 个，其中有 3 个处于 25% 以下；此外，排位的最大值是 2016 年的吉林省（64.9%），最小值是 2016 年的黑龙江省（20.1%）。

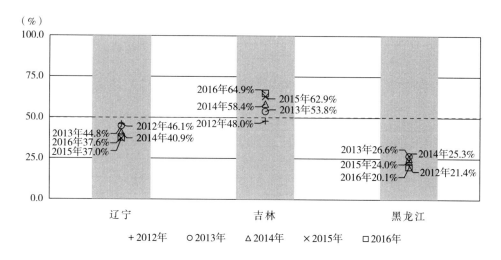

图 2－126 2012～2016 年东北三省高新技术产业收入占比百分比排位

2012～2016 年，6 省份高新技术产业收入占比由高到低依次为：广东、江苏、浙江、吉林、辽宁、黑龙江；江苏省呈下降趋势，浙江省和广东省整体呈上升趋势；2012～2013 年，东南三省中水平较高的广东省明显优于东北地区水平最高的吉林省；高新技术产业收入占比增幅最大的是吉林省（11.68%），降幅最大的是辽宁省（-6.60%），黑龙江省的降幅为 -4.30%，具体如表 2 - 175 所示。

表 2 - 175　2012～2016 年 6 省份高新技术产业收入占比的原始值及单年排名

年份	辽宁	吉林	黑龙江	江苏	浙江	广东	全国平均
	值/序	值/序	值/序	值/序	值/序	值/序	值
2012	8.91/15	9.54/13	3.83/24	42.29/2	11.47/11	43.89/1	11.74
2013	8.72/17	11.03/13	4.25/23	42.01/2	11.61/12	44.83/1	12.36
2014	8.22/19	12.08/13	4.20/23	40.12/2	11.93/14	44.73/1	12.60
2015	6.33/21	13.14/13	4.13/25	40.69/2	12.33/15	45.74/1	13.18
2016	6.56/21	13.99/13	3.17/26	39.68/2	12.46/15	46.71/1	13.33
平均	7.75/18.6	11.96/13	3.92/24.2	40.96/2	11.96/13.4	45.18/1	12.64

2012～2016 年，四个区域高新技术产业收入占比由高到低依次为：东部、中部、东北、西部；东北呈波动上升趋势，东部整体呈下降趋势，中部和西部呈稳定上升趋势；东北地区高新技术产业收入占比与东部地区差距较大，具体如表 2 - 176 所示。

表 2 - 176　2012～2016 年四大经济区高新技术产业收入占比的平均值及排名

年份	东北		东部		西部		中部	
	平均值	年排名	平均值	年排名	平均值	年排名	平均值	年排名
2012	7.43	17.0	22.16	8.6	5.30	22.2	9.43	15.3
2013	8.00	17.7	22.06	9.1	6.13	22.2	10.82	14.3
2014	8.17	18.3	21.46	9.5	6.69	22.0	11.90	13.7
2015	7.87	19.7	21.39	9.8	7.41	21.9	13.71	12.7
2016	7.91	20.0	20.48	10.5	8.21	21.3	14.38	12.5
平均	7.87	18.6	21.51	9.5	6.75	21.9	12.05	13.7

2012～2016 年，七个区域高新技术产业收入占比由高到低依次为：华东、华南、华中、华北、西南、东北、西北；华南、华中、西北、西南地区呈稳定上升趋势；东北地区整体呈波动上升趋势，华北和华东地区整体呈下降趋势；就七大区域而言，东北地区排名靠后，与最优的华东地区相比，差距较大，具体如表 2 - 177 所示。

表 2 - 177   2012 ～ 2016 年七大地理区高新技术产业收入占比的平均值及排名

年份	东北	华北	华东	华南	华中	西北	西南
	值/序	值/序	值/序	值/序	值/序	值/序	值/序
2012	7.43/17.3	11.74/16.2	21.51/8.5	18.46/13.3	10.74/13.3	2.84/25.8	8.31/18.0
2013	8.00/17.7	12.34/16.0	21.25/8.3	18.84/14.7	12.42/12.5	2.94/26.4	9.80/17.4
2014	8.17/18.3	12.01/16.0	21.07/8.3	19.13/14.3	13.26/12.5	3.17/26.0	10.71/17.6
2015	7.87/19.7	11.54/17.0	21.54/8.3	20.20/13.7	15.39/11.0	4.39/25.2	10.81/18.2
2016	7.91/20.0	10.69/17.4	20.87/8.8	20.69/14.7	15.99/10.8	5.32/24.2	11.66/17.6
平均	7.87/18.6	11.66/16.5	21.25/8.5	19.47/14.1	13.56/12.0	3.73/25.5	10.26/17.8

2）新产品销售收入占比（单位:%）。新产品销售收入占比反映一个地区企业对自身扩张和可持续发展的重视程度，是衡量企业持续创新的重要指标，计算公式为高新技术新产品销售收入与高新技术产品主营业务收入的比值。2012 ～ 2016 年，全国新产品销售收入占比的平均水平整体呈上升趋势，东北地区亦呈上升趋势；东北地区明显低于全国平均水平；东北三省总体均呈上升趋势，辽宁省和黑龙江省的增幅较大，吉林省较小；就东北三省而言，辽宁省发展较好，黑龙江省次之，吉林省较弱。总体而言，东北地区的新产品销售收入占比与全国平均水平差距较大，具体如图 2 - 127 所示。

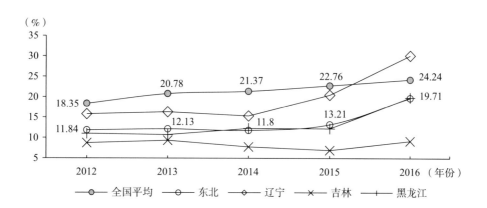

图 2 - 127   2012 ～ 2016 年新产品销售收入占比基本走势

注：①全国平均是指 31 个省市区的平均水平；②全国范围内（可采集到的数据），新产品销售收入占比最大值为 2016 年浙江的 54.252%，最小值为 2015 年西藏的 0.338%。

2012 ～ 2016 年，东北三省新产品销售收入占比在全国 31 个省市区连续 5 年数据集（共 155 个指标值）中相对位置分布情况如图 2 - 128 所示。可见，东北三省 5 年（共 15 个数据）新产品销售收入占比的百分比排位位于 50% 以下的有 12 个，其中有 7 个位于 25% 以下；此外，排位的最大值是 2016 年的辽宁省（72.5%），最小值是 2015 年的吉林省（12.4%）。

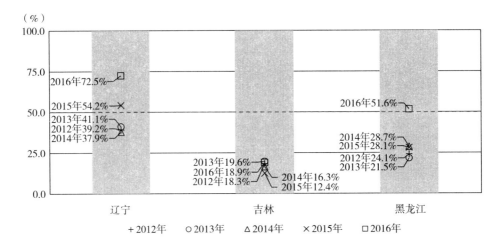

图 2 - 128   2012～2016 年东北三省新产品销售收入占比百分比排位

2012～2016 年，6 省份新产品销售收入占比由高到低依次为：浙江、广东、江苏、辽宁、黑龙江、吉林；东南三省均呈上升趋势；东南三省水平相对较低的江苏省整体优于东北地区较好的辽宁省；新产品销售收入占比增幅最大的是辽宁省（22.67%），增幅最小的是吉林省（1.30%），黑龙江省增幅为 20.09%，具体如表 2 - 178 所示。

表 2 - 178   2012～2016 年 6 省份新产品销售收入占比的原始值及单年排名

年份	辽宁	吉林	黑龙江	江苏	浙江	广东	全国平均
	值/序	值/序	值/序	值/序	值/序	值/序	值
2012	15.79/16	8.72/24	11.00/21	25.67/10	34.13/4	34.01/5	18.35
2013	16.31/17	9.34/26	10.73/25	24.76/9	41.71/4	35.05/6	20.78
2014	15.33/19	7.78/25	12.29/23	26.80/9	43.15/5	35.80/6	21.37
2015	20.47/16	6.94/28	12.23/24	27.49/13	51.30/1	37.01/6	22.76
2016	30.11/12	9.18/27	19.84/18	29.66/13	54.25/1	41.16/3	24.24
平均	19.60/16	8.39/26	13.22/22.2	26.88/10.8	44.91/3	36.61/5.2	21.50

2012～2016 年，四个区域新产品销售收入占比由高到低依次为：东部、中部、西部、东北；四大经济区均呈上升趋势，东北上升幅度最大，东部上升幅度最小；东北地区新产品销售收入占比与东部地区相比差距较大，具体如表 2 - 179 所示。

2012～2016 年，七个区域新产品销售收入占比由高到低依次为：华东、华中、华北、西北、华南、西南、东北；西南地区呈整体下降趋势，其余区域整体均呈上升趋势；就七个区域而言，东北地区排名靠后，与最优的华东地区相比，差距较大，具体如表 2 - 180 所示。

表 2 - 179　2012~2016 年四大经济区新产品销售收入占比的平均值及排名

年份	东北		东部		西部		中部	
	平均值	年排名	平均值	年排名	平均值	年排名	平均值	年排名
2012	11.84	20.3	25.53	10.7	15.47	18.3	15.40	18.2
2013	12.13	22.7	27.86	11.2	15.73	19.6	23.41	13.5
2014	11.80	22.3	28.69	10.7	16.27	19.0	23.27	13.7
2015	13.21	22.7	29.42	11.5	18.48	19.0	24.98	14.2
2016	19.71	19.0	31.05	11.5	19.76	18.9	24.12	16.2
平均	13.74	21.4	28.51	11.1	17.16	19.0	22.24	15.1

表 2 - 180　2012~2016 年七大地理区新产品销售收入占比的平均值及排名

年份	东北	华北	华东	华南	华中	西北	西南
	值/序	值/序	值/序	值/序	值/序	值/序	值/序
2012	11.84/20.3	18.73/16.4	26.47/9.3	16.05/19.3	14.56/18.8	16.88/17.0	17.99/15.8
2013	12.13/22.7	22.15/17.0	25.98/11.3	18.30/18.3	27.71/10.5	18.78/17.6	16.31/18.0
2014	11.80/22.3	23.72/15.6	26.04/11.0	17.07/19.3	27.61/11.0	20.17/16.6	17.05/17.3
2015	13.21/22.7	23.95/15.4	29.39/11.5	16.55/20.7	28.43/11.8	25.59/14.2	15.68/20.4
2016	19.71/19.0	26.22/13.6	31.73/11.7	17.13/20.3	27.18/14.3	29.00/13.0	13.15/23.6
平均	13.74/21.4	22.95/15.6	27.92/11.0	17.02/19.6	25.10/13.3	22.09/15.7	16.00/19.1

（5）创业成效

1）千人私营企业数（单位：个/千人）。千人私营企业数反映地区对私营企业发展的重视程度，是衡量地区创业成效的重要指标，计算公式为地区私营企业单位法人数与地区人口（千人）的比值。2012~2016 年，全国千人私营企业数的平均水平呈先降后升的态势，东北地区呈缓慢上升趋势；东北地区明显低于全国平均水平，辽宁省高于全国平均水平，但差距逐年缩小，吉林省处于平缓上升态势，2012~2014 年黑龙江省表现出缓慢下降特征，2015~2016 年呈回升态势；就东北三省而言，辽宁省表现较好，吉林省与黑龙江省相对较弱。总体而言，东北地区的千人私营企业数明显低于全国平均水平，且差距呈进一步扩大趋势，具体如图 2 - 129 所示。

2012~2016 年，东北三省千人私营企业数在全国 31 个省市区连续 5 年数据集（共124 个指标值）中相对位置分布情况如图 2 - 130 所示。可见，东北三省 4 年（共 12 个数据）千人私营企业数的百分比排位处于 50% 以下的有 8 个，其中有 7 个处于 25% 以下；此外，排位的最大值是 2015 年的辽宁省（77.3%），最小值是 2014 年的黑龙江省（4.8%）。

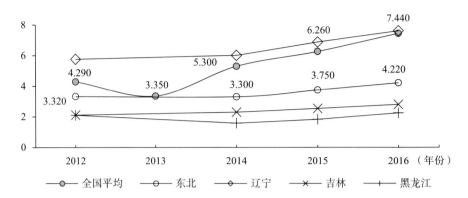

图 2 – 129　2012 ~ 2016 年千人私营企业数基本走势

注：①全国平均是指 31 个省市区的平均水平；②全国范围内（2013 年数据大部分缺失），千人私营企业数最大值为 2016 年浙江的 21.285，最小值为 2012 年西藏的 0.525。

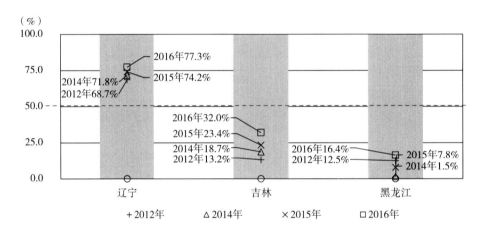

图 2 – 130　2012 ~ 2016 年东北三省千人私营企业数百分比排位

2012 ~ 2016 年，6 省份千人私营企业数由高到低依次为：浙江、江苏、广东、辽宁、吉林、黑龙江；东南三省普遍呈上升趋势，浙江省优势相对明显，广东省呈平缓上升趋势；东南三省相对较低的广东省略高于东北地区较高的辽宁省；千人私营企业数增幅最大的是浙江省（22.62%），增幅最小的是黑龙江省（1.71%），辽宁省和吉林省的增幅分别为 8.06% 和 8.17%，具体如表 2 – 181 所示。

2012 ~ 2016 年，四个区域千人私营企业数由高到低依次为：东部、中部、西部、东北；四个区域整体呈上升趋势，其中，东部上升趋势较明显，且显著优于其他三个区域；东北地区千人私营企业数与东部地区差距较大，具体如表 2 – 182 所示。

2012 ~ 2016 年，七个区域千人私营企业数由高到低依次为：华东、华北、华南、华中、西北、东北、西南；七个区域普遍呈上升趋势，华东与华北优势明显；千人私营企业数增长幅度最大的是西南地区（31.97%），最低的是东北地区（6.74%）；就七个区域而言，东北地区排名靠后，与最优的华东地区相比，差距较大，具体如表 2 – 183 所示。

表 2 - 181 2012 ~ 2016 年 6 省份千人私营企业数的原始值及单年排名

年份	辽宁	吉林	黑龙江	江苏	浙江	广东	全国平均
	值/序	值/序	值/序	值/序	值/序	值/序	值
2012	5.760/7	2.110/23	2.100/24	10.320/4	11.180/3	5.720/8	4.290
2013	—	—	—	—	—	—	—
2014	6.010/9	2.300/25	1.580/31	12.260/4	17.020/2	6.480/8	5.300
2015	6.880/10	2.540/27	1.830/30	14.420/3	18.800/2	7.100/9	6.260
2016	7.610/11	2.800/26	2.250/30	18.170/3	21.290/1	7.700/9	7.440
平均	6.570/9.3	2.440/25.3	1.940/28.8	13.790/3.5	17.070/2.0	6.750/8.5	5.823

表 2 - 182 2012 ~ 2016 年四大经济区千人私营企业数的平均值及排名

年份	东北		东部		西部		中部	
	平均值	年排名	平均值	年排名	平均值	年排名	平均值	年排名
2012	3.320	18.0	7.870	8.3	2.370	21.3	2.660	17.2
2013	—	—	—	—	—	—	—	—
2014	3.300	21.7	9.750	8.2	3.110	20.3	3.250	17.7
2015	3.750	22.3	11.140	8.1	3.910	20.2	4.070	17.7
2016	4.220	22.3	12.810	8.0	4.800	20.3	5.370	17.7
平均	3.648	21.1	10.393	8.2	3.548	20.5	3.838	17.6

表 2 - 183 2012 ~ 2016 年七大地理区千人私营企业数的平均值及排名

年份	东北	华北	华东	华南	华中	西北	西南
	值/序	值/序	值/序	值/序	值/序	值/序	值/序
2012	3.320/18.0	5.880/11.0	8.320/6.2	3.440/16.7	2.590/18.8	2.320/21.4	2.290/23.6
2013	—	—	—	—	—	—	—
2014	3.300/21.7	7.780/11.2	10.050/6.3	4.110/15.7	3.010/19.8	2.850/20.0	3.300/22.2
2015	3.750/22.3	9.200/11.0	11.520/6.2	4.780/16.3	3.600/20.5	3.550/20.2	4.230/21.0
2016	4.220/22.3	10.870/10.8	13.490/6.3	5.490/16.3	4.640/20.5	4.310/21.0	5.230/20.2
平均	3.650/21.1	8.430/11.0	10.850/6.3	4.412/15.7	3.456/17.9	3.260/19.5	3.760/21.8

2）百万人非主板上市企业数（单位：个/百万人）。百万人非主板上市企业数反映一个地区企业创新创业的活力与氛围，是衡量地区创新创业水平的重要指标，本书采用的计算公式为百万人中小板上市企业数和百万人创业板上市企业数之和。2012 ~ 2016 年，全国百万人非主板上市企业数的平均水平呈上升趋势，东北地区整体亦呈上升趋势；东北地

区明显低于全国平均水平；东北三省百万人非主板上市企业数均呈上升趋势；相对而言，辽宁省发展相对较好，吉林省次之，黑龙江省较差。总体而言，东北三省的百万人非主板上市企业数低于全国平均水平，且差距相对较明显，有进一步拉大的趋势，具体如图2－131所示。

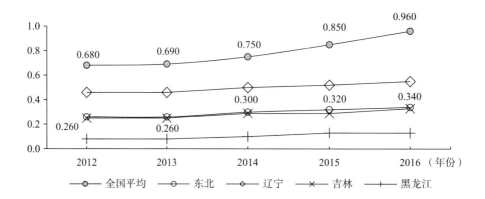

图 2－131 2012～2016 年百万人非主板上市企业数基本走势

注：①全国平均是指 31 个省市区的平均水平；②全国范围内，百万人非主板上市企业数最大值为 2016 年北京的 6.6369，最小值为 2013 年黑龙江省的 0.0738。

2012～2016 年，东北三省百万人非主板上市企业数在全国 31 个省市区 5 年数据集（共 155 个指标值）中相对位置分布情况如图 2－132 所示。可见，东北三省 4 年（共 15 个数据）百万人非主板上市企业数的百分比排位处于 50% 以下有 10 个，其中位于 25% 以下有 5 个；此外，排位的最大值是 2016 年的辽宁省（64.2%），最小值是 2013 年的黑龙江省（0.0%）。

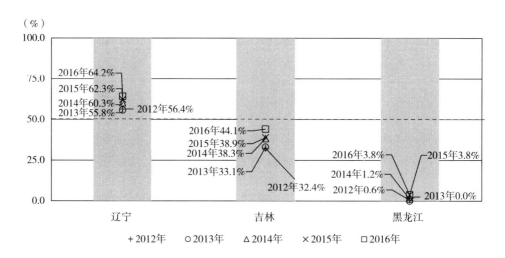

图 2－132 2012～2016 年百万人非主板上市企业数百分比排位

2012～2016 年, 6 省份百万人非主板上市企业数由高到低依次为: 浙江、广东、江苏、辽宁、吉林、黑龙江; 2012～2016 年东南三省普遍呈上升趋势, 明显优于东北三省; 东南三省中水平较低的江苏省优于东北地区最高的辽宁省; 百万人非主板上市企业数增幅最大的是黑龙江省 (16.43%), 最小的是辽宁省 (4.99%), 吉林省的增幅为 (7.19%), 具体如表 2-184 所示。

表 2-184 2012～2016 年 6 省份百万人非主板上市企业数的原始值及单年排名

年份	辽宁	吉林	黑龙江	江苏	浙江	广东	全国平均
	值/序	值/序	值/序	值/序	值/序	值/序	值
2012	0.460/12	0.250/19	0.080/31	1.680/4	2.620/2	2.040/3	0.680
2013	0.460/12	0.250/19	0.080/31	1.680/4	2.630/2	2.060/3	0.690
2014	0.500/12	0.290/19	0.100/31	1.790/4	2.800/2	2.270/3	0.750
2015	0.520/14	0.290/21	0.130/31	1.940/4	3.050/2	2.570/3	0.850
2016	0.550/15	0.330/20	0.130/31	2.150/4	3.290/2	3.000/3	0.960
平均	0.500/13.0	0.280/19.6	0.100/31.0	1.850/4.0	2.880/2.0	2.390/3.0	0.790

2012～2016 年, 四个区域百万人非主板上市企业数由高到低依次为: 东部、中部、西部、东北; 东北呈缓慢上升趋势; 2012～2016 年, 东部、中部和西部普遍呈上升趋势; 其中西部的上升幅度最大 (12.76%), 东北上升幅度最小 (6.84%); 东北地区百万人非主板上市企业数与东部地区相比差距较大, 具体如表 2-185 所示。

表 2-185 2012～2016 年四大经济区百万人非主板上市企业数的平均值及排名

年份	东北		东部		西部		中部	
	平均值	年排名	平均值	年排名	平均值	年排名	平均值	年排名
2012	0.260	20.7	1.530	6.9	0.260	21.6	0.330	17.7
2013	0.260	20.7	1.540	6.9	0.260	21.6	0.330	17.7
2014	0.300	20.7	1.710	6.9	0.280	21.4	0.350	18.0
2015	0.320	22.0	1.930	6.9	0.310	21.6	0.400	17.0
2016	0.340	22.0	2.130	7.5	0.390	20.8	0.430	17.5
平均	0.290	21.2	1.770	7.0	0.300	21.4	0.370	17.6

2012～2016 年, 七个区域百万人非主板上市企业数由高到低依次为: 华东、华北、华南、华中、西南、东北、西北; 七个区域均呈上升趋势; 就七个区域而言, 东北地区排名靠后, 与最优的华东地区相比, 差距较大, 具体如表 2-186 所示。

表 2-186　2012～2016 年七大地理区百万人非主板上市企业数的平均值及排名

年份	东北	华北	华东	华南	华中	西北	西南
	值/序	值/序	值/序	值/序	值/序	值/序	值/序
2012	0.260/20.7	1.090/17.0	1.340/5.8	0.900/14.3	0.340/16.5	0.250/21.4	0.310/19.6
2013	0.260/20.7	1.100/17.0	1.350/5.8	0.910/14.3	0.340/16.5	0.250/21.4	0.310/19.6
2014	0.300/20.7	1.290/16.8	1.440/6.0	0.990/14.3	0.360/17.0	0.270/21.4	0.330/19.2
2015	0.320/22.0	1.540/16.2	1.580/5.8	1.090/14.7	0.410/16.5	0.280/22.6	0.380/18.2
2016	0.340/22.0	1.680/16.6	1.730/6.0	1.240/15.7	0.440/17.3	0.320/21.2	0.550/17.8
平均	0.290/21.2	1.340/16.7	1.490/5.9	1.030/14.7	0.380/16.8	0.270/21.6	0.380/18.9

4. 主要结论

首先，总体而言，东北地区的创新创业指数整体低于全国平均水平，且这种差距呈进一步扩大的趋势。在反映创新创业水平的五个方面（研发基础、人才基础、科技转化、技术产出、创业成效），东北地区全面落后于东南三省，尤其值得关注的是，东北地区的技术产出和创业成效较东南三省差距明显，成为东北地区创新创业方面的最显著问题。

其次，动态来看，2012～2016 年，东北地区的指数得分提升缓慢，意味着绝对能力的提升幅度不大，同时，东北地区的创新创业方面的相对排名在急速下滑，意味着相对于全国的比较优势在急剧退失。

再次，分省来看，辽宁省创新创业水平较高，吉林省次之，黑龙江省较弱。在全国各省相对排名的竞争中，东北地区均有退步。东北地区在创新创业各分项指数上均呈现不均衡发展，其中辽宁省的创业成效、人才基础和研发基础相对较好，技术产出较弱；吉林省的人才基础较好，科技转化相对薄弱；黑龙江省的人才基础和科技转化较好，创业成效较弱。

最后，单项指标方面，东北地区的"高校 R&D 人员平均强度"优于全国平均水平，但相对优势也呈现减弱趋势；"研发（R&D）投入强度""科技创新支出强度""研发（R&D）人员占比""科技人员专利申请强度""科技人员专利批准强度""高新技术产业收入占比""千人私营企业数"和"百万人非主板上市企业数"等的发展相对较落后，且与全国平均水平呈进一步扩大的趋势。

（六）社会民生评价报告

1. 社会民生指数总体分析

对社会民生的测度涵括了居民收入、居民消费、社会保障、社会公平、生态环境五个方面，共13项关键指标。汇集中国31个省市区2012~2016年社会民生的指标信息，得到连续5年的指数得分。在此基础上，形成多年连续排名和单年排名。其中，多年连续排名用于反映各省市区社会民生的绝对发展水平随时间动态变化的情况（31个省市区5年共155个排位，最高排名为1，最低排名为155），单年排名用于反映各省市区在全国范围内在某个单年的相对发展水平（31个省市区每年31个排位，最高排名为1，最低排名为31）。具体而言，31个省市区社会民生的总体情况如表2-187所示。

表2-187 2012~2016年31个省市区社会民生指数得分、连续及单年排名

省市区	2012年			2013年			2014年			2015年			2016年		
	值	总	年	值	总	年	值	总	年	值	总	年	值	总	年
浙江	67.3	22	2	71.6	10	1	76.0	4	1	79.0	2	1	79.8	1	1
江苏	62.7	32	4	66.1	25	3	71.3	11	2	74.3	5	2	77.8	3	2
广东	63.7	31	3	65.8	26	4	69.5	20	4	73.4	8	3	74.2	6	3
上海	69.9	18	1	70.1	17	2	70.8	12	3	70.4	14	4	74.0	7	4
北京	62.3	33	5	64.9	29	5	66.5	24	6	68.5	21	7	72.4	9	5
福建	56.9	51	7	60.1	38	7	65.2	28	7	70.1	16	5	70.8	13	6
山东	58.2	41	6	62.0	36	6	66.7	23	5	69.6	19	6	70.1	15	7
天津	56.4	52	8	57.8	45	8	59.0	39	8	62.1	35	9	64.5	30	8
重庆	50.8	79		51.2	73	9	57.4	48	9	65.3	27	8	62.1	34	9
辽宁	41.9	118	12	50.9	78	10	51.3	72	11	54.6	60	19	58.1	42	10
安徽	35.1	141	22	39.6	126	21	48.8	86	16	57.5	47	14	57.7	46	11
内蒙古	38.4	132	17	44.0	104	13	51.1	75	12	57.1	50	15	57.3	49	12
四川	39.9	124	14	43.9	105	14	51.0	76	13	57.9	44	13	55.7	54	13
河北	35.5	139	20	40.9	121	18	46.0	97	21	55.3	55	17	55.1	56	14
广西	37.4	134	18	34.1	144	28	48.8	85	17	56.0	53	16	55.0	57	15
海南	43.5	109	10	47.5	94	11	54.7	59	10	60.8	37	10	54.5	61	16
江西	43.1	113	11	45.9	98	12	48.3	92	18	58.3	40	20	54.3	65	17
湖北	33.3	145	25	39.8	125	20	47.3	96	20	53.6	64	20	53.9	63	18
湖南	32.0	149	27	36.4	137	26	43.7	108	27	52.6	67	22	53.2	66	19
陕西	39.4	128	15	42.9	115	16	49.5	84	14	57.9	43	12	51.9	69	20
吉林	30.5	150	28	32.7	148	29	43.5	110	27	48.3	90	28	51.6	71	21
宁夏	38.7	131	16	42.4	117	17	47.7	93	19	54.8	58	18	51.1	74	22
黑龙江	33.2	146	26	37.3	135	25	43.2	112	28	48.5	88	27	50.3	81	23
河南	35.3	140	21	38.8	130	24	45.2	101	23	51.7	70	24	49.9	82	24
贵州	34.6	142	23	39.4	127	22	43.8	107	25	51.0	77	25	49.9	83	25
云南	36.9	136	19	40.9	122	19	45.2	100	22	50.4	80	26	48.4	89	26
山西	34.2	143	24	39.3	129	23	44.6	103	24	53.3	65	21	48.3	91	27

续表

省市区	2012 年			2013 年			2014 年			2015 年			2016 年		
	值	总	年	值	总	年	值	总	年	值	总	年	值	总	年
甘肃	28.4	152	29	35.9	138	27	40.3	123	29	45.7	99	30	44.8	102	28
青海	26.8	154	30	29.0	151	30	37.4	133	30	47.5	95	29	43.8	106	29
西藏	40.9	120	13	43.3	111	15	48.6	87	17	52.2	68	23	42.7	116	30
新疆	22.5	155	31	28.2	153	31	32.9	147	31	43.0	114	31	41.4	119	31
平均	42.9	108	16	46.5	97	16	52.1	76	16	58.1	52	16	57.2	57	16

注：①对于表中的字段名称，"值"表示各省市区对应年份的指数得分，"总"表示各省市区 2012～2016 年多年连续总排名，"年"表示各省市区 5 个单年的排名；②表中 31 个省市区按照 2016 年的指数得分由高到低（降序）排列。

　　辽宁省的社会民生发展指数处于全国中等偏上位置，吉林省和黑龙江省处于中等偏下位置，均落后于东南三省。2012～2016 年，6 省份社会民生指数由高到低依次为：浙江、江苏、广东、辽宁、黑龙江、吉林；东南三省普遍呈上升趋势，明显优于东北三省。东南三省社会民生指数整体水平较低的广东省持续优于东北三省整体最优的辽宁省。社会民生指数增幅最大的是吉林省（17.37%），最小的是广东省（4.09%），辽宁省和黑龙江省的增幅分别为 9.69% 和 12.91%。就 2016 年而言，辽宁省的社会民生较好，在 31 个省市区中的单年排名为 10，吉林省和黑龙江省相对较差，单年排名分别为 21 和 23，具体如表 2 - 187 和表 2 - 188 所示。

表 2 - 188　2012～2016 年 6 省份社会民生指数的值及单年排名

年份	辽宁	吉林	黑龙江	江苏	浙江	广东	全国平均
	值/序	值/序	值/序	值/序	值/序	值/序	值
2012	41.90/12	30.47/28	33.18/26	62.67/4	67.32/2	63.74/3	42.89
2013	50.88/10	32.70/29	37.34/25	66.14/3	71.57/1	65.83/4	46.53
2014	51.33/11	43.48/27	43.18/28	71.34/2	76.01/1	69.53/4	52.12
2015	54.59/19	48.33/28	48.46/27	74.33/2	79.00/1	73.36/3	58.08
2016	58.14/10	51.64/21	50.32/23	77.76/2	79.81/1	74.18/3	57.25
平均	51.37/12.4	41.32/26.6	42.50/25.8	70.45/2.6	74.74/1.2	69.33/3.4	51.38

　　2012～2016 年，全国社会民生的平均水平与东北地区总体均呈上升趋势，东北地区持续低于全国平均水平，差距相对较大；东北三省均呈明显的上升态势；就东北三省而言，辽宁省持续高于东北地区平均水平，发展相对较好，吉林省和黑龙江省较弱，持续低于东北地区的平均水平，具体如图 2 - 133 所示。

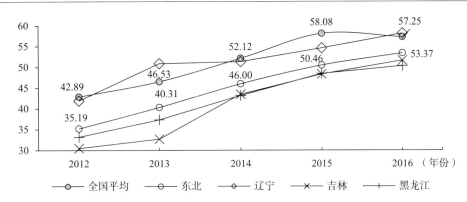

图 2 - 133　2012～2016 年社会民生指数基本走势

注：①全国平均是指 31 个省市区的平均水平；②全国范围内（可采集到的数据），社会民生指数最大值为 2016 年浙江的 79.81，最小值为 2012 年新疆的 22.49。

2012～2016 年，东北三省社会民生指数在全国 31 个省市区连续 5 年数据集（共 155 个指标值）中相对位置分布情况如图 2 - 134 所示。可见，东北三省 5 年（共 15 个数据）社会民生指数的百分比排位处于 50% 以下的有 10 个，其中有 5 个处于 25% 以下；此外，排位的最大值是 2016 年的辽宁省（73.3%），最小值是 2012 年的吉林省（3.2%）。

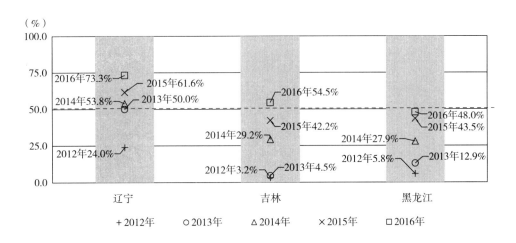

图 2 - 134　2012～2016 年社会民生指数百分比排位

2. 全国视角下东北地区社会民生进展分析

2012～2016 年，四大区域社会民生指数由高到低依次为：东部、中部、西部、东北；四大区域普遍呈平稳上升趋势，其中增幅最大的是东北（12.92%），最小的是东部（5.06%）；东北地区的社会民生与东部地区的差距较大，具体如表 2 - 189 所示。

表 2 - 189 2012～2016 年四大经济区社会民生指数的平均值及排名

年份	东北		东部		西部		中部	
	平均值	年排名	平均值	年排名	平均值	年排名	平均值	年排名
2012	35.19	22.0	57.65	6.6	36.22	19.5	35.50	21.7
2013	40.31	21.3	60.68	6.5	39.59	20.1	39.96	21.0
2014	46.00	22.0	64.60	6.7	46.15	19.7	46.32	21.2
2015	50.46	24.7	68.35	6.4	53.21	20.5	54.52	18.7
2016	53.37	18.0	69.31	6.6	50.35	21.7	52.89	19.3
平均	45.06	21.6	64.12	6.6	45.10	20.3	45.84	20.4

注：为确保区分度，对于具有平均意义的排名（序），本书保留一位小数，以下各表同。

2012～2016 年，七大区域社会民生指数由高到低依次为：华东、华南、华北、西南、华中、东北、西北；七大区域普遍呈上升趋势，其中，增幅最大的是东北地区（12.92%），最小的是华东地区（5.71%）；就七个区域而言，东北地区排名靠后，与华东地区相比，差距较大，具体如表 2 - 190 所示。

表 2 - 190 2012～2016 年七大地理区社会民生指数的平均值及排名

年份	东北	华北	华东	华南	华中	西北	西南
	值/序	值/序	值/序	值/序	值/序	值/序	值/序
2012	35.19/22.0	45.36/14.8	58.35/7	48.19/10.3	35.93/21.0	31.17/24.2	40.61/15.6
2013	40.31/21.3	49.38/13.4	61.56/6.7	49.13/14.3	40.23/20.5	35.67/24.2	43.74/15.8
2014	46.00/22.0	53.46/14.2	66.48/5.7	57.74/9.7	46.13/21.8	41.55/24.6	49.20/17.2
2015	50.46/24.7	59.25/13.8	70.17/5.3	63.40/9.7	54.07/19.3	49.76/24.0	55.35/19.0
2016	53.37/18.0	59.52/13.2	71.68/5.2	61.23/11.3	52.84/19.5	46.61/26.0	51.75/20.6
平均	45.06/21.6	53.40/13.9	65.65/6.0	55.94/11.1	45.84/20.4	40.95/24.6	48.13/17.6

为便于直观分析，将指数信息按空间分类、时间排列、优劣序化等方式整理后，形成多年连续排名及单年排名的可视化集成图（见图 2 - 135～图 2 - 137），结合表 2 - 187 的信息，以全国四大经济区为划分标准，对东北三省的产业发展方面的进程评价如下：

（1）东北地区社会民生指数得分提升明显，提升幅度较大

从四大区域平均得分曲线的变化情况可以看出，中国在社会民生上的成效显著，四个区域均呈上升趋势，其中中部和东北地区的提升幅度最大，年均分别提升 4.3 分和 4.5 分，东部和西部地区的提升幅度分别为 2.9 分和 3.5 分。具体而言，东北地区以 2012 年为基点（35.2 分），虽然拥有低于西部和中部的起步条件，但增长幅度相对较大，与西部和中部的差距在不断缩小，2016 年更是实现对西部和中部地区的反超，但与东部地区相比差距依然较大。

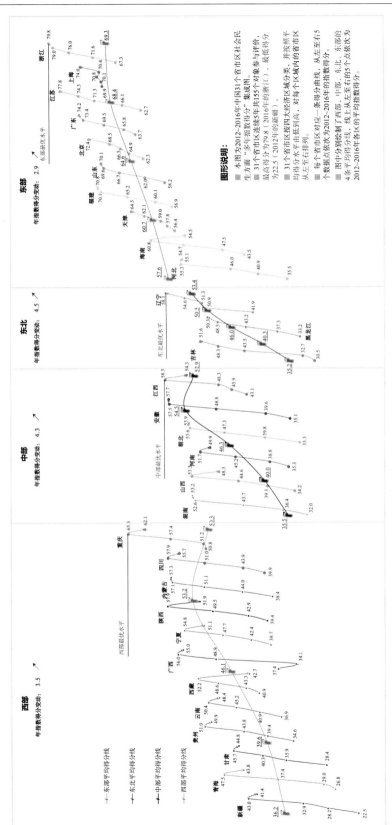

图 2 - 135　2012～2016 年 31 个省市区社会民生指数得分变动情况

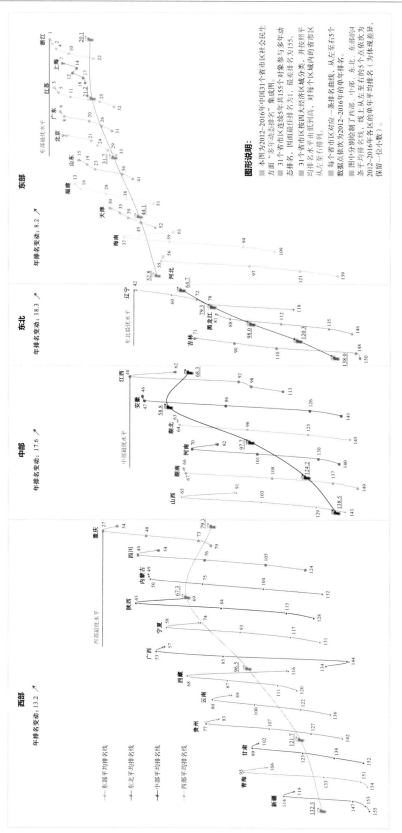

图 2-136　2012～2016 年 31 个省市区社会民生多年连续排名变动情况

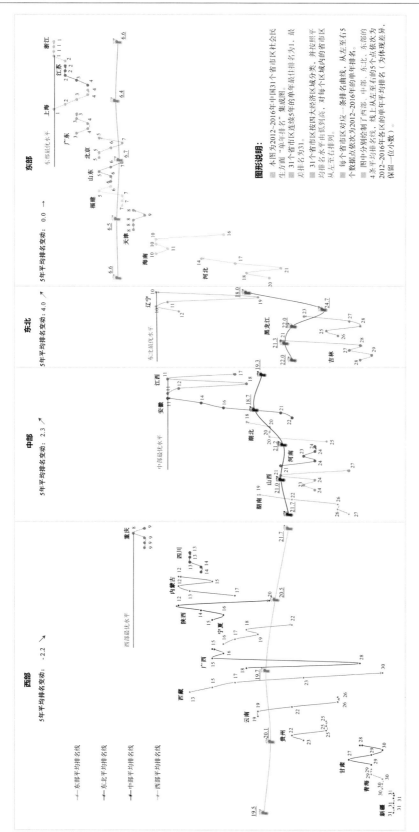

图 2－137　2012～2016 年 31 个省市区社会民生单年排名变动情况

（2）东北地区社会民生绝对水平提升明显，提升速度较快

从四大区域连续排名曲线的变化情况可以看出，四个区域整体均呈现上升趋势，其中上升最快的为东北地区，连续排名年均提高 18.3 名，而东部、中部和西部分别提升 8.2 名、17.6 名和 13.2 名，可以看出东北地区的提升速度较快，表现较好。东北三省中，辽宁发展水平较高，增长幅度相对较大（76 名的位次改进，增速居全国第 8 位），吉林发展水平低于辽宁，但增长幅度最大（83 名的位次改进，增速居全国第 2 位），黑龙江发展水平相对较弱，但依然有着相对较高的增长速度（79 名的位次改进，居全国第 10 位）。

（3）东北地区社会民生相对水平提高，提升速度较快

从四大区域单年排名曲线的变化情况可以看出，在相对位次的排名竞争中，东北和中部呈波动上升趋势，2016 年较 2012 年上升幅度分别为 4.0 名和 2.3 名，东部整体保持不变，西部呈下降趋势，2016 年较 2012 年下降幅度为 2.2 名。就东北三省而言，辽宁省的上升幅度最小（由 12 名上升到第 10 名，前进 2 名），黑龙江省上升 3 名（由 26 名上升到 23 名），吉林省上升 7 名（由 28 名上升到 21 名），东北三省相对水平的变化均不稳定，缺少稳健性。

3. 社会民生分项指数分析

2012 ~ 2016 年，东北三省五个分项指标均低于东南三省平均水平，其中居民消费均超过全国平均水平，表现相对较好，社会保障均低于全国平均水平，表现较差，其余 3 个分项指数，辽宁省仅居民收入高于全国平均水平，吉林省仅社会公平高于全国平均水平，黑龙江省仅生态环境高于全国平均水平。东南三省中，江苏省的生态环境低于全国平均水平，广东省的社会公平低于全国平均和东北平均水平，除此之外，东南三省在五个分项指标上的发展水平均优于全国平均和东北平均水平。分省来看，东南三省五个分项指数的发展相对均衡，其中广东省的社会公平以及江苏省和浙江省的生态环境水平较低，而广东省的生态环境为全国最优水平；就东北三省而言，辽宁省的居民收入和居民消费相对较强，吉林省的居民消费和社会公平相对较强，黑龙江省的居民消费相对较强，三省的社会保障都极为薄弱。总体来看，东北三省在居民消费上具有一定优势，但在社会保障上与东南三省差距最大，具体如表 2 - 191 和图 2 - 138 所示。

表 2 - 191　2012 ~ 2016 年 6 省份社会民生方面分项指数平均得分

省份	居民收入	居民消费	社会保障	社会公平	生态环境
辽宁	73.37	78.42	22.71	49.65	32.70
吉林	43.98	59.84	14.00	52.96	35.83
黑龙江	42.34	58.62	11.66	47.98	51.90
江苏	79.47	83.51	66.88	78.44	43.93
浙江	84.12	83.94	72.24	80.87	52.55
广东	79.02	79.98	62.30	39.98	85.36

续表

省份	居民收入	居民消费	社会保障	社会公平	生态环境
东北三省平均	53.23	65.63	16.12	50.19	40.14
东南三省平均	80.87	82.48	67.14	66.43	60.61
各省平均	52.89	55.64	48.85	51.15	48.34
各省最高	98.36	96.10	78.56	94.22	85.36
各省最低	19.72	19.75	11.66	24.52	13.84

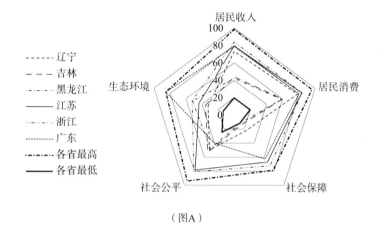

（图A）

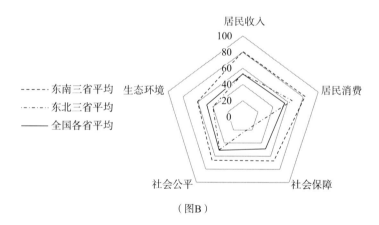

（图B）

图 2 - 138　2012 ~ 2016 年 6 省份社会民生方面分项指数平均得分雷达图

2012 ~ 2016 年，全国在反映社会民生的五个方面上整体进展良好，均持续平稳前进，尤其是"居民消费""社会保障""社会公平"与"生态环境"四个方面，发展势头良好；就东南三省而言，除江苏省的"社会保障"外，五个分项指数得分均呈上升趋势，发展前景良好；东南三省的五个分项指数均处于全国前列，广东省社会公平处于全国领先位置；就东北三省而言，仅辽宁省居民收入、居民消费和生态环境、吉林省居民消费和黑龙江省社会保障的排名相对靠前，其余排名均相对靠后，且黑龙江省生态环境全国垫底（从年排名得出）；辽宁省和黑龙江省的居民收入、吉林省和黑龙江省的居民消费整体呈下降趋势，其余整体均呈上升趋势，具体如表2-192所示。

表2-192　2012~2016年6省份社会民生方面分项指数

分项指数	年份	辽宁	吉林	黑龙江	江苏	浙江	广东	全国平均
		值/序	值/序	值/序	值/序	值/序	值/序	值
居民收入	2012	60.07/8	29.47/18	25.77/21	76.37/6	80.46/3	77.44/5	48.03
	2013	74.48/7▲	37.41/19▲	36.73/20▲	78.08/5▲	82.42/3▲	77.83/6▲	51.56▲
	2014	77.83/7▲	48.01/20▲	46.13/21▲	79.98/4▲	84.54/3▲	79.49/6▲	51.90▲
	2015	79.74/7▲	58.58/21▲	56.92/22▲	82.17/4▲	87.15/3▲	80.98/6▲	51.00▼
	2016	74.71/8▼	46.44/19▼	46.14/20▼	80.77/5▼	86.02/3▼	79.36/6▼	51.80▲
居民消费	2012	75.12/7	52.76/13	52.24/14	79.84/5	79.95/4	76.4/6	47.46
	2013	76.39/7▲	56.75/13▲	46.14/14▼	79.11/5▼	81.01/4▲	78.02/6▲	49.72▲
	2014	78.81/7▲	60.61/13▲	59.20/14▲	82.93/5▲	83.66/4▲	79.68/6▲	51.70▲
	2015	80.55/7▲	65.11/13▲	65.07/14▲	86.00/5▲	86.16/4▲	81.78/6▲	53.44▲
	2016	81.24/8▲	63.96/16▼	70.47/13▲	89.69/4▲	88.89/5▲	84.03/6▲	54.55▲
社会保障	2012	19.36/29	12.02/30	8.31/31	57.21/8	65.73/4	54.81/10	43.89
	2013	19.97/27▲	12.15/30▲	10.97/31▼	65.44/7▲	73.46/3▲	59.15/9▲	48.82▲
	2014	18.82/28▼	11.47/30▼	10.39/31▼	68.45/5▲	77.67/1▲	61.76/9▲	49.65▲
	2015	25.04/29▲	17.69/30▲	15.15/31▲	74.10/7▲	76.26/4▼	68.96/8▲	60.76▲
	2016	30.34/26▲	16.67/30▼	13.48/31▼	69.21/4▼	68.09/6▼	66.82/8▼	66.87▲
社会公平	2012	50.5/12	57.36/7	48.08/15	77.2/4	79.19/3	33.46/22	45.87
	2013	64.54/7▲	35.31/22▼	49.70/14▲	74.16/4▼	79.93/3▲	33.73/26▲	48.94▲
	2014	44.93/19▼	58.84/10▲	46.89/18▼	80.64/4▲	81.45/3▲	42.12/23▲	49.76▲
	2015	45.00/20▲	56.95/12▼	46.49/19▼	76.64/4▼	81.22/3▼	44.19/21▲	52.92▲
	2016	43.28/22▼	56.32/12▼	48.72/17▲	83.55/3▲	82.54/4▲	46.40/18▲	55.28▲
生态环境	2012	4.46/28	0.74/29	31.53/14	22.76/19	31.28/15	76.59/2	46.44
	2013	19.04/27▼	21.86/24▲	43.18/13▲	33.92/18▲	41.01/15▲	80.42/2▲	48.37▲
	2014	36.27/23▲	38.44/19▲	53.29/12▲	44.68/15▲	52.73/14▲	84.59/2▲	51.39▲
	2015	42.60/24▲	43.32/23▲	58.69/15▲	52.73/20▲	64.18/13▲	90.90/1▲	56.92▲
	2016	61.14/19▲	74.81/9▲	72.81/12▲	65.57/16▲	73.53/10▲	94.30/1▲	61.55▲

注：表中符号"▲"表示本年的数据相对于前一年是增长的，符号"▼"表示本年的数据相对于前一年是减少的。

进一步统计升降符（▲或▼）的数量，对不同地区的发展态势及稳定性进行分析和对比可知，2012~2016年，五个分项指数的全国平均水平▲的数量均超过（或等于）3

个，发展势头良好；东北地区 5 个分项指数▲的总量均少于（或等于）东南三省，以"社会公平"的差距最大（东南三省共为 9 个，东北三省共为 5 个），发展稳定性不及东南三省；2016 年，除"社会保障"外，东北三省其余 4 项指数▲的数量均少于东南三省（居民收入和生态环境数量相同），2016 年的整体发展态势不如东南三省；东北三省▲的总数量为 41 个，占东北三省升降符总数的 68.3%，东南三省▲的总数量为 49 个，占 81.7%，东北三省与东南三省的差距较大。

2012~2016 年，辽宁省▲的数量为 15 个，占辽宁省升降符总数的 75.0%，吉林省▲的数量为 13 个，占 65.0%，黑龙江省▲的数量为 13 个，占 65.0%，江苏省▲的数量为 15 个，占 75.0%，浙江省▲的数量为 16 个，占 80.0%，广东省▲的数量为 18 个，占 90%，东北三省最优的辽宁省依然落后于东南三省；就东北三省而言，辽宁省的发展稳定性相对较好，吉林省和黑龙江省相对较弱。2012~2016 年，东北三省"居民收入"的发展态势大体相当，"居民消费"和"社会保障"发展态势较好的是辽宁省，"社会公平"的发展态势均不理想，"生态环境"发展态势较好的是吉林省和黑龙江省。

（1）居民收入

1）城乡居民收入水平（单位：元/人）。城乡居民收入水平反映一个地区的消费者购买力水平，是衡量地区城乡居民收入水平和生活水平的重要指标。2012~2016 年，全国城乡居民收入水平的平均水平与东北地区均呈先升后降的态势，东北地区低于全国平均水平；东北三省亦呈先升后降的态势；就东北三省而言，辽宁省发展较好，显著优于全国平均水平，吉林省次之，黑龙江省较弱。总体而言，东北地区的城乡居民收入水平普遍低于全国平均水平，存在较大的差距，具体如图 2-139 所示。

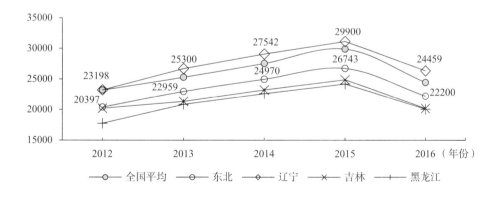

图 2-139 2012~2016 年城乡居民收入水平基本走势

注：①全国平均是指 31 个省市区的平均水平；②全国范围内（可采集到的数据），城乡居民收入水平最大值为 2016 年上海的 53796.6，最小值为 2016 年西藏的 14632.9。

2012~2016 年，东北三省城乡居民收入水平在全国 31 个省市区连续 5 年数据集（共 155 个指标值）中相对位置分布情况如图 2-140 所示。可见，东北三省 5 年（共 15 个数据）城乡居民收入水平的百分比排位处于 50% 以下的有 10 个，其中有 5 个处于 25% 以下；此外，排位的最大值是 2015 年的辽宁省（83.1%），最小值是 2012 年的黑龙江省（3.2%）。

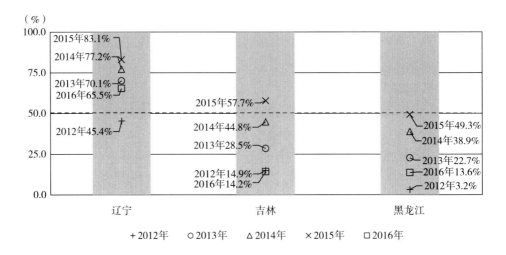

图 2-140　2012~2016 年东北三省城乡居民收入水平百分比排位

2012~2016 年，6 省份城乡居民收入水平由高到低依次为：浙江、江苏、广东、辽宁、吉林、黑龙江；东南三省总体呈上升趋势；东南三省的城乡居民收入水平普遍高于东北地区；就东北三省而言，东南三省水平较低的广东省优于东北地区最高的辽宁省；城乡居民收入水平增幅最大的是辽宁省（3.37%），最小的是广东省（0.26%），吉林省的降幅为 -0.02%，黑龙江省的增幅为 3.24%，具体如表 2-193 所示。

表 2-193　2012~2016 年 6 省份城乡居民收入水平的原始值及单年排名

年份	辽宁	吉林	黑龙江	江苏	浙江	广东	全国平均
	值/序	值/序	值/序	值/序	值/序	值/序	值
2012	23223/9	20208/23	17760/29	29677/5	34550/3	30227/4	23198
2013	26697/9	21331/25	20848/27	31586/4	37080/3	29537/6	25300
2014	29082/9	23218/25	22609/27	34346/4	40393/3	32148/5	27542
2015	31126/9	24901/27	24203/30	37174/4	43715/3	34757/5	29900
2016	26350/8	20189/18	20063/19	32874/5	39193/3	30547/6	24459
平均	27295/8.8	21969/23.6	21097/26.4	33131/4.4	38986/3.0	31443/5.2	26080

2012~2016 年，四个区域城乡居民收入水平由高到低依次为：东部、东北、中部、西部；东部、东北和中部总体上均呈上升趋势，西部总体呈下降趋势；其中东部增幅最大（3.71%），中部最小（0.28%）；东北地区的城乡居民收入水平与东部地区相比差距较大，具体如表 2-194 所示。

表 2 - 194　2012～2016 年四大经济区城乡居民收入水平的平均值及排名

年份	东北		东部		西部		中部	
	平均值	年排名	平均值	年排名	平均值	年排名	平均值	年排名
2012	20397	20.3	29536	7.1	19890	21.3	20650	18.2
2013	22959	20.3	31697	7.4	21878	21.5	22655	17.2
2014	24970	20.3	34434	7.3	23853	21.8	24719	16.8
2015	26743	22.0	37290	7.7	26088	21.1	26788	16.7
2016	22200	15.0	33923	6.8	18927	23.5	20878	16.8
平均	23454	19.6	33376	7.3	22127	21.8	23138	17.1

2012～2016 年，七个区域城乡居民收入水平由高到低依次为：华东、华北、华南、东北、华中、西南、西北；华南、西北和西南总体呈下降趋势，东北、华北、华东和华中总体呈上升趋势；城乡居民收入水平增长幅度最大的是华北地区（4.30%），最小的是华中地区（0.68%）；就七个区域而言，东北地区排名居中，与最优的华东地区相比，差距较明显；具体如表 2 - 195 所示。

表 2 - 195　2012～2016 年七大地理区城乡居民收入水平的平均值及排名

年份	东北	华北	华东	华南	华中	西北	西南
	值/序	值/序	值/序	值/序	值/序	值/序	值/序
2012	20397/20.3	25911/11.6	29875/6.5	24129/11.0	20615/18.3	18642/26.4	20216/20.0
2013	22959/20.3	28936/11.4	31898/6.0	24879/12.3	22720/17.8	21028/25.8	21741/21.0
2014	24970/20.3	31320/12.2	34727/6.2	27101/12.0	24851/16.3	22995/25.4	23649/21.8
2015	26743/22.0	33907/12.6	37601/6.2	29177/13.7	26991/15.8	25238/24.4	25971/20.8
2016	22201/15.0	30372/10.8	33468/6.8	23608/15.3	21173/16.0	18430/25.0	18258/24.2
平均	23454/19.6	30089/11.7	33514/6.3	25779/12.9	23270/16.8	21267/25.4	21967/21.6

2) 居民人均存款额（单位：元/人）。居民人均存款额指每位居民存入银行及农村信用社的储蓄金额，是衡量地区居民收入的重要指标，计算公式为地区居民人民币储蓄存款余额与常住人口的比值。2012～2016 年，全国居民人均存款额的平均水平呈上升趋势，东北地区亦呈上升趋势，东北地区与全国平均水平大致持平；东北三省均呈上升趋势，其中辽宁省高于全国平均水平，吉林省和黑龙江省低于全国平均水平；就东北三省而言，辽宁省表现较好，黑龙江省次之，吉林省较弱。总体而言，东北地区的居民人均存款额与全国平均水平基本持平，如图 2 - 141 所示。

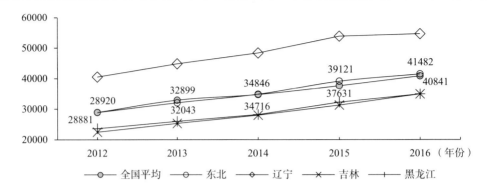

图 2-141 2012~2016 年居民人均存款额基本走势

注：①全国平均是指 31 个省市区的平均水平；②全国范围内（可采集到的数据），居民人均存款额最大值为 2016 年北京的 128909，最小值为 2012 年西藏的 7267。

2012~2016 年，东北三省居民人均存款额在全国 31 个省市区连续 5 年数据集（共 155 个指标值）中相对位置分布情况如图 2-142 所示。可见，东北三省 5 年（共 15 个数据）居民人均存款额的百分比排位处于 50%以下的有 6 个；排位的最大值是 2016 年的辽宁省（89.5%），最小值是 2012 年的吉林省（26.1%）。

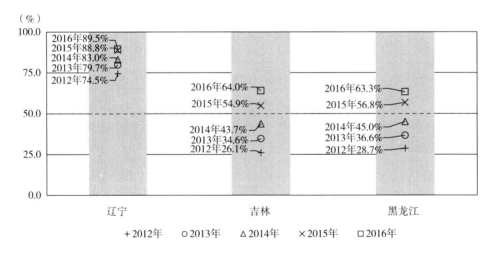

图 2-142 2012~2016 年东北三省居民人均存款额百分比排位

2012~2016 年，6 省份居民人均存款额由高到低依次为：浙江、广东、辽宁、江苏、黑龙江、吉林；东南三省均呈上升趋势，江苏省增幅最大；东南三省水平相对较低的江苏省优于东北地区较低的吉林省；东北三省中增幅最大的是吉林省（13.85%），黑龙江省和辽宁省的增幅分别为 11.92% 和 8.69%。

表 2-196　2012~2016 年 6 省份居民人均存款额的原始值及单年排名

年份	辽宁	吉林	黑龙江	江苏	浙江	广东	全国平均
	值/序	值/序	值/序	值/序	值/序	值/序	值
2012	40537/6	22472/18	23635/16	37951/7	48214/4	42729/5	28920
2013	44845/6	25309/18	25974/17	42605/7	52616/3	47057/5	32899
2014	48359/6	27977/18	28204/17	45956/7	55676/3	49399/5	34716
2015	53845/5	31290/18	32228/17	50856/6	61645/3	50727/7	37631
2016	54620/6	34920/17	34906/18	54883/5	67906/3	53195/7	40841
平均	48441/5.8	28393/17.8	28989/17.0	46450/6.4	57211/3.2	48621/5.8	35015

2012~2016 年，四个区域居民人均存款额由高到低依次为：东部、东北、中部、西部；四个区域均呈上升趋势，西部上升幅度最大；东北地区居民人均存款额与最优的东部地区差距较大，具体如表 2-197 所示。

表 2-197　2012~2016 年四大经济区居民人均存款额的平均值及排名

年份	东北		东部		西部		中部	
	平均值	年排名	平均值	年排名	平均值	年排名	平均值	年排名
2012	28881	13.3	46182	8.5	18244	21.4	21519	19.0
2013	32043	13.7	49968	8.5	22307	20.1	24298	19.7
2014	34847	13.7	52375	8.6	23876	21.0	26900	19.5
2015	39121	13.3	55864	8.6	25797	21.1	30167	19.5
2016	41482	13.7	60136	8.6	28342	21.1	33362	19.3
平均	35275	13.5	52905	8.6	23737	20.9	27249	19.4

2012~2016 年，七个区域居民人均存款额由高到低依次为：华北、华东、东北、华南、华中、西北、西南；七个区域普遍呈上升趋势，华中地区的增幅最大；就七个区域而言，东北处于中上水平，与表现最优的华北相比，差距较大，具体如表 2-198 所示。

表 2-198　2012~2016 年七大地理区居民人均存款额的平均值及排名

年份	东北	华北	华东	华南	华中	西北	西南
	值/序	值/序	值/序	值/序	值/序	值/序	值/序
2012	28881/13.3	47878/7.6	40327/9.8	24545/19.0	19294/21.3	19220/20.6	16321/22.8
2013	32043/13.7	51240/7.8	44419/9.8	27499/19.3	21876/22.0	22468/19.6	21444/20.5
2014	34847/13.7	53329/8.0	47250/9.7	29157/19.7	24638/22.0	24645/20.0	22454/22.0
2015	39121/13.3	56144/8.0	51619/9.5	31466/20.0	27823/22.0	27522/20.0	23095/22.2
2016	41482/13.7	62501/8.0	54940/9.7	32201/20.3	31176/21.3	29777/20.0	25862/22.2
平均	35275/13.5	54218/7.9	47711/9.7	28974/19.7	24961/21.7	24726/20.0	21851/22.0

（2）居民消费

1）城乡居民消费水平。城乡居民消费水平反映一个地区对人民物质文化生活需要的满足程度，它是衡量地区的经济发展水平和人民物质文化生活水平的重要指标。2012～2016 年全国城乡居民消费的平均水平与东北地区总体均呈现平稳上升趋势；东北地区略低于全国平均水平，但差距呈进一步扩大趋势；就东北三省而言，辽宁省优势明显，黑龙江省次之，吉林省较弱。总体而言，东北地区城乡居民消费水平相比全国平均水平的差距呈逐渐扩大趋势，具体如图 2 - 143 所示。

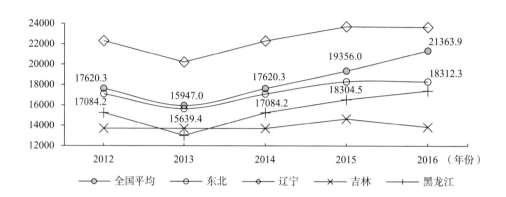

图 2 - 143　2012～2016 年城乡居民消费水平基本走势

注：①全国平均是指 31 个省市区的平均水平；②全国范围内（可采集到的数据），城乡居民消费水平最大值为 2016 年上海的 49658.6，最小值为 2013 年西藏的 6275.9。

2012～2016 年，东北三省城乡居民消费水平在全国 31 个省市区连续 5 年数据集（共 155 个指标值）中相对位置分布情况如图 2 - 144 所示。可见，东北三省 5 年（共 15 个数据）城乡居民消费水平的百分比排位处于 50% 以下的有 8 个，其中有 1 个位于 25% 以下；此外，排位的最大值是 2015 年的辽宁省（80.5%），最小值是 2013 年的黑龙江省（24.6%）。

2012～2016 年，6 省份城乡居民消费水平由高到低依次为：江苏、浙江、广东、辽宁、黑龙江、吉林；东南三省除 2013 年外均呈上升趋势，且高于全国平均水平；东北三省水平最优的辽宁省低于东南三省较弱的广东省；城乡居民消费水平增幅最大的是江苏省（6.67%），增幅最小的是吉林省（0.28%），辽宁省和黑龙江省的增幅分别为 1.53% 和 3.55%，具体如表 2 - 199 所示。

2012～2016 年，四个区域城乡居民消费水平由高到低依次为：东部、东北、中部、西部；各区域除 2013 年外均普遍呈上升趋势，其中东部地区增幅较大；东北地区城乡居民消费水平与东部地区差距较明显，具体如表 2 - 200 所示。

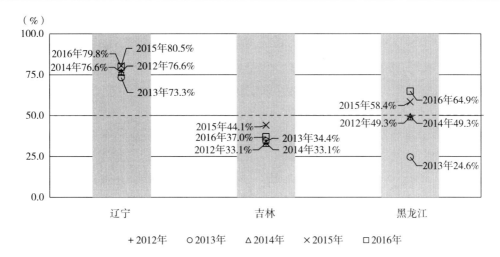

图 2 - 144 2012～2016 年东北三省城乡居民消费水平百分比排位

表 2 - 199 2012～2016 年 6 省份城乡居民消费水平原始值及单年排名

年份	辽宁	吉林	黑龙江	江苏	浙江	广东	全国平均
	值/序	值/序	值/序	值/序	值/序	值/序	值
2012	22305/7	13696/18	15252/14	28406/4	26950/5	24602/6	17620
2013	20214/7	13703/13	13002/16	23664/6	24830/4	23822/5	15947
2014	22305/7	13696/18	15252/14	28406/4	26950/5	24602/6	17620
2015	23716/7	14658/20	16540/15	31795/4	28775/5	26432/6	19356
2016	23670/8	13851/29	17417/16	35986/4	30820/5	28543/6	21364
平均	22442/7.2	13921/19.6	15492/15.0	29651/4.4	27665/4.8	25600/5.8	18382

表 2 - 200 2012～2016 年四大经济区城乡居民消费水平的平均值及排名

年份	东北		东部		西部		中部	
	平均值	年排名	平均值	年排名	平均值	年排名	平均值	年排名
2012	17084.17	13.0	25111.50	9.0	13518.70	20.4	13605.94	20.3
2013	15639.39	12.0	22855.10	9.0	12020.35	21.2	12440.73	19.3
2014	17084.17	13.0	25111.50	9.0	13518.70	20.4	13605.94	20.3
2015	18304.50	14.0	27613.90	8.3	14787.30	21.1	15255.67	19.7
2016	18312.25	17.7	31260.27	7.9	16223.44	21.0	16676.52	18.7
平均	17284.90	13.9	26390.46	8.6	14013.70	20.8	14316.96	19.7

2012～2016 年，七个区域城乡居民消费水平由高到低依次为：华东、华北、华南、东北、华中、西北、西南；各区域除 2013 年外均呈平稳上升趋势，其中，华北与华中地区增幅较大，东北地区增幅相对较小；就七个区域而言，东北地区排名居中，与最优的华

东地区相比，差距较大，具体如表 2 – 201 所示。

表 2 – 201　2012 ~ 2016 年七大地理区城乡居民消费水平的平均值及排名

年份	东北	华北	华东	华南	华中	西北	西南
	值/序	值/序	值/序	值/序	值/序	值/序	值/序
2012	17084/13.0	21897/12.8	24970/8.5	16848/16.7	13953/19.0	13420/20.4	12442/22.8
2013	15639/12.0	20128/11.6	22242/9.2	15778/17.3	12703/18.0	12030/21.0	11011/23.6
2014	17084/13.0	21897/12.8	24970/8.5	16848/16.7	13953/19.0	13420/20.4	12442/22.8
2015	18305/14.0	24016/13.0	26977/8.8	19134/15.0	15770/17.8	14744/20.8	13796/23.2
2016	18312/17.7	27417/13.4	30246/8.0	20726/15.0	17342/16.5	16150/20.2	15298/23.2
平均	17285/13.9	23071/12.7	25881/8.6	17867/16.1	14744/18.1	13953/20.6	12998/23.1

　　2）人均社会消费品零售额（单位：万元/人）。人均社会消费品零售额是指国民经济各行业直接售给城乡居民和社会集团的消费品总额的人均分配情况，它反映了一个地区的人口对生活消费品的购买力，是衡量社会民生的重要指标，计算公式为社会消费品零售总额与地区常住人口的比值。2012 ~ 2016 年，全国人均社会消费品零售额的平均水平普遍呈上升趋势，东北地区亦呈上升趋势；东北地区持续优于全国平均水平；东北三省均呈上升趋势；就东北三省而言，辽宁省表现较好，吉林省次之，黑龙江省较弱。总体而言，东北地区人均社会消费品零售额高于全国平均水平，且这种优势呈现稳定的趋势，具体如图 2 – 145 所示。

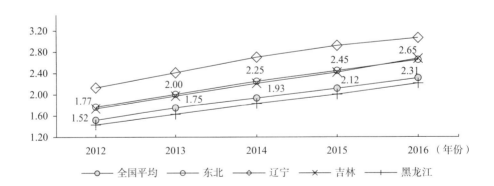

图 2 – 145　2012 ~ 2016 年人均社会消费品零售额基本走势

　　注：①全国平均是指 31 个省市区的平均水平；②全国范围内（可采集到的数据），人均社会消费品零售额最大值为 2016 年北京市的 5.065，最小值为 2012 年贵州省的 0.596。

　　2012 ~ 2016 年，东北三省人均社会消费品零售额在全国 31 个省市区连续 5 年数据集（共 155 个指标值）中相对位置分布情况如图 2 – 146 所示。可见，东北三省 5 年（共 15 个数据）人均社会消费品零售额的百分比排位位于 50% 以下的有 2 个；此外，排位的最大值是 2016 年的辽宁省（87.0%），最小值是 2012 年的黑龙江省（39.6%）。

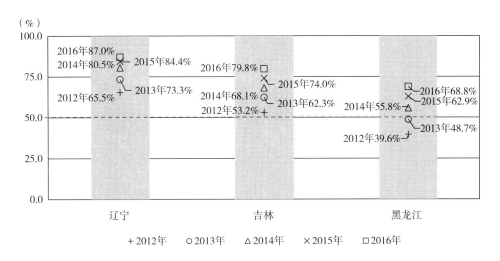

图 2－146 2012～2016 年东北三省人均社会消费品零售额百分比排位

2012～2016 年，6 省份人均社会消费品零售额由高到低依次为：浙江、江苏、广东、辽宁、吉林、黑龙江；东南三省均呈显著的上升趋势，且持续高于全国平均水平；东北地区相对较好的辽宁省与东南三省相对较好的浙江省差距较大；人均社会消费品零售额增幅最大的是浙江省（14.61%），最小的是辽宁省（10.97%），吉林省和黑龙江省的增幅分别为 13.53% 和 13.61%。

表 2－202 2012～2016 年 6 省份人均社会消费品零售额的原始值及单年排名

年份	辽宁	吉林	黑龙江	江苏	浙江	广东	全国平均
	值/序	值/序	值/序	值/序	值/序	值/序	值
2012	2.130/7	1.736/11	1.432/13	2.315/5	2.481/4	2.141/6	1.519
2013	2.410/6	1.973/11	1.630/14	2.630/5	2.905/4	2.391/7	1.749
2014	2.700/6	2.210/11	1.830/14	2.947/5	3.238/3	2.655/7	1.934
2015	2.918/6	2.416/11	2.004/14	3.244/5	3.572/3	2.905/7	2.115
2016	3.064/8	2.675/10	2.212/14	3.589/5	3.930/3	3.158/6	2.310
平均	2.644/6.6	2.202/10.8	1.822/13.8	2.945/5	3.225/3.4	2.650/6.6	1.925

2012～2016 年，四个区域人均社会消费品零售额由高到低依次为：东部、东北、中部、西部；四个区域普遍呈上升趋势；东北地区的人均社会消费品零售额持续低于东部地区，具体如表 2－203 所示。

表 2 - 203　2012 ~ 2016 年四大经济区人均社会消费品零售额的平均值及排名

年份	东北		东部		西部		中部	
	平均值	年排名	平均值	年排名	平均值	年排名	平均值	年排名
2012	1.766	10.3	2.277	7.4	0.992	23.3	1.185	18.5
2013	2.004	10.3	2.584	7.5	1.174	23.3	1.378	18.5
2014	2.247	10.3	2.826	7.5	1.309	23.2	1.543	18.7
2015	2.446	10.3	3.084	7.6	1.430	23.1	1.703	18.7
2016	2.650	10.7	3.348	7.6	1.575	23.2	1.883	18.3
平均	2.223	10.4	2.823	7.5	1.296	23.2	1.538	18.5

2012 ~ 2016 年，七个区域人均社会消费品零售额由高到低依次为：华东、华北、东北、华南、华中、西南、西北；七个区域普遍呈现增长态势；就七个区域而言，东北地区处于中上水平，与最优的华东地区相比，差距较大，具体如表 2 - 204 所示。

表 2 - 204　2012 ~ 2016 年七大地理区人均社会消费品零售额的平均值及排名

年份	东北	华北	华东	华南	华中	西北	西南
	值/序	值/序	值/序	值/序	值/序	值/序	值/序
2012	1.766/10.3	2.170/9.0	2.139/8.5	1.362/16.3	1.226/18.0	0.882/25.2	0.939/24.4
2013	2.004/10.3	2.426/9.2	2.455/8.3	1.566/17.0	1.421/18.0	1.049/25.6	1.142/23.6
2014	2.247/10.3	2.606/9.6	2.725/8.2	1.742/17.0	1.595/18.0	1.167/25.4	1.280/23.6
2015	2.446/10.3	2.798/10.2	3.003/8.2	1.894/17.0	1.781/17.5	1.263/25.4	1.418/23.4
2016	2.650/10.7	3.003/10.8	3.292/7.8	2.065/17.0	1.980/17.3	1.377/25.4	1.581/23.2
平均	2.223/10.4	2.601/9.8	2.723/8.2	1.726/16.9	1.601/17.8	1.148/25.4	1.272/23.6

（3）社会保障

1）城镇职工基本养老保险抚养比。城镇职工基本养老保险抚养比反映了一个地区劳动年龄人口抚养非劳动年龄人口的能力，是衡量社会保障水平的重要指标，计算公式为城镇在岗职工数与离退休人员数的比值。2012 ~ 2016 年，全国城镇职工基本养老保险抚养比的平均水平呈现下降趋势，东北地区呈缓慢下降趋势，东北地区持续低于全国平均水平；东北三省普遍呈现下降态势；就东北三省而言，辽宁省发展较好，吉林省次之，黑龙江省较差。总体而言，东北地区的城镇职工基本养老保险显著低于全国平均水平，差距基本保持稳定，具体如图 2 - 147 所示。

2012 ~ 2016 年，东北三省城镇职工基本养老保险抚养比在全国 31 个省市区连续五年数据集（共 155 个指标值）中相对位置分布情况如图 2 - 148 所示。可见，东北三省 5 年（共 15 个数据）城镇职工基本养老保险抚养比的百分比排位均位于 50% 之下，其中有 13 个百分比排位处于 25% 以下；此外，排位的最大值是 2012 年的辽宁省（31.8%），最小值是 2016 年的黑龙江省（0.0%）。

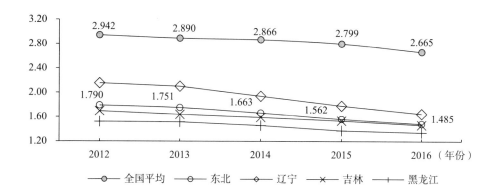

图 2 - 147　2012 ~ 2016 年城镇职工基本养老保险抚养比基本走势

注：①全国平均是指 31 个省市区的平均水平；②全国范围内（可采集到的数据），城镇职工基本养老保险抚养比最大值为 2014 年广东的 9.787，最小值为 2016 年黑龙江的 1.342。

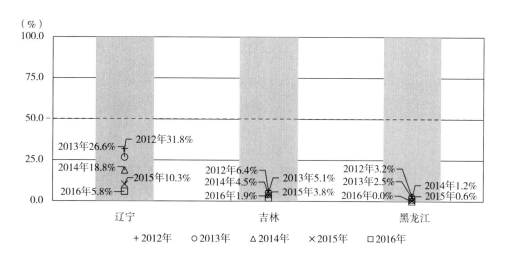

图 2 - 148　2012 ~ 2016 年东北三省城镇职工基本养老保险抚养比百分比排位

　　2012 ~ 2016 年，6 省份城镇职工基本养老保险抚养比由高到低依次为：广东、浙江、江苏、辽宁、吉林、黑龙江；东南三省中，江苏省和浙江省呈下降态势，广东省总体呈上升趋势；东北地区相对较好的辽宁省持续低于东南三省中较差的江苏省；城镇职工基本养老保险抚养比降幅最小的是广东省（-0.15%），降幅最大的是浙江省（-11.85%），辽宁省、吉林省与黑龙江省的降幅依次为：-5.86%、-3.38% 和 -2.96%。

　　2012 ~ 2016 年，四个区域城镇职工基本养老保险抚养比由高到低依次为：东部、中部、西部、东北；四个区域总体均呈下降趋势，东北地区的降幅最大；东北地区城镇职工基本养老保险抚养比与东部地区差距较大，具体如表 2 - 206 所示。

表 2 – 205　2012～2016 年 6 省份城镇职工基本养老保险抚养比的原始值及单年排名

年份	辽宁		吉林		黑龙江		江苏		浙江		广东		全国平均
	值/序		值/序		值/序		值/序		值/序		值/序		值
2012	2.153/23		1.695/30		1.522/31		3.438/6		5.278/2		9.337/1		2.942
2013	2.101/23		1.638/30		1.516/31		3.345/6		4.955/4		8.929/1		2.890
2014	1.939/25		1.592/30		1.458/31		3.222/6		4.435/4		9.787/1		2.866
2015	1.780/29		1.534/30		1.373/31		3.082/9		3.391/5		9.748/1		2.799
2016	1.648/29		1.465/30		1.342/31		2.951/7		2.776/8		9.280/1		2.665
平均	1.924/25.8		1.585/30.0		1.442/31.0		3.208/6.8		4.167/4.6		9.416/1.0		2.833

表 2 – 206　2012～2016 年四大经济区城镇职工基本养老保险抚养比的平均值及排名

年份	东北		东部		西部		中部	
	平均值	年排名	平均值	年排名	平均值	年排名	平均值	年排名
2012	1.790	28.0	4.191	8.6	2.309	20.4	2.705	13.5
2013	1.751	28.0	4.120	9.0	2.295	19.7	2.601	14.3
2014	1.663	28.7	4.116	8.7	2.297	19.3	2.525	15.2
2015	1.562	30.0	3.966	8.8	2.298	18.7	2.474	15.7
2016	1.485	30.0	3.673	9.3	2.230	18.6	2.444	15.0
平均	1.650	28.9	4.013	8.9	2.286	19.3	2.550	14.7

2012～2016 年，七个区域城镇职工基本养老保险抚养比由高到低依次为：华南、华东、华北、华中、西南、西北、东北；七个区域总体均呈下降趋势；就七个区域而言，东北地区排名靠后，与最优的华南地区相比，差距明显，具体如表 2 – 207 所示。

表 2 – 207　2012～2016 年七大地理区城镇职工基本养老保险抚养比的平均值及排名

年份	东北	华北	华东	华南	华中	西北	西南
	值/序	值/序	值/序	值/序	值/序	值/序	值/序
2012	1.790/28.0	2.876/16.2	3.810/7.5	4.849/11.0	2.643/14.5	2.294/20.2	2.403/18.8
2013	1.751/28.0	2.843/16.2	3.716/8.3	4.702/10.7	2.545/15.8	2.295/19.0	2.414/18.2
2014	1.663/28.7	2.823/15.6	3.522/8.5	4.974/11.3	2.488/16.8	2.284/18.2	2.465/17.8
2015	1.562/30.0	2.810/15.4	3.273/9.3	4.955/11.3	2.456/16.5	2.274/18.0	2.469/16.6
2016	1.485/30.0	2.709/14.8	3.044/9.2	4.596/12.7	2.424/16.0	2.222/18.8	2.352/16.2
平均	1.650/28.9	2.812/15.6	3.473/8.6	4.815/11.4	2.511/15.9	2.274/18.8	2.420/17.5

2）养老金支出占比（单位:%）。养老金支出占比反映一个地区离退休人员的生活保障情况，是衡量社会民生的重要指标，计算公式为养老金支出与地区 GDP 的比值。2012～

2016 年，东北地区养老金支出占比与全国平均水平在总体上均呈上升趋势；东北地区持续低于全国平均水平；东北三省总体上呈上升趋势；就东北地区而言，辽宁省表现相对较好，吉林省与黑龙江省次之。总体而言，东北地区的养老金支出占比持续与全国平均水平差距较为稳定，具体如图 2 - 149 所示。

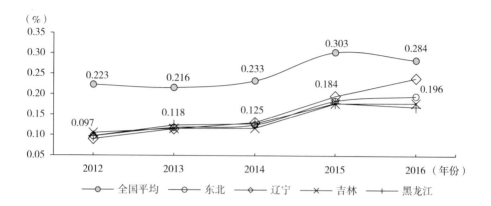

图 2 - 149　2012 ~ 2015 年养老金支出占比基本走势

注：①全国平均是指 31 个省市区的平均水平；②全国范围内（可采集到的数据），养老金支出占比最大值为 2012 年重庆的 75.99%，最小值为 2013 年广西的 4.03%。

2012 ~ 2016 年，东北三省养老金支出占比在全国 31 个省市区连续 5 年数据集（共 155 个指标值）中相对位置分布情况如图 2 - 150 所示。可见，东北三省 5 年（共 15 个数据）养老金支出占比的百分比排位均处于 50% 以下，其中有 10 个处于 25% 以下；此外，排位的最大值是 2016 年的辽宁省（49.3%），最小值是 2012 年的辽宁省（1.9%）。

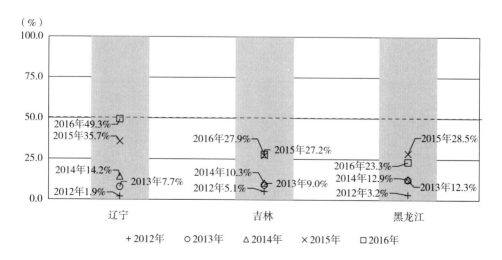

图 2 - 150　2012 ~ 2016 年东北三省养老金支出占比百分比排位

2012～2016 年，6 省份养老金支出占比由高到低依次为：浙江、江苏、广东、辽宁、黑龙江、吉林；东南三省总体均呈上升趋势；东北地区水平相对较好的辽宁省持续低于东南三省相对较差的广东省；养老金支出占比增幅最大的是辽宁省（41.69%），最低的是浙江省（7.75%），吉林省和黑龙江省的增幅分别为 17.66% 和 18.82%，具体如表 2 - 208 所示。

表 2 - 208 2012～2016 年 6 省份养老金支出占比的原始值及单年排名

年份	辽宁	吉林	黑龙江	江苏	浙江	广东	全国平均
	值/序	值/序	值/序	值/序	值/序	值/序	值
2012	0.090/30	0.105/27	0.097/28	0.202/15	0.232/12	0.096/29	0.223
2013	0.115/28	0.116/27	0.124/25	0.251/11	0.280/9	0.146/23	0.216
2014	0.131/26	0.117/29	0.128/28	0.270/11	0.315/5	0.156/25	0.233
2015	0.196/25	0.178/29	0.179/28	0.304/17	0.334/12	0.202/24	0.303
2016	0.240/20	0.179/27	0.170/30	0.290/17	0.303/15	0.194/25	0.284
平均	0.155/25.8	0.139/27.8	0.140/27.8	0.264/14.2	0.293/10.6	0.159/25.2	0.252

2012～2016 年，四个区域养老金支出占比由高到低依次为：西部、中部、东部、东北；四个区域总体均呈上升趋势，东北地区的增幅最大；东北地区养老金支出占比与西部地区差距较大，具体如表 2 - 209 所示。

表 2 - 209 2012～2015 年四大经济区养老金支出占比的平均值及排名

年份	东北		东部		西部		中部	
	平均值	年排名	平均值	年排名	平均值	年排名	平均值	年排名
2012	0.097	28.3	0.157	20.8	0.311	10.6	0.223	12.7
2013	0.118	26.7	0.189	18.5	0.246	12.8	0.250	13.0
2014	0.125	27.7	0.205	19.0	0.276	11.3	0.245	14.7
2015	0.184	27.3	0.251	20.6	0.355	11.3	0.346	12.2
2016	0.196	25.7	0.242	20.8	0.329	11.4	0.310	12.3
平均	0.144	27.1	0.209	19.9	0.304	11.5	0.275	13.0

2012～2016 年，七个区域养老金支出占比由高到低依次为：西南、西北、华中、华东、华南、华北、东北；除西南地区呈现下降趋势外，其余地区整体均呈上升态势；就七个区域而言，东北地区排名靠后，与最优的西南地区相比，差距显著，具体如表 2 - 210 所示。

表 2 – 210　　2012 ~ 2016 年七大地理区养老金支出占比的平均值及排名

年份	东北	华北	华东	华南	华中	西北	西南
	值/序	值/序	值/序	值/序	值/序	值/序	值/序
2012	0.097/28.3	0.133/23.6	0.202/15.3	0.185/17.0	0.214/13.3	0.201/15.0	0.468/4.4
2013	0.118/26.7	0.163/21.8	0.236/13.5	0.143/22.3	0.233/14.5	0.215/16.2	0.334/4.0
2014	0.125/27.7	0.172/23.0	0.250/13.7	0.245/15.0	0.226/16.3	0.230/16.2	0.337/5.0
2015	0.184/27.3	0.233/21.8	0.296/16.7	0.318/13.7	0.323/14.5	0.328/14.8	0.405/6.4
2016	0.196/25.7	0.230/21.0	0.278/17.0	0.287/15.0	0.287/15.0	0.316/14.0	0.364/7.4
平均	0.144/27.1	0.187/22.2	0.252/15.2	0.235/16.6	0.257/14.7	0.258/15.2	0.382/5.4

（4）社会公平

1）城乡居民收入比。城乡居民收入比反映一个地区城乡间的收入差距，是用来衡量地区社会民生问题的重要指标，计算公式为地区城市居民收入水平与农村居民收入水平之比。理论上，是一项适度指标，指标值越趋近于 1，效果越佳，考虑到现阶段中国城乡差距较大，暂作逆指标处理。2012 ~ 2016 年，全国城乡居民收入比的平均水平呈下降态势，东北地区总体略呈上升趋势；东北地区城乡居民收入比与全国平均水平差距缩小，东北地区的相对优势有所降低；辽宁省和黑龙江省总体呈上升趋势，吉林省呈下降态势；就东北三省而言，黑龙江省表现相对较好，吉林省次之，辽宁省较弱。总体而言，东北地区的城乡居民收入比低于全国平均水平，优势较明显，但优势在逐渐减弱，具体如图 2 – 151 所示。

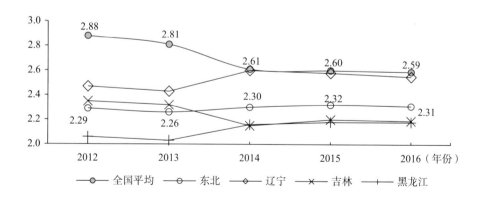

图 2 – 151　2012 ~ 2016 年城乡居民收入比基本走势

注：①全国平均是指 31 个省市区的平均水平；②全国范围内（可采集到的数据），城乡居民收入比最大值为 2012 年贵州的 3.93，最小值为 2014 年天津的 1.85。

2012 ~ 2016 年，东北三省城乡居民收入比在全国 31 个省市区连续 5 年数据集（共 155 个指标值）中相对位置分布情况如图 2 – 152 所示。可见，东北三省 5 年（共 15 个数据）城乡居民收入比的百分比排位全部处于 50% 以上；此外，排位的最大值是 2013 年的黑龙江省（98.1%），最小值是 2014 年的辽宁省（52.6%）。

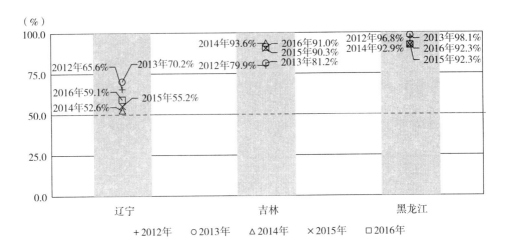

图 2-152　2012~2016 年东北三省城乡居民收入比百分比排位

2012~2016 年，6 省份城乡居民收入比由低到高依次为：黑龙江、浙江、吉林、江苏、辽宁、广东；东南三省普遍呈下降态势，城乡居民收入差距缩小；东南三省与东北三省的差距逐渐缩小；城乡居民收入比降幅最大的是浙江省（-3.16%），辽宁省和黑龙江省增幅分别为 0.81% 和 1.46%，意味着这两个省份的城乡居民收入差距正在增大，具体如表 2-211 所示。

表 2-211　2012~2016 年 6 省份城乡居民收入比的原始值及单年排名

年份	辽宁	吉林	黑龙江	江苏	浙江	广东	全国平均
	值/序	值/序	值/序	值/序	值/序	值/序	值
2012	2.470/8	2.350/5	2.060/1	2.430/7	2.370/6	2.870/17	2.880
2013	2.430/8	2.320/5	2.030/1	2.390/7	2.350/6	2.840/19	2.810
2014	2.600/17	2.150/3	2.160/4	2.300/6	2.080/2	2.630/18	2.610
2015	2.580/17	2.200/4	2.180/3	2.290/7	2.070/2	2.600/19	2.600
2016	2.550/16	2.190/4	2.180/3	2.280/6	2.070/2	2.600/19	2.590
平均	2.530/13.2	2.240/4.2	2.120/2.4	2.340/6.6	2.190/3.6	2.710/18.4	2.700

2012~2016 年，四个区域城乡居民收入比由低到高依次为：东北、东部、中部、西部；东部、中部和西部城乡居民收入比普遍呈下行态势，城乡居民收入差距逐年缩小，其中中部下行幅度最大（-3.12%），东北呈上升趋势，增幅为 0.15%，城乡居民收入差距有所扩大，具体如表 2-212 所示。

中篇 评价报告

表 2 – 212　2012 ~ 2016 年四大经济区城乡居民收入比的平均值及排名

年份	东北		东部		西部		中部	
	平均值	年排名	平均值	年排名	平均值	年排名	平均值	年排名
2012	2.290	4.7	2.520	9.2	3.350	24.5	2.820	15.5
2013	2.260	4.7	2.470	9.4	3.260	24.4	2.750	15.7
2014	2.300	8.0	2.350	9.2	2.970	24.9	2.490	13.2
2015	2.320	8.0	2.330	9.5	2.960	24.7	2.480	13.0
2016	2.310	7.7	2.320	9.6	2.940	24.8	2.470	13.2
平均	2.300	6.6	2.400	9.4	3.100	24.7	2.600	14.1

2012 ~ 2016 年，七个区域城乡居民收入比由低到高依次为：东北、华东、华中、华北、华南、西南、西北；东北呈上升趋势，其他区域普遍呈下行态势；就七个区域而言，东北地区的表现最好，具体如表 2 – 213 所示。

表 2 – 213　2012 ~ 2016 年七大地理区城乡居民收入比的平均值及排名

年份	东北	华北	华东	华南	华中	西北	西南
	值/序	值/序	值/序	值/序	值/序	值/序	值/序
2012	2.290/4.7	2.620/11.8	2.590/10.8	3.080/20.0	2.700/12.3	3.340/24.2	3.400/25.0
2013	2.260/4.7	2.570/11.8	2.540/11.0	3.010/20.3	2.630/12.5	3.250/24.2	3.300/24.8
2014	2.300/8.0	2.470/14.0	2.350/8.5	2.650/18.3	2.430/10.8	3.010/26.0	2.970/24.2
2015	2.320/8.0	2.470/14.4	2.330/8.7	2.610/18.0	2.410/10.8	3.020/25.8	2.950/23.8
2016	2.310/7.7	2.470/15.0	2.320/8.5	2.580/17.3	2.410/11.0	3.030/26.4	2.930/23.6
平均	2.300/6.6	2.520/13.4	2.430/9.5	2.780/18.8	2.510/11.5	3.130/25.3	3.110/24.3

2) 城乡每千人卫生技术人员比。城乡每千人卫生技术人员比反映一个地区城乡卫生技术人员数量的差距，是用来衡量地区社会民生问题的重要指标，计算公式为地区城市每千人卫生技术人员数量与农村每千人卫生技术人员数量之比。在理论上，是一项适度指标，指标值越趋近于 1，效果越佳，考虑到现阶段中国城乡差距较大，暂作逆指标处理。2012 ~ 2016 年，全国城乡每千人卫生技术人员比的平均水平总体呈上升态势，城乡卫生技术人员数量的差距逐渐增大，东北地区总体亦呈上升趋势；东北地区与全国平均水平差距缩小，东北地区的相对优势有所降低；辽宁省和吉林省总体呈上升趋势，黑龙江省基本持平；就东北三省而言，吉林省表现较好，黑龙江省次之，辽宁省较弱。总体而言，东北

地区的城乡每千人卫生技术人员比与全国平均水平优势在逐渐减弱,具体如图 2 - 153 所示。

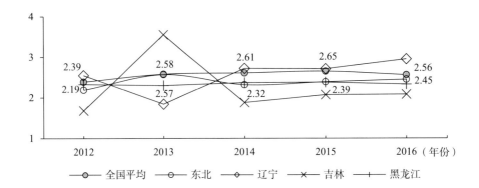

图 2 - 153　2012 ~ 2016 年城乡每千人卫生技术人员比基本走势

注:①全国平均是指 31 个省市区的平均水平;②全国范围内 (可采集到的数据),城乡每千人卫生技术人员比最大值为 2016 年青海的 5.4087,最小值为 2016 年北京的 0。

　　2012 ~ 2016 年,东北三省城乡每千人卫生技术人员比在全国 31 个省市区连续 5 年数据集 (共 155 个指标值) 中相对位置分布情况如图 2 - 154 所示。可见,东北三省 5 年 (共 15 个数据) 城乡每千人卫生技术人员比的百分比排位处于 50% 以下的有 5 个,其中位于 25% 以下的有 1 个;此外,排位的最大值是 2012 年的吉林省 (91.0%),最小值是 2013 年的吉林省 (7.8%)。

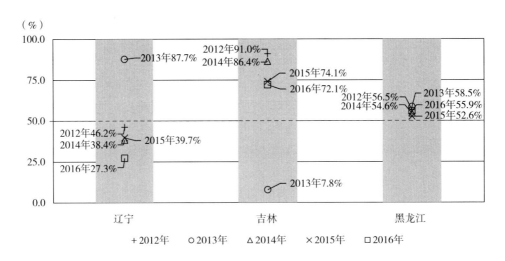

图 2 - 154　2012 ~ 2016 年东北三省城乡每千人卫生技术人员比百分比排位

　　2012 ~ 2016 年,6 省份城乡每千人卫生技术人员比由低到高依次为:浙江、江苏、吉林、黑龙江、辽宁、广东;东南三省中浙江省和广东省呈下行态势,江苏省呈上升态势;

东南三省与东北三省的差距呈缩小态势；城乡每千人卫生技术人员比降幅最大的是浙江省（－1.18%），增幅最大的是吉林省（5.92%），辽宁省和黑龙江省增幅分别为 3.96% 和 0.04%，意味着这东北三省的城乡卫生技术人员数量的差距正在增大，具体如表 2 – 214 所示。

表 2 – 214　2012~2016 年 6 省份城乡每千人卫生技术人员比的原始值及单年排名

年份	辽宁	吉林	黑龙江	江苏	浙江	广东	全国平均
	值/序	值/序	值/序	值/序	值/序	值/序	值
2012	2.550/18	1.680/6	2.330/15	2.040/9	1.900/7	3.360/29	2.390
2013	1.840/6	3.550/28	2.300/14	2.260/13	1.810/5	3.880/29	2.580
2014	2.720/20	1.880/4	2.370/14	2.090/10	1.990/6	3.410/28	2.610
2015	2.710/19	2.070/6	2.380/14	2.330/12	2.070/5	3.320/28	2.650
2016	2.950/22	2.080/9	2.330/15	2.080/8	1.810/4	3.190/25	2.560
平均	2.550/17.0	2.250/10.6	2.340/14.4	2.160/10.4	1.920/5.4	3.430/27.8	2.560

2012~2016 年，四个区域城乡每千人卫生技术人员比由低到高依次为：东部、东北、中部、西部；东部地区总体呈下降态势，城乡卫生技术人员数量的差距逐年缩小；东北、中部和西部呈上升趋势，增幅分别为 3.07%、1.47% 和 2.08%，城乡卫生技术人员数量的差距有所扩大，东北与东部的差距有进一步扩大的趋势，具体如表 2 – 215 所示。

表 2 – 215　2012~2016 年四大经济区城乡每千人卫生技术人员比的平均值及排名

年份	东北		东部		西部		中部	
	平均值	年排名	平均值	年排名	平均值	年排名	平均值	年排名
2012	2.190	13.0	2.240	13.1	2.670	18.0	2.650	19.3
2013	2.570	16.0	2.330	12.6	2.750	17.3	2.650	19.0
2014	2.320	12.7	2.310	12.0	2.880	18.5	2.740	19.3
2015	2.390	13.0	2.380	12.5	2.880	18.1	2.780	19.2
2016	2.450	15.3	2.040	11.8	2.890	16.8	2.810	19.7
平均	2.380	14.0	2.260	12.4	2.820	17.7	2.730	19.3

2012~2016 年，七个区域城乡每千人卫生技术人员比由低到高依次为：华东、东北、华北、华中、华南、西北、西南；华北呈下行态势，其他区域普遍呈上升态势；就七个区域而言，东北地区处于中上水平，与最优的华东地区相比，差距有扩大的趋势，具体如表

2 – 216 所示。

表 2 – 216　2012～2016 年七大地理区城乡每千人卫生技术人员比的平均值及排名

年份	东北	华北	华东	华南	华中	西北	西南
	值/序	值/序	值/序	值/序	值/序	值/序	值/序
2012	2.190/13.0	2.450/16.0	2.000/10	2.700/20.0	2.730/20.3	2.550/17.0	2.830/20.6
2013	2.570/16.0	2.520/16.4	2.070/9.8	2.900/19.3	2.670/19.0	2.780/17.2	2.800/17.4
2014	2.320/12.7	2.500/14.8	2.110/9.5	2.670/18.7	2.780/19.8	2.950/18.6	3.010/19.8
2015	2.390/13.0	2.480/14.0	2.140/9.0	2.960/23.0	2.810/19.8	3.000/17.2	2.930/19.8
2016	2.450/15.3	1.930/13.2	2.080/9.5	2.900/21.7	2.840/20.0	2.920/15.8	3.040/19.6
平均	2.380/14.0	2.370/14.9	2.080/9.6	2.830/20.5	2.760/19.8	2.850/17.2	2.920/19.4

　　3）城乡中小学生均教师资源比。城乡中小学生均教师资源比反映一个地区城乡中小学教师资源的差距，是用来衡量地区社会民生问题的重要指标，计算公式为农村中小学单位学生拥有的教师数量与城镇中小学单位学生拥有的教师数量之比。理论上是一项适度指标，指标值越趋近于 1，效果越佳，考虑到现阶段中国城乡差距较大，暂作逆指标处理。2014～2016 年，全国城乡中小学生均教师资源比的平均水平呈下降的态势，东北地区亦呈下降趋势，城乡中小学教师资源的差距逐渐减小；东北三省总体上均呈下降的态势；就东北三省而言，辽宁省较好，吉林省次之，黑龙江省较差。总体而言，东北地区的城乡中小学生均教师资源比高于全国平均水平，说明东北三省城乡中小学教师资源的差距较大，具体如图 2 – 155 所示。

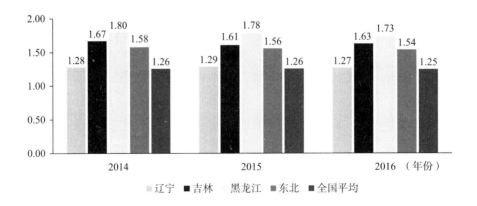

图 2 – 155　2014～2016 年城乡中小学生均教师资源比基本走势

　　注：①全国平均是指 31 个省市区的平均水平；②全国范围内（可采集到的数据），城乡中小学生均教师资源比最大值为 2014 年内蒙古的 1.8451，最小值为 2012 年安徽的 0。

　　2014～2016 年，东北三省城乡中小学生均教师资源比在全国 31 个省市区连续 3 年数据集（共 93 个指标值）中相对位置分布情况如图 2－156 所示。可见，东北三省 3 年（共 9 个数据）城乡中小学生均教师资源比的百分比排位全部处于 50% 以下；此外，排位的最大值是 2016 年的辽宁省（20.2%），最小值是 2014 年的黑龙江省（0.7%）。

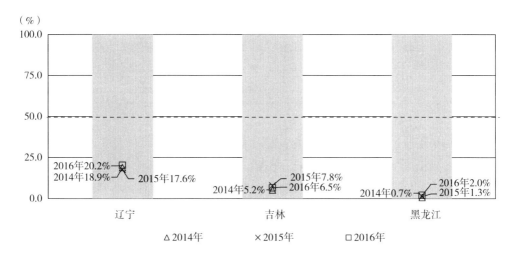

图 2－156 2014～2016 年东北三省城乡中小学生均教师资源比百分比排位

2014～2016 年，6 省份城乡中小学生均教师资源比由低到高依次为：江苏、浙江、广东、辽宁、吉林、黑龙江；东南三省中江苏省和广东省总体呈下降趋势，城乡中小学教师资源的差距缩小，浙江省总体呈上升趋势，城乡中小学教师资源的差距增大；东南三省较弱的广东省优于东北三省最优的辽宁省；城乡中小学生均教师资源比降幅最大的是江苏省（－1.20%），辽宁省、吉林省和黑龙江省降幅分别为－0.12%、－0.57% 和－1.03%，具体如表 2－217 所示。

表 2－217 2014～2016 年 6 省份城乡中小学生均教师资源比的原始值及单年排名

年份	辽宁	吉林	黑龙江	江苏	浙江	广东	全国平均
	值/序	值/序	值/序	值/序	值/序	值/序	值
2014	1.280/22	1.670/28	1.800/30	0.980/4	1.070/6	1.220/16	1.260
2015	1.290/22	1.610/27	1.780/31	0.950/2	1.060/6	1.210/15	1.260
2016	1.270/21	1.630/29	1.730/31	0.940/2	1.090/8	1.180/15	1.250
平均	0.770/13.4	0.980/17.2	1.060/18.8	0.570/2.0	0.640/4.4	0.720/9.6	0.750

2014～2016 年，四个区域城乡中小学生均教师资源比由低到高依次为：东部、西部、中部、东北；东北、东部和西部呈下降态势，城乡中小学教师资源的差距逐年缩小；中部基本保持不变；东北地区城乡中小学生均教师资源比与东部地区差距较大，具体如表 2－218 所示。

表 2-218　2014～2016 年四大经济区城乡中小学生均教师资源比的平均值及排名

年份	东北		东部		西部		中部	
	平均值	年排名	平均值	年排名	平均值	年排名	平均值	年排名
2014	1.580	26.7	1.170	12.0	1.25	15.3	1.300	18.8
2015	1.560	26.7	1.160	11.9	1.23	14.9	1.310	19.7
2016	1.540	27.0	1.160	12.1	1.22	14.8	1.300	19.5
平均	0.940	16.5	0.700	7.6	1.23	15.0	0.780	12.0

2014～2016 年，七个区域城乡中小学生均教师资源比由低到高依次为：华东、西南、华中、西北、华南、华北、东北；华北、华南、西北和东北呈下降趋势，华中略呈上升趋势，华东和华中基本持平；就七个区域而言，东北地区排名靠后，与最优的华东地区相比，差距较大，具体如表 2-219 所示。

表 2-219　2014～2016 年七大地理区城乡中小学生均教师资源比的平均值及排名

年份	东北	华北	华东	华南	华中	西北	西南
	值/序	值/序	值/序	值/序	值/序	值/序	值/序
2014	1.580/26.7	1.380/19.0	1.110/10.5	1.310/16.7	1.210/15.8	1.310/19.0	1.110/10.0
2015	1.560/26.7	1.350/18.8	1.110/9.8	1.300/16.7	1.220/17.5	1.300/18.6	1.110/10.0
2016	1.540/27.0	1.330/18.4	1.110/10.0	1.280/16.3	1.220/17.5	1.280/18.4	1.110/10.4
平均	0.940/16.5	0.810/11.6	0.670/6.5	0.780/10.3	0.730/10.6	1.300/18.7	0.670/6.5

（5）生态环境

1）人均公园绿地面积（单位：平方米/人）。人均公园绿地面积是指城市中每个居民享有的公园绿地面积，是衡量生态环境水平的重要指标。2012～2016 年，全国人均公园绿地面积的平均水平呈平稳上升趋势，东北亦呈上升趋势，但低于全国平均水平；2012～2014 年东北三省普遍呈上升趋势，2015～2016 年辽宁省和黑龙江省出现小幅下降，吉林省保持上升趋势；就东北三省而言，吉林省表现较好，黑龙江省次之，辽宁省较差。总体而言，东北地区人均公园绿地面积整体低于全国平均水平，且差距不断增大，具体如图 2-157 所示。

2012～2016 年，东北三省人均公园绿地面积在全国 31 个省市区连续 5 年数据集（共 155 个指标值）中相对位置分布情况如图 2-158 所示。可见，东北三省 5 年（共 15 个数据）人均公园绿地面积的百分比排位处于 50% 以下的有 10 个；此外，排位的最大值是 2016 年的吉林省（69.4%），最小值是 2012 年的吉林省（25.9%）。

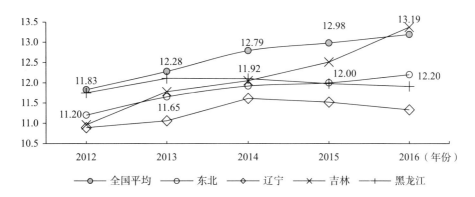

图 2 – 157 2012 ~ 2016 年人均公园绿地面积基本走势

注：①全国平均是指 31 个省市区的平均水平；②全国范围内（可采集到的数据），人均公园绿地面积最大值为 2016 年内蒙古的 19.77，最小值为 2012 年上海的 7.08。

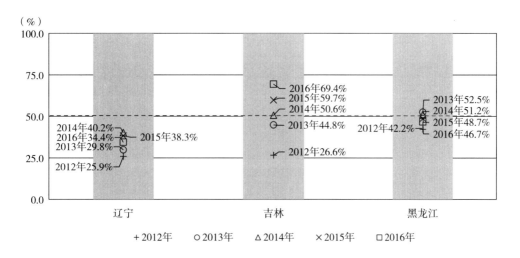

图 2 – 158 2012 ~ 2016 年东北三省人均公园绿地面积百分比排位

2012 ~ 2016 年，6 省份人均公园绿地面积由高到低依次为：广东、江苏、浙江、吉林、黑龙江、辽宁；东南三省整体呈上升趋势，高于全国平均水平，东南三省水平较低的浙江省持续优于东北地区最高的吉林省；人均公园绿地面积增幅最大的是吉林省（5.50%），最小的是黑龙江省（0.34%），辽宁省的增幅为 1.01%，具体如表 2 – 220 所示。

2012 ~ 2016 年，四个区域人均公园绿地面积由高到低依次为：东部、西部、东北、中部；四个区域均呈上升趋势，西部地区的增幅最大，东北地区的增幅最小；东北地区人均公园绿地面积与最优的东部地区差距较大，具体如表 2 – 221 所示。

2012 ~ 2016 年，七个区域人均公园绿地面积由高到低依次为：华北、华南、华东、西北、西南、东北、华中；七个区域均呈上升趋势，西北地区增幅最大，华南地区的增幅最小；就七个区域而言，东北地区排名靠后，与表现最优的华北相比，差距较大，具体如

表 2 – 222 所示。

表 2 – 220   2012 ~ 2016 年 6 省份人均公园绿地面积的原始值及单年排名

年份	辽宁	吉林	黑龙江	江苏	浙江	广东	全国平均
	值/序	值/序	值/序	值/序	值/序	值/序	值
2012	10. 890/18	10. 960/17	11. 750/14	13. 630/8	12. 470/9	15. 820/3	11. 830
2013	11. 060/22	11. 780/15	12. 110/14	14. 010/8	12. 440/13	15. 940/5	12. 280
2014	11. 610/19	12. 050/18	12. 100/17	14. 410/8	12. 900/12	16. 280/5	12. 790
2015	11. 520/23	12. 510/16	11. 980/18	14. 550/7	13. 190/11	17. 400/3	12. 980
2016	11. 330/23	13. 370/13	11. 910/20	14. 790/8	13. 170/14	17. 870/4	13. 190
平均	11. 280/21. 0	12. 130/15. 8	11. 970/16. 6	14. 280/7. 8	12. 830/11. 8	16. 660/4. 0	12. 610

表 2 – 221   2012 ~ 2016 年四大经济区人均公园绿地面积的平均值及排名

年份	东北		东部		西部		中部	
	平均值	年排名	平均值	年排名	平均值	年排名	平均值	年排名
2012	11. 20	16. 3	12. 59	11. 5	11. 81	17. 8	10. 90	19. 7
2013	11. 65	17. 0	12. 91	12. 1	12. 45	16. 9	11. 20	20. 0
2014	11. 92	18. 0	13. 39	12. 7	13. 10	16. 3	11. 59	19. 8
2015	12. 00	19. 0	13. 64	12. 4	13. 32	16. 0	11. 68	20. 5
2016	12. 20	18. 7	13. 76	13. 6	13. 55	14. 9	12. 01	20. 7
平均	11. 80	17. 8	13. 26	12. 5	12. 85	16. 4	11. 47	20. 1

表 2 – 222   2012 ~ 2016 年七大地理区人均公园绿地面积的平均值及排名

年份	东北	华北	华东	华南	华中	西北	西南
	值/序	值/序	值/序	值/序	值/序	值/序	值/序
2012	11. 200/16. 3	12. 550/13. 0	12. 260/12. 0	13. 080/10. 0	10. 670/21. 8	11. 320/18. 8	11. 630/19. 8
2013	11. 650/17. 0	13. 160/12. 6	12. 570/12. 8	13. 300/11. 3	10. 880/22. 0	12. 160/17. 6	12. 050/18. 8
2014	11. 920/18. 0	14. 040/12. 8	12. 950/13. 0	13. 490/12. 7	11. 250/22. 3	12. 940/16. 8	12. 510/17. 8
2015	12. 000/19. 0	14. 240/13. 0	13. 180/12. 5	13. 990/12. 7	11. 280/23. 0	12. 980/17. 0	12. 820/16. 8
2016	12. 200/18. 7	14. 510/12. 8	13. 470/13. 7	13. 890/15. 0	11. 540/23. 0	13. 510/15. 0	12. 700/16. 2
平均	11. 800/17. 8	13. 700/12. 8	12. 880/12. 8	13. 550/12. 3	11. 120/22. 4	12. 580/17. 0	12. 340/17. 9

2）PM2.5 平均浓度（单位：μg/m³）。PM2.5 平均浓度反映一个地区的空气质量，是衡量地区生态环境的重要指标，该指标为逆向指标。2014 ~ 2016 年，全国 PM2.5 平均浓度的平均水平呈下降趋势，东北地区亦呈下降趋势；东北三省的 PM2.5 平均浓度均呈下降态势；就东北三省而言，黑龙江省表现较好，辽宁省次之，吉林省较差。总体而言，

东北地区的 PM2.5 平均浓度高于全国平均水平，具体如图 2 - 159 所示。

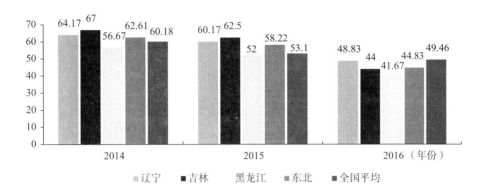

图 2 - 159 2014 ~ 2016 年 PM2.5 平均浓度基本走势

注：①全国平均是指 31 个省市区的平均水平；②全国范围内（2012 ~ 2013 年数据缺失），PM2.5 平均浓度最大值为 2014 年河北的 106，最小值为 2016 年海南的 21。

2014 ~ 2016 年，东北三省 PM2.5 平均浓度在全国 31 个省市区连续 3 年数据集（共 93 个指标值）中相对位置分布情况如图 2 - 160 所示。可见，东北三省 3 年（共 9 个数据）PM2.5 平均浓度的百分比排位位于 50% 以下数量有 5 个，其中有 1 个位于 25% 以下；此外，排位的最大值是 2016 年的黑龙江省（80.5%），最小值是 2014 年的吉林省（20.7%）。

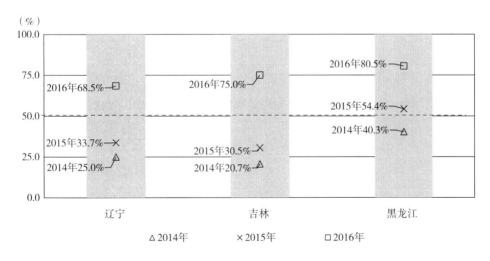

图 2 - 160 2014 ~ 2016 年东北三省 PM2.5 平均浓度百分比排位

2014 ~ 2016 年，6 省份 PM2.5 平均浓度由低到高依次为：广东、黑龙江、浙江、辽宁、吉林、江苏；东南三省均呈下降趋势，整体优于东北地区；东北地区空气质量较好的黑龙江省与东南三省较好的广东省差距明显；PM2.5 浓度降幅最大的是吉林省

（－17.16%），最小的是浙江省（－11.80%），辽宁省和黑龙江省的降幅分别为－11.95%和－13.24%。具体如表2－223所示。

表2－223　2014～2016年6省份PM2.5平均浓度的原始值及单年排名

年份	辽宁	吉林	黑龙江	江苏	浙江	广东	全国平均
	值/序	值/序	值/序	值/序	值/序	值/序	值
2014	64.17/19	67.00/22	56.67/14	66.44/21	56.80/15	39.17/5	60.18
2015	60.17/23	62.50/25	52.00/15	58.56/22	51.00/14	32.50/5	53.10
2016	48.83/15	44.00/12	41.67/8	50.33/17	43.40/11	29.67/5	49.46
平均	57.72/19.0	57.83/19.7	50.11/12.3	58.44/20.0	50.40/13.3	33.78/5.0	54.25

2014～2016年，四个区域PM2.5平均浓度由低到高依次为：西部、东北、东部、中部；四个区域均呈下降趋势，降幅明显；东北地区PM2.5平均浓度与西部地区存在一定的差距，具体如表2－224所示。

表2－224　2014～2016年四大经济区PM2.5平均浓度的平均值及排名

年份	东北		东部		西部		中部	
	平均值	年排名	平均值	年排名	平均值	年排名	平均值	年排名
2014	62.61	18.3	62.41	16.9	52.39	11.8	70.85	21.5
2015	58.22	21.0	55.34	17.6	45.39	10.8	62.23	20.8
2016	44.83	11.7	50.16	16.3	45.62	13.7	58.26	22.0
平均	55.22	17.0	55.97	16.9	47.80	12.1	63.78	21.4

2014～2016年，七个区域PM2.5平均浓度由低到高依次为：华南、西南、西北、华东、东北、华中、华北；七个区域普遍呈下降趋势，降幅明显，空气质量有明显改善；东北地区处于中下水平，与最优的华南地区相比，差距明显，具体如表2－225所示。

表2－225　2014～2016年七大地理区PM2.5平均浓度的平均值及排名

年份	东北	华北	华东	华南	华中	西北	西南
	值/序	值/序	值/序	值/序	值/序	值/序	值/序
2014	62.61/18.3	77.51/22.2	59.87/16.8	38.31/6.3	72.39/21.8	57.33/13.2	47.99/11.0
2015	58.22/21.0	67.13/22.6	54.26/18.0	32.42/4.3	63.93/20.8	49.90/12.8	41.55/10.0
2016	44.83/11.7	64.85/24.2	47.20/15.0	29.81/4.0	58.70/21.5	52.13/18.4	41.28/11.6
平均	55.22/17.0	69.83/23.0	53.78/16.6	33.51/4.9	65.01/21.3	53.12/14.8	43.61/10.9

3）空气质量达到及好于二级的天数（单位：天）。空气质量达到及好于二级的天数是指一个地区空气质量达到国家空气质量优良标准的天数，反映地区的空气质量，是衡量该地区生态环境的重要指标。2014～2016 年，全国空气质量达到及好于二级天数的平均水平呈明显上升趋势，东北地区亦呈现上升趋势；东北三省均呈上升趋势，黑龙江省空气质量优于其他两省。总体而言，东北地区空气质量达到及好于二级的天数略高于全国平均水平，具体如图 2－161 所示。

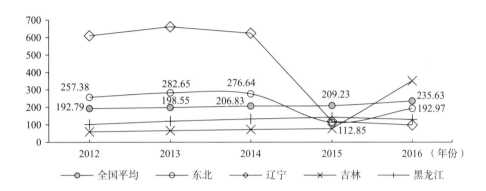

图 2－161　2014～2016 年空气质量达到及好于二级的天数基本走势

注：①全国平均是指 31 个省市区的平均水平；②全国范围内（2012～2013 年数据缺失），空气质量达到及好于二级的天数最大值为 2016 年海南的 361，最小值为 2014 年河北的 128.2。

2014～2016 年，东北三省空气质量达到及好于二级的天数在全国 31 个省市区连续 3 年数据集（共 93 个指标值）中相对位置分布情况如图 2－162 所示。可见，东北三省 3 年（共 9 个数据）空气质量达到及好于二级的天数百分比排位位于 50% 以下数量有 4 个；此外，排位的最大值是 2016 年的黑龙江省（82.6%），最小值是 2014 年的辽宁省（26.0%）。

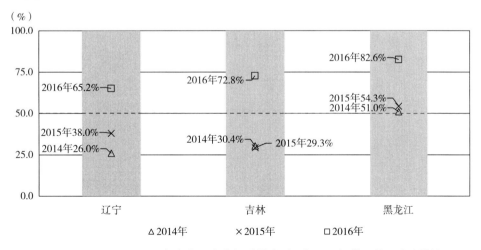

图 2－162　2014～2016 年东北三省空气质量达到及好于二级的天数百分比排位

2014～2016 年，6 省份空气质量达到及好于二级的天数由高到低依次为：广东、黑龙江、浙江、吉林、辽宁、江苏；东南三省及东北三省均呈上升趋势；东北三省中空气质量较优的黑龙江省与东南三省中较优的广东省有一定差距；空气质量达到及好于二级的天数上升幅度最大的是辽宁省（11.06%），增幅最小的是广东省（5.31%），黑龙江省和吉林省的增幅分别为 8.63% 和 10.65%，具体如表 2-226 所示。

表 2-226　2014～2016 年 6 省份空气质量达到及好于二级的天数的原始值及单年排名

年份	辽宁	吉林	黑龙江	江苏	浙江	广东	全国平均
	值/序	值/序	值/序	值/序	值/序	值/序	值
2014	230/19	240/17	268/10	229/20	253/14	311/5	243
2015	248/22	238/24	271/14	237/25	268/16	330/5	267
2016	281/16	291/10	315/7	255/22	288/13	344/5	278
平均	253/19	256/17	285/10.3	241/22.3	270/14.3	328/5	263

2014～2016 年，四个区域空气质量达到及好于二级的天数由高到低依次为：西部、东北、东部、中部；四个区域的空气质量普遍呈上升趋势，东北地区上升幅度最大，西部地区上升幅度最小；东北地区空气质量达到及好于二级的天数与西部地区相比存在一定的差距，具体如表 2-227 所示。

表 2-227　2014～2016 年四大经济区空气质量达到及好于二级的天数的平均值及排名

年份	东北		东部		西部		中部	
	平均值	年排名	平均值	年排名	平均值	年排名	平均值	年排名
2014	246	15.3	238	16.6	261	13.1	213	21.2
2015	252	20.0	254	18.5	291	11.1	248	19.7
2016	295	11.0	272	17.3	290	13.8	254	20.5
平均	264	15.4	255	17.5	280	12.7	238	20.4

2014～2016 年，七个区域空气质量达到及好于二级的天数由高到低依次为：华南、西南、东北、华东、西北、华中、华北；七个区域普遍呈上升趋势，华北地区增幅最大，东北地区空气质量处于中上水平，与华南地区差距明显，具体如表 2-228 所示。

4. 主要结论

首先，总体而言，东北地区的社会民生整体低于全国平均水平，且差距相对较大。在反映社会民生发展水平的五个方面（居民收入、居民消费、社会保障、社会公平、生态环境），东北三省的发展水平较东南三省差距明显，其中以"社会保障"的差距最大。尤其值得关注的是，东北三省的社会保障与东南三省的差距在进一步扩大，这是东北地区社会民生方面最显著的问题。

其次，动态来看，2012～2016 年，东北地区的指数得分提升相对较快，意味着绝对能力的提升幅度较大，同时，东北地区的社会民生方面的相对排名提升也相对较快，意味着相对于全国的比较优势在进一步加强。

表 2 - 228　2014～2016 年七大地理区空气质量达到及好于二级的天数的平均值及排名

年份	东北	华北	华东	华南	华中	西北	西南
	值/序	值/序	值/序	值/序	值/序	值/序	值/序
2014	246/15.3	183/25.8	245/16.0	311/5.3	213/20.5	233/17.6	292/7.8
2015	252/20.0	222/23.2	258/18.8	332/4.3	241/19.8	269/15.6	311/7.4
2016	295/11.0	231/24.6	278/16.8	345/4.0	252/20.0	258/20.2	314/9.0
平均	264/15.4	212/24.5	260/17.2	329/4.6	235/20.1	253/17.8	306/8.1

再次，分省来看，辽宁省社会民生水平较高，2012～2013 年黑龙江省略高于吉林省，2014～2016 年吉林省实现反超。在全国各省相对排名的竞争中，东北三省均有进步。东北三省在社会民生各分项指数上呈现不均衡发展，其中辽宁省的居民收入和居民消费较高，但社会保障和生态环境较为薄弱，吉林省的社会公平最好，生态环境和社会保障相对较弱，黑龙江省的居民消费和生态环境较好，社会保障较薄弱。

最后，单项指标方面，东北地区在"居民人均存款额""人均社会消费品零售额"的发展优于全国平均水平，其中以"人均社会消费品零售额"较好；而"城乡居民收入水平""城乡居民消费水平""养老金支出占比""城镇职工基本养老保险抚养比""人均公园绿地面积"相对较落后，相比全国平均水平不仅差距较大，且呈现进一步扩大趋势。

（七）东北地区地市级振兴进程评价

1. 各地市振兴指数总体分析

东北三省 34 个地级市[①]的综合测度涵括了政府治理、企态优化、区域开放、产业发展、社会民生和创新创业六个方面，共 32 项关键指标[②]。汇集了东北三省 2012～2016 年六个方面的指标信息，得到连续 5 年振兴指数得分。表 2 - 229 给出了 2012～2016 年东北三省 34 个地级市的振兴指数得分及各年的排序变化情况。基于此，将指数信息按空间

---

① 黑龙江省的大兴安岭和吉林省的延边两个地区统计数据缺失较多，故暂未列入评价。

② 地市级指标体系尽量保持了与省级的一致性，并在上期报告的基础上进行了优化，囿于数据的可获得性及完备性，地市级层面的指标体系相对于省级仍有缩减，仅保留了 32 项指标，且有部分替代指标，在 6 个分项中的分布基本均衡。

分类、时间排列、优劣序化等方式整理后，形成多年指数得分的可视化集成图（见图 2-163～图 2-165），综合所有信息，给出如下分析。

表 2-229　2012～2016 年东北三省 34 个地级市振兴指数得分及年排序

地级市	所属省	2012 年		2013 年		2014 年		2015 年		2016 年		得分变动	名次变动
		值	序	值	序	值	序	值	序	值	序		
大连	辽宁	72.8	1	72.2	1	69.9	2	71.0	1	71.4	2	-1.4	-1.0
沈阳	辽宁	69.1	2	69.7	2	70.1	1	69.8	3	69.8	3	0.7	-1.0
长春	吉林	65.3	3	65.9	4	66.8	3	70.2	2	72.1	1	6.9	2.0
哈尔滨	黑龙江	65.2	4	66.4	3	63.4	4	62.8	4	64.7	4	-0.5	0.0
丹东	辽宁	52.7	9	51.3	14	53.0	12	54.7	10	53.6	11	0.9	-2.0
吉林	吉林	52.2	11	52.5	12	52.4	14	53.4	11	58.0	7	5.8	4.0
本溪	辽宁	53.7	8	55.7	8	56.3	8	56.3	7	59.7	5	6.0	3.0
鞍山	辽宁	56.1	6	60.8	5	58.1	6	56.1	8	56.2	10	0.2	-4.0
抚顺	辽宁	47.3	18	47.7	18	50.2	16	52.2	12	53.4	12	6.1	6.0
牡丹江	黑龙江	48.1	15	53.0	10	53.8	10	50.7	14	48.5	19	0.5	-4.0
营口	辽宁	55.8	7	59.2	6	56.6	7	56.7	6	56.3	9	0.5	-2.0
辽阳	辽宁	52.5	10	50.3	16	53.5	11	55.3	9	57.1	8	4.6	2.0
锦州	辽宁	56.2	5	56.4	7	58.5	5	59.1	5	58.2	6	2.1	-1.0
佳木斯	黑龙江	51.8	12	54.8	9	52.6	13	48.7	16	48.2	20	-3.6	-8.0
齐齐哈尔	黑龙江	45.8	21	49.8	17	47.9	20	48.2	19	43.7	26	-2.1	-5.0
盘锦	辽宁	50.3	13	50.5	15	46.4	22	48.0	21	49.6	15	-0.7	-2.0
大庆	黑龙江	48.4	14	52.7	11	54.4	9	51.4	13	49.4	16	0.9	-2.0
通化	吉林	47.7	17	47.0	21	48.8	18	48.4	18	48.6	18	0.9	-1.0
辽源	吉林	44.0	23	45.6	22	42.9	24	45.5	23	47.1	21	3.1	2.0
黑河	黑龙江	38.0	30	42.0	25	42.7	25	42.7	29	39.9	29	1.9	1.0
阜新	辽宁	48.0	16	47.5	20	48.0	19	48.2	20	51.7	13	3.7	3.0
铁岭	辽宁	44.9	22	43.9	23	47.2	21	48.5	17	48.8	17	3.9	5.0
葫芦岛	辽宁	46.3	19	52.0	13	50.8	15	47.0	22	47.1	22	0.8	-3.0
七台河	黑龙江	32.5	34	37.6	33	37.6	33	36.3	33	33.9	33	1.3	1.0
四平	吉林	46.0	20	47.7	19	49.3	17	49.3	15	51.5	14	5.4	6.0
鹤岗	黑龙江	34.1	33	36.2	34	33.9	34	37.1	32	34.4	32	0.4	1.0
白山	吉林	39.6	26	40.4	30	41.0	28	43.0	28	44.5	24	4.9	2.0
双鸭山	黑龙江	41.4	25	40.6	28	43.6	23	45.1	24	43.2	27	1.9	-2.0
鸡西	黑龙江	38.4	27	40.5	29	39.9	31	40.3	30	38.1	31	-0.4	-4.0
绥化	黑龙江	38.4	28	41.1	26	40.3	29	39.1	31	38.3	30	-0.1	-2.0
朝阳	辽宁	36.9	31	39.5	31	40.0	30	43.5	25	46.2	23	9.4	8.0
白城	吉林	36.8	32	37.7	32	39.6	32	43.1	27	43.1	28	6.4	4.0
松原	吉林	43.3	24	42.1	24	41.5	27	43.4	26	43.9	25	0.5	-1.0
伊春	黑龙江	38.1	29	40.9	27	41.5	26	34.6	34	32.9	34	-5.1	-5.0

　　注：①得分变动为 2016 年与 2012 年的差值，正值表示成长，负值表示衰退；②名次变动为 2012 年与 2016 年的差值，正值为名次提升，负值为名次后退。

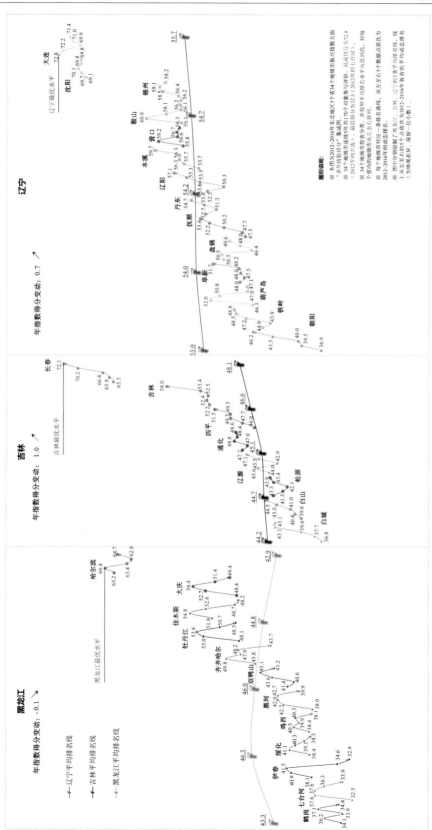

图 2－163　2012～2016 年东北三省 34 个地级市振兴指数得分变动情况

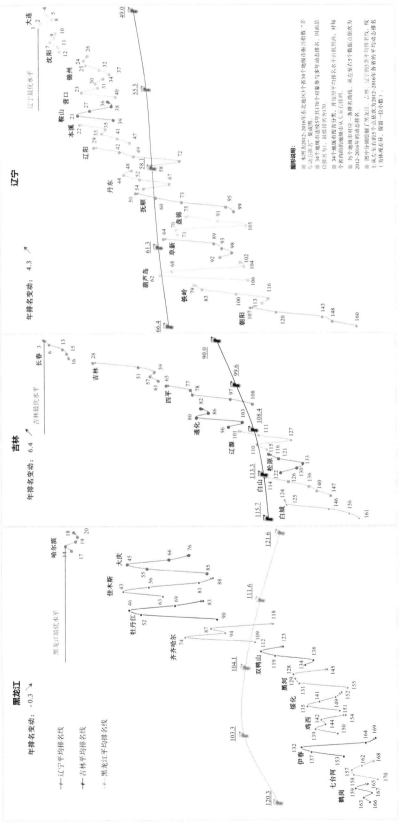

图2-164 2012~2016年东北三省34个地级市振兴指数多年连续排名变动情况

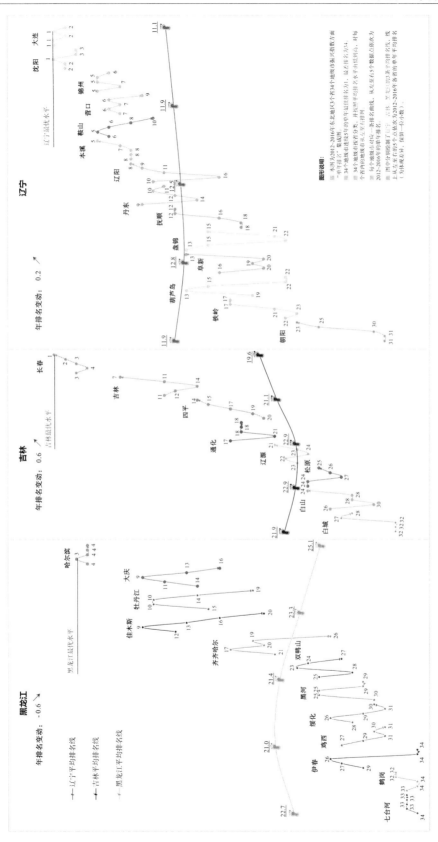

图 2 - 165   2012 ~ 2016 年东北三省 34 个地级市振兴指数单年排名变动情况

（1）东北三省 34 个地级市之间的发展水平存在较大差异，大部分地级市的发展水平均有待进一步提升

比较各省指数得分最高城市和最低城市之间的差异，如黑龙江省哈尔滨市和鹤岗市相差 32.2 分、吉林省长春市和白城市相差 35.3 分、辽宁省大连市和朝阳市相差 35.9 分，可以看出 34 个地级市的发展水平在省内及省际的差异明显。此外，东北三省 34 个地级市中，最高指数得分超过 50 分有 19 个城市（占比 55.9%），且其中大部分城市的指数得分均在 50 分左右，说明东北三省地级市的发展水平有待于进一步提升。具体而言，黑龙江省最高指数得分超过 50 分的有哈尔滨、大庆、佳木斯、牡丹江 4 个城市，占比 33.3%；吉林省有长春、吉林、四平 3 个城市，占比 37.5%；辽宁省最高指数得分超高 50 分的城市相对较多，包括大连、沈阳、锦州、鞍山、营口、本溪、辽阳、丹东、抚顺、盘锦、阜新、葫芦岛 12 个城市，占比 85.7%。东北三省振兴指数得分最高的城市分别为 2012 年的大连市（72.8 分）、2016 年的长春市（72.1 分）和 2013 年的哈尔滨市（66.4 分）。

（2）东北三省地级市总体呈现向上的发展态势，但部分地级市（尤其是黑龙江省的部分地级市）存在较高的停滞甚至后退的风险

东北三省 34 个地级市 2016 年的连续排名较 2012 年有所提升的城市有 26 个，占比 76.5%，表明各地级市总体上有着较好的发展态势，其中，辽宁省除盘锦和大连外，其他 12 个城市均呈现上升趋势，吉林省的 8 个地级市均呈现上升趋势，黑龙江省的表现相对较弱，仅有 6 个城市（占比 50%）呈现上升趋势，且上升幅度不明显，且部分地级市，如伊春、佳木斯等，存在较高的停滞甚至后退的风险。东北三省最优连续排名分别为 2012 年的大连市（第 1 名）、2016 年的长春市（第 3 名）和 2013 年的哈尔滨市（第 14 名）。整体而言，2012~2016 年，东北三省内基础较好的辽宁省呈现缓慢增长的趋势，基础较差的吉林省有所追赶，两者之间的差距正在逐渐缩小。辽宁省的平均连续排名明显高于吉林省和黑龙江省，年均提升 4.3 名，吉林省的平均排名整体上升最快，年均提升 6.4 名，并从 2015 年开始超过了黑龙江省；黑龙江省的平均排名自 2013 年开始呈现持续下降趋势，年均排名下降 0.3 名。

（3）五年中，东北三省有超过半数的地级市的相对排名退后，反映出相对优势在下降

单年排名的变化是相对能力此消彼长的反映，东北三省中有 18 个地级市（占比 52.9%）的单年排名呈现下降趋势，相对发展能力被进一步缩减。具体而言，辽宁省 14 个地级市中，单年排名上升的 6 个（占 42.9%），排名退后的有 8 个（占 57.1%），其中朝阳市相对排名上升 8 名，鞍山市下降 4 名，分别为辽宁省上升与下降最快的两个城市；吉林省的 8 个地级市中，单年排名上升的有 6 个（占 75.0%），退后的有 2 个（占 25.0%），其中四平市相对排名上升 6 名，为吉林省上升最快的城市，松原市和通化市均下降 1 名；黑龙江省的 12 个地级市中，单年排名上升的有 3 个（占 25.0%），退后的有 8 个（占 66.7%），排名保持不变的有 1 个（占 8.3%），其中佳木斯市下降 8 名，成为黑龙江省下降最快的城市，黑河市、鹤岗市、七台河市均上升 1 名，可见黑龙江省各地级市

的发展倒退明显。

（4）东北三省部分地级市的振兴水平出现实质性退步，副省级城市中大连出现实质性倒退

比较图 2 - 164 和图 2 - 165 可以看出，东北三省 34 个地级市中有 7 个地级市的连续排名和单年排名均呈现下降趋势，即这 7 个地级市出现实质性退步（占 20.6%），分别为伊春、鸡西、绥化、齐齐哈尔、佳木斯、大连和盘锦，尤其以伊春市和佳木斯市的倒退幅度最为突出。吉林省 8 个地级市呈现较好的发展态势，但通化和松原市的单年排名略有下降，应警惕由相对优势下跌而可能引起的绝对水平的倒退。

（5）副省级及以上城市的发展水平明显优于其他城市，区域内发展呈现明显分化现象

大连、沈阳、长春、哈尔滨 4 个副省级及以上城市的发展水平明显过于其他城市，地级市的发展出现了较严重的区域分化现象。由图 2 - 163 可见，辽宁省的断层出现在省内平均排名第二的沈阳市和排名第三的锦州市之间，但差距呈现略有缩小的趋势；吉林省的断层出现在省内平均排名第一的长春市和排名第二的吉林市之间，且呈现进一步扩大的趋势；黑龙江省的断层出现在排名第一的哈尔滨市和排名第二的大庆市之间，但差距存在缩小趋势。

综上可以判断，东北三省 34 个地级市之间的发展水平差异明显，副省级及以上城市的发展水平明显优于其他城市，且大部分城市的发展水平不高（指数得分在 50 分左右），东北三省地级市的发展水平有待进一步提升。此外，虽然大部分城市的绝对发展水平呈现上升趋势，但仍有 7 个地级市出现实质性退步，其中尤以伊春市和佳木斯市的倒退幅度最为突出。从地市级指标体系及数据分析的结果来看，吉林省呈现较好的发展态势，辽宁省进展缓慢，黑龙江省整体上于 2014 年起出现实质性退步。

2. 地市级振兴分项指数分析

对相关数据进行统计形成 2012 ~ 2016 年东北三省地级市振兴分项指数得分及单年排序表，如表 2 - 230 所示。

表 2 - 230　东北三省地级市分项指数得分及排序

省/市	政府治理	企态优化	区域开放	产业发展	创新创业	社会民生	振兴指数
辽宁省	55.95/10.4	57.41/11.4	54.39/16.5	53.50/14.2	49.45/18.2	55.31/14.3	54.33/12
鞍山市	56.81/9	65.99/3.4	56.38/10.8	65.86/6.8	46.72/21.2	53.06/15.2	57.47/7
2012 年	63.97/8	68.28/1	53.55/13	75.16/2	35.17/32	40.17/18	56.05/6
2013 年	64.27/8	66.55/1	57.90/13	72.92/4	56.04/12	47.35/13	60.84/5
2014 年	52.55/8	60.52/4	60.11/9	71.89/6	52.22/18	51.41/18	58.12/6
2015 年	46.44/12	66.75/4	56.88/9	64.18/7	44.48/21	58.00/14	56.12/8

续表

省/市	政府治理	企态优化	区域开放	产业发展	创新创业	社会民生	振兴指数
2016 年	56.83/9	67.87/7	53.47/10	45.13/15	45.71/23	68.37/13	56.23/10
本溪市	66.97/4.2	61.70/5	57.86/8.8	49.70/15.8	51.86/15.4	49.95/18.6	56.34/7.2
2012 年	74.90/2	55.17/5	54.92/9	47.05/18	51.35/16	38.75/20	53.69/8
2013 年	77.89/2	59.07/6	58.31/11	46.21/19	52.63/18	39.92/19	55.67/8
2014 年	63.50/5	58.91/6	61.22/8	45.42/20	55.43/13	53.47/17	56.33/8
2015 年	56.85/6	66.86/3	58.59/8	59.53/11	39.50/25	56.45/17	56.30/7
2016 年	61.69/6	68.47/5	56.26/8	50.29/11	60.39/5	61.14/20	59.71/5
朝阳市	33.55/25.4	39.84/29.6	41.84/30	31.49/27.4	41.59/26.4	59.04/9.8	41.22/28
2012 年	33.13/27	30.77/30	42.71/31	32.95/29	38.28/28	43.25/15	36.85/31
2013 年	31.23/28	34.55/31	42.89/33	31.20/29	49.10/23	48.09/12	39.51/31
2014 年	34.64/25	35.03/32	43.75/28	33.19/28	34.48/31	59.11/11	40.03/30
2015 年	30.18/27	47.98/30	40.37/31	35.50/24	37.54/28	69.55/7	43.52/25
2016 年	38.56/20	50.88/25	39.48/27	24.63/27	48.56/22	75.17/4	46.21/23
大连市	72.32/1.4	66.35/3.4	84.09/1	81.44/1	54.53/12.6	69.95/5.4	71.44/1.4
2012 年	78.22/1	66.66/2	84.32/1	83.21/1	56.04/11	68.50/4	72.82/1
2013 年	77.95/1	66.07/3	83.95/1	77.99/1	60.43/7	66.82/3	72.20/1
2014 年	66.11/2	58.79/7	84.18/1	82.68/1	60.42/6	67.13/7	69.88/2
2015 年	65.76/2	70.53/2	83.75/1	82.60/1	46.24/19	76.84/2	70.95/1
2016 年	73.56/1	69.72/3	84.24/1	80.72/1	49.53/20	70.45/11	71.37/2
丹东市	63.66/6.8	52.55/17.4	47.69/20.6	55.41/12.4	38.38/28.8	60.63/9.4	53.05/11.2
2012 年	71.51/6	47.10/11	48.62/16	59.20/12	35.15/33	54.58/9	52.69/9
2013 年	69.64/6	47.17/21	48.09/28	54.65/14	35.48/30	52.70/9	51.29/14
2014 年	62.24/6	53.54/19	46.64/21	58.46/13	38.94/29	58.02/12	52.97/12
2015 年	55.22/8	55.23/21	48.39/19	65.42/6	39.3/26	64.52/10	54.68/10
2016 年	59.69/8	59.7/15	46.69/19	39.32/17	43.02/26	73.36/7	53.63/11
抚顺市	49.28/13.6	62.55/4.6	47.27/20.4	58.91/10.4	44.54/22.2	38.55/27.6	50.18/15.2
2012 年	58.93/11	56.40/4	48.56/17	56.35/15	34.44/34	29.19/30	47.31/18
2013 年	50.35/15	60.91/5	49.46/24	63.03/9	35.07/31	27.41/32	47.70/18
2014 年	43.98/16	62.24/2	48.95/19	62.67/10	45.52/24	38.06/28	50.24/16
2015 年	41.09/15	64.78/6	48.74/17	62.17/8	48.46/16	48.10/24	52.22/12
2016 年	52.06/11	68.40/6	40.65/25	50.31/10	59.22/6	49.98/24	53.44/12

续表

省/市	政府治理	企态优化	区域开放	产业发展	创新创业	社会民生	振兴指数
阜新市	36.03/23	56.84/10.6	61.16/7.8	32.36/26.8	49.75/18.6	55.82/12.2	48.66/17.6
2012 年	40.77/23	47.58/10	66.19/6	38.02/27	49.08/19	46.54/11	48.03/16
2013 年	39.25/22	51.57/11	59.02/10	39.09/25	51.81/19	43.96/17	47.45/20
2014 年	30.18/26	56.57/14	58.04/11	35.31/24	53.18/16	54.44/15	47.95/19
2015 年	30.55/26	63.17/9	61.97/6	31.37/27	41.65/23	60.19/12	48.15/20
2016 年	39.39/18	65.32/9	60.59/6	18.02/31	53.04/16	73.96/6	51.72/13
葫芦岛市	49.50/12.8	50.78/19	39.62/31.8	39.68/21.6	52.28/15	59.89/10.6	48.63/18.2
2012 年	53.53/13	45.38/14	36.99/34	44.78/21	38.07/29	58.86/6	46.27/19
2013 年	55.99/11	49.33/17	45.03/31	44.17/20	63.67/5	53.75/8	51.99/13
2014 年	51.20/11	52.68/20	43.36/29	47.61/19	52.63/17	57.49/13	50.83/15
2015 年	39.71/16	55.50/20	36.65/34	35.52/23	51.46/14	62.98/11	46.97/22
2016 年	47.07/13	51.03/24	36.07/31	26.33/25	55.56/10	66.35/15	47.07/22
锦州市	66.60/4.4	54.91/13.8	54.98/12	61.21/9.6	51.95/17	56.45/12.4	57.68/5.6
2012 年	72.05/4	48.58/9	53.88/12	67.11/8	47.28/21	48.03/10	56.15/5
2013 年	69.47/7	46.91/22	53.48/18	67.30/8	51.49/20	50.03/11	56.44/7
2014 年	63.94/4	54.38/18	58.99/10	63.15/9	54.36/14	56.43/14	58.54/5
2015 年	61.34/4	61.46/10	53.70/11	59.97/10	57.78/9	60.18/13	59.07/5
2016 年	66.23/3	63.25/10	54.87/9	48.51/13	48.85/21	67.59/14	58.22/6
辽阳市	54.30/10.4	59.53/7.6	55.67/12.4	52.85/14.4	48.64/20	51.45/17.2	53.74/10.8
2012 年	49.96/16	53.98/6	54.81/10	57.63/13	56.99/9	41.54/17	52.48/10
2013 年	51.25/13	55.09/8	52.16/21	55.60/12	44.85/27	42.64/18	50.27/16
2014 年	52.53/9	58.57/8	65.66/6	53.27/15	43.01/27	48.21/20	53.54/11
2015 年	54.51/9	63.43/8	52.35/14	58.86/13	47.46/18	55.39/19	55.33/9
2016 年	63.25/5	66.60/8	53.38/11	38.88/19	50.87/19	69.46/12	57.07/8
盘锦市	60.04/7	51.51/18	44.18/26	52.37/15	50.49/17.4	35.16/30	48.96/17.2
2012 年	60.43/9	44.48/17	45.42/24	57.26/14	64.33/2	29.76/29	50.28/13
2013 年	61.06/9	49.61/15	47.51/29	53.66/15	63.90/4	27.23/33	50.49/15
2014 年	51.45/10	49.82/24	45.08/24	49.86/16	43.53/26	38.90/27	46.44/22
2015 年	64.01/3	56.41/18	39.76/32	58.58/14	36.39/30	33.08/31	48.04/21
2016 年	63.26/4	57.24/16	43.13/21	42.51/16	44.31/25	46.83/30	49.55/15
沈阳市	65.08/5.2	67.91/1.6	79.61/2	72.69/4	59.38/6.6	73.52/2.6	69.70/2.2

续表

省/市	政府治理	企态优化	区域开放	产业发展	创新创业	社会民生	振兴指数
2012 年	64.80/7	65.74/3	77.99/2	72.96/4	57.44/7	75.48/2	69.07/2
2013 年	72.60/4	66.22/2	79.38/2	72.92/5	57.68/10	69.40/2	69.70/2
2014 年	71.86/1	65.35/1	79.58/2	72.74/5	63.09/4	68.20/4	70.14/1
2015 年	55.83/7	71.05/1	80.44/2	74.72/2	62.68/4	74.08/3	69.80/3
2016 年	60.30/7	71.19/1	80.69/2	70.13/4	56.03/8	80.43/2	69.79/3
铁岭市	45.43/16	51.13/20.6	48.36/19.8	36.97/22.8	51.35/17.2	46.70/21.2	46.66/20
2012 年	45.33/20	43.71/19	46.86/20	43.03/22	54.65/14	35.97/24	44.93/22
2013 年	41.76/20	46.00/24	48.90/25	36.30/26	55.88/14	34.35/24	43.87/23
2014 年	48.59/13	48.43/26	52.78/14	41.41/21	50.27/20	41.49/26	47.16/21
2015 年	51.47/10	54.7/22	46.21/23	36.00/22	44.95/20	57.81/15	48.52/17
2016 年	40.00/17	62.83/12	47.06/17	28.12/23	51.02/18	63.87/17	48.82/17
营口市	63.75/6	62.09/4.6	42.68/28	58.04/11.2	50.75/16.6	64.23/8	56.92/7
2012 年	71.65/5	52.48/7	46.74/21	63.01/11	42.76/24	58.38/7	55.84/7
2013 年	74.39/3	61.35/4	48.35/27	55.52/13	55.97/13	59.46/6	59.17/6
2014 年	58.63/7	59.15/5	38.26/34	63.44/8	55.49/12	64.67/9	56.61/7
2015 年	57.82/5	66.59/5	42.05/29	58.96/12	48.27/17	66.40/9	56.68/6
2016 年	56.27/10	70.87/2	38.01/29	49.27/12	51.26/17	72.22/9	56.32/9
吉林省	39.71/20.6	45.57/23.6	54.39/16.3	49.64/16.9	56.85/11.3	44.93/21.6	48.52/19.3
白城市	39.59/20.8	31.53/33	42.50/28.6	24.73/31.2	49.61/18.6	52.40/16	40.06/30.2
2012 年	44.76/21	17.84/34	42.77/30	26.12/32	43.46/23	45.62/12	36.76/32
2013 年	36.68/24	22.96/34	42.95/32	25.87/33	47.39/25	50.29/10	37.69/32
2014 年	40.99/18	30.83/33	42.47/30	25.46/31	50.59/19	47.21/22	39.59/32
2015 年	37.16/20	44.32/32	42.89/28	26.68/30	51.95/13	55.7/18	43.12/27
2016 年	38.35/21	41.69/32	41.39/23	19.54/30	54.64/13	63.2/18	43.13/28
白山市	38.72/21.4	44.54/25.6	46.64/23	28.65/28.8	57.42/9.6	34.17/30.2	41.69/27.2
2012 年	42.25/22	34.81/26	45.13/26	28.09/31	54.86/13	32.21/28	39.56/26
2013 年	36.17/25	44.95/26	48.45/26	28.67/31	56.90/11	27.43/31	40.43/30
2014 年	37.43/23	38.49/30	49.48/18	32.17/29	59.46/7	29.08/33	41.02/28
2015 年	39.01/18	51.95/24	44.03/25	27.48/29	60.30/8	34.99/30	42.96/28
2016 年	38.74/19	52.47/22	46.08/20	26.85/24	55.58/9	47.15/29	44.48/24
吉林市	42.49/17.4	59.87/7.2	60.48/7.2	61.94/9.6	46.55/21.4	50.88/17.6	53.70/11

续表

省/市	政府治理	企态优化	区域开放	产业发展	创新创业	社会民生	振兴指数
2012 年	46.90/18	50.26/8	57.66/8	73.25/3	40.74/26	44.24/14	52.18/11
2013 年	44.63/19	57.05/7	62.17/7	61.79/10	42.44/29	47.11/14	52.53/12
2014 年	41.51/17	58.16/10	63.01/7	59.79/11	46.67/22	45.11/24	52.37/14
2015 年	37.75/19	64.26/7	60.68/7	54.55/18	49.44/15	53.72/20	53.40/11
2016 年	41.66/14	69.6/4	58.88/7	60.33/6	53.45/15	64.19/16	58.02/7
辽源市	20.75/31.6	44.57/26.6	54.52/12.2	62.53/10	57.37/10.4	30.29/29.8	45.01/22.6
2012 年	23.53/32	32.12/27	54.59/11	66.65/9	49.18/18	38.07/21	44.02/23
2013 年	21.30/32	40.71/29	57.71/14	69.31/7	54.62/16	29.75/27	45.57/22
2014 年	18.27/32	46.15/28	53.87/13	58.79/12	57.79/8	22.42/34	42.88/24
2015 年	18.05/33	49.73/29	55.29/10	58.54/15	61.37/6	29.77/33	45.46/23
2016 年	22.61/29	54.17/20	51.15/13	59.37/7	63.87/4	31.47/34	47.11/21
四平市	37.26/23	44.33/27.6	48.65/18.8	53.56/15.2	65.12/2.6	43.49/23.4	48.74/17
2012 年	40.75/24	32.07/28	45.82/23	55.43/16	63.07/3	38.95/19	46.02/20
2013 年	37.76/23	41.32/28	49.89/23	53.39/16	66.47/2	37.05/22	47.65/19
2014 年	37.73/22	48.67/25	50.56/16	55.2/14	65.57/3	37.88/29	49.27/17
2015 年	32.60/24	49.75/28	48.7/18	56.46/16	62.73/3	45.53/26	49.29/15
2016 年	37.44/22	49.83/29	48.28/14	47.35/14	67.77/2	58.04/21	51.45/14
松原市	24.43/30	38.33/31.2	38.62/32.2	61.11/9	57.47/9.4	36.94/26.8	42.82/25.2
2012 年	28.16/30	29.66/31	38.56/33	63.05/10	59.01/6	41.57/16	43.34/24
2013 年	26.28/31	39.18/30	37.51/34	61.58/11	59.51/8	28.33/30	42.06/24
2014 年	19.79/31	37.03/31	39.24/33	64.56/7	57.59/9	30.59/31	41.47/27
2015 年	24.03/30	43.96/33	38.40/33	60.07/9	56.70/10	36.92/29	43.35/26
2016 年	23.90/28	41.80/31	39.36/28	56.31/8	54.54/14	47.29/28	43.87/25
通化市	44.21/17.6	47.79/23.2	69.83/4.8	32.67/26.4	52.51/16.2	41.49/23.8	48.08/18.4
2012 年	49.03/17	36.35/24	68.96/5	38.60/26	48.62/20	44.50/13	47.68/17
2013 年	49.78/16	43.95/27	68.52/5	34.49/27	49.08/24	36.26/23	47.01/21
2014 年	47.96/14	47.14/27	72.66/5	35.02/25	53.53/15	36.38/30	48.78/18
2015 年	39.58/17	55.57/19	69.45/5	29.01/28	55.84/11	40.70/28	48.36/18
2016 年	34.72/24	55.94/19	69.57/4	26.22/26	55.48/11	49.63/25	48.59/18
长春市	70.26/2.8	53.59/14.4	73.9/3.6	71.95/4.6	68.77/2.2	69.75/5.2	68.03/2.6
2012 年	73.18/3	38.98/22	70.87/4	71.08/7	62.98/4	74.55/3	65.27/3

省/市	政府治理	企态优化	区域开放	产业发展	创新创业	社会民生	振兴指数
2013 年	71.52/5	49.87/14	74.37/4	70.63/6	66.18/3	62.55/5	65.85/4
2014 年	64.08/3	57.53/11	73.56/4	73.39/4	66.66/2	65.32/8	66.76/3
2015 年	69.57/1	60.37/12	74.56/3	70.92/4	73.81/1	71.69/5	70.15/2
2016 年	72.94/2	61.18/13	76.12/3	73.72/2	74.20/1	74.62/5	72.13/1
黑龙江省	34.05/23.8	47.75/20.6	50.01/19.4	40.05/21.8	45.51/20.8	50.55/18.5	44.65/22.7
大庆市	38.48/19.8	55.51/12.4	52.2/14.4	70.61/4.2	64.22/6.6	26.42/33.2	51.24/12.6
2012 年	26.24/31	44.77/16	53.43/14	71.52/6	74.53/1	20.02/34	48.42/14
2013 年	41.35/21	51.08/12	58.21/12	74.18/3	71.16/1	20.11/34	52.68/11
2014 年	40.89/19	57.28/12	52.15/15	74.97/2	70.99/1	29.95/32	54.37/9
2015 年	42.61/13	61.17/11	49.85/15	66.59/5	64.83/2	23.20/34	51.38/13
2016 年	41.32/15	63.23/11	47.35/16	65.77/5	39.58/28	38.83/32	49.35/16
哈尔滨市	50.21/12.2	53.80/14.2	73.99/3.6	73.48/3.2	53.19/14.8	82.27/1	64.49/3.8
2012 年	59.31/10	46.28/12	75.75/3	72.79/5	56.62/10	80.22/1	65.16/4
2013 年	56.23/10	52.83/10	78.68/3	75.49/2	54.34/17	80.78/1	66.39/3
2014 年	45.19/15	55.71/16	76.39/3	73.47/3	46.39/23	83.32/1	63.41/4
2015 年	41.10/14	57.39/16	69.75/4	71.95/3	53.47/12	83.25/1	62.82/4
2016 年	49.19/12	56.78/17	69.39/5	73.69/3	55.13/12	83.8/1	64.66/4
鹤岗市	18.92/32.8	51.5/18.8	46.9/22	22.12/32.6	29.07/32.4	42.3/24.8	35.13/33
2012 年	20.74/33	44.05/18	46.42/22	24.00/34	35.23/31	33.88/26	34.05/33
2013 年	21.00/33	47.80/20	61.50/8	27.93/32	26.63/34	32.42/26	36.21/34
2014 年	17.12/33	51.90/22	45.29/23	21.18/33	23.07/33	44.83/25	33.90/34
2015 年	18.62/32	59.59/13	43.43/27	19.94/32	30.04/33	51.01/21	37.11/32
2016 年	17.13/33	54.16/21	37.84/30	17.54/32	30.36/31	49.34/26	34.4/32
黑河市	30.76/26	47.54/23.8	46.02/23.6	30.6/27.4	45.65/23	45.71/21.8	41.05/27.6
2012 年	33.42/26	38.15/23	44.89/27	34.12/28	44.08/22	33.29/27	37.99/30
2013 年	31.90/26	45.97/25	52.36/20	32.96/28	49.67/22	38.81/21	41.95/25
2014 年	28.57/27	50.38/23	44.71/26	33.60/26	45.18/25	53.88/16	42.72/25
2015 年	31.09/25	51.66/25	46.85/21	32.28/26	43.68/22	50.81/22	42.73/29
2016 年	28.85/26	51.54/23	41.28/24	20.04/29	45.64/24	51.76/23	39.85/29
鸡西市	39.31/21.2	48.60/21.2	43.16/27.2	35.33/24.6	27.49/33	42.72/24.6	39.43/29.6
2012 年	51.03/15	31.45/29	43.75/29	40.07/24	35.72/30	28.46/31	38.41/27

续表

省/市	政府治理	企态优化	区域开放	产业发展	创新创业	社会民生	振兴指数
2013 年	45.73/18	48.39/18	45.56/30	41.50/22	32.54/33	29.38/28	40.52/29
2014 年	34.82/24	55.97/15	45.02/25	31.34/30	22.41/34	49.76/19	39.89/31
2015 年	36.81/22	56.47/17	47.04/20	32.77/25	19.91/34	48.81/23	40.3/30
2016 年	28.17/27	50.7/27	34.41/32	30.95/22	26.86/34	57.17/22	38.05/31
佳木斯市	43.08/18.8	51.53/18.2	50.45/18.2	45.46/18.2	46.65/20.4	70.06/3.6	51.20/14
2012 年	52.75/14	45.74/13	51.78/15	47.37/17	51.93/15	61.06/5	51.77/12
2013 年	50.38/14	49.34/16	57.35/15	52.17/17	55.64/15	63.80/4	54.78/9
2014 年	39.13/20	57.16/13	43.86/27	47.81/18	56.03/11	71.74/2	52.62/13
2015 年	36.28/23	54.69/23	46.60/22	44.80/19	36.05/31	73.65/4	48.68/16
2016 年	36.87/23	50.71/26	52.66/12	35.15/20	33.58/30	80.08/3	48.17/20
牡丹江市	40.99/20.6	48.73/22	56.81/10.6	51.02/16.2	58.74/7.6	48.64/20	50.82/13.6
2012 年	46.70/19	39.52/21	61.62/7	45.48/20	60.12/5	34.95/25	48.07/15
2013 年	48.63/17	50.58/13	64.51/6	50.93/18	57.73/9	45.41/16	52.97/10
2014 年	38.28/21	52.39/21	57.11/12	49.51/17	57.23/10	68.38/3	53.82/10
2015 年	37.00/21	50.79/27	52.77/13	54.92/17	61.17/7	47.79/25	50.74/14
2016 年	34.33/25	50.34/28	48.06/15	54.25/9	57.47/7	46.66/31	48.52/19
七台河市	15.47/34	46.74/24.2	42.57/26.6	17.77/33.6	40.47/27.2	50.50/18.6	35.59/33.2
2012 年	20.2/34	36.08/25	47.54/19	24.58/33	39.45/27	27.3/33	32.52/34
2013 年	19.26/34	46.84/23	53.02/19	17.35/34	42.68/28	46.31/15	37.58/33
2014 年	13.37/34	55.71/17	41.41/31	17.11/34	38.37/30	59.75/10	37.62/33
2015 年	13.15/34	51.16/26	40.69/30	14.21/34	41.29/24	57.54/16	36.34/33
2016 年	11.36/34	43.93/30	30.18/34	15.61/33	40.54/27	61.62/19	33.87/33
齐齐哈尔市	49.7/12.6	36.78/31.4	48.43/19.2	41.37/20	41.39/25.6	64.87/7.4	47.09/20.6
2012 年	57.77/12	24.78/32	39.47/32	45.64/19	51.08/17	56.29/8	45.84/21
2013 年	52.69/12	33.71/32	60.49/9	41.95/21	51.16/21	58.99/7	49.83/17
2014 年	50.38/12	39.05/29	49.86/17	40.12/22	40.42/28	67.30/6	47.86/20
2015 年	46.48/11	45.94/31	49.77/16	39.94/20	36.8/29	70.16/6	48.18/19
2016 年	41.18/16	40.4/33	42.57/22	39.22/18	27.47/33	71.62/10	43.74/26
双鸭山市	27.16/29.2	52.92/15	49.69/19.2	32.85/26.8	38.63/26.4	55.42/13.8	42.78/25.4
2012 年	32.15/28	40.4/20	44.62/28	39.08/25	55.91/12	36.07/23	41.37/25
2013 年	29.68/30	47.82/19	57.09/16	41.03/23	34.77/32	33.16/25	40.59/28

续表

省/市	政府治理	企态优化	区域开放	产业发展	创新创业	社会民生	振兴指数
2014 年	26.54/29	61.78/3	46.37/22	33.57/27	25.66/32	67.41/5	43.55/23
2015 年	25.43/28	58.23/15	53.64/12	26.61/31	38.96/27	67.94/8	45.14/24
2016 年	22.00/31	56.36/18	46.73/18	23.95/28	37.88/29	72.5/8	43.24/27
绥化市	26.76/29	24.13/33.6	42.67/27.6	38.42/22.4	61.6/5.4	43.03/23.8	39.43/28.8
2012 年	31.57/29	18.58/33	45.20/25	40.77/23	57.01/8	37.12/22	38.37/28
2013 年	31.35/27	24.2/33	51.09/25	40.11/24	60.91/6	38.92/20	41.10/26
2014 年	27.21/28	25.8/34	41.00/21	39.60/23	62.50/5	45.91/23	40.33/29
2015 年	21.17/31	26.35/34	43.79/26	37.25/21	62.17/5	44.00/27	39.12/31
2016 年	22.52/30	25.76/34	32.28/33	34.35/21	65.38/3	49.22/27	38.25/30
伊春市	27.72/29	55.19/12.2	47.25/21	21.55/31.8	39.09/27.2	34.70/29.4	37.58/30
2012 年	37.00/25	44.86/15	48.02/18	29.60/30	40.98/25	27.90/32	38.06/29
2013 年	31.10/29	54.15/9	55.28/17	29.10/30	47.24/26	28.42/29	40.88/27
2014 年	26.51/30	58.27/9	46.78/20	22.82/32	46.73/21	47.78/21	41.48/26
2015 年	25.21/29	58.68/14	45.57/24	15.57/33	30.28/32	32.13/32	34.57/34
2016 年	18.80/32	60.01/14	40.58/26	10.66/34	30.24/32	37.28/33	32.93/34
三省平均	44.4/17.5	51.21/17.5	52.84/17.5	47.84/17.5	49.8/17.5	51.19/17.5	49.55/17.5

（1）34 个地级市在 6 项分项指数的平衡发展上存在较大差异

由图 2 - 166 可以看出，东北三省 34 个地级市在 6 个分项指数的平衡发展上存在较大差异，其中发展比较均衡的城市有鞍山、朝阳、锦州、辽阳、沈阳、营口、牡丹江、黑河等，发展较不均衡的有大连、大庆、七台河以及吉林省的大部分城市。在分项指数上发展水平较高（指数得分超过 80 分）的有大连的"创新创业"和"政府治理"，哈尔滨的"产业发展"。此外，可以看出，黑龙江省除哈尔滨外，其他城市在各分项指数上的发展水平均不高，大部分城市的指数得分在 50 分左右，尤其鸡西和黑河两个城市在 6 个分项指数的得分均低于 50 分。就东北三省而言，辽宁省的"社会民生"较强，平均得分为 57.41 分，"企态优化"较弱，平均得分为 49.45 分；吉林省的"企态优化"较强，平均得分为 56.85 分，但"区域开放"和"产业发展"较弱，得分分别为 39.71 分和 44.93分；黑龙江省几乎没有强项，在"区域开放"方面最弱，得分仅为 34.05 分。

（2）振兴进展较大的地级市和振兴乏力的地级市之间的优劣势存在较大差别

通过振兴总指数的分析可以发现，振兴进展较大的地级市包括辽宁省的本溪市和吉林省的长春市等。分析这两个地级市的共同点可以发现，这些地级市几乎在所有 6 个分项上均有所增长，且在某些方面增长较快，表现出一专多强的特征。例如，本溪市、长春市除在"区域开放"方面外的其他五个分项指数上均有所增长，尤其本溪市在"产业发展"方面的增长最明显、长春市在"社会民生"方面的增长最明显。振兴乏力的地级市包括辽宁省的鞍山市、大连市，吉林省的辽源市，黑龙江省的鹤岗市、鸡西市和伊春市等。这些地级市在四个分项指标上表现出下滑特征。例如，鞍山市在"政府治理"方面严重下滑，在"区域开放""社会民生""创新创业"方面也呈现不同程度的下滑；伊春市在"政府治理""区域开放""企态优化"和"创新创业"方面均呈现较大幅度的下滑；鸡西市在"区域开放"方面下滑严重，在"创新创业""政府治理""企态优化"方面也存在较大幅度的下滑。

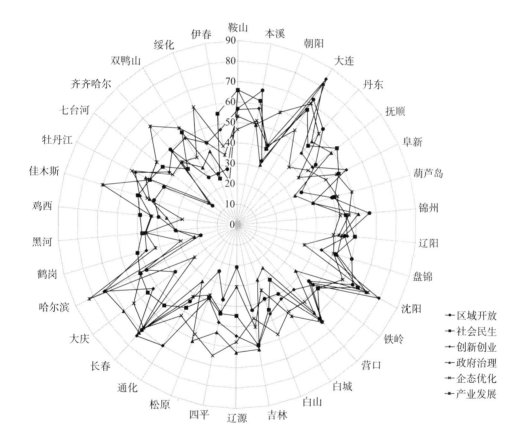

图 2-166　东北三省 34 个地级市在六个分项指数的平均得分

（3）区域开放、政府治理和创新创业成为东北三省地级市振兴乏力的主要原因

在"区域开放""政府治理"和"创新创业"方面，大部分地级市均表现出持续恶化的态势，这成为振兴乏力的主要问题。尤其是"区域开放"和"政府治理"方面，仅有 4 个地级市表现出一定的增长态势。分省来看，辽宁省的地级市在"区域开放""政府治理"和"创新创业"方面表现均较差；吉林省在"区域开放""政府治理"方面增长乏力；黑龙江省在"社会民生"方面表现较好，但在"区域开放""政府治理"和"创

新创业""企态优化"方面表现均较差。

（4）社会民生和产业发展成为东北三省地级市振兴进程中的主要共同性亮点

在"社会民生"和"产业发展"方面，大部分地级市均表现出持续增长的态势，这成为振兴进程中的主要亮点。除鞍山市外的其他全部地级市在"社会民生"方面均表现出持续增长态势，在"产业发展"方面，仅辽源市出现下滑，其他地级市均呈现不同程度的上升态势。

3. 主要结论

第一，从发展水平看，东北三省34个地级市之间的发展水平存在较大差异，且34个地级市中，最高指数得分超过50分的有19个城市（占比55.9%），其中大部分城市的指数得分均在50分左右，说明东北三省地级市的发展水平有待进一步提升。此外，副省级及以上城市的发展水平明显优于其他城市，东北三省地级市的发展出现了较严重的区域分化现象。

第二，从发展动态看，东北三省34个地级市2016年的连续排名较2012年有所提升的城市有26个，占比76.5%，表明各地级市总体上有着较好的发展态势。但通过对相对优势的分析，发现有超过半数的地级市的相对优势呈现明显倒退（18个地级市，占比52.9%），说明部分地级市的相对优势正在缩减，其中是有7个地级市已出现实质性退步（占20.6%），分别为伊春、鸡西、绥化、齐齐哈尔、佳木斯、大连和盘锦，其中以伊春市和佳木斯市的倒退幅度最为突出。

第三，东北三省34个地级市在6个分项指数的平衡发展上存在较大差异，其中发展比较均衡的城市有鞍山、朝阳、锦州、辽阳、沈阳、营口、牡丹江、黑河等，发展较不均衡的有大连、大庆、七台河以及吉林省的大部分城市。就东北三省而言，辽宁省的"社会民生"较强，"企态优化"较弱；吉林省的"企态优化"较强，"区域开放"和"产业发展"较弱；黑龙江省几乎没有强项，在"区域开放"方面最弱。

第四，从分项指数的增长状况看，"区域开放""政府治理"和"创新创业"成为振兴乏力的主要原因，"社会民生"和"产业发展"成为振兴进程中的主要共同性增长点。分省而言，辽宁省多数地级市在"区域开放""政府治理"和"创新创业"方面表现均较差，成为辽宁省整体振兴乏力的主要障碍；吉林省的地级市在"区域开放""政府治理"方面增长乏力；黑龙江省大部分地级市在"社会民生"方面表现较好，但在"区域开放""政府治理"和"创新创业""企态优化"方面表现均较差。

下篇 附录

一、东北老工业基地全面 振兴进程评价的基理

总体来看，一个地区的经济社会形态的形成与该地区政治、法律、文化、历史、区域资源禀赋和经济发展水平等密切相关。但是，上述因素只是影响一个地区经济社会形态的表象，而其形成的真正原因则在于政府、市场与社会间的互动。

（一）作为区域经济社会环境和区域 主体的政府、市场和社会

青木昌彦（2001）为了说明制度间的关系提出了域（Domain）这一概念。他根据每个参与人及其所面临的技术和意识上可选择的行动集合的不同，将经济中的域分为共有资源域、交易域、组织域、组织场、政治域以及社会交换域[①]。参与人可以是自然人也可以是组织，在所有的域中，每一个参与人对别人的策略选择进行预测，并以此为基础选择有利于自身报酬最大化的策略。存在于各个域之间的制度的共识性集合，构成了整体制度的配置，图 3 - 1 显示了博弈域的六种类型及其相互关系。在给出了域的概念后，青木昌彦进一步指出，在某个域流行的制度从其他域的参与人角度看，由于个人认知与决策的有限理性，只要把它们看作外生参数，超出了自己的控制范围，它们就构成了一种制度环境；反之亦然。像这种共识性的相互依赖，构成了富有生命力的制度安排。

但是，当对青木昌彦关于域的定义进一步分析时可以看出，尽管青木昌彦称"任何域类型的划分不可能是在纯粹的技术上进行的，只能尽可能地根据域的技术特性来进行区别"，其定义虽然有利于分析单独某一个域的特征及其内部制度演化的规律，但对于经济体系的整体制度配置而言，在某一时段，一个经济主体可能同时从属于该定义上的几个域。例如，青木昌彦将组织域定义为经济主体根据协同行动进行财产的创造，并将其在成

[①] 关于各个域的内涵请参阅青木昌彦（2001，第 23 ~ 27 页）。

员之间进行分配，而将组织场定义为经济主体间通过匹配而创造出的组织。这样一来，经济活动的参与者可能既存在于组织域中（如作业团队、企业集团），也可能存在于组织场当中（如战略联盟、虚拟企业），这将不利于对制度演化过程中整体的把握。为此，本书将青木昌彦（2001）所区分的六个域分别归结到政府、市场与社会这三个域当中，它们分别作为这三个域的子域存在，如图3-2所示。其中，市场域可视为组织资源交换以及各种组织形式存在的场，公平竞争的理念和供求价格系统是其制度体系。社会域可视为是人们为了满足其社会欲求，依靠一定的社会关联性创建出的各种社会集团（家庭、学校、社区等）的总和，社会制度体系（法律、风俗习惯、道德等）是社会成员间调整、控制相互关系的"公有秩序"。政府域则可视为在一定法律与契约结构下，以构建出匹配复杂动态环境的区域创新能力为目标的制度供给与协作的组织，是一个既具有政治属性又具有契约属性的一组契约联合网络，正当性是维系其存在的根本。

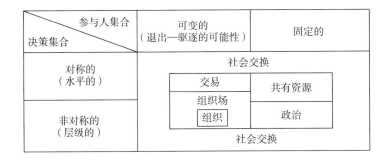

图3-1　博弈域的六种类型

资料来源：青木昌彦.周黎安比较制度分析，译.上海：上海远东出版社，2001，第27页（经笔者整理）。

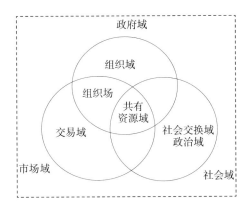

图3-2　对青木昌彦（2001）所定义的"域"的再界定

资料来源：笔者整理。

（二）政府、市场和社会三者之间的关系

根据上述划分，政府、市场和社会的共同运动及相互作用，可看作是一个社会经济系统结构与运行的主要内容。进一步从交易主体的决策原则与交易主体之间的相互关系特征来看政府、市场和社会的本质，如果设在市场中，作为交易主体的决策原则为 M_1 = 价格：各交易主体把价格作为信息媒体，在追求利益最大化的动机下，进行自由交易。交易主体之间的相互关系原则为 M_2 = 自由地进入和退出：意味着交易参与者被赋予了根据自己所有的资源、能力以及偏好，进行自由信息披露的机会。

而在社会中，交易主体的决策原则为 S_1 = 权威：各交易参与者为社会全体成员，以制度与规范为基础来对交易进行调节。交易主体之间的相互关系原则为 S_2 = 固定、长期的交易：交易参与者维持固定不变的伙伴关系，交易的参与和退出原则上不能自由选择。

根据以上假设，两维向量 (M_1, M_2) 表示纯粹的市场交易，(S_1, S_2) 则表示纯粹的社会交易。第一维向量是“决策原则”，第二维向量是“关系原则”。然而，构成现实资源配置的各种交易中，并不仅仅是这种纯粹的形式，还有许多带有中间色彩的交易类型[①]。本书把含有中间形态的决策原则 $(M_1, M_1 + S_1, S_1)$ 以及“关系原则”$(M_2, M_2 + S_2, S_2)$ 组合在一起，共有七种，如图3-3所示[②]。在这七种组合当中，维系交易主体之间的“决策原则”与“关系原则”，既不是纯粹的市场交易，又非纯粹的社会交易，实质上是由政府组织的“契约性”和“行政性”所衍生的交易主体所具有的特征，如现代政府与企业的关系、依靠组织内权威来配置资源等，这些决定了政府作为中间组织的存在所特有的特征。换言之，企业是市场与社会的中间组织。

从政府、市场与社会的生成来看，在人类产生伊始，依靠血缘、亲缘与地缘所维系的氏族内部及氏族之间的关系构成了原始社会的社会体系。随着私人物品在生活中的剩出，简单的物物交换逐渐发展为以部落、氏族首领为代表，在生产不同产品的部落、氏族之间进行，形成了市场的雏形。由于金属工具的使用、第二次社会大分工，国家的出现以及庄

---

① 例如作为交易参加者的决策原则，具有介于 M_1 和 S_1 之间的中间形态，用 $M_1 + S_1$ 来表示。适用于这一公式的可能形态是，尽管双方在最终阶段的交易是按照权威发出的指令进行的，但是交易进行到最终阶段之前，即在中间交易的过程中，也存在带有 M_1 特点的信息交换及自由竞争机制作用于其中的情况。如在计划经济时代的企业的资源配置中，采用将实际价格作为一种信息媒介的分权制计划机制时，它就是 $M_1 + S_1$ 中的一种。另外，关于参与交易的交易主体之间的相互关系原则同样也存在着中间形态 $M_2 + S_2$，在这种情况下存在的可能是，从原理上说是自由参加交易和自由退出交易的 M_2 型，但实际上在交易对象之间已经建立起固定和持续的交易关系，以致自由的参与和退出的机制不会起到作用。

② 该模型借鉴了今井贤一、伊井丹敬之（1982）关于市场原理与组织原理相互渗透的思想。具体请参见今井贤一、伊井丹敬之、小池和男（著），金洪云（译）.《内部组织的经济学》[M]. 北京：生活·读书·新知三联书店，2004，第150~158页。

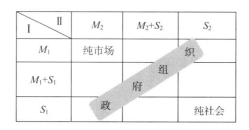

图 3 - 3　作为市场与社会中间组织的政府

资料来源：笔者整理。

园制经济的解体、地租货币化、城市化、行商的活跃等一系列重大的政治、经济、社会、文化的变化，使从前的共同体社会在社会成员间进行资源分配的机能逐渐消亡。面对共同体社会的解体所引发的复杂性和不确定性，社会成员并不是完全被动地承受，而是通过与环境能动的相互作用，创造出新的交换系统来实现自身的欲求①，近代市场体系就是这种活动的产物。从某种意义上来讲，"正是由于同市场相关的各种社会领域（政治体系、家族、亲缘、社会共同体等）制度体系的相对安定，才使市场经济的不安定化倾向得到抑制，而不会造成市场社会的危机。同时，市场社会的安定使经济得到发展，反过来促进了社会制度体系的安定化"。但是，市场和社会的互补并不是一个静态均衡的状态，各交换系统为了自身的存续和成长，不断地通过对环境施加影响进行自组织化活动，结果造成某种交换系统在整个社会经济系统中占据优势地位的状况。随着市场原理的不断推进，一方面造成了优胜劣汰的竞争下垄断的出现和对失败者的清除；另一方面以往交换活动中竞争和协作的互补关系被破坏，家庭和社区的机能被大大地削弱，共同体社会被逐步解体。市场把人格的自由从封建束缚中解放出来的同时，由于以往共同体的互酬和再分配机能的丧失，使人们经常处于市场不安定所引发的冲击之中。市场和社会之间的背离引发的"市场的失效"和"社会的失效"，使社会成员在经济生活和社会生活中面对机会与结果的不平等、经济危机、社会动荡等环境复杂性和不确定性。为了缩减这些复杂性和不确定性，要求某种系统能够填补因市场和社会相背离所造成的人们欲求实现的"场"的缺损，政府的生成及其规模扩大和机能增强正是这种需要的结果。并且，从历史角度来看，市场原理的扩张和共同体社会的解体越深化，作为连接市场和社会的中间组织的政府，其规模和机能就越膨胀，东北地区政府所承担的功能就是最好的例证。

政府产生后，一方面通过由其契约特性所支撑的行政机能——内部组织化和经济成果的再分配与社会建立了非经济性的联系；另一方面通过由其行政性所维系的政治机能与市场建立了经济关系。在将社会和市场的一部分机能内部化的同时，通过与市场和社会的各

———————————

① 但是，市场和社会的互补并不是一个静态均衡的状态。在一个社会经济系统中，各交换系统为了自身的存续和成长，不断地通过对环境施加影响进行自组织化活动，结果造成某种交换系统在整个社会经济系统中占据优势地位的状况。

种交换活动，将市场和社会连接起来，如图 3－4 所示。在产业社会，政府已经不再是市场和社会的从属部分，而是与市场和社会一样，成为社会经济系统中不可缺少的组成部分。政府、市场和社会不仅具有相互依存和互补的侧面，而且具有异质和相互对立的侧面，一方靠其支配地位将他方完全取代是不可能的，三者之间是一种"异质共生"的互补关系。从社会经济系统的现实来看，完全竞争的市场经济和纯粹的计划经济都是不存在的，而通过市场、政府、社会间"异质共生"的互补所形成的"混合经济"才是其自然的状态。

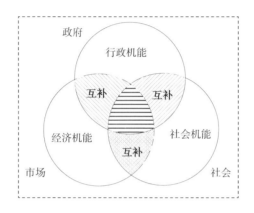

图 3－4　政府、市场与社会的"异质共生"与互补

资料来源：笔者整理。

（三）区域经济社会转型：政府治理、市场治理和社会治理的相互作用

　　总体来看，区域经济社会转型的根本原因是在政府、市场和社会的互动过程中所引致的利益相关者之间的矛盾冲突，致使原来经过利益相关者博弈所达到的均衡的区域治理制度向失衡转变（由于不同阶段矛盾问题的差异性，作为直接矛盾主体的利益相关者也将有所不同）。然而，能否突破由于长期以来的惯性思维、路径依赖等因素所导致的制度创新的瓶颈，则取决于当时的利益相关者是"创新变革"还是"维持现状"的"共有信念"的对比。如果前者少于后者，区域失衡将持续；反之将通过对现有制度的"创新变革"实现新的均衡。当利益相关者之间就制度创新达成了共识（也就是具备了正当性）之后，在矛盾主体之间不断的博弈过程中，各方会逐渐明确未来制度设计的可能方向，届时将采取激进或渐进的方式，在已有制度安排的基础上，充分借鉴国际上成功经验对治理制度做出选择。新的区域经济社会制度一旦生成，作为矛盾主体之间的博弈均衡解，将在

一定程度上消除或者弱化利益相关者之间的矛盾，并作为"共有信念"固定下来，协调和控制着利益相关者的行为，如图 3-5 所示。

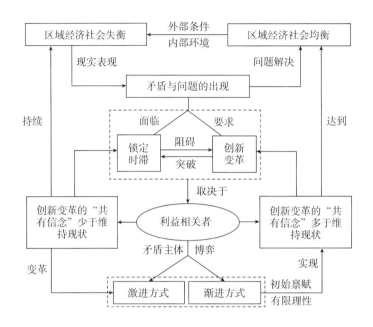

图 3-5　区域经济社会转型的理论模型

资料来源：笔者整理。

从区域经济社会转型的整体过程来看，它起于一个均衡，然后历经了"制度失衡"→制度创新→"新的均衡"这一过程，但是一个周期完成后，区域经济社会的制度体系并未静止不动。实际上，经过一段时间后，新的经济社会条件的出现，受各种诱致性因素的影响，不同的利益相关者技能、决策习惯和认知模式以及相互之间力量对比会产生或多或少的变化，这样就会给参与人带来不稳定的限制。由此直接引致原来潜在的经济社会问题可能会凸显出来，成为新的矛盾点，达到均衡的区域经济社会制度便潜伏着向失衡过渡的趋势，为了应对这种潜在变动，利益相关者不断地进行着"谈判"活动，从而通过重复博弈，打破均衡状态，使一个均衡向另一个均衡变动，形成一种新的均衡解，即由一种制度向另一种制度转变。但需要注意的是每一个变革周期都是通过利益相关者博弈来推动的，而其变迁的方向又要受到制度的初始禀赋[①]、有限理性（Boundedly Rational）以及一定时期内人们的共有信念的制约。可以说，区域经济社会的发展或转型是政府、市场和社会共同作用的结果。

[①]　制度的产生或创新伊始，所面临的一系列的历史遗留下来的各种条件。

二、东北老工业基地全面振兴进程评价指标选择依据

东北老工业基地全面振兴进程评价指标的选择主要是以《中共中央国务院关于全面振兴东北地区等老工业基地的若干意见》等政策文件，同时借鉴了已有研究关于区域竞争力评价等研究，以"完善体制机制、推进结构调整、鼓励创新创业、保障和改善民生"四个着力为着眼点，以综合反映东北地区的经济、资源、社会、环境状况为基准，既突出准确的政策导向，又体现科学要求，强调指导性、针对性与实效性，通过科学论证而确定。针对构建东北老工业基地全面振兴进程指标体系这一总目标，设置出"政府治理、企态优化、区域开放、产业发展、创新创业、社会民生"六个测度模块，并依次构建出三级指标及下属的基础测度指标。评价数据主要来源于中国知网、统计年鉴、网络采集和万德数据库等，其中统计年鉴涉及中国统计年鉴、中国城市统计年鉴、分专题统计年鉴、各省市统计年鉴等多个类别。

（一）政府治理评价指标选择依据

政府治理是为了满足区域发展的需求，政府对社会资源进行配置和对国家经济及社会事务进行管理的一系列活动。关于政府与市场关系的讨论由来已久。有限政府（Limited Government）是 17 世纪至 19 世纪自由资本主义时期占主导地位的政府理念（Dincecco，2009）。新自由主义的政治理论家改变了古典自由主义思想传统的消极政府的观念，西方国家从此进入了促进公平与保障福利的有为政府时代。如果说有限政府和有为政府主要是指政府能做什么和不能做什么的问题，那么，有效政府所关注的是政府如何做好的问题。促进发展的有效政府成为当下最为流行的政府理念。在东北地区政府与市场的关系上，王小鲁（2016）认为，东北经济下行的最主要原因在于政府与市场关系不合理，营商环境建设严重滞后，实施新一轮东北振兴战略的关键是厘清政府与市场关系。赵昌文（2015）认为，东北问题的根源在于没有解决好新兴产业发展和新旧增长动力接续转换的土壤和环境问题。因此，政府应从生产型政府向服务型政府转变，从政策优惠竞争转移到企业营商环境竞争，形成有利于新动力培育的政府治理体系。刘柏（2015）认为，目前东北主要

是由"看得见的手"在主导市场，市场在很大程度上仍是计划出来的，根本矛盾在于如何处理好政府与市场关系。

从上述论述中可以看出，东北老工业基地振兴在政府治理层面要解决政府职能转型、政策作用发挥及两者间的互动关系，促进政府治理能力提升与治理方法科学化，从而实现由全能型政府向服务型政府的转变，提高政府治理社会的效率与治理能力。7号文件也指出，"加快转变政府职能。进一步理顺政府和市场关系，着力解决政府直接配置资源、管得过多过细以及职能错位、越位、缺位、不到位等问题。以建设法治政府、创新政府、廉洁政府、服务型政府为目标，进一步推动简政放权、放管结合、优化服务……深入推进商事制度改革，优化营商环境，进一步放开放活市场，激发市场内在活力。"可以说，将政府治理作为评价东北老工业基地全面振兴的测度模块之一是符合东北地区实际的。对此，可从行政体制、政治治理和经济治理三个角度设计相关评价指标。其中，行政体制包含市场干预和政府规模2个三级指标，政治治理包含简政放权和监管水平2个三级指标，经济治理包含营商环境1个三级指标。5个三级指标作为五个测度维度构成地方政府治理现代化测度指标体系基本框架的五大支柱，综合体现了法治、创新、廉洁、服务、有效等政府治理的重要价值理念。

（二）企态优化评价指标选择依据

企态优化意为企业生态的改进与完善，主要表现就是优化国企、民企生态，增强企业实力，使其在区域经济中发挥核心作用。企态优化是区域经济中微观主体竞争力的集中体现，是东北老工业基地全面振兴的重要一环。常修泽（2015）认为，东北要真的振兴，就得"真刀真枪"地推进体制和结构改革，重点在于以"壮士断腕"之气魄，"啃国企改革硬骨头"，建议设立"东北国企改革先行试验区"。任淑玉等（2003）认为，东北老工业基地最大、最核心的难题是国有经济比重高，企业制度相对落后，市场化程度低，企业缺乏活力和竞争力。因此，企态优化的重点在于开展国企改革的同时充分发挥民营企业等非国有经济的作用，在振兴老工业基地的过程中，使国有经济与非国有经济相互融合（李凯、史金艳，2003）。根据徐迟（2004）所提出的东北老工业基地国有企业改革的障碍和难点，只有深化国有企业改革、实施改革领先战略，通过国有企业领导体制改革和国有资产管理体制改革，才能解决目前东北国有大中型企业面临的体制机制和结构矛盾（林木西，2003）。

民营企业发展对东北老工业基地振兴的作用也不容忽视。与东南沿海相比，东北地区的民营企业发展相对落后。林文强等（2004）比较分析了两者的差异，提出政策环境、技术型业主开拓市场与管理企业的素质、企业群与市场的关系、企业所在地区的文化氛围、企业目标与业主生活满足度的关系等是影响东北民营企业发展的关键因素，并制定了对应的解决策略。国有企业改革对民营企业的发展可以产生推动作用。卜长莉（2006）提出加快国企改制步伐，推动东北民营经济发展的建议，即在政府指导下，民营企业积极参与国企改制，从而以国企改制和市场化的工业化模式发展民营经济。不仅如此，东北民营企业还必须要面临着融资约束的问题，只有塑造一个良好的融资环境才有助于民营企业发展。

上述观点在 7 号文件中也得到了充分体现："进一步推进国资国企改革。深化国有企业改革，完善国有企业治理模式和经营机制，真正确立企业市场主体地位，解决好历史遗留问题，切实增强企业内在活力、市场竞争力和发展引领力，使其成为东北老工业基地振兴的重要支撑力量……大力支持民营经济发展。加快转变发展理念，建立健全体制机制，支持民营经济做大做强，使民营企业成为推动发展、增强活力的重要力量。"对此，本书设计了国企效率和国企保增值 2 个三级指标来衡量国有企业的状况，设计了民企规模和民企融资 2 个三级指标来考核民营企业发展状况，设计了企业实力 1 个三级指标来反映当地企业的综合竞争力。

（三）区域开放评价指标选择依据

区域开放主要指区域经济的对外开放水平，具体表现为贸易和投资开放、生产开放、市场开放以及为保障开放做出的区位支撑。从发达国家的经验看，区域开放对老工业基地的发展产生了积极作用（Coe 等，2004）。区域开放是实现经济发展的重要条件，经济发展也会推动区域进一步开放。当前一个普遍的认识是东北对外开放水平偏低（丁国荣，2004）。究其原因主要包括以下三点：一是国际直接投资惯性因素；二是比较优势存在制约；三是地区调试的压力（王钰，2004）。李凯、史金艳（2003）提出，吸引资本流入东北，并在更高水平、更高技术平台上与跨国公司开展"高位嫁接"，重点抓好汽车、装备制造和电子信息等产业的招商引资，形成产业链条和支柱产业群，更要加强与已落户东北老工业基地的外资企业的协作，实现以商引商。李俊江等（2012）分析东北招商引资的综合性系统，提出在加大创新意识的前提下扩大招商引资，充分利用网络平台促进招商引资。可见，在利用外资的过程中，依据东北产业结构调整的方向以及产业结构演进的规律，采取提高外资的关联度、引导外资投向优势主导产业、基础产业、限制投向一般加工业的战略来优化产业结构是振兴东北老工业基地的关键（陈丽蔷，2005）。除却前述因素外，东北区域开放需要良好的区位因素作为保障。目前，东北一些区位因素存在问题。例如，区域城镇化仍面临动力不足、城市群经济实力弱、资源型城市转型困难、乡村城镇化落后等。这些都可能对区域开放产生影响（阚澄宇、马斌，2014）。

中央 7 号文件指出，"主动融入、积极参与'一带一路'建设倡议。……积极扩大与周边国家的边境贸易，创新边贸方式，实现边境贸易与东北腹地优势产业发展的互动，促进东北进出口贸易水平不断提高"。综上，为了对东北老工业基地的区域开放进行评价，本书提炼出五个方面的三级指标对区域开放进行衡量，分别涉及贸易、投资、生产、市场四个方面，用于描述经济系统运行的重要环境与环节，而上述四个方面将对"区位支撑"这个三级指标产生较为直接的双向影响。

（四）产业发展评价指标选择依据

产业发展是指单个产业或产业总体的进化过程，既包括某一产业中企业数量、产品或者服务产量等数量上的变化，也包括产业结构的调整、变化、更替和产业主导位置等质量上的变化，而且主要以结构变化为核心，以产业结构优化为发展方向。东北老工业基地改造在于产业结构的调整和升级，区域产业协调发展是东北老工业基地改造的关键（高相铎、李诚固，2006；胡琦，2005）。东北产业结构的调整需要兼顾其主导产业的选择，既要遵循主导产业选择的一般原则，又要结合地区经济的特点，而且要考虑到与国家宏观产业政策和地区发展战略的协调（黄继忠，2011）。经济的持续发展已经使中国逐渐进入工业化后期甚至后工业化时期，服务业发展的重要性逐渐显现。因此，在评价产业结构水平时，服务业发展水平是重点之一，其中以金融业为代表的生产性服务业尤其是重中之重（刘力臻、王庆龙，2017）。东北的老工业基地地位使重化工业占比一直居高不下，东北的产业结构调整的重点之一就是逐步降低重化工业的比重，尤其是重化工业中产能过剩产业的比重（衣保中，2016）。农业是东北地区的传统优势产业，并且肩负着中国粮食安全的重任，因此在评价产业发展时也需要作为一个重点产业加以关注。

产业转型升级是东北老工业基地振兴的重要支撑，新时期东北地区需要加快淘汰落后产能、化解过剩产能、培育发展新动能，提升全要素生产率，实现高质量发展。中央7号文件强调，"坚持多策并举，'加减乘除'一起做，全面推进经济结构优化升级，加快构建战略性新兴产业和传统制造业并驾齐驱、现代服务业和传统服务业相互促进、信息化和工业化深度融合的产业发展新格局。……促进装备制造等优势产业提质增效。准确把握经济发展新常态下东北地区产业转型升级的战略定位，控制重化工业规模、练好内功、提高水平、深化改革，提高制造业核心竞争力，再造产业竞争新优势，努力将东北地区打造成为实施'中国制造2025'的先行区。……提升原材料产业精深加工水平，推进钢铁、有色、化工、建材等行业绿色改造升级，积极稳妥化解过剩产能。……大力发展以生产性服务业为重点的现代服务业。实施老工业基地服务型制造行动计划，引导和支持制造业企业从生产制造型向生产服务型转变。……加快发展现代化大农业。率先构建现代农业产业体系、生产体系、经营体系，着力提高农业生产规模化、集约化、专业化、标准化水平和可持续发展能力，使现代农业成为重要的产业支撑。"综合以上论述，评价东北地区产业发展问题既要考虑产业结构的合理化与高级化，还要考虑重化工调整和服务业、金融业与农业问题。为此，本书用产业均衡、服务业发展、重化工调整、金融深化和现代农业 5 个三级指标来测度产业发展。

（五）创新创业评价指标选择依据

创新创业是指基于技术创新、管理创新或创办新企业等方面的某一点或几点所进行的活动。创新创业是建立"学习型"区域，实现老工业基地转型的关键因素，这一观点已经在国际上达成普遍共识（Morgan，1997）。随着全球化经济中国际竞争的加强、区域企业和产业集群的成功出现，以及传统区域发展模式和政策的明显不足，区域创新系统概念得到迅速流行（Florida et al.，2012）。目前，东北地区的创新水平不高且动力不足，创新资金投入不足，创新难以就地产业化（李政，2015）。建立具有区域特征的创新创业生态系统，对振兴东北工业基地和改变产业结构尤为重要。于晓琳等（2017）从创新环境、创新投入、企业创新、创新绩效四个方面评价了辽宁省各地级市的科技创新能力，发现辽宁各市创新环境、创新基础和创新资源等差别较大，"双创"呈现出明显的区域性不平衡和不协调特征。除沈阳、大连区域创新能力较强外，大部分地区创新能力不足、创新基础薄弱、创新意识不强，区域创新缺乏竞争力。在创业的重要性方面，孙少岩（2004）从东北的"项目怪圈"出发，认为东北要走出资金项目依赖的怪圈，就需要通过创业来激发经济社会的持续活力。

中央 7 号文件对此也有表述，"完善区域创新体系。把鼓励支持创新放在更加突出的位置，激发调动全社会的创新激情，推动科技创新、产业创新、企业创新、市场创新、产品创新、业态创新、管理创新。……促进科教机构与区域发展紧密结合。扶持东北地区科研院所和高校、职业院校加快发展，支持布局建设国家重大科技基础设施。……加大人才培养和智力引进力度。把引进人才、培养人才、留住人才、用好人才放在优先位置"。有鉴于此，本书用研发基础、人才基础、技术转化、技术产出和创业成效来衡量创新创业水平。其中，创新方面包含创新投入和创新产出，具体为研发基础、人才基础、技术转化和技术产出 4 个三级指标，创业方面包含创业成效 1 个三级指标。

（六）社会民生评价指标选择依据

社会民生主要表现为一系列社会问题的解决与生态保护，既是区域经济发展的最终目的，也是支撑区域经济发展的人文要素。社会民生具体可分为经济（居民收入与消费）、政治（社会保障、社会公平）和生态（生态环境保护）三个层面。国务院发展研究中心

"中国民生指数研究"课题组（2015）设计了中国民生指数，该指数是由"民生客观指数"和"民生主观（满意度）指数"两部分构成。鉴于指标客观性和数据来源限制，本书主要借鉴该指数的客观指数部分。在东北民生问题方面，部分研究分析了东北农村居民收入与消费问题。金华林、李天国（2011）通过灰色关联模型分析东北三省农村居民收入后预测，在新农村建设环境下东北农村居民收入将有显著性提升，其收入结构也将日渐合理。但是，东北农村居民的消费模式尚不合理，仍处于由传统农耕社会的消费模式向现代消费模式转变的起始阶段（于洪彦等，2008）。因此，收入与消费模式并不协调，仍存在问题。在政治层面，东北社会保障问题引发关注，其中东北失业问题等成为关注的焦点（李培林，1998）。在生态层面，良好的资源环境条件是东北地区区域开发的重要基础，但由于历史因素、人为过度利用等因素的叠加，东北资源环境不断恶化（李琛、谢辉，2006）。为此，刘艳军、王颖（2012）提出，调整与优化区域发展模式、适度控制空间开发速度及规模、加强能源利用与碳排放的引导控制、抑制污染物排放与强化环境设施配置及强化政策制度与空间管制引导等建议。

中央7号文件指出，"抓民生也是抓发展，人民生活水平不断提高是判断东北老工业基地振兴成功的重要标准。……切实解决好社保、就业等重点民生问题。加大民生建设资金投入，全力解决好人民群众关心的教育、就业、收入、社保、医疗卫生、食品安全等问题，保障民生链正常运转。……推进城市更新改造和城乡公共服务均等化。针对城市基础设施老旧问题，加大城市道路、城市轨道交通、城市地下综合管廊等设施建设与更新改造力度，改善薄弱环节，优化城市功能，提高城市综合承载和辐射能力。……打造北方生态屏障和山青水绿的宜居家园。生态环境也是民生"。根据上述研究，本书对于社会民生，从经济基础、制度保障、生态环境三个方面进行评价。其中，经济基础层面分别从收支（收入与消费）两个维度对居民的物质水平进行衡量；制度保障层面分别从社会保障、社会公平两个方面进行衡量；而生态环境层面是当前国内外共同探讨的重要议题，对于改善民生水平，实现东北地区的可持续性发展有着牵线引路的作用。

以上各指标具体如表3-1所示。

表3-1 东北老工业基地全面振兴进程评价（省域）指标体系及数据来源

二级	三级	基础测度指标	来源
政府治理	市场干预	政府分配资源的比重（逆）	中国统计年鉴
	政府规模	政府人员规模（逆） 行政成本比重（逆）	中国劳动统计年鉴、中国统计年鉴
	简政放权	社会服务机构规模	中国民政统计年鉴、中国统计年鉴
	监管水平	银行不良资产比率（逆） 生产安全事故死亡率（逆）	金融统计年鉴、中国劳动统计年鉴
	营商环境	万人新增企业数 民间固定资产投资增速	中国统计年鉴

续表

二级	三级	基础测度指标	来源
企态优化	国企效率	国企劳均主营业务收入	中国统计年鉴、中国劳动统计年鉴
	国企保增值	国企利润率	中国统计年鉴
	企业实力	百万人上市公司数 上市公司资产比重	中国证券期货统计年鉴
	民企规模	民企资产占比 民企数量占比 民企就业占比	中国统计年鉴
	民企融资	民企与国企资产负债率比	中国统计年鉴
区域开放	贸易开放	对外贸易依存度 净出口贡献率	中国统计年鉴
	投资开放	人均实际利用外资额 外商投资进出口货物占比	中国统计年鉴
	生产开放	外资工业企业产值比	中国城市统计年鉴
	市场开放	单位 GDP 外商投资企业数 货运活跃度 客运活跃度	中国统计年鉴
	区位支撑	城市化水平 运网密度 国际旅游收入比	中国统计年鉴
产业发展	产业均衡	产业分布泰尔指数（逆）	中国统计年鉴、中国劳动统计年鉴
	服务业发展	服务业增加值比重 服务业增长率 金融业增加值比重	中国统计年鉴、中国劳动统计年鉴
	重化工调整	重化工业比重（逆） 产能过剩产业比重（逆）	中国工业统计年鉴
	金融深化	银行信贷占比 社会融资规模增量	中国金融年鉴
	现代农业	农业综合机械化水平 农业劳动生产率	中国农业机械工业年鉴、中国统计年鉴

续表

二级	三级	基础测度指标	来源
创新创业	研发基础	研发（R&D）投入强度 科技创新支出强度	中国科技统计年鉴、中国统计年鉴
	人才基础	研发（R&D）人员占比 高校 R&D 人员平均强度	中国科技统计年鉴、中国统计年鉴
	技术转化	技术市场成交额占比 科技人员专利申请强度 科技人员专利批准强度	中国统计年鉴、中国科技统计年鉴
	技术产出	高新技术产业收入占比 新产品销售收入占比	中国科技统计年鉴、中国统计年鉴
	创业成效	千人私营企业数 百万人非主板上市企业数	中国统计年鉴、深圳证券交易所
社会民生	居民收入	城乡居民收入水平 居民人均存款额	中国统计年鉴
	居民消费	城乡居民消费水平 人均社会消费品零售额	中国统计年鉴
	社会保障	城镇职工基本养老保险抚养比 养老金支出占比	国家统计局官网
	社会公平	城乡居民收入比（逆） 城乡每千人卫生技术人员比（逆） 城乡中小学生均教师资源比（逆）	中国统计年鉴
	生态环境	人均公园绿地面积 PM2.5 平均浓度（逆） 空气质量达到及好于二级的天数	中国统计年鉴、中国城市统计年鉴

指标计算公式

（1）政府分配资源的比重 = 扣除教科文卫和社会保障后的财政支出/地区 GDP×100%

（2）政府人员规模 = 公共管理部门年底职工人数/地区人口×100%

（3）行政成本比重 = 财政支出中的一般公共服务支出/地区 GDP×100%

（4）社会服务机构规模 = 社会服务机构及设施数/（地区人口×地区面积）

（5）银行不良资产比率 = 不良贷款/各项贷款×100%

（6）生产安全事故死亡率 = 因公死亡人数/地区 GDP×10^8

（7）万人新增企业数 =（当年企业单位数 – 上一年企业单位数）/地区人口 × 10^4

（8）民间固定资产投资增速 =（当年民间固定资产投资 – 上一年民间固定资产投资）/上一年民间固定资产投资 × 100%

（9）国企劳均主营业务收入 = 国有及国有控股工业企业主营业务收入/国有及国有控股工业企业就业人数

（10）国企利润率 = 国企利润/国企收入 × 100%

（11）百万人上市公司数 = 当年所有上市公司数量/地区人口 × 10^6

（12）上市公司资产比重 = 当年所有上市公司总资产/全社会总资产 × 100%

（13）民企资产占比 = 民企资产/社会总资产 × 100%

（14）民企数量占比 = 私营企业法人单位数/企业法人单位数 × 100%

（15）民企就业占比 = 民企就业人数/（民企就业人数 + 城镇单位就业人数）× 100%

（16）民企与国企资产负债率比 = 民企资产负债率/国企资产负债率

（17）对外贸易依存度 = 进出口总额/地区 GDP × 100%

（18）净出口贡献率 =（地区 GDP – 资本形式总额 – 最终消费支出）/地区 GDP × 100%

（19）人均实际利用外资额 = 实际利用外资额/地区常住人口

（20）外商投资进出口货物占比 = 外商投资企业进出口总额/地区进出口货物总额 × 100%（该公式按境内目的地和货源地分）

（21）外资工业企业产值比 =（港澳台商投资的企业总产值 + 外商投资企业总产值）/工业总产值 × 100%

（22）单位 GDP 外商投资企业数 = 外商投资企业数/地区 GDP

（23）货运活跃度 = 地区货运周转量/地区总面积

（24）客运活跃度 = 地区客运周转量/地区总面积

（25）运网密度 =（铁路营业里程 + 内河航道里程 + 公路里程）/地区总面积

（26）城市化水平 = 地区城市人口/总人口 × 100%

（27）国际旅游收入比 = 国际旅游收入/地区生产总值 × 100%

（28）产业分布泰尔指数 = $\sum_{i=1}^{3}$（产业增加值$_i$/GDP）× ln（产业增加值$_i$/产业就业$_i$）/（GDP/总就业）

（29）服务业增加值比重 = 第三产业增加值/地区 GDP × 100%

（30）服务业增长率 =（当年第三产业增加值 – 上一年第三产业增加值）/上一年第三产业增加值 × 100%

（31）金融业增加值比重 = 金融业增加值/地区 GDP × 100%

（32）重化工业比重 = 除汽车产业外的重化工业主营业务收入/规模以上工业企业主营业务收入 × 100%

（33）产能过剩产业比重 = 地区产能过剩产业主营业务收入/重化工业主营业务收入 × 100%

（34）银行信贷占比 = 银行信贷/地区 GDP × 100%

（35）社会融资规模增量 = 当年社会融资总额 - 上一年社会融资总额

（36）农业综合机械化水平 = （0.4×机耕面积 + 0.3×机播面积 + 0.3×机收面积）/农作物播种面积×100%

（37）农业劳动生产率 = 第一产业增加值/第一产业从业人员数

（38）研发（R&D）投入强度 = 研发经费/地区GDP×100%

（39）科技创新支出强度 = 科学技术支出/地方一般财政预算支出

（40）研发（R&D）人员占比 = 研发人员数/地区常住人口×100%

（41）高校R&D人员平均强度 = 高校R&D人员合计数/学校数

（42）技术市场成交额占比 = 技术市场成交额/地区GDP×100%

（43）科技人员专利申请强度 = 专利受理数/R&D人员数

（44）科技人员专利批准强度 = 国内专利授权数/R&D人员数

（45）高新技术产业收入占比 = 高技术产业主营业务收入/地区GDP×100%

（46）新产品销售收入占比 = 高技术产业新产品销售收入/高技术产业主营业务收入×100%

（47）千人私营企业数 = 私人企业法人单位数/地区常住人口×10^3

（48）百万人非主板上市企业数 = （创业板上市企业数量 + 中小板上市企业数量）/地区常住人口×10^6

（49）城乡居民收入水平 = （城市居民收入水平×城镇人口数 + 农村居民收入水平×乡村人口数）/（城镇人口数 + 乡村人口数）

（50）居民人均存款额 = 居民人民币储蓄存款余额/地区常住人口

（51）城乡居民消费水平 = （城市居民消费水平×城镇人口数 + 农村居民消费水平×乡村人口数）/（城镇人口数 + 乡村人口数）

（52）人均社会消费品零售额 = 社会消费品零售总额/地区常住人口

（53）城镇职工基本养老保险抚养比 = 城镇在岗职工数/离退休人员数

（54）养老金支出占比 = 养老金支出/地区GDP

（55）城乡居民收入比 = 城市居民收入水平/农村居民收入水平

（56）城乡每千人卫生技术人员比 = 城市每千人卫生技术人员/农村每千人卫生技术人员

（57）城乡中小学生均教师资源比（逆）= ［（城镇普通小学专任教师数 + 城镇初中专任教师数）/（城镇普通小学在校学生数 + 城镇初中在校学生数）］/［（乡村普通小学专任教师数 + 乡村初中专任教师数）/（乡村普通小学在校学生数 + 乡村初中在校学生数）］

（58）人均公园绿地面积 = 城市公园绿地面积/地区常住人口

（59）PM2.5平均浓度：取各省市区下辖环保重点城市该指标的平均值

（60）空气质量达到及好于二级的天数：取各省市区下辖环保重点城市该指标的平均值

表 3 – 2 东北老工业基地全面振兴进程评价（地市级）指标体系及数据来源

二级	三级	基础测度指标	来源
政府治理	市场干预	政府分配资源的比重（逆）	黑龙江统计年鉴、吉林统计年鉴、辽宁统计年鉴
	政府规模	政府人员规模（逆） 行政成本比重（逆）	中国城市统计年、鉴黑龙江统计年鉴、吉林统计年鉴、辽宁统计年鉴
	招商引资	外商直接投资项目数 人均实际利用外资额	中国城市统计年鉴、黑龙江统计年鉴、吉林统计年鉴、辽宁统计年鉴
企态优化	国企保增值	国企利润率	黑龙江统计年鉴、吉林统计年鉴、辽宁统计年鉴
	企业实力	均企利润额 均企资产	中国城市统计年鉴
	民企发展	民企就业占比 民营企业数占比	中国城市统计年鉴、黑龙江统计年鉴、吉林统计年鉴、辽宁统计年鉴
区域开放	对内外贸易	对外贸易依存度 限额以上批发零售贸易业销售总额增加值	中国城市统计年鉴、黑龙江统计年鉴、吉林统计年鉴、辽宁统计年鉴
	生产开放	外资工业企业产值比 外资投资经济占比	中国城市统计年鉴、黑龙江统计年鉴、吉林统计年鉴、辽宁统计年鉴
	区位支撑	国际旅游收入比 地区货运量	黑龙江统计年鉴、吉林统计年鉴、辽宁统计年鉴、中国区域经济统计年鉴
产业发展	结构调整	第三产业占地区 GDP 比重 第三产业就业人员占比	中国城市统计年
	服务业发展	服务业增加值比重 服务业增长率	中国城市统计年鉴、黑龙江统计年鉴、吉林统计年鉴、辽宁统计年鉴
	金融深化	银行信贷占比	黑龙江统计年鉴、吉林统计年鉴、辽宁统计年鉴
创新创业	研发基础	信息技术从业人员占比 科技投入占比	中国城市统计年鉴
	创业成效	百万人非主板上市企业数（百万人创业板上市企业数量、百万人中小板上市企业数量）	Wind 数据库或深圳证券交易所官网：上市公司情况表
	教育支撑	每十万人高等学校在校生数 高等学校师生比	中国城市统计年鉴

二级	三级	基础测度指标	来源
社会民生	居民生活	城乡居民收入水平 城镇居民消费水平	中国区域经济统计年鉴、黑龙江统计年鉴、吉林统计年鉴、辽宁统计年鉴
	社会和谐	社会保障和就业支出占地方公共财政支出比重 城乡居民收入比（逆）	黑龙江统计年鉴、吉林统计年鉴、辽宁统计年鉴
	生态环境	人均公园绿地面积 工业烟粉尘去除量	中国城市统计年鉴、黑龙江统计年鉴、吉林统计年鉴、辽宁统计年鉴

指标计算公式

（1）政府分配资源的比重 = 扣除教科文卫和社会保障后的财政支出/地区 GDP × 100%

（2）政府人员规模 = 公共管理部门年底职工人数/地区人口 × 100%

（3）行政成本比重 = 财政支出中的一般公共服务支出/地区 GDP × 100%

（4）外商直接投资项目数：直接摘录

（5）人均实际利用外资额 = 人均实际利用外资额 = 实际利用外资额/地区常住人口

（6）国企利润率 = 国企利润/国企收入 × 100%

（7）均企利润额 = 利润总额/工业企业数

（8）均企资产 =（流动资产 + 固定资产）/工业企业数

（9）民企就业占比 = 城镇私营和个体从业人员/城镇单位从业人员期末人数

（10）民营企业占比 =（内资企业数 − 国有企业数）/工业企业数

（11）对外贸易依存度 = 进出口总额/地区 GDP

（12）限额以上批发零售贸易业销售总额增加值 = 当年限额以上批发零售贸易业销售总额 − 上一年限额以上批发零售贸易业销售总额

（13）外资工业企业产值比 =（港澳台商投资的企业总产值 + 外商投资企业总产值）/工业总产值

（14）外资投资经济占比 = 外资投资/（国家预算内资金 + 国内货款 + 债券 + 外资投资 + 自筹资金 + 其他投资）

（15）国际旅游收入比 = 国际旅游收入/地区生产总值

（16）地区货运量 = 铁路货运量 + 公路货运量 + 水运货运量 + 民用航空货运量

（17）第三产业占地区 GDP 比重：直接摘录

（18）第三产业就业人员占比：直接摘录

（19）服务业增加值比重＝服务业增加值/地区GDP×100%

（20）服务业增长率＝（当年服务业增加值－上一年服务业增加值）/上一年服务业增加值×100%

（21）银行信贷占比＝银行信贷/地区GDP×100%

（22）信息技术从业人员占比＝信息传输、计算机服务和软件业从业人员/城镇单位从业人员数

（23）科技投入占比＝科学技术支出/公共财政支出

（24）每十万人高等学校在校生数＝在校学生数/[人口数（人）/100000]

（25）高等学校师生比＝专任教师数/在校学生数

（26）百万人非主板上市企业数＝当年所有上市公司数量/[地区人口（人）/1000000]

（27）城乡居民收入水平：城乡居民收入水平＝（城市居民收入水平×城镇人口数＋农村居民收入水平×乡村人口数）/（城镇人口数＋乡村人口数）

（28）城镇居民消费水平＝城镇居民人均消费支出

（29）社会保障和就业支出占地方公共财政支出比重＝社会保障和就业支出/公共财政支出

（30）城乡居民收入比＝城镇常住居民人均可支配收入/农村常住居民人均可支配收入

（31）人均公园绿地面积：直接从年鉴中摘录

（32）工业烟粉尘去除量＝烟粉尘产生量－烟粉尘排放量，各分项直接从年鉴中摘录

三、东北老工业基地振兴
大事记（2016～2017 年）

自 2016 年新一轮东北老工业基地振兴战略提出至今已有两年。两年来，东北老工业基地振兴相关政策不断地出台，举国上下为东北振兴做出了诸多努力。为清晰记录新一轮东北老工业基地振兴进程，特总结两年内振兴大事，共计 17 件。

1. 2016 年 3 月 7 日，习近平总书记参加全国人大四次会议黑龙江代表团审议

2016 年 3 月 7 日，习近平总书记参与全国人大四次会议黑龙江代表团审议，指出东北老工业基地全面振兴要瞄准方向、保持定力、一以贯之、久久为功，抓好各项振兴政策的落实，尤其是国有企业要全面推进深化改革，激发内生动力，在竞争中增强实力。

2. 2016 年 3 月 24 日，《关于推进东北地区民营经济发展改革的指导意见》发布

该意见由国家发展改革委、工业和信息化部、全国工商联、国家开发银行联合发布，旨在深入推进东北地区民营经济发展改革，将民营企业培育成为增强经济活力、推动振兴发展的重要力量。

3. 2016 年 4 月 26 日，《中共中央国务院关于全面振兴东北地区等老工业基地的若干意见》出台

该意见提出了东北老工业基地振兴的思路与目标，围绕着力完善体制机制、着力推进结构调整、着力鼓励创新创业着力保障和改善民生等方面提出了振兴东北的若干新举措。该意见的出台同时也标志着新一轮东北老工业基地全面振兴战略正式拉开序幕。

4. 2016 年 8 月 19～20 日，"破题发力：东北全面振兴的新体制与新机制——2016 东北振兴论坛"召开

该论坛由东北大学、中国（海南）改革发展研究院、中国东北振兴研究院共同发起，联合哈尔滨、沈阳、长春、大连四市政府共同主办，与会专家围绕着以制造业转型升级为目标推进东北经济结构调整的核心主题展开深入探讨，取得诸多成果。

5. 2016 年 8 月 22 日，国务院印发《推进东北地区等老工业基地振兴三年滚动实施方案（2016～2018 年)》

《实施方案》就有关部门、有关地方做好 2016～2018 年东北地区等老工业基地振兴工作做出了具体部署，并明确了各项任务的责任主体和完成时间。

6. 2016 年 9 月 21 日，《关于支持老工业城市和资源型城市产业转型升级的实施意见》发布

该意见由国家发展改革委、科技部、工业和信息化部、国土资源部和国家开发银行联合制定印发。《实施意见》重点明确了推动全国老工业城市和资源型城市产业转型升级的总体思路、实施路径、重点任务和配套政策措施。

7. 2016 年 11 月 7 日，《东北振兴"十三五"规划》正式实行

该规划由国家发展和改革委员会制定，是新时期东北地区等老工业基地振兴的新规划，旨在推动东北经济脱困向好，实现新一轮振兴。

8. 2016 年 11 月 16 日，国务院印发《关于深入推进实施新一轮东北振兴战略加快推动东北地区经济企稳向好若干重要举措的意见》

该意见要求深入推进实施党中央、国务院关于全面振兴东北地区等老工业基地的战略部署，明晰了实施若干重要举措，推动东北地区经济维稳向好。

9. 2016 年 12 月 7 日，《辽宁省优化营商环境条例》发布

该条例由辽宁省第十二届人民代表大会常务委员会第三次会议审议通过，是我国首部规范营商环境建设的省级地方法规，为各级政府部门优化营商环境定基调、指方向，从法律层面明确了"应该怎么做""绝对不能怎么做"，是东北地区优化软环境的里程碑。

10. 2016 年 12 月 23 日，辽宁振兴银行获批筹建成为东北首家民营银行

由沈阳荣盛中天等五家公司发起设立的辽宁振兴银行，已获得中国银监会的批复，同意在沈阳筹建，成为东北地区第一家获批筹建的民营银行。

11. 2017 年 1 月 3 日，海关总署发布《关于支持新一轮东北振兴的若干举措》

该举措对海关支持服务东北振兴工作进行了全面的安排部署。具体对促进东北地区参与"一带一路"建设，支持东北地区产业结构调整，促进贸易方式创新发展，推进跨境电子商务创新发展及推进服务贸易等大有助益。

12. 2017 年 3 月 7 日，习近平总书记参加十二届全国人大五次会议辽宁代表团审议

2017 年 3 月 7 日，习近平总书记参加十二届全国人大五次会议辽宁代表团审议，指出辽宁要推进供给侧结构性改革、推进国有企业改革发展、推进干部作风转变，深入实施东北老工业基地振兴战略，全面做好稳增长、促改革、调结构、惠民生、防风险各项工作，明确了辽宁振兴的主攻方向。

13. 2017 年 3 月 17 日，国务院印发《东北地区与东部地区部分省市对口合作工作方案》

该方案要求深入贯彻党中央、国务院关于推进实施新一轮东北地区等老工业基地振兴战略的总体部署，组织东北地区与东部地区部分省市建立对口合作机制，开展对口合作。

14. 2017 年 3 月 31 日，国务院印发《中国（辽宁）自由贸易试验区总体方案》

该方案旨在以制度创新为核心，以可复制可推广为基本要求，加快市场取向体制机制改革、积极推动结构调整，努力将自贸试验区建设成为提升东北老工业基地发展整体竞争力和对外开放水平的新引擎。

15. 2017 年 4 月 10 日，中国（辽宁）自由贸易区沈阳、大连、营口片区揭牌

以开放促转型，以开放促改革，以开放促发展。中国（辽宁）自由贸易试验区沈阳片区、大连片区、营口片区，在沈阳创新天地、大连金普新区、营口高新技术产业开发区同时举行揭牌仪式，标志着备受社会各界关注的辽宁自贸试验区三个片区正式运行。

16. 2017 年 8 月 19 日，"东北全面振兴的新进展、新挑战、新机遇——2017 东北振兴论坛"在长春召开

该论坛由东北大学、中国（海南）改革发展研究院、中国东北振兴研究院共同发起，长春、沈阳、哈尔滨、大连四市主办，长春市人民政府、中国东北振兴研究院联合承办，围绕东北全面战略实施以来的进展、挑战与机遇展开研讨，取得丰硕成果。

17. 2017 年 11 月 24 日，东北首家民间民营银行——辽宁振兴银行正式开业

辽宁振兴银行将以"产融结合、融汇发展"为导向，以依循本源、聚焦主业为核心，坚持将为创新创业企业、高新技术产业提供金融服务作为战略性业务深耕细作，以"创新驱动和业务特色"为抓手，力争成为支持小微企业、社区经济、"三农"发展的行业专家。

参考文献

[1] 郭亚军. 综合评价理论、方法及应用 [M].北京：科学出版社，2007.

[2] 迟福林. 二次开放：全球化十字路口的中国选择 [M].北京：中国工人出版社，2017.

[3] 马国霞，石敏俊，李娜. 中国制造业产业间集聚度及产业间集聚机制 [J].管理世界，2007（8）：58－65.

[4] 刘凤朝，马荣康. 东北老工业基地创新驱动发展研究 [M].北京：科学出版社，2016.

[5] 吕政. 振兴东北老工业基地科技支撑战略研究 [M].北京：经济管理出版社，2012.

[6] 张虹. 东北老工业基地经济与社会可持续发展研究 [M].北京：经济科学出版社，2011.

[7] 青木昌彦. 比较制度分析 [M].周黎安译，上海：上海远东出版社，2001.

[8] 黄继忠. 东北老工业基地产业结构调整优化研究 [M].北京：经济科学出版社，2011.

[9] 肖兴志. 中国老工业基地产业结构调整研究 [M].北京：科学出版社，2013.

[10] 东北解放区财政经济史编写组. 东北解放区财政经济史资料选编（第一辑）[M].哈尔滨：黑龙江人民出版社，1988.

[11] 东北解放区财政经济史编写组. 东北解放区财政经济史资料选编（第二辑）[M].哈尔滨：黑龙江人民出版社，1988.

[12] 梁方仲. 中国历代户口、田地、田赋统计 [M].上海：上海人民出版社，1980.

[13] 葛剑雄，侯杨方，张根福. 人口与中国的现代化（一八五〇年以来）[M].上海：学林出版社，1999.

[14] 王魁喜等. 近代东北史 [M].哈尔滨：黑龙江人民出版社，1984.

[15] 陈耀. 中国东北工业发展60年：回顾与展望 [J]. 学习与探索，2009（5）：40－45.

[16] 伍晓鹰. 中国工业化道路的再思考：对国家或政府作用的经济学解释 [J].比较，2014（6）：1－25.

［17］刘智文 . 东北封禁政策刍议［J］. 学习与探索，2003（6）：133 - 136.

［18］孙经纬 . 新编中国东北地区经济史［M］. 长春：吉林教育出版社，1994.

［19］李怀 . "东北现象"：问题的实质与根源［J］. 管理世界，2000（4）：206 - 207，216.

［20］常修泽 . "再振兴"东北战略思路探讨［J］. 人民论坛，2015（21）：18 - 21.

［21］陈丽蔷 . 外资对东北老工业基地产业结构演进的影响［J］. 经济地理，2005（5）：624 - 628.

［22］丁国荣 . 东北振兴中的对外开放战略［J］. 经济管理，2004（5）：18 - 21.

［23］黄继忠 . 东北老工业基地产业结构调整优化研究［M］. 北京：经济科学出版社，2011.

［24］李凯，史金艳 . 略论东北老工业基地的振兴及其发展思路［J］. 管理世界，2003（12）：140 - 141.

［25］李培林 . 老工业基地的失业治理：后工业化和市场化——东北地区9家大型国有企业的调查［J］. 社会学研究，1998（4）：3 - 14.

［26］林木西 . 振兴东北老工业基地的理性思考与战略抉择［J］. 经济学动态，2003（10）：39 - 42.

［27］刘柏 . 对东北经济衰退的深度解读［J］. 人民论坛，2015（16）：26 - 27.

［28］刘艳军，王颖 . 东北地区区域开发程度演化及其资源环境影响［J］. 经济地理，2012（5）：37 - 42.

［29］王珏 . "西部大开发"实施成效对"振兴东北老工业基地"的启示——基于地区利用外资的分析［J］. 管理世界，2004（10）：149 - 150.

［30］衣保中 . 振兴东北当补轻工业欠账［J］. 人民论坛，2016（9）：42 - 42.

［31］李伟伟，易平涛，李玲玉 . 综合评价中异常值的识别及无量纲化处理方法［J］. 运筹管理，2018（4）：173 - 178.

［32］Coe N M，Hess M，Yeung H W C. "Globalizing" regional development：A global production networks perspective［J］. Transactions of the Institute of British geographers，2004，29（4）：468 - 484.

［33］Dincecco M. Fiscal centralization，limited government，and public revenues in Europe，1650 - 1913［J］. The Journal of Economic History，2009，69（1）：48 - 103.

［34］Florida R，Mellander C，Qian H. China's development disconnect［J］. Environment and Planning A，2012，44（3）：628 - 648.

［35］Morgan，K. The learning region：Institutions innovation and regional renewal［J］. Regional. Studies，2007（31）：491 - 403.